暨南大学成人教育会计本科系列教材编委会

会计学国家级教学团队系列教材

暨南大学成人教育会计本科系列教材

统计学原理

主　编　韩兆洲　熊　剑
副主编　伍业锋　陈光慧

The Principle of Statistics

暨南大学出版社
JINAN UNIVERSITY PRESS

中国·广州

图书在版编目（CIP）数据

统计学原理/韩兆洲，熊剑主编；伍业锋，陈光慧副主编. —广州：暨南大学出版社，2013.1（2018.11 重印）
（暨南大学成人教育会计本科系列教材）
ISBN 978 - 7 - 5668 - 0393 - 1

Ⅰ.①统…　　Ⅱ.①韩…②熊…③伍…④陈…　　Ⅲ.①统计学—成人—高等教育—教材　Ⅳ.①C8

中国版本图书馆 CIP 数据核字（2012）第 254181 号

统计学原理

TONGJIXUE YUANLI

主　编：韩兆洲　熊　剑　副主编：伍业锋　陈光慧

出 版 人：徐义雄
责任编辑：潘雅琴　张学颖
责任校对：周玉宏　黄　颖　黄　球
责任印制：汤慧君　周一丹

出版发行：暨南大学出版社（510630）
电　　话：总编室（8620）85221601
　　　　　营销部（8620）85225284　85228291　85228292（邮购）
传　　真：（8620）85221583（办公室）　85223774（营销部）
网　　址：http：//www.jnupress.com　http：//press.jnu.edu.cn
排　　版：广州市天河星辰文化发展部照排中心
印　　刷：佛山市浩文彩色印刷有限公司
开　　本：787mm×1092mm　1/16
印　　张：18.375
字　　数：447 千
版　　次：2013 年 1 月第 1 版
印　　次：2018 年 11 月第 4 次
印　　数：7501—9000 册
定　　价：45.00 元

（暨大版图书如有印装质量问题，请与出版社总编室联系调换）

总　序

　　会计作为经济信息系统的重要组成部分和一种国际商业语言，将会计主体的财务信息真实、完整、及时地传递给外部财务信息使用者和内部财务信息使用者，并满足这些财务信息使用者决策的需要，其对政府、投资者、债权人、管理者来说是非常重要的。近年来，我国资本市场的诞生、规范和发展，彻底改变了我国企业传统的财务管理理念与方法，企业的投融资管理面临新的环境、方式和方法。财务与会计执业者所面临的各种外部环境（包括经济、政治、法律、文化环境等）发生了深刻变化，在经济全球化和管理信息复杂化的时代，会计人才不仅应具有较系统、完备的有关我国会计与公司理财等方面的知识和技能，而且还必须具备国际视野，全面掌握国际会计准则，懂得国外主要经济体的相关会计法规、国际资本市场运行规律和其他相关知识与技能。在这种背景下，为了满足会计人员不断学习、及时更新知识的需要，暨南大学会计学系、暨南大学教育学院、暨南大学出版社共同筹划了《暨南大学成人教育会计本科系列教材》，邀请暨南大学会计学系在各个学科具有丰富教学经验、有影响力的专家组成教材编写委员会，组织编写该系列教材，力求推出一套"理论与实务并重，本土化与国际化相融合，能够反映当前学科发展前沿水平，符合成人教育会计学本科特点的精品系列教材"。

　　"理论与实务并重"就是要针对会计学是实务性很强的经济管理科学这一特点，研究各成教会计教材所涉及的相关理论、方法及其应用，分析每一本教材的特点、难易程度和导读规律，既要讲清楚理论概念，又要设计必要的实例，通过案例教学，培养学生的实操能力。

　　"本土化与国际化相融合"就是要针对会计准则国际趋同化与财务管理国际市场化等趋势，在教材中充分借鉴国际标准、国外知名企业的先进管理理念和方法，并充分体现中国会计的特色和经验，力争做到本土化与国际化的有机结合。

　　"能够反映当前学科发展前沿水平"是指本系列教材应该在继承现有教材的优点和特色的基础上，吸收当前相关理论和实务操作的最新研究成果和发展动态，补充和修改相关教材体系与内容，其目的是使教材能够更好地适应新的环境变化，满足学生获取更多知识、增强其专业技能的要求。

　　成人教育会计本科系列教材建设是一项长期且十分艰巨的任务，多年来我们为此作了不懈努力。我国经济发展与改革日新月异，环境变化多样且复杂，相关理论和实务操作的研究成果不断涌现，由于我们的水平有限，本系列教材不周之处在所难免，恳请读者批评指正。

暨南大学成人教育会计本科系列教材编审委员会

2011 年 3 月

前　言

　　成人教育的对象是边工作边学习的在岗职工。他们一方面具有丰富的实践经验和较强的自学能力；另一方面苦于工作压力，时间有限，普遍存在着"工学"矛盾。为了解决成人教育教材"普教化"和成教学生工与学的矛盾，本着提高会计类成人教育教材质量的总目标，暨南大学会计学系、暨南大学教育学院、暨南大学出版社共同筹划编写了"暨南大学成人教育会计本科系列教材"。

　　《统计学原理》是一本专门针对成人高等教育而编写的教材。该书根据成人教育的特点设计和编写，理论联系实际，具有通俗性、趣味性、实用性和前沿性等特点。该书由《统计学原理》教科书、《〈统计学原理〉学习指导》参考书和《统计学原理》PPT 三部分组成，其中后两部分制成光盘，挂在暨南大学网站"统计学原理"精品课程中，网址为 http：//jpkc.jnu.edu.cn/tjx/ziyuan/zy.htm，供读者选择使用。

　　《统计学原理》是一本适合成人高等教育会计本科使用的教材。该书根据成人高等教育专升本的要求而编写，设计独特，内容分上、中、下三编，学员可以根据不同要求重点选用。上编"基础统计"属于专科层次，可用于复习，温故而知新；中编"推断统计"属于专升本层次，是成人教育会计本科的学习重点；下编"应用统计"属于应用层次，教师可酌情选讲，学员可自学提高，以增强实际应用能力。

　　本书由韩兆洲教授、熊剑教授担任主编。全书共分 13 章，各章的执笔者分别是：韩兆洲（第一章、第六章、第八章、第十一章部分、第十二章部分、第十三章，其余各章的 Excel 部分）、陈光慧（第二章）、熊剑（第三章、第七章、第九章）、陈思玲（第四章）、伍业锋（第五章、第十章）、林少萍（第十一章部分）、黎中彦（第十一章部分、第十二章部分）。

　　本书在编写过程中参考了国内统计学诸多优秀教材，并吸纳了国外统计学最新研究成果。由于编者水平有限，本书不足之处在所难免，敬请同行专家和广大读者批评指正。

编　者

2012 年 10 月

目　录

上编　基础统计

下编　应用统计

上编　　基础统计

第一章　绪　论

第一节　统计的含义、作用和任务

一、什么是统计

在我们的日常生活中经常会接触到"统计"这一术语，例如，要了解一个国家的社会经济情况，我们往往会问，这个国家面积多大？人口多少？人均 GDP 多少？要了解股市的涨跌情况，我们往往会问，每天涨跌的股票价格指数是如何编制的？单个股票的涨跌百分比是如何编制的？我们都看过电视节目，某个电视节目的收视率是如何统计的？这些都涉及统计方面的知识。

但是，"统计"这一术语在不同的场合有不同的用法。例如，企业每年产量和产值的"统计"，某个电视节目收视率的"统计"，股票价格指数的编制等，这是将其作为一项统计工作来看待；我们要了解一个国家或地区的面积、人口和人均 GDP，这时就需要统计资料；而我们所说的"我们正在学习统计"，则是指一门学科，即统计科学。

所谓统计，是人们认识客观世界总体数量变动关系和变动规律的活动总称。它包含统计工作、统计资料和统计科学三个方面的含义。

（一）统计工作

统计工作是指关于采集、整理、分析和预测社会经济现象和自然现象总体数量方面统计资料的活动过程。例如，企业统计产量和产值的工作过程。

（二）统计资料

统计资料是指通过统计工作所获得的反映客观现象的各项数据资料以及与之相关的其他资料的总称。统计资料具体表现为各种统计图、统计表、统计公报、统计年鉴、统计手册以及统计分析报告等。

（三）统计科学

统计科学是指采集、整理、分析社会经济现象和自然现象总体数量方面统计资料的方法论科学。简言之，它是指采集、整理、分析数据的科学。例如，我们手中的统计学教材。

统计工作、统计资料和统计科学三者之间是相辅相成、辩证统一的关系。统计资料是统计工作的成果，统计科学是统计工作的实践经验总结和理论概括，同时反过来指导统计工作的实践，为统计工作提供科学的理论和方法。因此，统计工作和统计资料之间是统计实践活动与统计成果的关系，统计科学和统计工作之间是理论与实践的关系。

二、统计的特点和作用

（一）统计的特点

统计作为人们认识客观世界总体数量变动关系和变动规律的活动的总称，具有如下特点：

1. 数量性

统计最基本的特点就是以数字为语言，用数字说话。具体地说，它是用规模、水平、速度、结构和比例关系去描述和分析客观事物的数量表现、数量关系和数量变化，揭示事物的本质，反映事物发展的规律，推断事物发展的前景。

2. 具体性

统计所研究的量不是抽象的量，而是与客观事物的具体内容相联系的量，是体现事物相互关系和发展变化的量，具有明显的时空和事物属性的特点。

3. 综合性

统计是通过对大量事物进行观察研究，或对一个事物的变化作多次观察研究，得出反映现象总体的数量特征，或反映出事物的必然性结论，具有综合性的特点。

（二）统计的作用

1. 统计是认识世界的有力武器

（1）人们通过统计研究事物的量及其变化，去认识事物的质和事物发展的规律。任何事物都是质与量的对立统一，任何量都依存于一定的质，离开质就无所谓量，也无从核算量。在社会经济和自然现象中，不与某种质相联系的量是毫无意义的，事实上也是不存在的。所以，人们通过统计研究事物的量及其变化，去认识事物的质和事物发展的规律，或者密切联系事物的质去研究事物的量。

（2）统计最基本的特点是以数字为语言，用数字说话，即用数字反映事物在具体时间、地点条件下的数量表现、数量关系和数量变化，用数字反映事物的规模、水平、速度、结构和比例关系。

正因为客观事物是质和量的对立统一，而统计最基本的特点又是用数字说话，这就使得统计有可能通过研究事物的量去认识事物的质，掌握事物发展的规律，预测事物发展的前景，指导人们正确地进行各种实践活动，以期获得最佳的社会经济效益。所以，统计就成为人们认识世界的有力武器。

2. 统计是治国和管理的重要手段

人们认识世界的目的在于能动地改造世界。统计既然是人们认识世界的有力武器，必然成为人们治国、管理、改革社会的重要手段。从历史的角度考察，实际上统计也是随着人类社会经济活动的发展，以及治国和管理的需要而产生和发展起来的。现在大至国际政治经济形势的分析，国家的决策、施政和管理，小至企业的业务经营和班组核算，从宏观到微观，统计已是无处不在、须臾不可离的。

3. 统计是科学研究的有效工具

统计作为认识世界的有力武器，不仅是治国和管理的重要手段，而且必然成为科学研究的有效工具。任何科学研究都是一个认识过程。要在这个过程中有所发现、有所发明、有所创造、有所前进，使我们从某个必然王国走向自由王国，就必须运用一切可能运用的认识武器，统计正是这些认识武器中最有力的武器之一。通过它，我们可以反映事物的现状，揭示事物的内部构成，研究事物之间的相互关系，掌握事物运动的规律，比较事物的优劣，挖掘事物发展的潜力，预测事物发展的前景。因此，梁启超把统计誉为"百学之钥"。

著名学者马寅初先生曾精辟地概括了统计的作用，他认为："人类社会，日臻繁复，耳目有所未周，则不能无赖于统计焉。盖个人动作，在与社会有关，倘于社会事实，未尽了了，则闭门造车，难期合辙。自然界现象，变化万端，亦非一二人力所能穷，则综合统计又为必要。是故学者不能离统计而研学，政治家不能离统计而施政，事业家不能离统计而执业也。"①

三、统计的基本任务

《中华人民共和国统计法》（2010 年 1 月 1 日起施行）第一章第二条规定："统计的基本任务是对经济社会发展情况进行统计调查、统计分析，提供统计资料和统计咨询意见，实行统计监督。"这可概括为两个方面：通过统计调查和统计分析，提供统计资料，为各级领导从事决策、施政和管理服务；同时运用这些资料，对经济社会发展情况实行统计监督，及时揭露各种矛盾，以便采取措施解决这些矛盾，促进经营管理的改善，保证社会经济稳定协调发展。简言之，统计的基本任务就是统计服务和统计监督。

统计服务和统计监督是相辅相成、辩证统一的关系。过去有人只重视服务、强调服务，而忽视监督、反对监督，甚至为了一时一地的局部利益而要求统计机关和统计人员弄虚作假，或报喜不报忧，或报忧不报喜，数字以局部利益或领导者的个人利益为转移。这是十分荒谬、十分错误的违法行为。

关于统计监督之重要意义，1979 年 4 月 4 日《人民日报》社论《充分发挥统计监督作用》作了精辟的论述："在社会主义国家，监督的手段很多，财政、银行、工会、党的纪律检查委员会、人民检察院都是。但在所有这些监督的手段中，统计监督具有十分重要的意义。统计是用数字语言来表述事实的。统计所提供的准确的数字，成为各种监督手段的重要依据。如果说全部国民经济机构是一整架不断运转的大机器，那么，统计是起着'仪表'的作用。这架大机器的运转是否正常，是否发生故障，可以从统计这个'仪表'中全面地、准确地、及时地反映出来。"如果统计成了只能报喜不能报忧的"仪表"，它怎能为整个国民经济这架大机器的正常运转提供优质服务呢？一个不管机器是否发生故障和发生多大故障都只会发出"绿色信号"的"仪表"，除了最终导致"机毁人亡"的严重恶果之外，还能发挥什么样的作用呢？可见，监督是服务的必要条件，监督是为了更好地服务。

---

① 见王仲武. 统计学原理及应用. 北京：商务印书馆.

第二节 统计学的研究对象、方法和阶段

一、统计学的研究对象

统计学的研究对象是指统计研究所要认识的客体，它决定着统计科学的研究领域以及相应的研究方法。一般来说，统计学的研究对象是客观事物的总体数量特征和数量关系，以反映其发展过程及规律性。

上述以客观事物的总体数量特征和数量关系作为研究对象，这是针对统计工作来说的。任何一个部门的统计工作，都以与它相关的客观事物的数量方面作为自己的研究对象，通过调查、整理、分析，以数字为语言，用规模、水平、速度、结构和比例，去反映一定时间、地点条件下客观事物的数量表现、数量关系和数量变化，以达到认识事物的性质、掌握事物运动的规律和指导人们的社会实践的目的，发挥统计的整体功能。

二、大数定理的方法论意义

统计学所研究的对象，无论是自然现象还是社会现象，它们的出现都要受到许多因素的影响，既有必然的因素，也有偶然的因素，这些因素对个别单位所起的作用，在程度大小、变化快慢、发展趋势上可能表现不同，这就使得同一现象在每个单位的数量表现上具有随机性。统计研究就是对这些随机现象通过大量观察法对总体中所有单位或足够多的单位进行调查，并运用综合指标法对各单位变量加以综合，所得到的平均结果可以消除偶然性，反映出现象的必然性。这就是大数定理使我们通过偶然性达到发现必然性，认识现象规律的表现形式。

所谓大数定理，是指大量随机变量的平均结果具有稳定性的一系列定理的总称，也称大数定律或大数法则。大数定理是统计学研究方法运用的数学依据。由于大数定理的作用，大量随机现象的总体作用必然导致某种不依赖于个别随机现象的结果，呈现出事物发展变化的规律性。大数定理对于认识现象规律性的方法论意义可以归纳如下：

（1）大量性。现象的某种总体规律只有当具有这些现象的足够多数的单位汇总综合在一起的时候，才能显示出来。因此只有从大量现象的总体中，才能研究出这些现象的规律性。

（2）代表性。现象的总体规律，通常是以平均数的形式表现出来。所研究现象总体包含的单位越多，平均数也就越能够正确地反映这些现象的规律性。

（3）稳定性。各单位的共同倾向（这些表现为主要的、基本的因素）决定着平均数的水平，而单位对平均数的离差（这些表现为次要的、偶然的因素）则由于足够多的单位汇总综合的结果，其离差相互抵消，代表性趋于稳定。

三、统计学的研究方法

统计学的基本研究方法有大量观察法、统计分组法、统计指标法、统计模型法、统计

推断法等。

（一）大量观察法

大量观察法是指统计研究客观现象和过程的规律，是从总体上加以考察，对总体中的全部或足够多的单位进行调查并进行综合分析的方法。大量观察法的理论依据是大数定理。个别事物的表现往往具有随机性，要反映总体的本质和规律，不能用个别事物、个别单位的特征和数量表现来说明，只能对总体中全部或足以表现现象总体特征的部分单位进行调查、观察，通过综合平均，个别事物的偶然因素的影响会互相抵消，呈现出事物的本质特征，进而认识其规律性。例如，仅抛一枚硬币，可能出现正面，也可能出现反面的结果；如果抛硬币 24 000 次（参见皮尔逊试验），出现正面的频率将稳定在 0.50。

（二）统计分组法

统计分组法是指根据统计研究目的和研究对象的特点，将总体各单位按照某一标志划分为不同性质的类型或组别的研究方法。通过分组，可以将总体中性质相同的单位归并在一起，保持组内各单位的同质性；将性质不同的单位分开，显示组与组之间的差异性，从而研究总体中不同类型现象的性质以及它们的分布情况。例如，三次产业的分组等。

事物是相互联系的，不同的事物之间都会在一定的环境中以一定的条件相互关联，这种联系是构成各种各样的统计总体的前提。但不同的事物之间，在产生的原因、存在的条件、表现的形式、运动的规律、发展的前景等方面又是千差万别的。正是这些区别，使统计分组有了客观依据，并成为统计研究的科学基础和基本方法。没有科学的统计分组，便没有科学的统计。

（三）统计指标法

统计指标法是指运用统计指标来描述和研究总体的数量状况，以得到事物数量特征的本质或规律性的认识方法，包括总量指标法、相对指标法、平均指标法、动态指标法、统计指数法等。统计指标法与统计分组法两者相互联系并贯穿于整个统计工作，通过统计分组而形成统计指标，反映总体内部的数量差异和数量关系，以及总体之间的联系和区别。例如，研究某地某年工业企业的生产经营状况，可以先将工业企业按所有制分组，然后运用统计指标法对各组工业企业人均产值、人均利润额、资金利用率等多个指标进行对比分析，在现象的相互联系中认识这些被研究事物的数量特征。

（四）统计模型法

统计模型法是指根据一定的经济理论和假设条件，用数学方法去模拟现实客观现象之间相互关系的一种研究方法。利用这种方法可以对客观现象和过程中存在的关系在定性分析的基础上，定量地进行比较完整的近似描述，凸现所研究指标之间的数量关系。例如，回归分析法模拟变量之间的数量关系，所建立的回归方程就是统计数学模型。统计模型法除了用数学方程式反映指标之间的数量关系外，有时还可以根据统计指标之间的逻辑关系构建框架式的逻辑模型。例如，国民经济指标体系就是表达经济现象之间关系的统计逻辑模型。

（五）统计推断法

统计推断法是指以一定的置信标准要求，根据随机抽取的样本数据来判断总体数量特征的归纳推理方法。其具体方法有参数估计法、假设检验法等。如要说明一批灯泡的平均使用寿命，就从该批灯泡中随机抽取一部分进行质量检验，以推断该批灯泡平均使用寿命的区间范围。

四、统计学的研究阶段

统计研究是通过统计设计、统计调查、统计整理以及统计分析等几个阶段来完成的，每个阶段虽然有其各自的独立性，但它们又是相辅相成的统一过程。

（一）统计设计

统计设计是指在正式进行具体统计工作之前，根据统计研究对象的性质和研究目的，对统计工作各个方面和环节的通盘规划和安排。统计设计的结果表现为各种设计方案。例如，统计调查方案、统计资料汇总或整理方案、统计分析提纲，以及统计指标体系设计等。统计设计是统计工作的第一阶段，它是整个统计工作协调、有序、顺利进行的必要条件，是保证统计工作质量的重要前提。

（二）统计调查

统计调查又称统计数据的采集，是根据统计研究的任务和统计设计规定的调查方案的要求，运用科学的调查方法有组织、有计划地采集统计资料的过程。统计调查是认识事物的起点，这个阶段所采集的资料是否完整、准确、及时，直接影响到统计整理的好坏，影响到统计分析的结果正确与否，决定着统计工作的质量，因此，它是整个统计工作的基础。

（三）统计整理

统计整理是指根据统计研究的目的，将统计调查所得的资料进行科学的分组、汇总、列表的加工处理过程。统计整理使分散的、不系统的原始资料条理化、系统化，从而说明现象总体的特征，为统计分析奠定基础。统计整理处于统计工作的中间环节，起着承前启后的作用。

（四）统计分析

统计分析是根据统计研究的目的，综合运用各种分析方法和统计指标，对加工整理后的资料和具体情况进行定性和定量的分析，并对未来进行趋势预测。统计分析是统计工作的最后阶段，能揭示现象本质和得到发展变化规律的结论，是统计工作获取成果的阶段。

第三节　统计学的若干基本概念

在统计工作和统计科学中，我们常常会接触到一些基本概念。这些基本概念是我们从事统计工作和学习统计科学时必须掌握的基本知识。

一、总体与总体单位

（一）总体与总体单位的概念

总体是指在某种共性的基础上由许多个别事物结合起来的整体。构成总体的个别事物叫总体单位。总体和总体单位都是客观存在的事物，是统计研究的客体。例如，在工业普查中，"工业企业"就是一个总体，它是由所有从事工业生产活动的企业所组成的，其中的每一个工业企业就是一个总体单位，"从事工业生产活动"就是所有工业企业都具有的共性。

在统计工作中，确定总体是为了确定调查研究的对象和调查研究的范围，确定总体单位则是确定调查登记项目的承担者。在工业普查中，工业企业是总体，一切非工业企业就不属于我们调查研究的范围。工业企业的经济类型、行业性质、职工人数、资金总额、产值等等，都是工业普查中需要调查登记的项目，作为总体单位的每一个工业企业，就是这些调查登记项目的承担者。

总体和总体单位是根据统计研究的目的来确定的，随着统计研究目的的变化，总体和总体单位也会发生变化。例如，一个工厂、一所大学，既可以是某种调查研究中的总体单位，也可以是另一种调查研究中的总体。

（二）总体的特征

（1）同质性，即构成总体的各个单位必须具有某一方面的共性，这个共性是我们确定总体范围的标准。

（2）大量性，即总体是由许多单位组成的，而不是只有个别单位。

（3）差异性，即总体各单位之间，除必须在某一方面具有共性之外，在其他方面（如工业普查中，企业的经济类型、行业性质、职工人数、资金总额、工业增加值等）必然存在差异。这些差异是统计研究的基础，如果总体各单位之间不存在任何差异，统计研究就会成为多余的东西，即没有差异，就没有统计。

（三）总体的分类

总体可分为有限总体和无限总体。凡总体单位数有限而可以计数的总体叫有限总体，对有限总体可以进行全面调查，也可以进行非全面调查。凡总体单位数无限而不可计数的总体叫无限总体，对无限总体只能进行非全面调查。

二、标志、变异和变量

（一）标志的概念

标志是指说明总体单位特征的名称。例如，作为总体单位，每个工业企业的经济类型、行业性质、职工人数、资金总额、产值、利润总额等，就是标志。

（二）标志的分类

（1）标志按数字和文字表示分类，可分为数量标志和品质标志。数量标志是指说明总体单位数量特征的标志。数量标志需要用数字来回答问题，例如，职工人数、资金总额、产值、利润总额等。品质标志是指说明总体单位属性特征的标志。品质标志只能用文字回答问题，例如企业的经济类型、行业性质等。

（2）标志按其属性是否变动分类，可分为不变标志和可变标志。不变标志是指所有总体单位具有共同特征的标志。不变标志是构成总体的必要条件和确定总体范围的标准。例如，在工业企业普查中，工业企业就是不变标志。可变标志是指在总体各单位之间必然存在差异的标志。例如，工业企业的经济类型，有国有、集体、私营、合营等差异。

（三）变异的概念

变异是指可变标志在总体各单位之间所表现出来的差异。例如，工业企业有经济类型的差异，有规模大小的差异等。同质是构成总体的条件，变异是统计研究的基础。

（四）变量的概念

可变标志中既有品质标志也有数量标志，其中，可变的数量标志就叫变量。例如，工业普查中，工业企业的职工人数、资金总额、工业增加值、利润总额等，都是变量。变量的具体数值叫变量值。凡变量值只能以整数出现的变量，叫离散变量；凡变量值可作无限分割的变量，叫连续变量。例如，一个地区的人口数、工厂数、学校数，一个工厂的职工人数、机器台数等，都只能有整数而不可能带小数，这些就是离散变量。但人的年龄、身高、体重，工厂的产值、利润等却是可以带小数而且其数值是可以无限分割的，在两个数字之间还可以有连续不断变化的其他数字，这种变量就是连续变量。不过，在某些特殊场合，连续变量亦可作离散化处理。例如，人口按年龄所作的基础分组时，可分为0、1、2、3岁……但其含义是明确的："0"表示不满1岁，"1"表示满1岁而不满2岁，其余类推。只要约定俗成，众所周知，或事先明确规定而不致发生错漏，连续变量离散化处理的方法，亦可在其他场合使用。

三、统计指标和指标体系

（一）统计指标

1. 统计指标的概念

统计指标是说明总体数量特征的概念。例如，在工业普查中，所有工业企业构成总体，工业企业总数、工业职工总数、工资总额、平均工资、固定资产总值、利润总额等，就是统计指标，它们都从不同的方面反映总体的数量特征。

2. 统计指标和标志的区别与联系

（1）两者的区别。统计指标和标志是不同的，不能混为一谈。两者的区别有二：第一，统计指标说明总体的特征，而标志则说明总体单位的特征。第二，统计指标只反映总体的数量特征，所有统计指标都要用数字来回答问题，没有用文字回答问题的统计指标；而标志既有反映总体单位数量特征的，也有反映总体单位品质特征的，只有数量标志才用数字回答问题，品质标志则用文字回答问题。

（2）两者的联系。统计指标和标志也存在着联系。主要表现为许多统计指标的数值都是由总体各单位的数量标志的标志值汇总而得到的。例如，工业职工总数由各工业企业的职工人数汇总而得，资金总额由各工业企业的资金占用额汇总而得。品质标志虽然本身不具有数值，但有些统计指标是按品质标志分组计算出来的。例如，工业企业总数中，国有、集体、私营和合营的各有多少；职工总数中男、女职工各有多少，等等。

此外，由于总体和总体单位可随统计研究的目的而易位，故统计指标和数量标志在一定的条件下亦可变动。例如，某市工业局评选先进企业，该市所有的工业企业是总体，每个工业企业是总体单位，相应地，该市所有的工业企业的工业总产值是统计指标，每个工业企业的工业总产值是数量标志。再如，某工业企业评选先进车间，该工业企业所有车间是总体，每个车间是总体单位，相应地，该工业企业的工业总产值是统计指标，每个车间的工业总产值是数量标志。

（二）指标体系

1. 指标体系的概念

指标体系是指以共同的研究目的为纽带而相互联系的一系列统计指标。在统计研究中，任何一个统计指标都只能反映总体某一方面的数量特征。为了全面系统地认识一个总体，就需要同时使用许多指标。例如，为了全面反映外贸商品流转的情况，我们就需要出口商品的收购、出口、进口、库存等指标，进出口还要按贸易方式、商品类别、国别等标志分组，从而形成一系列统计指标，以全面系统地反映外贸商品流转的情况。

2. 指标体系的设计原则

（1）能满足统计研究目的和要求。指标体系的设计必须从统计研究的需要出发，使各项指标能满足研究目的和要求。

（2）要贯彻少而精的原则。指标体系的设计要贯彻少而精的原则，一切可要可不要的统计指标，都应当坚决不要。

（3）把需要与可能结合起来。指标体系的设计，还应当把需要与可能结合起来，虽然需要但难于甚至不可能取得资料的指标，宁可不要。

思考题

1. 什么叫统计？统计有哪几种含义？

2. 统计有哪些特点？最基本的特点是什么？

3. 统计在社会生活中有何作用？为什么说统计是认识世界的有力武器？

4. 统计的基本任务是什么？怎样理解服务与监督的关系？

5. 统计学的研究对象是什么？

6. 什么是大数定理？其方法论意义有哪些？

7. 统计学研究的基本方法有哪些？

8. 统计学的研究阶段有哪些？

9. 什么叫总体和总体单位？总体有哪些特征？什么是有限总体？什么是无限总体？

10. 什么是标志？标志有哪些分类？

11. 什么是变异？什么是变量？

12. 什么是连续变量？什么是离散变量？两者有何区别？

13. 什么叫统计指标？统计指标和标志有什么区别和联系？

14. 什么叫指标体系？设计指标体系时应注意哪些问题？

第二章　统计数据的采集

统计学按研究阶段的不同，可以分为统计设计、统计调查、统计整理以及统计分析四个阶段。统计设计是指在正式进行具体统计工作之前，根据统计研究对象的性质和研究目的，对统计工作各个方面和环节的通盘规划和安排。每个阶段虽然有其各自的独立性，但它们又是相辅相成的统一过程。统计设计是统计工作的第一阶段，它是整个统计工作协调、有序、顺利进行的必要条件，是保证统计工作质量的重要前提。本书将统计设计的理念渗透到其余的三个阶段之中，为节省篇幅不作专章论述。本章主要论述统计调查。

第一节　统计调查的概述与种类

一、统计调查的概述

在 21 世纪，我们面对的是一个充满各种信息的社会。如何在纷繁复杂的社会活动中及时、准确地采集有用的信息是社会科学工作者面临的头等大事。统计调查又称统计数据的采集，是根据统计研究的任务和统计设计规定的调查方案的要求，运用科学的调查方法有组织、有计划地采集统计资料的过程。统计调查是认识事物的起点，这个阶段所采集的数据资料是否完整、准确、及时，直接影响到统计整理的好坏，影响到统计分析的结果正确与否，决定着统计工作的质量。因此，它是整个统计工作的基础。

统计调查的方法有多种，我国于 1996 年和 2009 年新修订的《统计法》都明确规定："搜集、整理统计资料，应当以周期性普查为基础，以经常性抽样调查为主体，综合运用全面调查、重点调查等方法，并充分利用行政记录等资料。"面对各类复杂的调查对象，统计调查已广泛应用于社会、经济、科技、自然等各个领域，成为采集统计数据的重要手段。近年来，随着我国社会主义市场经济体制的逐步确立，以及加入国际货币基金组织数据公布通用系统（GDDS），我国政府及国内外社会各界对各类统计调查数据质量的要求也在逐步提高。因此，研究各类统计调查方法，提高数据采集的效率和水平，改进统计调查数据质量已成为新时期统计专业领域受关注的焦点问题。

二、统计调查的种类

1. 按调查对象包括的范围不同，可分为全面调查和非全面调查

全面调查是对总体中所有的总体单位逐一进行登记调查的一种调查方式。例如，为了研究某地区工业企业的生产经营情况，就要对该地区内工业企业总体中所包含的所有工业企业，即每一家工业企业逐一进行登记调查，这就是全面调查。普查、全面统计报表均属

于全面调查。

非全面调查是对总体中的一部分总体单位进行登记调查的一种调查方式。重点调查、典型调查和随机抽样调查等都属于该类调查。

2. 按登记调查的时间是否连续，可分为一次性调查和经常性调查

一次性调查是间隔相当长一段时间（一般是一年以上）才对调查单位进行不连续的一次性登记调查，主要是搜集现象在一定时点上的数据资料，反映事物在一定时点上的状态。一次性调查可以是定期进行的，如我国每10年开展一次的人口普查，也可以是不定期进行或者是临时组织开展的，如现期猪肉价格上涨，国务院要求各地开展生猪供给情况的一次性调查，这便是临时组织开展，不定期进行的一次性调查。

经常性调查是根据调查对象的发展和变化，连续不断地进行登记调查的一种调查方式，调查间隔一般是一年以内，常见的是一个月或者一个季度开展一次。比如，我国对城镇住户、农村住户、规模以下工业企业等调查对象每月均开展调查，连续不断地进行经常性登记，掌握事物的系统变化规律，这些均属于经常性调查。

3. 按调查的组织方式不同，可分为统计报表和专门调查

统计报表是按照统计规定的表示要求，自上而下统一布置，自下而上逐级提供资料的调查方式。目前，我国很多调查项目都使用统计报表的调查方式，如农林牧渔业统计报表、工业统计报表、建筑业统计报表、运输邮电业统计报表、批发零售贸易和餐饮业统计报表等。另外，还对报表名称、报告单位、指标体系、统计目录、报送程序、报送时间和计算方法等事项均作出明确规定。

专门调查是为了研究某些专门问题而专门组织的调查。社会经济形势往往在不断变化，不断产生新的情况和新的问题，规范的统计报表制度往往很难及时包括这些新情况、新问题，这就需要国家及时开展有针对性的专门调查。专门调查灵活多样，适应性强，可采用普查、抽样调查、重点调查和典型调查等多种形式。

第二节　统计调查方案的设计

在开始一项统计调查之前，调查组织者必须设计一套完整的统计调查方案，这也是影响统计调查全局的重要阶段。统计调查方案是整个调查工作的指导纲领和总体思路，必须认真对待，精心设计。在调查方案中，必须明确调查的主题和目的、调查对象、调查单位、报告单位、调查项目和调查表、调查的时间和地点、调查的方式和方法，以及其他组织安排等问题，逐一加以明确规定，还需要对统计调查的各个方面进行统一协调和总体考虑。

一项完整的统计调查方案，主要包括如下几方面内容。

一、统计调查的主题和目的

明确统计调查的主题和目的是设计调查方案的关键所在，是一项统计调查的灵魂，只有明确了主题，确定了目的，才能弄清楚要搜集哪些资料，要解决哪些问题，要达到什么

要求，以及进一步确定调查的范围、内容和方法以满足统计分析研究的需要。

例如，我国城市住户调查对调查目的就规定得十分明确，即了解城市居民家庭人口、就业、收入、消费、储蓄和住房等的变化情况，为党和国家研究制定劳动就业、工资奖金、劳保福利等政策提供依据。再如，新中国成立后我国进行了六次人口普查，每次调查的目的都不一样，因而调查的内容也不一样。1953年第一次人口普查，目的是配合召开全国第一次人民代表大会，确定选民及人大代表名额的需要，并为国家制定发展国民经济的第一个五年计划提供翔实的人口数。考虑到当时的条件，调查只有四个项目：姓名、年龄、性别和民族。2010年第六次人口普查，目的是查清我国人口在数量、结构、分布和居住环境等方面的变化情况，为科学制定国民经济和社会发展规划，统筹安排人民的物质和文化生活，实现可持续发展战略，构建社会主义和谐社会，提供科学准确的统计信息支持。此时的调查内容包括性别、年龄、民族、受教育程度、行业、职业、迁移流动、社会保障、婚姻生育、死亡、住房情况等方方面面。

可见，确定调查主题和目的，就是明确在调查中要解决哪些问题，通过调查要取得什么样的资料，取得这些资料有什么用途等问题。衡量一套调查方案是否科学、合理，主要看方案的设计是否体现调查主题和目的的要求，是否符合客观实际情况。

二、调查对象、调查单位和报告单位

调查对象即统计调查的总体，是根据调查目的所确定的研究事物的全体。调查单位也就是总体单位，它是调查对象的组成要素，即调查对象所包含的具体单位。例如，如果要全面了解广东省某一家大型工业企业职工的工资情况，那么，这家企业的所有职工所组成的总体就是调查对象，该企业的每一位职工就是调查单位。调查对象和调查单位的概念并不是固定不变的，而是随着调查目的的不同互相变换。再如，如果要调查广东省工业企业的生产情况，那么，广东省境内所有的工业企业所组成的总体就是调查对象，而每一家工业企业便成了调查单位。

报告单位也称填报单位，它是负责向上级提交调查资料的单位。报告单位和调查单位是两个不同的概念，调查单位是调查资料的直接承担者，可以是企事业组织、个人，也可以是各类物品等，报告单位是调查资料的提交者，一般只能是基层企事业组织和个人，二者有时一致，有时不一致。如在工业企业生产经营情况调查中，每一家工业企业既是调查单位，又是报告单位；而在工业企业职工收入状况调查中，每一位职工是调查单位，而报告单位则是每一家工业企业。再如，在工业企业生产设备调查中，每一台工业企业的生产设备是调查单位，而报告单位则只能是每一家工业企业。

三、调查项目和调查表

调查项目就是调查中所要登记的调查单位的特征，这些特征在统计上又称为标志。确定调查项目所要解决的问题是：向调查单位调查什么？反映调查单位特征的标志是多种多样的，在调查中确定调查项目，应根据调查目的和调查单位的特点而定。比如，在人口调查中，调查项目一般包括性别、年龄、民族、受教育程度、行业、职业、迁移流动、社会保障、婚姻生育、死亡、住房情况等。

表 2-1 目录抽样企业基层表（单一表）

表　　号：N101 表

制表机关：　国家统计局

200　年　　　　　文　　号：国统字（2001）55 号

一、企业基本情况

企业详细名称：＿＿＿＿＿＿＿＿＿＿＿＿＿

企业法人代码：□□□□□□□□-□

法定代表人（负责人）：＿＿＿＿＿＿＿

联系电话（含区号和分机）：＿＿＿＿＿＿

企业登记注册类型：□□□

主要业务活动（或主要产品）：＿＿＿＿＿

行业类别：□□□

企业详细地址：

＿＿＿＿省（自治区、直辖市）

＿＿＿＿地（区、市、州、盟）

＿＿＿＿县（市、区、旗）＿＿＿＿乡（镇、街道）

＿＿＿＿村委会（居委会）＿＿＿＿号

邮政编码：□□□□□□

地址代码：□□□□□□-□□□-□□□

二、企业主要经济指标

指 标 名 称	计量单位	代码	总　　　计	
			本年实际	去年同期
甲	乙	丙	1	2
全部从业人员期末数	人	01		
工业总产值	千元	02		
产品销售收入	千元	03		
应交税金	千元	04		
其中：所得税	千元	05		
营业利润	千元	06		
应付工资	千元	07		
折　旧	千元	08		

单位负责人：　　　　统计负责人：　　　　填表人：　　　　报出日期：200　年　月　日

说明：①本表调查时期为 1—11 月。报送时间为 2001 年 12 月 25 日。报送方式为远程传输。

②本表由采用目录抽样方法被抽中的年产品销售收入 500 万元以下的非国有工业企业填报。

③本表由各省、自治区、直辖市企业调查队报送。

④价值量指标保留两位小数。

⑤企业法人代码由企业填报。

⑥企业登记注册类型代码按照《关于划分企业登记注册类型的规定》填写。

⑦主要业务活动（或主要产品）由企业填写，行业类别代码由企业调查队按《国民经济行业分类与代码》（GB/T4754—94）中类填写。

表 2-2　××开发区服装类企业基本情况登记表（一览表）

地区编码：　　　　　　　　　　　　　　　　　　制表机关：国家统计局

□□□□□□□□□□□□　　　200　年　　月　　　　有 效 期：至 2010 年 1 月

企业编号	企业名称	地址	销售收入（万元）	员工人数（人）	利润总额（万元）	联系人及联系电话	备注

调查指导员：　　　　调查员：　　　　填表人：　　　　　　报出日期：200　年　月　日

说明：①本表由各省、自治区、直辖市调查总队核实转报。

②报表报送时间为月后 5 日前，报送方式为网络传输。

在统计调查中还必须设计调查表，所谓调查表就是根据调查目的所确定的具体调查项目，也就是统计调查所要研究分析的内容。调查表是统计调查方案的重要部分，必须紧紧围绕调查目的、现象之间的相互联系，从现象的过去、现在和发展等方面出发，提出所要调查的项目，拟定调查表。在政府统计调查中，统计部门会专门设计出各类规范的调查表，如表 2-1 和表 2-2 所示；在市场调查中，调查公司也会设计出符合自身需要的调查表，即调查问卷，具体参见本章第五节。

调查表的形式一般有两种：单一表和一览表。单一表：在一张表上只登记一个调查单位的调查资料，它可以容纳较多的调查项目，适于较详细的统计调查，可见表 2-1 中的范例。一览表：在一张表上登记若干个调查单位的调查资料，它的调查项目不宜过多，这种表较为节省人力、物力，而且一目了然，可见表 2-2 中的范例。使用单一表还是一览表应视调查内容的多寡和是否便于登记而定。当调查项目较多而调查单位又分散时，宜用单一表；若调查项目较少，调查单位又较集中时，则可使用一览表。

调查表一般由表头、表体和表脚组成。表头：用来表明调查表的名称以及填写调查单位的名称、性质、隶属关系等。表体：这是调查表的主要部分，包括统计调查所要说明的社会经济现象的项目和这些项目的具体表现（即数字、计算单位等）。表脚：包括调查者的签名和调查日期等，以便明确责任，若发现问题，便于查询。

四、调查的时间和地点

调查时间一般包含调查标准时间和调查期限两种含义。调查标准时间是指调查资料所属的时间，如果调查的是时期现象，就要明确规定登记从何时起到何时止的资料。如果所调查的是时点现象，就要明确规定统一的标准调查时点。例如，第六次全国人口普查方案中规定："普查的标准时间是 2010 年 11 月 1 日零时。"调查期限是指从调查工作开始到结束的时间。一般是指进行调查登记工作的整个工作时间。如我国第六次人口普查规定从2010年11月1日零时开始，要求在2010年11月10日以前完成普查登记工作，调查期限为10天。规定调查期限的目的是使调查工作能及时开展、按时完成，为了提高信息资料的时效性，在可能的情况下，调查期限应适当缩短。

调查地点是指确定登记资料的地点。调查地点有时与调查单位的所在地不一定一致。由于客观事物是复杂的，有些事物，诸如流动人口等都是经常变动的，因此设计这些现象的调查方案时，应对登记调查单位的所在地点予以明确规定，以免调查资料出现遗漏和重复。

五、调查的方式、方法

调查的方式和方法是取得调查资料的重要手段，在设计调查方案时，要根据被调查事物的特点、调查资料要求的准确程度以及客观条件的可能性选择恰当的调查方式和方法。统计调查的方式主要有普查、重点调查、典型调查、抽样调查、统计报表制度等，具体参见本章第三节。调查方法，即搜集调查资料的具体方法，主要有直接观察法、访问法、实验调查法等，具体参见本章第四节。

六、调查工作的其他组织实施问题

除了上述各项内容外，调查方案中还应当对其他一些组织实施问题作出具体、详细的安排，以保证调查工作的顺利、有效开展。这些问题主要包括调查的组织领导机构、经费来源与开支管理办法、宣传教育、人员培训、文件印刷、调查资料的报送程序与报送方式、调查分析结果公布时间与内容等事项。

第三节　统计调查的组织方式

在社会经济研究中，当我们需要利用统计数据进行分析时，一般有两条渠道可获得统计数据：一条是数据的间接来源，也就是通过查询统计年鉴、网络数据库等资料获取别人调查、整理的统计数据；另一条是数据的直接来源，即要求我们自己通过开展统计调查活动直接调查、搜集第一手的数据资料。间接来源的数据，说到底仍然是别人通过统计调查的方法搜集、整理而来的数据。我国1996年和2009年两次修订的《统计法》都明确规定："搜集、整理统计资料，应当以周期性普查为基础，以经常性抽样调查为主体，综合运用全面调查、重点调查等方法。"因此，从统计数据的采集方法来说，最根本的还是要掌握各种统计调查的组织方式。

一、普查

普查是指为了搜集某种社会经济现象在某时某地的情况而专门组织的一次性全面调查。它是了解国情国力等基本情况的重要手段，主要用于一些重要项目的调查，如人口普查、经济普查和农业普查等。普查涉及面广，指标多，工作量大，花费高，时间性强，组织工作复杂。为了取得准确的统计资料，普查要求调查组织者必须能够做到集中领导和统一行动。

目前，我国已建立与社会主义市场经济体制相适应，且与国际接轨的周期性普查体系，在普查项目的设置、调查对象的确定、指标的选择以及计算口径、统计标准等方面不断加以规范，并尽量与国际统计惯例保持一致，从而最大限度地实现国际的数据资料可比，并发挥普查在国民经济发展和整个统计调查工作中的基础性作用。我国周期性的普查体系具体见表 2-3。

表 2-3 我国周期性的普查体系

1990 人口普查	1991	1992	1993	1994	1995	1996 农业普查	1997	1998	1999
2000 人口普查	2001	2002	2003 经济普查	2004	2005	2006 农业普查	2007	2008 经济普查	2009
2010 人口普查	2011	2012	2013 经济普查	2014	2015	2016 农业普查	2017	2018 经济普查	2019
2020 人口普查	2021	2022	2023 经济普查	2024	2025	2026 农业普查	2027	2028 经济普查	2029
2030 人口普查	2031	2032	2033 经济普查	2034	2035	2036 农业普查	2037	2038 经济普查	2039
……									

注：国家决定逢 3 逢 8 每五年开展一次经济普查，如果 2003 年没有"非典"发生，第一次全国经济普查的时点应该是 2003 年 12 月 31 日，数据反映的应该是 2003 年的情况，由于这次突发事件，使得第一次经济普查时间延迟了一年。

我国的周期性普查制度确立于 1994 年，当时的普查项目包括人口普查、农业普查、工业普查、第三产业普查和基本单位普查等五项。2003 年，我国对普查项目和周期安排进行了调整。调整后的普查项目仅包括人口普查、农业普查和经济普查三项。人口普查每 10 年开展一次，在逢 0 的年份实施；农业普查每 10 年开展一次，在逢 6 的年份实施；经济普查每 10 年开展两次，在逢 3 和 8 的年份实施。

二、随机抽样调查

鉴于全面调查，比如普查需要花费巨大的人力、物力和财力，调查组织者在更多时候是采用非全面调查的方式，即抽样调查。从广义上说，抽样调查根据样本抽取方法的不同，可分为随机抽样和非随机抽样两类。

随机抽样又称为概率抽样，是指按随机原则从总体中抽取部分单位作为样本进行调查，并根据样本调查信息估计和推断总体特征的一种统计调查方法。从狭义上说，在很多文献资料中，抽样调查就直接等同于随机抽样调查。随机抽样调查是搜集社会经济信息的一种科学方法，它具有节省调查时间和调查经费、估计准确以及估计误差可以人为控制等优点。近30多年来，随机抽样调查的理论与实践在我国得到了迅速的发展，应用领域越来越广泛。目前，我国政府部门、研究机构和各类企事业单位都普遍采用随机抽样调查的方法来搜集各类数据，了解社会经济发展状况。新《统计法》早已明确规定将随机抽样调查作为主体地位的统计调查方式。本书将在第六章重点阐述该方法。

三、非随机抽样调查

非随机抽样调查是指调查组织者按照自己的主观意志，有意识地或者从方便的角度出发，随意而非随机地从总体中抽取部分单位进行调查的统计方法。非随机抽样调查的样本不是由随机原则产生的，而是由调查者凭经验主观选定的，具有很大的主观性，所以有时难以准确反映总体的实际情况，而且不能事先计算和控制抽样误差，难以保证推断的准确性和可靠性，一般都不能用于推算总体指标。但是，在很多时候，由于各种客观条件的限制，只能采用非随机抽样，而且如果运用得当，非随机抽样也能在某些场合发挥其不可替代的作用。它主要包括以下几种方法：

1. 重点抽样

重点抽样是指在调查对象中，选择一部分重点单位作为样本进行调查。重点抽样主要适用于那些反映主要情况或基本趋势的调查。如国家统计局广东调查总队在对全省近百户亏损企业进行专项调查的基础上，选择其中亏损最大的10家企业进行重点调查，以了解亏损的原因。

重点单位，通常是指在调查总体中具有举足轻重的地位，能够代表总体的情况、特征和主要发展变化趋势的那些调查单位。这些单位可能数目不多，但有代表性，能够反映调查对象总体的基本情况。选取重点单位，应遵循两个原则：一是要根据调查任务的要求和调查对象的基本情况而确定选取的重点单位及数量。一般来讲，要求重点单位应尽可能少，而其标志值在总体中所占的比重应尽可能大，以保证有足够的代表性。二是要注意选取那些管理比较健全、业务力量较强、统计工作基础较好的单位作为重点单位。

重点抽样的主要特点是：投入少、调查速度快、所反映的主要情况或基本趋势比较准确。因此，重点抽样通常用于不定期的一次性调查，但有时也用于经常性的连续调查。

2. 典型抽样

典型抽样是根据调查的目的和要求，在对调查对象进行初步分析的基础上，有意识地选取少数具有代表性的典型单位进行深入细致的调查研究，借以认识同类事物的发展变化规律及本质的一种非全面调查。

例如，江苏省吴江县开展一次对县属镇中的"农民工"的典型调查，来认识"农民工"是否有利于城镇建设等问题。在对全县7个县属镇进行粗略分析的基础上，最后选定了震泽镇作为典型单位，因为震泽镇在7个镇中是发展较快的一个镇，而且该镇农民工占职工总数的20.4%，超过全县15%的比例。通过调查分析得出结论是推动该镇发展的，一个重要因素是该镇吸收了大量农民工。因此，通过典型分析，最后可以推论出农民工有利于城镇发展等结果。

典型抽样具有以下几个特征：

第一，典型抽样主要是定性调查，依靠调查者深入基层进行调查，对调查对象直接剖析，取得第一手资料，能够透过事物的现象发现事物的本质和发展规律。不过，这是一种定性研究，难以进行定量研究。

第二，典型抽样是根据调查者的主观判断，选择少数具有代表性的单位进行调查。因此，调查者对调查单位的了解情况、思想水平和判断能力对选择典型的代表性起着决定作用。

第三，典型抽样的调查方式一般是面对面的直接调查。它主要依靠调查者深入基层与调查对象直接接触与剖析，因此，对现象的内部机制和变化过程往往了解得比较清楚，资料比较全面、系统。

3. 随意抽样

随意抽样，也称任意抽样，指抽样组织者随意或者任意地（通常是遵循简便性原则）从总体中抽取样本。例如，实验人员从笼子里抓取最靠近笼门的小白鼠（而不是先对所有的小白鼠编号，然后随机抽取若干号码，再抓取相同编号的小白鼠）做试验；节目主持人从放在玻璃缸里的观众来信中信手抽取若干来信（而不是先对所有的观众来信编号，然后随机抽取若干号码，再挑出相同编号的来信）以选定获奖观众，等等，都属于随意抽样。利用已有的但不完整的名册或号簿确定调查单位，在街口向过往行人进行调查，样本由自愿参加调查的人组成等，也属于这类情况。这种抽样的优点是简便易行、成本较低，缺点是调查范围有时难以真正涵盖所有总体单位，样本的偏差有时会比较大，调查或推断的结论不具有一般意义。

4. 配额抽样

配额抽样，指抽样组织者先对总体按一定标志分类，并按比例分配每类应调查单位的数额，然后由组织者在每类中进行判断抽样。这种抽样最先由美国盖洛普咨询公司发明使用，目的是增进典型抽样的样本代表性。由于这种抽样有一定的科学性，因而在市场调查、民意测验等方面有较广泛的应用，但典型抽样存在的缺点也同样难以克服。

5. 流动总体抽样

流动总体抽样，也称"捕获—标记—再捕获"抽样，指抽样组织者先从总体（例如水库中的鱼）获取部分单位（例如300条鱼），加以标记后放回总体，过一段时间后再获取部分单位（例如1 000条鱼），然后根据再获取单位中有标记单位的比例来推算总体的数量。这种抽样适用于事先对总体缺乏认识而调查单位又处于流动状态的研究对象。

四、定期统计报表

定期统计报表是我国计划经济时代的一种主要的调查组织方式，它是按照国家有关规定，自上而下统一布置调查任务，然后自下而上逐级按照统一要求提供统计资料的一种报告制度。定期统计报表要求以一定的原始记录为依据，按照统一的指标、分组、报送时间和报送程序填报。

定期统计报表既可用于全面调查，也可用于非全面调查，而且相对于委派人员实地调查而言，所费较少。但它要求有较好的统计工作基础，故不能事事都依靠统计报表来收集资料，也不能滥发统计报表，否则基层人员只能疲于应付，最终影响到数据质量。

定期统计报表从不同的角度，有如下几种分类：

（1）定期统计报表，按照填报周期不同，可以分为日报、周报、旬报、月报、半年报和年报。报表周期的长短与报表的指标内容详简有关。一般来说，周期短的报表，指标较少，资料内容更精练；周期长的报表，指标较多，资料的内容也较全面。年报是周期最长的，日报是周期最短的。对周期短的报表，在及时性上要求强些，在准确性上要求低些；对周期长的报表，在时间上要求宽松些，在准确性、全面性、系统性上要求严格些。

（2）定期统计报表，还可按报告方式的不同分为电子报表和书面报表。电子报表是指通过电话、传真、互联网等电子媒介传送数据的调查方式，多用于周期较短且时效性强的项目或指标，如很多地区对规模以上工业企业的调查多采用网上直接填写、报送的方式搜集、汇总企业报表数据；书面报表是指报告单位填完书面报表，通过邮寄的形式上报资料的调查方式，多用于周期较长、指标较多和无须立即掌握的项目或指标。

在计划经济时代，定期统计报表为我国政府部门提供了大量的统计信息，成为最主要的调查方式。但是，在如今的市场经济时代，定期统计报表已暴露出很多缺陷和不足，比如在经济利益多元化的条件下，有些单位为了本单位的利益可能会出现虚报、漏报或瞒报数据的现象，影响了统计数据资料的质量；另外，如果上级机关向基层单位布置统计报表过多，会增加基层负担，使得基层单位疲于应付，这也会影响到统计数据质量。

第四节 统计数据采集的方法

在抽出调查样本之后，开展实地调查时，应根据调查单位的特点和调查内容的不同要求来确定恰当的统计数据采集方法。常用的方法有以下几种。

一、直接观察法

直接观察法是指由调查员直接或通过仪器在现场观察被调查者的行为动态并加以记录而获取统计资料的一种方法。直接观察法分人工观察和非人工观察，在市场调研中应用较广。比如研究人员可以通过观察消费者的行为，真实、客观地了解消费者的购买行为特征，从而来测定品牌偏好和促销的效果。又如，观察商场在某段时间的客流量、顾客在各柜台的停留时间、各组的销售状况、顾客的基本特征、售货员的服务态度等。

随着现代科学技术的发展，人们设计了一些专门的仪器来观察被调查者的行为，如照相机、录音机、显微录像机等来辅助观察。又如，在广播收听率调查中，已开始应用广播收听测量仪来进行广播收听数据的采集，其内置自动记录收听行为数据功能的监测芯片，能够实现 24 小时不间断地对听众的收听行为进行以秒为单位的记录存储，同步记录广播收听时间、频点等信息。

但是，直接观察法也有其自身的缺点，通常只有行为和自然的物理过程等外部现象才能被观察到，而无法了解被调查者的动机、态度、想法和情感等内在因素，这也会在一定程度上影响到统计资料的代表性和真实性。

二、采访法

采访法是指由调查人员向被调查者面对面地提问，根据被访者的答复来搜集统计资料的一种方法。采访法主要分为个别采访和集体采访（也称座谈会）两种方式。个别采访可采用入户调查访问和街头拦截访问等形式开展，集体采访是以调查组织者的名义邀请一定数量的被调查者一起座谈，搜集意见。

采访法的优点是调查人员和被调查者直接交谈，调查人员可向被调查者说明调查的目的和要求，打消被调查者不必要的顾虑，也可以当场解答被调查者的各种疑问。如果是集体采访，由访问人员或调研组织者作主持人引导讨论，可以相互启发和相互补充，以得到有用的资料。因此，采访法可以收集到比较准确的信息和丰富的资料，也有利于调查人员把搜集的统计资料和了解的有关情况结合起来。

采访的具体形式可通过口头询问搜集资料或者分发调查表格由被调查者自填而后收回等，但这些传统的形式都需要花费较多的人力、财力和时间。

三、电话调查法

电话调查法是指调查者按照统一问卷，通过电话向被访者提问，笔录答案。这种调查方法在电话普及率很高的国家和地区很常用，在我国只适用于电话普及率高的人口总体。采用电话调查的优点是速度快、范围广、费用低，在电话中回答问题一般较坦率，适用于不习惯面谈的人；但是，其缺点是受电话设备的限制，而且电话调查时间短，不便询问比较复杂的问题，调查问卷最好是简洁明了，访问时间一般控制在 3 ~ 5 分钟为宜，难以深入，另外还要求通话记录迅速、完整。

鉴于电话调查的上述缺陷，目前，很多市场调查公司都逐渐采用电脑辅助电话调查（computer-assisted telephone interview，CATI）的方式开展调查，这是电话调查法的一种特殊演变形式。CATI 系统直接将电脑与电话联系起来，调查问卷输入到电脑中，调查员在电脑屏幕前操作，由电脑进行随机自动拨号，调查员在通话时直接将调查结果输入到电脑问卷中。通过该系统，调查人员可以以更短的时间，更少的费用，得到更加优质的访问数据，并在电脑上直接应用各种统计软件进行数据分析。

四、邮寄调查法

邮寄调查法是指将事先设计好的调查表（或问卷）邮寄给调查对象，要求其填好后寄回的一种调查方法。这种调查方法的优势体现在：

第一，空间范围大。在一个地区可以邮寄到许多地方甚至是全国、国际市场进行调查。不受调查所在地区的限制，只要通邮的地方，都可选为调查样本。

第二，样本数目可以很多，而费用开支少。按随机原则选定的调查样本，可以达到一定数量，同时发放和回收问卷。

第三，被调查者有较充裕的时间来考虑回答问卷，并可避免面谈中受调查者倾向性意见，从而得到较为真实可靠的情况。

这种方法最大的问题是难以取得被调查者的配合，邮寄调查表的回收率一般较低，回收时间较迟缓。因此，应用邮寄调查法最好是以政府等权威机构的名义邮寄调查表，以提高回收率。

五、网络调查法

网络调查法是将问卷在网上发布，被调查者通过互联网完成问卷的填写和传输，这是随着网络传输技术的发达而衍生出的一种新式的调查手段。网络调查一般有两种途径：一种是将问卷放置在 WWW 站点上，等待访问者访问时填写问卷，如 CNNIC 每半年进行一次的"中国互联网络发展状况调查"就是采用这种方式。为达到一定问卷数量，站点还必须进行适当宣传，以吸引大量访问者。这种方式具有时效性强、费用低、信息量大、调查范围广等优点，但是，主要的缺陷是填写者一般是自愿性的，调查样本难以做到随机抽取，且无法核对问卷填写者真实情况，容易造成调查资料的不真实。

另一种是通过 E-mail 方式将问卷发送给被调查者，被调查者完成后将结果通过 E-mail 返回。这种方式的好处是，可以有选择性地控制被调查者，提高样本的随机性，缺点是容易遭到被访问者的反感。因此，采用该方式时首先应争取被访问者的同意，或者估计被访问者不会反感，并向被访问者提供一定补偿作为回报，如有奖回答或赠送小礼物，以降低被访问者的敌意。

六、实验调查法

实验调查法是指通过某种实践活动的验证去搜集有关资料的一种调查方法。此法起源于自然科学的实验求证，类似自然科学中通过实验来获取有关数据，得出正确结论，故名实验调查法。

实验调查法是以社会为"实验室"，以社会实践为基础的一种调查方法。例如，为了了解某种新产品的质量或者更好地提高产品质量，可免费将新产品赠送给用户或消费者个人试用，以便征求用户或消费者个人的意见；为了了解某种新产品的销路和顾客对产品质量与价格的意见，可举办新产品展销会；为了进行某种改革或推行某种新的政策，而先在小范围内进行试验，以了解这种改革或新政策的社会效应，然后再决定这种改革或新政策是否值得推广，是否需要进行调整或修改，等等。这些做法都是实验调查法。

由于实验调查法以社会实践为基础，可以取得较准确的信息和丰富的资料，便于人们作出正确的决策，避免不应有的损失，从而可提高社会经济活动的效益。当然，实验调查法也需要花费较多的人力、物力、财力和时间。

第五节　调查问卷设计

调查问卷，也叫调查表，它是一种以书面形式了解被调查者的反应和看法，并以此获得资料和信息的载体。调查问卷的设计是依据调查目的的需要，列出所需的调查项目，并以一定的格式，将其有序地排列、组合成调查表的过程。

一、调查问卷的结构

一张规范的调查问卷一般包括三个部分，即说明语、正文和结束语。

（1）说明语是指问卷开头的某种问候语，向被调查对象简要说明调查的宗旨、目的和对问题回答的要求等内容，引起被调查者的兴趣，同时解除他们回答问题的顾虑，并请求当事人予以协助调查。

例如：你好！我是广州×××市场调查公司所委托的调查员_____。电视机是每个家庭必备的家用电器，它和我们的生活息息相关。针对广州市彩电市场的现状，我们想就这个话题咨询您的宝贵意见，以便将来彩电行业能够更好地为市民服务。请您客观的陈述您的观点，回答无所谓对错，我们将对您的回答严格保密，请您不必有任何顾虑。请您在百忙之中抽出一点时间，为答谢您的配合，我们将在访问结束时向您提供一件精美的小礼品。谢谢！

（2）正文是一份问卷的主体部分，主要包括被调查者信息、调查项目、调查信息三部分。

被调查者信息，主要是了解被调查者的相关资料，以便对被调查者进行分类汇总和对比分析。一般包括被调查者的姓名、性别、年龄、职业、受教育程度等。这些内容可以了解不同年龄阶段、不同性别、不同文化程度的个体对待被调查事物的态度差异，在调查分析时能提供重要的参考作用，甚至能针对不同群体写出多篇有针对性的调查报告。出于隐私考虑，这部分信息最好能放在问卷的最后一部分。

调查项目是调查问卷的核心部分，是一项调查所要了解的主要内容，具体表现为一些问题和备选答案。

调查信息，是用来证明调查访问的执行、完成情况，并便于日后进行复查和修正。一般包括调查者姓名、电话，调查时间、地点，被调查者当时的合作情况等。

例如：访问地点：_____区_____街道_____居委会

访问日期：2010 年____月____日上/下午____点____分开始共计____分

（调查员注意：以下三项请在调查结束后填写，以备复查时使用）

受访者姓名：_____

受访者电话：_____

受访者地址：_____

（3）结束语：在调查问卷最后，简短地向被调查者强调本次调查活动的重要性以及再次表达谢意。例如：为了保证调查结果的准确性，请您如实回答所有问题。您的回答对于我们得出正确的结论很重要，希望能得到您的配合和支持，谢谢！

二、问卷项目设计

问卷项目是指用什么样的形式设置问题，一般可分为封闭式问题和开放式问题。封闭式问题包括两项选择题、单项选择题、多项选择题、程度性问题等。开放式问题一般有完全自由式、语句完成式等。

不同的题型都有各自的优缺点，在使用时应该做到扬长避短，选择恰当的提问方式来设计问卷项目。

（1）两项选择题，是由被调查者在两个固定答案中选择其中一个，适用于"是"与"否"、"有"与"没有"等互相排斥的二择一式问题。

例如：您家有彩电吗？　　　　A. 有　　　　　　B. 没有

两项选择题容易发问，也容易回答，便于统计调查结果。但被调查人在回答时不能讲原因，也不能表达出意见的深度和广度，因此一般用于询问一些比较简单的问题，并且两项选择必须是客观存在的，不能是设计者凭空臆造的，需要注意其答案确实属于非 A 即 B 型，否则在分析研究时会导致主观偏差。

（2）单项或多项选择题是对一个问题预先列出若干个答案，让被调查者从中选择一个或多个答案。

例如：决定您对应聘者取舍的重要因素是：

A. 仪表　　　　B. 谈吐　　　　C. 学历或职称　　　　D. 专业素质或工作经验

这类题型问题明确，便于资料的分类整理。但由于被调查者的意见并不一定包含在拟定的答案中，因此有可能没有反映其真实意思。对于这类问题，我们可以采用添加一个灵活选项，如"其他"来避免。

例如：您是通过什么渠道知道这个品牌的彩电的？（可多选）

A. 电视/广播广告　　　B. 报纸/杂志广告　　　　C. 交通广告

D. 赞助广告　　　　　　E. 传单/宣传册　　　　　F. 听亲戚/朋友说过

G. 其他（请指明）＿＿＿＿＿＿

（3）程度性问题是根据被调查者的态度、意见、满意度等有关心理活动来表示程度的选项，并加以主观的判断和测定。

例如：您对这款轿车是否感到满意？

A. 非常满意　　　B. 比较满意　　　C. 一般　　　D. 不太满意　　　E. 不满意

但是，不同的被调查者有可能对某一问题的理解程度不一致，导致回答结果难以直接比较。因此，有时可以采用评分的方式，如五分制、十分制和百分制等来度量。

（4）集中排列题，如果有多个问题的备选答案在内容、数量、结构等方面相同，就可以将它们集中排列在一起，以使问卷显得紧凑，同时也便于回答和后续数据处理。

例：您在作出购买决策时，下表左侧各因素所起的作用如何？（请在您认为合适的格内打钩）

因素	极重要	很重要	重要	不甚重要	不重要
价格性能比					
型号多样化					
售后服务					
易保养					

（续上表）

因素	极重要	很重要	重要	不甚重要	不重要
易操作					
耐用					
其他（请注明）					

（5）开放式问题是一种可以自由地用自己的语言来回答和解释有关想法的问题，问卷中没有可选择的答案，所提出的问题由被调查者自由回答，不加任何限制。

例如：您家中将由谁来决定是否购买彩电？

彩电的牌子将由谁来决定？

使用开放式问题，被调查者能够充分发表自己的意见，可以收集到一些设计者事先估计不到的资料和建议性的意见。但在分析整理资料时，由于被调查者的观点比较分散，有可能难以得出有规律性的信息，不便于进行规范的统计数据分析，并会导致被调查者的主观意识参与，使调查结果出现主观偏见。所以，在一份问卷中，开放式问题不应该太多，而且一般应放在问卷的最后位置。

三、问卷设计的注意事项

（1）调查问卷必须方便后续的统计整理和数据分析，而且其结果能满足调查目的的需要。

（2）问卷问题在排列时需注意其内在的逻辑性。

①在顺序安排上应先易后难，容易回答的问题放前面，较难回答的问题放后面。一般应从一个能引起被调查者感兴趣的问题开始，再问一般性的问题、需要思考的问题，而将比较难回答的问题和涉及被调查者个人隐私的问题放在最后。

②封闭式问题放前面，开放式问题放后面。

③要注意问题的逻辑顺序，可以将问题按时间顺序、类别顺序进行列框，由一般至特殊，循序渐进，逐步启发被调查者，使得被调查者一目了然，符合被调查者的思维程序，在填写的时候自然就会愉快地进行配合。

（3）在开展大型调查活动前，最好在小范围内进行一次预调查，其目的主要是为了发现问卷中存在歧义、解释不明确的地方，以及了解被调查者对调查问卷的反应情况，从而对调查问卷进行修改完善，以保证统计调查的目的顺利实现。

思考题

1. 什么叫统计调查？

2. 统计调查的种类主要有哪些？

3. 什么是统计调查方案？它包括哪些基本内容？

4. 什么是调查对象、调查单位和报告单位？报告单位和调查单位有什么联系和区别？请指出下列调查的调查对象、调查单位和报告单位：

（1）广州市零售业企业调查。

（2）广东省玩具业企业生产设备调查。

5. 什么是调查项目和调查表？调查表有哪几种类型？

6. 重点调查、典型调查和随机抽样调查都是非全面调查，三者有什么不同？

7. 搜集统计数据的方法有哪几种？各有什么特点？适用于什么条件或场合？

8. 什么是调查问卷？问卷设计时要注意哪些问题？

第三章 统计数据的整理与显示

第一节 统计整理的意义和程序

一、统计整理的意义

统计数据的整理简称统计整理，是指根据统计研究的目的要求，对统计调查所取得的各项资料进行科学的分组和汇总的工作过程。对已整理过的资料（包括历史资料）进行再加工也属于统计整理。

通过统计调查可以取得第一手资料，但这种资料只能反映总体各单位的具体情况，是分散、零碎、表面的。要说明总体情况，揭示出总体的内在特征，还需要对这些资料进行去粗取精、去伪存真、由此及彼、由表及里、由个体到总体的加工整理，使之系统化，以便通过综合指标对总体作出概括性的说明。

统计整理是整个统计工作和研究过程的中间环节，起着承前启后的作用。统计整理是统计调查的继续与深化，也是统计分析的基础。统计调查所搜集到的资料，只有通过科学的审核、分类、汇总等整理工作，才能使统计在认识社会的过程中，实现由个别到全体、由特殊到一般、由现象到本质、由感性到理性的转化，才能从整体上反映出事物的数量特征。否则统计调查所得的资料再丰富、再完备，其作用也发挥不出来，统计调查将徒劳无益，统计分析也将无法进行。

另外，统计整理还是积累历史资料的必要手段。统计研究中经常要用到动态分析，这就需要有长期累积的历史资料。而根据积累资料的要求，对已有的统计资料进行甄别与筛选，以及按现有的口径对历史的统计资料重新调整、分类和汇总等，都必须通过统计整理工作来完成。

二、统计整理的程序

统计整理的全过程包括对统计资料的审核、分组、汇总、制表与绘图几个环节，需要按照一定的步骤进行。

（1）对搜集到的资料进行全面审核，以确保统计资料准确无误，符合统计研究的目的要求。

（2）根据研究的目的和统计分析的需要，选择整理的指标，并进行划类分组。统计分组是统计整理的重要内容和统计分析的基础，只有正确地分组才能整理出有科学价值的综合指标，并借助这些指标来揭示现象的本质与规律。

（3）在分组的基础上，将各项资料进行汇总，得出反映各组和总体数量特征的各种指标。

（4）通过绘制统计图表，将整理出的资料简洁明了、系统有序、形象地表现出来。

第二节 统计数据审核

对调查资料进行审核是统计整理的第一步，包括以下内容。

一、审查资料的完整性和及时性

审查资料的完整性，就是看调查单位和报告单位是否齐全，规定的项目是否都有答案，应报资料的份数是否符合规定。审查资料的及时性，是看报告单位是否按时报送了有关资料，如有不报、漏报或迟报的现象，就要及时查清。

二、审查资料的正确性

审查资料的正确性，就是检查所填报的资料是否准确可靠。常用的审查方法有两种：第一种是逻辑检查，首先是从理论上或常识上检查资料是否有悖常理、有无不切实际或不符合逻辑的地方。比如，在一张调查表中，年龄是9岁，职业是教师，其中必有一个是错误的。又如，在某劳动密集型行业的报表中，企业规模为大型，而职工人数则是30人，这其中也必有一个是错误的。其次是检查各项目之间有无相互矛盾的地方。例如，企业的销售成本大于同期销售总值就是明显的逻辑错误。审查资料是否正确的第二种方法是计算检查，就是检查各项指标的计算口径、计量单位是否符合规定，并通过各种计算方法来检查各指标间的数字是否相互衔接。

三、历史资料的审查

在利用历史资料（或其他间接资料）时，应审查资料的可靠程度、指标含义、所属时间与空间范围、计算方法和分组条件与规定的要求是否一致。一般可以从调查资料的历史背景、调查者搜集资料的目的以及资料来源等来判断资料的可靠程度，也可以从指标间的相互关系以及指标的变动趋势来检查它的正确性。对不能满足现在要求、有缺漏或有疑问的资料，要进行有科学根据的推算、弥补和订正。

四、资料审查后的订正

通过上述审查，如发现有缺报、缺份和缺项等情况，应及时催报、补报；如有不正确之处，则应根据不同情况作如下处理：

（1）对于可以肯定的一般错误，应及时代为更正，并通知原报单位。

（2）对于可疑之数或无法代为更正的错误，应要求原单位复查更正。

（3）如果所发现的差错在其他单位也可能发生，那么应将错误情况通报所有单位，以免发生类似错误。

（4）对于严重的错误，应发还重新填报，并查明发生错误的原因，若属于违法行为，则应依法严肃处理。

第三节 统计数据分组

一、统计分组的概念

根据社会经济现象的特点和统计研究的目的要求,按照某种重要标志把总体分成若干部分的科学分类,称为统计分组。

事物是相互联系的,不同的事物之间都会在一定的环境中以一定的条件而相互关联,这种联系是构成各种各样的统计总体的前提。但不同的事物之间,在产生的原因、存在的条件、表现的形式、运动的规律、发展的前景等方面又是千差万别的。正是这些区别,使统计分组有了客观依据,并成为统计研究的科学基础和基本方法。没有科学的统计分组,便没有科学的统计。

二、统计分组的作用

统计分组在统计研究中的重要作用可概括如下:

(一) 划分社会经济现象的不同类型

社会经济现象千差万别,要了解各种社会经济现象的性质、特点及其相互关系,必须根据某种标志把它们划分为性质不同的类型,以便揭示不同社会经济现象的质的差异。例如,国民经济按产业分组,农业分成农、林、牧、渔业各组,社会商品零售额按商品用途分组,企业按经济类型分组,等等。这些分组也叫类型分组。表 3 - 1 是 2008 年广东省城镇居民家庭人均消费支出按商品类别分组的统计表。

表 3 - 1 将全部消费品分为八大类,尽管它们同属消费品,但在效用上却有"质"的差别。通过这种分类,可以反映我国居民和社会集团在商品消费中不同类别的商品所占的地位和作用,也为进一步研究我国消费品零售额的水平与结构提供了便利条件。

表 3 - 1 2008 年广东省城镇居民家庭人均消费支出及构成

按商品类别分组	零售额(元)	构成(%)
食品类	5 886.91	37.8
衣着类	975.06	6.3
家庭设备用品及服务类	947.54	6.1
文化娱乐用品类	1 936.38	12.4
交通通讯类	2 636.38	16.9
医疗保健类	836.39	5.4
居住类	1 748.16	11.3
杂项商品类	594.45	3.8
合计	15 561.27	100.0

资料来源:广东统计年鉴. 北京:中国统计出版社,2009.

（二）揭示社会现象的内部结构

从数量上反映总体内部的结构是统计研究的重要任务。总体的内部结构可体现部分与整体的关系以及各部分之间存在的差别和相互联系，反映事物从量变到质变的过程，帮助人们掌握事物的特征和认识事物的性质。例如，表 3－2 就是从我国出口商品构成的变化来反映我国经济发展水平和经济结构变化的。

表 3－2　我国出口商品构成　　　　　　　　　　　　　　　　单位：%

年份	农副产品	农副产品加工品	工矿产品	合计
1950	57.5	33.2	9.3	100
1960	31.0	42.3	26.7	100
1970	36.7	37.7	25.6	100
1980	18.7	29.5	51.8	100
1990	13.0	29.2	57.8	100
2000*	4.9	19.2	75.9	100
2008*	2.3	19.3	78.4	100

资料来源：中国对外经济贸易年鉴. 北京：中国统计出版社，1991.

＊表示 2000 年、2008 年的数据经过了换算处理。

（三）分析社会现象之间的依存关系

社会经济现象之间广泛地存在着相互依存的关系，如农作物的耕作深度与收成率之间、合理密植与农作物产量之间、家庭的工资收入与生活费支出之间、工人技术级别与产品质量之间、工人劳动生产率与产品成本之间、市场商品价格与其需求量之间等等，都在一定程度上存在相互依存的关系。所有这些依存关系，都可通过统计分组来查明影响因素与结果之间的变动规律。例如，流通费用率与商品流转的规模相关，其一般规律是流通费用率随商品流转规模的扩大而降低。例如，2010 年某地百货行业的 368 个零售商店，按它们的销售额进行分组后，其流通费用率与商品流转规模之间的依存规律就一目了然了，具体的分组情况如表 3－3 所示。

表 3－3　2010 年某地百货行业零售商店的销售额与费用率

按商品销售额分组（万元）	商店数（个）	流通费用率（%）
100 以下	25	11.2
100～500	70	10.6
500～1 000	130	9.9
1 000～3 000	75	8.7
3 000～5 000	40	7.8
5 000～10 000	18	7.0
10 000 以上	10	6.3

三、统计分组的种类

（1）按分组的作用或目的不同可分为类型分组、结构分组和分析分组。

（2）按分组标志的多少和分组的形式可分为简单分组、复合分组和并列分组。

简单分组就是对总体只按一个标志进行分组。例如，国民生产总值按产业分为第一产业、第二产业和第三产业三组；货运量按运输方式分为铁路运输、公路运输、水路运输、航空运输和管道运输等五组。

复合分组就是对总体按两个或两个以上的标志进行的重叠式分组，即在按某一标志分组的基础上再按另一标志进行进一步分组。例如，为了认识我国高校学生的构成，我们可以同时采用学科、本科或专科、性别等三个标志进行分组：

理科	文科
本科	本科
男	男
女	女
专科	专科
男	男
女	女

这样分组的结果是形成几层重叠的组别，把高校学生的构成分析得更为深入、详细。复合分组的优点是，可以从对同一现象的层层分组和分组标志的联系中，更加深入全面地研究总体各个方面的内部结构。但是，采用复合分组时，组数会随着分组标志的增加而成倍增加，使每组包括的单位数相应减少，处理不好就会成为烦琐哲学，不利于分析问题。因此，不能滥用复合分组，也不宜对较小总体进行复合分组，尤其不宜采用过多的标志进行复合分组。

并列分组，就是同时用两个或两个以上的标志分别从不同的角度进行不重叠的多种分组。例如，职工先按性别分成两组，再按年龄分成若干组；进口总额先按贸易对象分成若干组，再按商品用途分成若干组。其特点是两种或多种分组之间相互独立而不重叠，既可从不同的方面反映事物的多种结构，又不致使分组过于烦琐，故被广泛采用。

（3）按分组标志的性质分为品质分组和数量分组。

品质分组是按品质标志进行的分组，即按事物的某种属性分组。如企业按经济类型、行业分组，人口按性别、民族分组，大学生按专业分组等。这种分组可以反映总体的构成和不同属性事物在总体中的地位和作用。

数量分组是按数量标志进行的分组。如工业企业按生产能力、劳动生产率分组，商店按商品流转额、职工人数分组，人口按年龄、身高分组等。这种分组的目的在于通过事物在数量上的差异来反映事物在性质上的区别。

按品质标志分组和按数量标志分组是一对重要的统计分组，统计分组方法主要是围绕这两种分组来阐述的。

四、分组标志的选择

分组标志是统计分组的依据或标准。正确选择分组标志是进行统计分组的关键，分组标志确定得恰当与否会直接影响统计分组的作用。列宁曾经说过："由于分类方法的不同，同一个材料竟得出完全相反的结论。"这就是针对分组标志而言的。为了正确选择分组标志，必须遵循以下几条原则：

（一）要符合统计研究的目的和要求

统计分组是为统计研究服务的，统计研究的目的不同，选择的分组标志也应有所不同。例如，同是以工业部门为研究对象，当研究的目的是为了分析部门中各种规模的企业的生产情况时，应该选择产品数量或生产能力作为分组标志；当研究目的在于确定工业内部比例及平衡关系时，应该以行业为分组标志，将部门划分为重工业与轻工业或冶金、电力、化工、机械、纺织、煤炭等工业行业。

（二）必须选择最重要的标志作为分组依据

社会经济现象纷繁复杂，研究某一问题可能涉及许多标志，科学的统计分组则应从中选择与统计研究的目的、与有关事物的性质或类型关系最密切的标志，即把最主要或最本质的标志作为统计分组的依据。例如，当根据统计调查资料来研究人民生活水平变动情况时，可供选择的分组标志有家庭人口数、每户就业人数、每一就业者负担人数、家庭总收入、平均每人每月生活费收入等。而其中最能反映人民生活水平变动的标志是平均每人每月生活费收入，故应选择这一标志作为分组标志。

（三）要考虑到社会经济现象所处的具体历史条件

客观事物的特点和内部联系会随着条件的变化而变化，因此，当选择分组标志时，还应考虑到社会经济现象所处的具体历史条件。研究某种经济现象，采用某种标志进行分组，过去适用但现在不一定适用，此处适用但彼处不一定适用。所以要具体情况具体分析，根据事物的不同条件来选择分组标志。例如，同是划分企业规模，在劳动密集型的行业或地区，可采用职工人数作为分组标志；而在技术密集型的行业或地区，则应选择固定资产价值或生产能力作为分组标志。

五、组数和组距

选定了分组标志，接着是确定组数，即确定将总体分为几组。这个问题与分组标志的性质密切相关，需分别阐述。

（一）品质分组的组数

按品质标志分组时，其组数的确定主要取决于两个因素——统计研究的任务与事物的特点。对事物进行品质分组，其组数的多少首先取决于事物本身的特点。事物本身所具有的既定的属性，是我们确定组数的基本依据。在有些场合，事物的属性就已确定了总体的组数。例如，人口、职工和学生按性别分组，就只能分为两组；企业按经济类型分组，在我国现行经济体制下，也只有国有、集体、个体、合营和外资等几组。但是，有些事物构成比较复杂，组数可多可少，这时，到底将总体分为几组，就需要考虑统计研究任务的具体要求。例如，人口的分组、产品和商品的分组等是可粗可细的，组数则可多可少。到底分为几组，应根据统计研究的任务来确定，要求较细时，组数可多些；要求较粗时，组数则可少些。

（二）数量分组的组数和组距

按数量标志分组的目的，是要通过事物数量上的差异来反映事物在性质上的区别。因此，按什么样的数量界限来分组，应根据统计研究的目的和事物分布的特点来确定。但就一般情况而言，组数的多少直接取决于两个因素：一个是总体的标志变异全距，另一个是组距。在等距分组的条件下，组数等于全距除以组距。

全距是总体中的最大标志值与最小标志值之差。组距则是各组的最大标志值（上限）与最小标志值（下限）之差。在组距既定的条件下，全距大则组数多，全距小则组数少；在全距既定的条件下，组距大则组数少，组距小则组数多。全距是客观存在的事实，不以人的意志为转移，所以，确定组数的关键是确定组距。

确定组距涉及两个问题：一是组距的大小，二是组距的形式（等距还是异距）。正确解决组距问题，不能只从形式上考虑，更不能随心所欲，必须遵循一定的原则。这些原则是：

（1）要从统计研究的目的要求出发，使分组的结果能够满足统计工作的要求。例如，同样是人口按年龄分组，但是在劳动统计、国民教育统计和人口再生产统计中，分组的方法是不同的。

（2）要注意决定事物质量的数量界限，尽可能地使各组的数量差异能够反映出事物在性质上的区别。因此，分组时要尽可能保证组内的同质性和组间的差异性，使组距的大小尽可能与事物性质上的差异相吻合。例如，人口按年龄分组时，或者是反映出婴儿、幼儿、学前儿童、学龄儿童、青少年、中壮年和老年的质的区别，或者是反映出非劳力、辅助劳力、半劳力和全劳力的质的区别，而不应当作每3岁一组的毫无意义的分组。其他如事物的好坏，质量的优劣，规模的大、中、小，水平的高、中、低，管理的先进、一般、落后等，都可以用量上的差别来体现，分组时应当确定一个相对合理的数量界限，把它们区分开来。

（3）要体现出事物分布的特点，反映事物分布的规律，便于人们对总体中的特殊部分进行单独的研究。事物的分布，有它自己的规律和表现形式，统计分组应当体现这个规律，使总体的各个部分都占有其应有的地位，并把总体中需要引起人们特别注意和认真研究的部分单独列出。

这些原则实际上告诉我们，对所掌握的统计资料进行统计分组时，确定组数的多少、组距的大小和形式，并无统一的规则，必须依据所研究问题的性质和研究者的知识经验来作判断。这里，介绍一种确定组数和组距的经验公式，即

$$n = 1 + 3.3 \lg N$$

$$d = \frac{R}{n} = \frac{X_{max} - X_{min}}{1 + 3.3 \lg N}$$

式中，n 为组数，N 为总体单位数，d 为组距，R 为全距，即最大变量值 X_{max} 与最小变量值

$X_{\min}$ 之差。该公式是美国学者斯特杰斯（H. A. Sturges）创用的，称为斯特杰斯经验公式，在应用中它须满足两个条件：一是现象的分布接近正态；二是现象的特性适合作等距分组。根据这一公式，可以得到总体单位数与组数之间关系的参考标准（见表 3 – 4）：

表 3 – 4　总体单位数与组数之间关系的参考标准

N	15 ~ 24	25 ~ 44	45 ~ 89	90 ~ 179	180 ~ 359	360 ~ 719
n	5	6	7	8	9	10

上述公式及表中数据仅供参考，切不可生搬硬套。实际分组时采用的组数多少和组距大小应视所掌握资料的性质而定。

六、组限和组中值

组限是指每组两端的数值，其中每组的起点数值（最小值）称为下限，终点数值（最大值）称为上限。组限是各组之间的数量界限，科学的组限要求使总体中任何一个单位都能够而且只能够归入某一组，各组之间既不交错，也不脱节，以防止分组和汇总中出现混乱。

组限的形式与变量的特点密切相关。如果分组标志是连续变量，组限一般用重合式；如果分组标志是离散变量，组限一般用不重合式。

所谓重合式，就是相邻两组中，前一组的上限与后一组的下限数值相重。如人口按年龄分为不满 1 岁、1 ~ 3 岁、3 ~ 7 岁、7 ~ 14 岁、14 ~ 25 岁……但所谓重合式只是形式上相重，实际上两组之间是没有重复的，一般按"含下限不含上限"或"上限不在组内"的原则处理。例如，"3 ~ 7 岁"是指满 3 岁至不满 7 岁，"7 ~ 14 岁"是指满 7 岁至不满 14 岁，其余类推。

所谓不重合式，是指前一组的上限与后一组的下限，两值紧密相连而又不相重复。例如，企业按职工人数分为 99 人以下、100 ~ 499 人、500 ~ 999 人、1 000 人及以上各组。这里，99 与 100、499 与 500、999 与 1 000 等，都是紧密相连的，当中不可能再有第三个数，因为不可能有 99 点几人或 499 点几人的企业。

以上是就一般规则而言的，实际工作中也有特例，即分组标志是连续变量，但组限却用不重合式。例如，人口按年龄分组的基础资料就分为 0 岁、1 岁、2 岁、3 岁……（1 岁 1 组），但其意义也是明确的，0 岁指不满 1 岁、1 岁指满 1 岁不满 2 岁、2 岁指满 2 岁不满 3 岁，其余类推。

组中值是各组组距的中点值，它代表组内各标志值的一般水平，具有平均数的性质（但它并不是平均数）。组中值因为适应统计分析的需要而被广泛采用，其计算方法因组限形式不同而不同。

当两组间的相邻组限重合时：

组距 = 本组上限 – 本组下限

组中值 =（上限 + 下限）/ 2

或　　　　 = 下限 + 组距 / 2

或　　　　　 = 上限 – 组距 / 2

当两组间的相邻组限不重合时：

组距 = 下组下限 – 本组下限

或　　　　 = 本组上限 – 上组上限

组中值 = （本组下限 + 下组下限）/ 2

或　　　　　 = 本组下限 + 组距 / 2

或　　　　　 = 下组下限 – 组距 / 2

组距式分组中，常常会遇见首末两组"开口"的情况，即第一组用"多少以下"（有上限无下限），最后一组用"多少以上"（有下限无上限）来表示。此时，组中值是以相邻组的组距为依据的，按下式计算：

组中值 = 上限 – 邻组组距 / 2

或　　　　　 = 下限 + 邻组组距 / 2

第四节　统计数据汇总

一、统计资料汇总的意义

在统计分组的基础上，将统计资料归并到各组中去，并计算各组和总体的合计数（包括总体总量和标志总量）的工作过程，称为统计资料汇总。通过统计资料汇总，将各个调查单位的情况汇总成总体情况，使我们能看到全体，进而揭示出总体在多方面的数量特征。由于统计调查往往是大规模的调查，汇总也就成为一项繁重的任务，只有采用一套科学的统计汇总技术，才能节约人力、财力、物力，保证汇总资料准确和迅速，并为统计分析打下良好的基础。

二、统计资料汇总的组织形式

统计资料汇总有逐级汇总和集中汇总两种组织形式。

逐级汇总是按照一定的统计管理系统，由各级统计机构自下而上地逐级将调查资料汇总上报。我国的定期统计报表一般都属于逐级汇总，有些专门调查也采用这种汇总形式。逐级汇总便于就地审核和订正统计调查资料，在满足上级领导部门需要的同时，能及时为各级领导提供资料，并可发挥各级统计部门的作用。但逐级汇总层次较多，所需时间较长，从而产生汇总差错的可能性较大。

集中汇总是把统计调查资料集中在组织调查的最高机关或由它指定的机构进行汇总。它的特点是不经过中间环节，可以大大缩短汇总时间，便于贯彻统一的汇总纲要，并可使用现代化的汇总手段来提高汇总效率和质量。因此，对时效性强的快速普查和对汇总要求很高的一些重要调查，常常采用集中汇总形式。但集中汇总不能及时满足地方或基层领导的需要，审核和订正资料也较困难。

上述两种汇总形式各有利弊，因此在实际工作中常将两种组织形式结合使用，结合的形式有两种：

（1）会审汇编，即把下级统计工作人员集中到上级机关，共同审核和汇总统计资料。如对工作量较大的年报，往往采用这种方式。会审汇编不仅比一般的逐级汇总快，而且可以随时纠正资料中的差错，交流经验，提高统计人员的业务水平。

（2）综合汇总，即对各级都需要的基本资料实行逐级汇总，对调查所得的其他资料则实行集中汇总。如我国第三次人口普查，就是首先将地方急需的总户数和总人口以及按性别、民族和文化程度分组的人口资料进行逐级汇总的；然后将人口普查所得的其他资料交由省市和中央两级，利用电子计算机进行集中汇总。

三、统计资料汇总的方法

统计资料汇总是一项技术性很强的工作，其汇总手段主要有两种：手工汇总和电子计算机汇总。

手工汇总指以算盘和小型计算器为手段，通过手工操作对统计资料进行汇总。现在，尽管在汇总资料较少或某些特定条件下，手工汇总仍有一定的方便性和优越性，但计算机汇总资料已是一项更普遍和快捷的整理工作。

运用电子计算机进行自动化汇总，快速准确、计算容量大且省时省力，并可以进行编审检同步、分组分析和数据存储，其汇总功能和汇总资料的再利用性都远远大于手工汇总。随着计算机硬件和软件技术的快速发展，管理手段或工具电算化将成为必然，这就预示着计算机汇总将完全取代手工汇总。当然，就技术而言，这更多地属于计算机应用和管理信息系统所研究的内容，这里不专作介绍，仅对计算机汇总的基本程序作如下归纳：

（1）制表编序。根据汇总方案编制汇总表，再按汇总表的要求用某计算机语言编制程序。编好程序输入计算机，计算机则按此程序进行操作和打印，所以这是一项重要的技术工作，一般由懂软件编程的专业人员来完成。

（2）输入数据。把需要汇总加工的数据按照算法语言输入计算机，并记载到存储介质上，以备计算机操作时调用。

（3）逻辑检查。按照事先规定的一套逻辑检查规则对输入计算机的原始数据进行分析、比较、筛选和整理等，将误差超过允许范围的数据退回审改，允许误差范围以内的个别错误则由计算机按编辑规则自行改正。

（4）打印结果。经过逻辑检查后，电子计算机将自动按照规定的汇总程序和汇总表式进行汇总和制表，并将结果打印出来。

第五节　分布数列

一、分布数列的意义

分布数列，是指反映总体单位在各组的分布状况的一系列数字。它是在统计分组的基础上，将总体的所有单位按组归类，并把所有的组及其单位数按一定顺序排列而成的。由于分布数列反映了总体单位数（次数）在各组的分布状况，因此也叫次数分布或次数分配。例如，将某玩具厂300名工人按每人日产量分组，统计出每组工人数，并按日产量从少到多排列，就形成一个分布数列，见表3-5。

表3-5　工人日产量次数分布表

按日产量分组（件）	工人数（人）	比重（%）
9	12	4.00
10	38	12.67
11	65	21.67
12	85	28.33
13	60	20.00
14	30	10.00
15	10	3.33
合计	300	100.00

分布数列包括两个要素：一是组的名称，即按一定标志划分出来的各个组，其中按数量标志分组表现为各组的变量值（标志值），常用 X 表示；二是各组次数，即各组所对应的总体单位数。由于各组次数实际上表现了具有各组标志值的现象在总体中"频繁"出现的多少，因此也叫频数，常用 f 表示。次数的相对数形式即各组次数占总体单位总数的比重，称为频率，它说明具有某组标志值的现象在总体中频繁出现的程度，反映总体的构成。

分布数列，是统计整理的一种重要形式，也是统计描述和统计分析的一种重要方法。它可以表明总体的分布特征和内部结构，并据以研究总体中某种标志的平均水平及其变动规律。

二、分布数列的种类

社会经济现象多种多样，各具不同的特点，因而用来反映总体分布特征及内部结构的分布数列也有多种形式，我们可以从不同的角度将其分类。

（一）按分组标志的不同分为品质数列和变量数列

品质数列，是指按品质标志分组所形成的分布数列，它由各组名称和各组单位数构成。例如，2008年年末广东省从业人员按经济类型分组的分布状况，见表3-6。

表 3 - 6　2008 年年末广东省从业人员按经济类型分组的分布状况

类别	人数（万）	比重（%）
国有单位	391. 99	7. 17
集体单位	1 977. 20	36. 18
股份合作单位	21. 56	0. 39
联营单位	19. 51	0. 36
有限责任公司	263. 28	4. 82
股份有限公司	71. 01	1. 30
外商投资单位	262. 49	4. 80
港澳台投资单位	672. 40	12. 30
私营企业	868. 52	15. 90
个体经济	917. 14	16. 78
合　计	5 465. 10	100. 00

资料来源：广东统计年鉴 . 北京：中国统计出版社，2009.

就编制品质数列而言，如果分组标志选择得正确，统计研究的任务具体明了，则分组问题较易解决，事物分布的特征也比较容易通过数列正确地反映出来。

变量数列，是指按数量标志分组所形成的分布数列，由变量和次数两个要素组成。例如表 3 - 3、表 3 - 5 都是常见的变量数列。相对来说，变量数列的编制比较困难，因为事物性质的差异在数量上往往表现得不甚明确，而且决定事物性质的数量界限也会因人的主观认识而异，所以，按同一数量标志分组也有可能出现多种分布数列。为了使变量数列能比较准确地反映总体的分布特征，编制数列时，既要遵循按数量标志分组的有关原则，又要掌握编制变量数列的方法。

（二）按分组形式的不同可分为单项式数列和组距式数列

单项式数列，是指各组都由一个具体的变量值（单项）来表示的数列，例如表 3 - 5。组距式数列，则是指各组都由两个变量值界定的变量区间（组距）来表示的数列，它又分为等距数列和不等距数列，例如表 3 - 3 就是不等距的组距式数列。

（三）按次数分布的特征不同可分为钟形分布数列、U 形分布数列和 J 形分布数列

钟形分布数列的特征是数列中愈靠近变量值中点分布次数愈多，愈远离变量值中点分布次数愈少，从而形成"中间大，两头小"的次数分布，将其绘成曲线图就像一口古钟，故得名。例如表 3 - 5、表 3 - 6 都是钟形分布数列，我们将表 3 - 5 所反映的分布数列绘成曲线图，如图 3 - 1 所示。

从图 3 - 1 中可以看出，日产量为 12 件的工人最多，以此为中点，两边的人数逐渐减少。如果将原先的折线图用平滑的曲线略作修匀（见虚线图），就更显示出其钟形分布的特征。

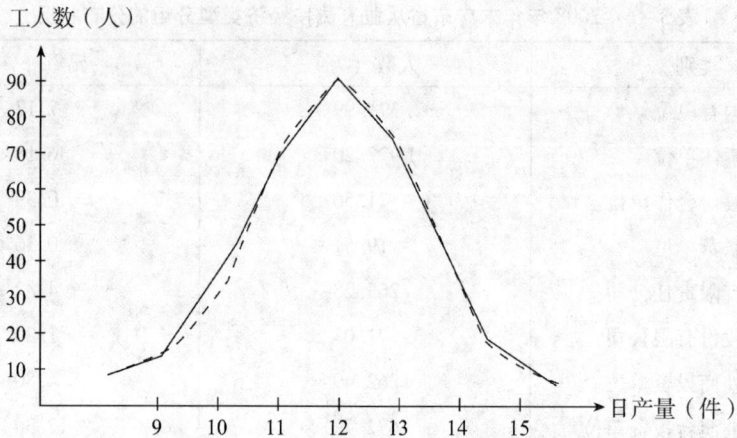

图 3 - 1

在社会经济现象中，有许多钟形分布数列表现为对称分布，即以变量值中点（此时分布次数最多）的垂线为对称轴，两侧变量值分布的次数随着与中点值距离的增大而渐次减少，且减少的次数也基本对等，如图 3 - 1 所示，这种对称分布在统计学中称为正态分布。当然，也有非对称分布的现象，非对称分布的图形则有不同方向和程度的偏斜，故称为偏态分布。如图 3 - 2 所示，其中左边的图为向右偏斜，叫右偏分布；右边的图为向左偏斜，叫左偏分布。前面表 3 - 3 所表示的分布就是右偏分布。

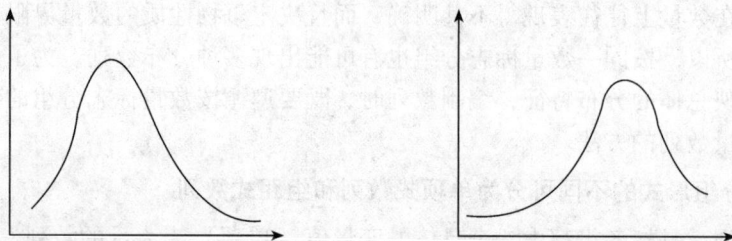

图 3 - 2

U 形分布数列则正好与钟形分布数列相反，表现出"两头大，中间小"的次数分布特征，其次数分布曲线图就像个 U 字，如图 3 - 3 所示。例如人口死亡现象按年龄分布便是如此，因为在人口总体中，婴幼儿和老年人死亡率最高，青少年死亡率最低，中年人死亡率也较低，从而死亡率按年龄分组则呈 U 形分布。

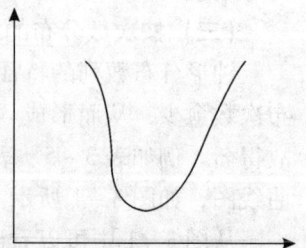

图 3 - 3

另外，在社会经济现象中，也有一些统计分布数列的曲线图呈 J 形，其图形有两种情况：一种是次数随着变量值的增大而增多，如图 3 - 4 中的右图所示。例如，在市场经济条件下，商品供应量随市场价格上升而增加。另一种是次数随着变量值的增大而减少，呈倒 J 形分布，如图 3 - 4 中的左图所示。例如，弹性大的商品，其需求量随市场价格上升而减少。

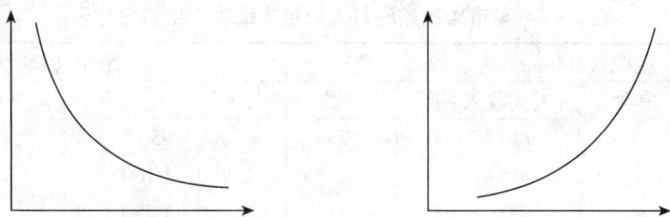

图 3 - 4

三、分布数列的编制

次数分布有简单次数分布和累计次数分布之分，它们的表现形式是次数分布表和次数分布图。

（一）简单次数分布表的编制

这是编制分布数列的主要内容。由于品质数列和单项式变量数列的次数分布表相对比较简单，因此我们着重研究组距式数列次数分布表的编制方法和步骤。

【例 3 - 1】对某城市居民家庭的生活情况进行抽样调查，得到 54 户家庭月人均可支配收入（单位：元）资料如下：

1 160	1 360	1 580	1 770	2 380	1 070	1 540	1 720	1 970
1 100	1 350	1 460	1 940	920	2 300	1 240	1 580	1 710
1 420	1 050	1 310	1 670	2 080	1 400	1 280	1 390	1 550
840	1 120	1 540	1 650	1 500	1 120	1 330	1 730	1 870
1 080	810	1 350	1 590	1 880	1 460	1 200	1 490	1 630
990	1 860	1 570	2 120	1 300	1 750	2 060	870	1 840

乍一看，这些资料杂乱无章，很难看出有什么特征，需要进行整理。我们首先将这些数据从小到大进行排列，使其序列化：

810	840	870	920	990	1 050	1 070	1 080	1 100
1 120	1 120	1 160	1 200	1 240	1 280	1 300	1 310	1 330
1 350	1 350	1 360	1 390	1 400	1 420	1 460	1 460	1 490
1 500	1 540	1 540	1 550	1 570	1 580	1 580	1 590	1 630
1 650	1 670	1 710	1 720	1 730	1 750	1 770	1 840	1 860
1 870	1 880	1 940	1 970	2 060	2 080	2 120	2 300	2 380

经过初步整理，就可以看出该市居民家庭月人均可支配收入具有一定的规律性，大多数在 1 300 ~ 1 800 元，高于 1 800 元或低于 1 300 元的都很少，而且相对来说，低于 1 300元的略多于高于 1 800 元的，这些特点都与现实生活比较吻合，我们在进行统计分组和编制变量数列时，就应该反映出这一总体的分布特征。

因为数据中最大的是 2 380 元，最小的是 810 元，全距为 1 570 元，且变量值个数较多，所以首先可以肯定对本资料不宜编制单项式数列，而要编制组距式数列。编制组距式数列就必须确定组距和组数，我们先采用组距为 100 元和 150 元，分别得到相应的分布数列，见表 3 – 7。

表 3 – 7　某市居民家庭月人均可支配收入次数分布表

组距（100 元）				组距（150 元）	
月人均收入（元）	户数	月人均收入（元）	户数	月人均收入（元）	户数
800 ~ 900	3	1 900 ~ 2 000	2	800 ~ 950	4
900 ~ 1 000	2	2 000 ~ 2 100	2	950 ~ 1 100	4
1 000 ~ 1 100	3	2 100 ~ 2 200	1	1 100 ~ 1 250	6
1 100 ~ 1 200	4	2 200 ~ 2 300	0	1 250 ~ 1 400	8
1 200 ~ 1 300	3	2 300 ~ 2 400	2	1 400 ~ 1 550	8
1 300 ~ 1 400	7			1 550 ~ 1 700	8
1 400 ~ 1 500	5			1 700 ~ 1 850	6
1 500 ~ 1 600	8			1 850 ~ 2 000	5
1 600 ~ 1 700	3			2 000 ~ 2 150	3
1 700 ~ 1 800	5			2 150 ~ 2 300	0
1 800 ~ 1 900	4			2 300 ~ 2 450	2
合计		54		合计	54

从表 3 – 7 可看出，组距为 100 元太小，组数太多，各组单位数分散，看不出分布规律；组距为 150 元时，总体单位在各组的分布规律开始表现出来，但特征仍不是很明显。若再将组距扩大为 200 元，此时组数可定为 8 组（组数 = 全距/组距 = 1 570/200 = 7.8），通过进一步整理，得到分布数列，见表 3 – 8。

表 3 – 8　某市居民家庭月人均可支配收入次数分布表

月人均收入（元）	户数	频率（%）
800 ~ 1 000	5	9.26
1 000 ~ 1 200	7	12.96
1 200 ~ 1 400	10	18.52
1 400 ~ 1 600	13	24.07
1 600 ~ 1 800	8	14.82
1 800 ~ 2 000	6	11.11
2 000 ~ 2 200	3	5.56
2 200 ~ 2 400	2	3.70
合计	54	100.00

从表 3 – 8 可知，采用组距为 200 元来编制分布数列最适宜，不同月人均可支配收入水平的家庭的分布特征被明显地表现出来了。

（二）简单次数分布图的绘制

分布数列所表示的次数分布状况，还可通过次数分布图来反映。次数分布图的绘制因单项式数列和组距式数列而有所不同，组距式数列又因等距数列和不等距数列而异。

　　单项式数列次数分布图的绘制比较简单，它是以变量为横轴，以次数为纵轴，在坐标上描出各组的变量值和相应的分配次数所对应的坐标点，并用折线连接各坐标点，即得分布曲线（折线）图，如图3-1的实线部分所示。

　　组距式数列次数分布图则有直方图和曲线图两种，而且曲线图是在直方图的基础上绘制的。具体绘制步骤如下：

　　（1）以横轴代表变量，并在上面标出各组组限值所在位置。这样，各位置之间的距离就是各组组距，在等距分组的条件下它们是相等的；以纵轴代表次数，并按需要标出各组次数所在位置。

　　（2）以各组组距为宽，各组次数为高，绘出各组所对应的直方图。这样，各组直方图面积的大小就表示各组分配次数的多少，且各个直方图并在一起所形成的"图案"就表明了总体次数分布的特征。

　　（3）将各直方图上端的中点（即各组组中值与各组次数的交点）连成一条折线，就形成次数分布曲线（折线）图。从面积的角度看，折线与横轴所包围的面积与直方图的面积是相等的，故它们所容纳的总体单位数是一样的。现绘制前例居民家庭月人均可支配收入的次数分布图，见图3-5。

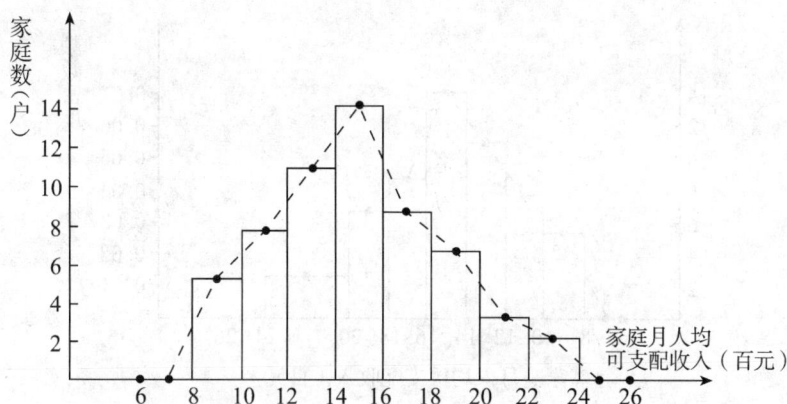

图3-5　某市居民家庭月人均可支配收入的次数分布图

　　上面绘制的是等距数列的次数分布图，对不等距数列，其分布图的绘制稍微复杂些，不能直接按照不等距数列的资料绘制分布图，因为不等距数列的次数分布受变量值和组距两种因素的影响，不经过加工整理而直接绘制的图形，不能正确反映次数分布特征。为了使图形能更准确地反映总体次数的分布状况，就必须消除组距大小不等的影响，将不等组距的次数换算为统一的标准组距次数（标准组距通常是组距数列中的最小组距）。换算公式如下：

标准组距次数 = 某组单位组距次数×标准组距

$$= \frac{某组次数}{某组组距} \times 标准组距$$

$$= 某组频数密度×标准组距$$

再以横轴代表各组变量值，以纵轴代表各组标准组距次数（或频数密度），就可绘出能正确反映总体次数分布状况的分布图。我们仍以图3-5的资料为例，将最后两组归为一组，就形成不等距数列，据此制出相应的标准组距次数分布表和分布图。见表3-9和图3-6。

表3-9　某市居民家庭月人均可支配收入（不等距组）次数分布表

月人均收入（元）	户数	频数密度＝次数/组距	标准组距次数
800 ~ 1 000	5	0.025	5
1 000 ~ 1 200	7	0.035	7
1 200 ~ 1 400	10	0.050	10
1 400 ~ 1 600	13	0.065	13
1 600 ~ 1 800	8	0.040	8
1 800 ~ 2 000	6	0.030	6
2 000 ~ 2 400	5	0.012 5	2.5
合计	54	—	—

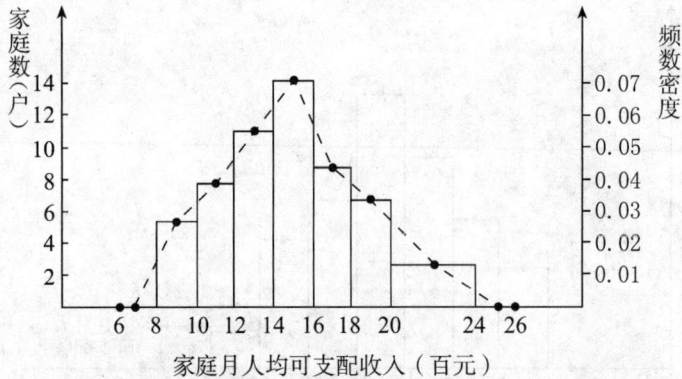

图3-6　家庭月人均可支配收入（不等距组）次数分布图

（三）累计次数分布的编制

简单次数分布数列可以表示每个变量组出现的次数，以及在整个数列中次数分布的规律。如果我们想知道分布数列中各组的次数以及总体单位数的分布特征，只从简单次数分布表中一眼就可以看出来。但是，如要知道截止到某一组变量值以下或以上所对应的分配次数是多少，以及事物发展进程等情况，则需要将有关组的分配次数进行累加后才能说明问题。所以，要全面深入地分析分布数列，还应编制累计次数分布。

编制累计次数分布需要计算累计次数和累计频率，它们又有两种计算方法：一种是以下累计，即从低组向高组累计，此时每组的累计次数或累计频率表示该组上限以下的次数或频率共有多少；另一种是以上累计，即从高组向低组累计，此时每组的累计次数或累计频率表示该组下限以上的次数或频率共有多少。如表3-10所示。

表3-10 某市居民家庭月人均可支配收入累计次数分布表

月人均收入 （元）	家庭数 （户）	频率 （%）	以下累计		以上累计	
			次数	频率（%）	次数	频率（%）
800~1 000	5	9.26	5	9.26	54	100.00
1 000~1 200	7	12.96	12	22.22	49	90.74
1 200~1 400	10	18.52	22	40.74	42	77.78
1 400~1 600	13	24.07	35	64.81	32	59.26
1 600~1 800	8	14.82	43	79.63	19	35.19
1 800~2 000	6	11.11	49	90.74	11	20.37
2 000~2 200	3	5.56	52	96.30	5	9.26
2 200~2 400	2	3.70	54	100.00	2	3.70
合计	54	100.00	—	—	—	—

根据累计次数分布表的资料，可以绘制累计次数分布图，如图3-7所示。图中由左下角至右上角的曲线为以下累计曲线，由左上角至右下角的曲线为以上累计曲线。

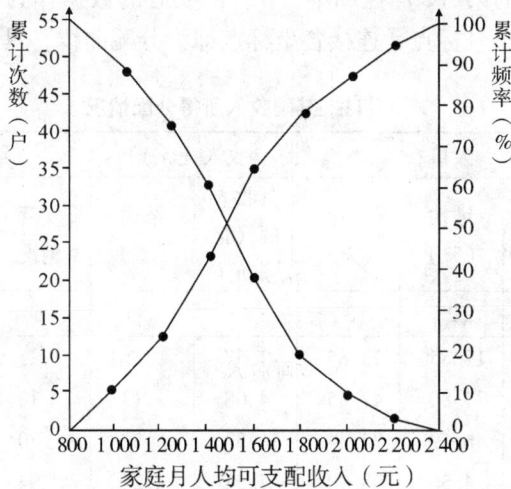

图3-7 某市居民家庭月人均可支配收入累计次数分布图

值得注意的是，编制累计次数分布有其特殊的作用：

（1）可表明各组变量在该组上限值以下或下限值以上的次数或频率共有多少。如本例中，家庭月人均可支配收入在1 600元以下的有35户，占家庭总数的64.81%，同时说明只有35.19%的家庭月人均可支配收入在1 600元以上；家庭月人均可支配收入在2 000元以上的只有5户，仅占家庭总数的9.26%，同时说明90%以上的家庭月人均可支配收入都在2 000元以下。

（2）在图上可直观地看到中位数的近似值。如本例中，由向上累计和向下累计的两条曲线的交点所对应的坐标可知，中位数的位置是27，中位数是1 490元左右（中位数的问题将在第五章介绍)。

(3) 借助各组标志总量占总体标志总量的比重累计数,还可以图示集中曲线,表示社会经济现象的集中水平。比如著名的洛伦茨曲线图,就是在累计次数分布的基础上绘制的,常用来研究财富、土地和收入的分配是否公平,以及劳动者和产值的集中状况。

鉴于洛伦茨曲线图是统计资料整理(累计次数分布)结果的直接应用,并被广泛运用于经济管理问题分析,所以专门对此作介绍。洛伦茨曲线图最早是由美国洛伦茨博士(Dr. M. O. Lorenz)提出来的。其绘制方法如下:

(1) 将分配的对象和接受分配者的数量均化成结构相对数并进行向上累计。

(2) 纵轴和横轴均为百分比尺度,纵轴自下而上,用以测定分配的对象(如一国的财富、土地或收入等);横轴由左向右,用以测定接受分配者(如一国的人口)。

(3) 根据计算所得的分配对象和接受分配者的累计百分数,在图中标出相应的绘示点,连接各点并使之平滑化,所得曲线即所要求的洛伦茨曲线。

例如,某国某年家庭收入资料如表3-11所示,利用这些资料绘制洛伦茨曲线。

先将人口、收入的数量 [表3-11中的第(1)、(4)栏] 计算成结构相对数 [表3-11中的第(2)、(5)栏];

再求出累计百分比 [表3-11中的第(3)、(6)栏];

然后以表3-11中的第(3)栏和第(6)栏成对的数据作为横坐标和纵坐标,在制好的比率曲线图格上标出坐标点,连接各坐标点即为分配曲线,具体见图3-8。

表3-11　某国收入所得分配情况

按收入所得水平分组	人口			收入(%)		累计收入(%)		
	人口(万人)	结构(%)	累计(%)	月收入额(亿美元)	结构(%)	实际情况	绝对平等	绝对不平等
	(1)	(2)	(3)	(4)	(5)	(6)	(7)	(8)
最低	128.5	12.85	12.85	1.57	5	5	12.85	0
中下等	348.0	34.80	47.65	4.08	13	18	47.65	0
中等	466.9	46.69	94.34	16.33	52	70	94.34	0
较高	45.6	4.56	98.90	7.54	24	94	98.90	0
最高	11.0	1.10	100.0	1.88	6	100	100.0	100
合　计	1 000.0	100.0	—	31.40	100	—	—	—

资料来源:黄良文. 统计学. 北京:中国统计出版社,2008.

图3-8中的曲线为实际收入分配曲线,对角线为绝对平等线。将实际收入分配线与绝对平等线或绝对不平等线进行对比,可衡量其不平等程度。离绝对平等线越远,分配越不平等;反之,越靠近绝对平等线,分配越平等。

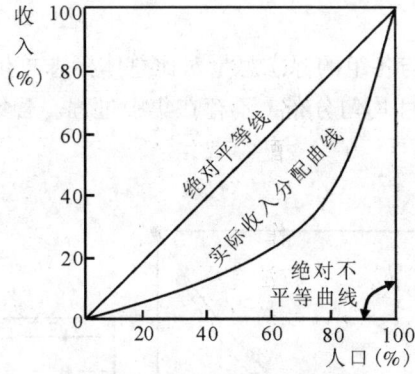

图 3 - 8　洛伦茨曲线示意图

　　我们可以进一步考虑将洛伦茨曲线可拓广使用。洛伦茨曲线拓展运用于描述一般的社会经济现象，借以反映总体单位标志分布的集中状况——集中的存在、集中的程度，所以也称为集中曲线，或标志曲线。集中曲线用于研究现象总体各单位标志的变异状况——变量分布均匀性或分布的集中程度，例如，测定城市人口的地域集中状况、地区或部门工业企业中各种指标的构成与分布情况、电力系统的发电量和燃料消耗量是否集中于大型的发电站中、居民家庭的收入与金融资产的集中程度等方面，都可以考虑运用洛伦茨曲线原理绘制曲线，并进行分析。

　　以下通过一个实例来说明集中曲线的绘制步骤。

　　假定通过抽样调查，得到某城市 64 户居民家庭月人均可支配收入和家庭金融资产的资料（按月收入分组），如表 3 - 12 所示，据此资料绘制集中曲线图。

表 3 - 12　64 户居民家庭月收入和金融资产资料表

按月收入分组（元）	户数		月收入		金融资产	
	比重（%）	比重累计（%）	比重（%）	比重累计（%）	比重（%）	比重累计（%）
（甲）	(1)	(2)	(3)	(4)	(5)	(6)
500 以下	4.7	4.7	1.1	1.1	0.7	0.7
500~1 000	9.4	14.1	3.2	4.3	2.3	3.0
1 000~1 500	20.3	34.4	12.9	17.2	8.5	11.5
1 500~2 500	32.8	67.2	31.5	48.7	27.8	39.3
2 500~3 500	23.4	90.6	33.4	82.1	38.6	77.9
3 500 以上	9.4	100.0	17.9	100.00	22.1	100.0
合计	100.0	—	100.0	—	100.0	—

资料来源：黄良文.统计学.北京：中国统计出版社，2008.

　　以横轴表示累计频率，即居民家庭户数比重累计；以纵轴表示标志总量比重累计，即各组月收入、金融资产比重累计。

　　图 3 - 9 表明 64 户居民家庭月人均可支配收入和金融资产的构成分布情况和集中

状况。

对角线表示各组的频率与各组的标志总量对比总体标志总量的比重是完全对应的,即现象总体标志（变量）呈线性均匀分布,不存在集中过程。若集中曲线离开了对角线,则说明集中存在。

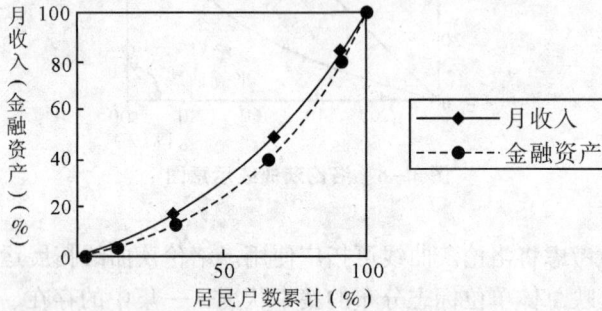

图 3-9 64 户居民家庭月人均可支配收入和金融资产洛伦茨曲线

绘制洛伦茨曲线,必须正确分辨给定的数据中哪一项是总体单位,哪一项是单位标志,并且明确前者放在横轴上,后者放在纵轴上。

第六节 统计数据显示

一、统计表

（一）统计表的意义及其结构

统计表,是指集中而有序地显示统计资料的表格。它是表现统计资料和积累统计资料的基本手段。好的统计表不仅可以简明扼要地反映社会经济现象的状况,而且可以深刻地揭示社会经济现象的性质及其发展规律,可以避免冗长的文字和烦琐的叙述。因此,在统计工作和社会经济问题的分析中,统计表被广泛地采用。

统计表的结构,从组成因素看,是由标题、横行与纵栏、数字资料三部分组成的。标题分为两种,一是总标题,即表的名称,概括地说明表的内容,放在表的上端中央;二是标目,即横行与纵栏的标题,说明横行与纵栏的内容,通常它们分别写在表的左方（横标目）和上方（纵标目）。数字资料就是表中的各项具体指标值。

从统计表的内容上看,它由主词和宾词两部分构成。主词就是统计表所要说明的对象,也就是所要研究的总体及其各个组成部分,通常列在表的左端;宾词就是用来说明主词的各个统计指标,通常排在表的上方。当然,根据需要两者的位置有时亦可互换。下面是一个统计表式的例子,见表 3-13。

表 3 - 13

总标题

1979—1993 年我国高校毕业生累计数

分类 ＼ 指标	人数（万人）	比重（%）
工科	199.73	32.09
农林	36.25	5.82
医药	50.30	8.08
师范	195.80	31.46
文科	36.39	5.85
理科	31.41	5.05
财经	52.70	8.47
政法	10.55	1.69
体育	4.75	0.76
艺术	4.56	0.73
合计	622.44	100.00

纵栏标题（纵标目）

数字资料

横行标题（横标目）

主词　　　　　　宾词

资料来源：中国统计年鉴. 北京：中国统计出版社，1994.

（二）统计表的种类

统计表从不同的角度可作不同的分类，主要有两种分类：

1. 按用途不同可分为调查表、汇总表和分析表

（1）调查表，是指在统计调查阶段使用的、登记调查单位原始资料的统计表。严格地讲，调查表不应视为统计表，因为统计表是记载大量单位数量特征的综合结果。但从另一方面看，登记调查表确实也是统计过程的一部分，而且有些统计表就是许多调查表的汇总，因此，也可把调查表视为一种统计表。

（2）汇总表，是标准的统计表。这种表用于统计资料的整理，记载统计整理的综合结果。它为社会提供系统的统计资料，也为进一步的统计分析提供资料。

（3）分析表，是指统计分析过程中所使用的统计表。为了揭示事物在各方面的数量特征，反映事物之间的关系和事物运动的过程，分析表除了要列出一些基本指标外，常常需要计算多种分析指标，有时还要写出各指标间的计算关系，以反映事物的水平、速度、结构和比例关系，以便人们对事物作出正确的判断。

2. 按主词的分组情况不同分为简单表、分组表和复合表

（1）简单表，是指对表的主词不作任何分组的统计表。它的主词可以按总体单位的名称、地区排列，如表 3 - 14 所示，或者是按时间顺序排列，如表 3 - 15 所示。

表 3 - 14　某公司所属企业成本计划完成情况　　　　　　单位：万元

企业	成本总额		实际比计划增长
	计划	实际	
甲	100.0	103.3	+3.3

（续上表）

企业	成本总额		实际比计划增长
	计划	实际	
乙	105.2	104.8	-0.4
丙	100.5	110.0	+9.5
丁	210.0	215.2	+5.2
合计	515.7	533.3	+17.6

表3-15　广东省工农业总产值统计表①　　　　　　　　　单位：亿元

年份	工农业总产值	工业	农业
1952	35.05	15.70	19.35
1978	292.50	206.56	85.94
1980	374.93	248.68	126.25
1985	779.93	534.72	245.21
1990	2 502.96	1 902.25	600.71
1995	10 295.38	8 849.90	1 445.48
2000	18 605.65	16 904.47	1 701.18
2008	76 588.48	73 290.47	3 298.01

资料来源：广东统计年鉴. 北京：中国统计出版社，2009.

（2）分组表，是指表的主词作了简单分组和并列分组的统计表。它可以说明现象的类型，揭示现象的内部结构和分析现象之间的依存关系。表3-1、3-3、3-5都是分组表。

（3）复合表，是指表的主词按两个或两个以上的标志进行复合分组的统计表。复合表可以揭示事物之间的多重关系和事物内部比较复杂的构成，如表3-16所示。

表3-16　社会消费品零售额统计表

指标	××××年		××××年	
	绝对额（万元）	比重（%）	绝对额（万元）	比重（%）
社会消费品零售总额				
1. 城镇零售额				
（1）对居民的消费品零售额				
（2）对社会集团的消费品零售额				
2. 乡村零售额				
（1）对居民的消费品零售额				
（2）对社会集团的消费品零售额				

---

① 本表资料按当年价格计算。

（三）宾词指标的设计

宾词是用来说明主词的统计指标，统计表中宾词的设计不同，主词的角度和深度也不同。宾词的设计分为平行设计和叠列设计两种。

平行设计的宾词又有两种，一种是对宾词不作任何分组，仅将各宾词指标顺序排列，如表3－13所示；另一种是尽管对宾词指标进行分组，但各种分组之间是相互独立、平行排列的，如表3－17所示。

表3－17

指标\地区	总人口	城乡		性别	
		城镇	农村	男	女

叠列设计的宾词是指将宾词指标进行复合分组、层叠排列，即在对宾词指标进行某种分组的基础上，再按另一种（或多种）标志进行分组，如表3－18所示。叠列设计的宾词可以将多种指标结合起来运用，更深入具体地说明总体的数量特征。但如果叠列的层次太多，不仅使统计表的栏数成倍增加，统计表显得臃肿庞杂，而且会使数据分散，使人看了不得要领，反而不能清楚地说明问题。因此，不可滥用叠列设计的宾词。

表3－18

指标\地区	在业总人口	文化程度																
		文盲、半文盲			小学			初中			高中			专科			本科以上		
		城镇	农村	小计	城镇	农村	小计	城镇	农村	小计	城镇	农村	小计	城镇	农村	小计	城镇	农村	小计

（四）制表规则

为了使统计表能够清晰地反映事物的数量特征，便于比较分析，在编制统计表时，应遵守下列几项规则：

（1）统计表的内容应力求简明扼要，主题突出，一目了然。

（2）统计表的总标题要简单地概括表的基本内容和资料所属时间、地点，标目要反映出横行纵栏的含义，并注意计量单位。

（3）表内分组和指标的排列顺序，要符合内容的逻辑关系。如果表上只列部分重要项目，合计栏应列在项目的最前面，下加"其中"后再列重要项目。

（4）字迹要清楚规范，数字要排列整齐，同栏数据要有同等的精确度。表中不应有空格，无数字的地方用"—"表示，应有数字而不详的地方用"……"表示。

（5）栏数较多的统计表，各栏应加编号。主词栏常用甲、乙、丙、丁等文字编号；宾词栏则用（1）、（2）、（3）等阿拉伯数字编号，必要时还要注明各栏的相互关系，以便比较和查对数字。

（6）表的上、下两端画粗线或双线，左右两边不封口，纵栏之间要用细线分开，横行之间则不必画线。

（7）必要时表下可加"注释"，说明表的资料来源、制表人或单位、制表日期以及个别需要说明的指标或数据。

二、统计图

如果说统计表能够集中而有序地表现统计资料，统计图则能够将统计资料展示得更为生动而具体，便于人们直观而有趣地观察和接受统计资料，进而能够正确而深刻地理解和运用统计资料。随着计算机硬件和软件技术的快速发展，电脑的制图功能日益强大，统计图的制作更加方便、精准、快捷和有效。

统计图是具体显示统计资料的图形。由于统计资料是社会经济现象的数字反映，可能是千变万化、复杂多样的，因此统计图的式样也就非常多。就统计图的主体功能来看，主要可以归纳为两大类：分布图和形象图。

（一）分布图

分布图主要用来展现统计资料所描述的次数分布和类型特征，常用的图形有直方图、折线图、曲线图和累计曲线图。这些图形的具体功能和绘制已在上一节中作了详细介绍，这里不再赘述。

（二）形象图

形象图主要用来展现统计资料所描述的数量多少、速度快慢和结构特征等，常用的图形有物形图、饼形图、柱形图和标示图。

1. 物形图

顾名思义，物形图就是以所要反映事物的形象化图形来说明该事物的数量特征。如以小树来代表植树造林面积或绿化面积，以稻穗或麦穗来代表农作物产量，以熊猫来代表珍稀动物数量，以飞机来代表航空运输量或飞机架数等。当然，每个图案代表多少数量则要根据具体需要而定。下面就是一个以小汽车图案来反映某地连续三年小汽车销售情况的物形图，见图3-10。

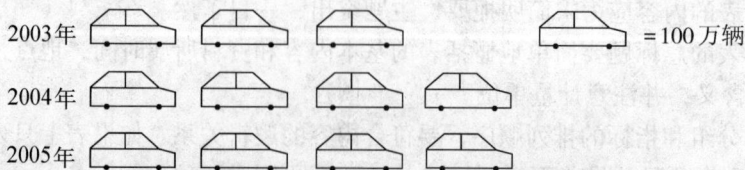

图3-10　2003—2005年某地小汽车的销售情况图

2. 饼形图

饼形图是以一个圆形图案（其立体图就像一个圆饼）来描绘统计资料所反映事物的结构性或比例性的数量特征。一般的做法是，以一个整圆代表总体数量，从圆心到圆周将整圆分成若干不同部分，各部分的大小代表数量的多少或比重的大小，以反映统计总体的内部构成或不同部分的比例状况。饼形图又有平面图和立体图两种：图 3 - 11 就是以平面图的形式来说明某饮料厂各季度营业利润的饼形图；图 3 - 12 则是以立体图的形式来说明某地区三类产业产值比重的饼形图。

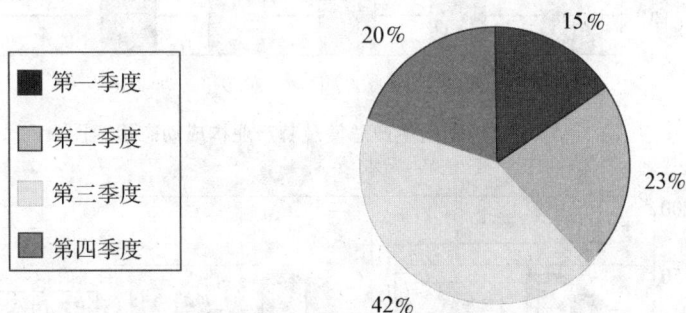

图 3 - 11　某饮料厂各季度营业利润饼形图

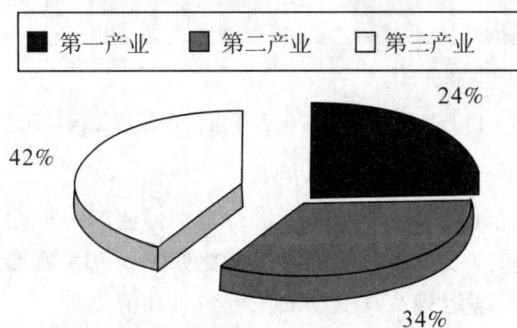

图 3 - 12　某地区三类产业产值的比重图

3. 柱形图

柱形图是以各种直立或横置的长条图形来描绘统计资料的数量特征，长者表示数量多，短者表示数量少。这种图几乎可以表现统计现象的各种数量特征，而且直观易懂，绘制也相对简单，所以它是实际应用最广泛的形象图。柱形图也有平面图（亦称条形图）和立体图（亦称方柱图或圆柱图）两大类。例如，图 3 - 13 就是一种平面柱形图，反映某地"十一五"期间 GDP 数量变化及其产业构成；图 3 - 14 则是一种立体柱形图，反映某建筑集团所属的甲、乙、丙三家房屋建筑公司在某年各季度的房屋建筑竣工状况。

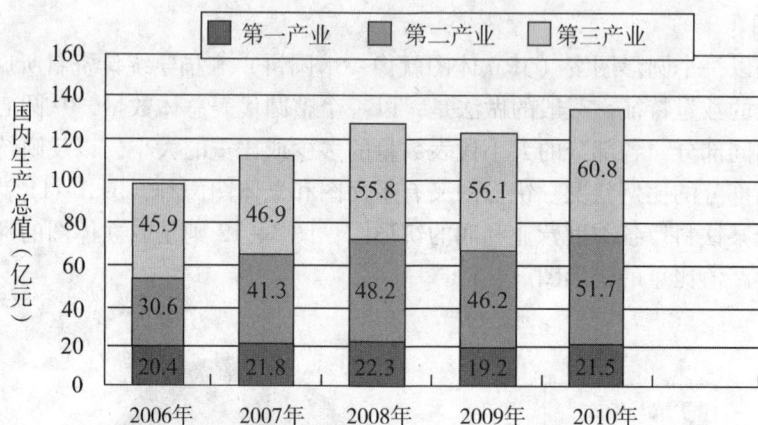

图 3 - 13　某地国内生产总值及其产业构成动态示意图

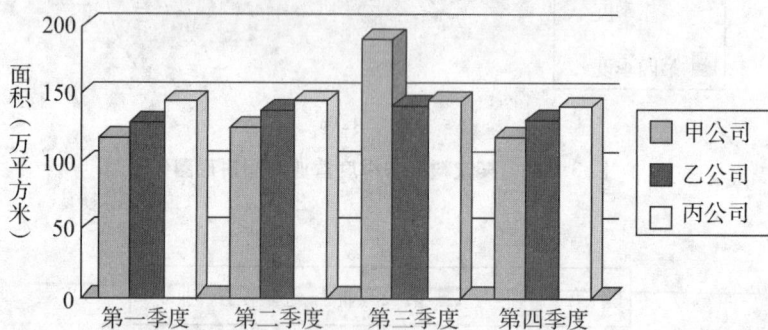

图 3 - 14　某建筑集团某年各季度的房屋竣工面积示意图

4. 标示图

它是对所要描绘的统计资料的数量特征进行特别标注的一种图示，可在揭示统计资料变动规律的同时显示着重点或主要影响因素等。比如图 3 - 15 就形象而具体地显示了我国汇改以来美元兑人民币汇率走势及其变动的关键时点和值点等。

又如，图 3 - 16 显示了 21 世纪以来我国与日本 GDP 的变动趋势与对比状况。

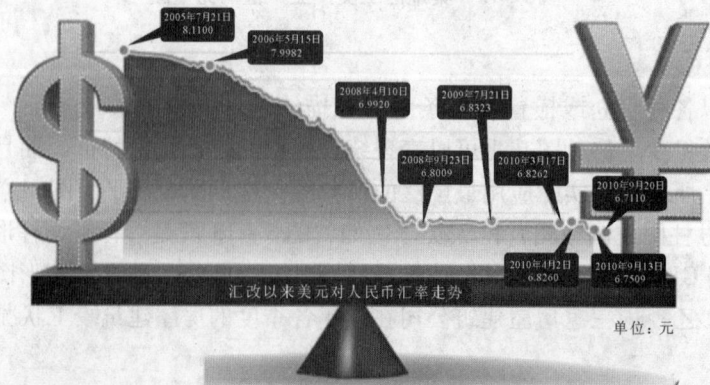

图 3 - 15

资料来源：广州日报，2010 - 09 - 21.

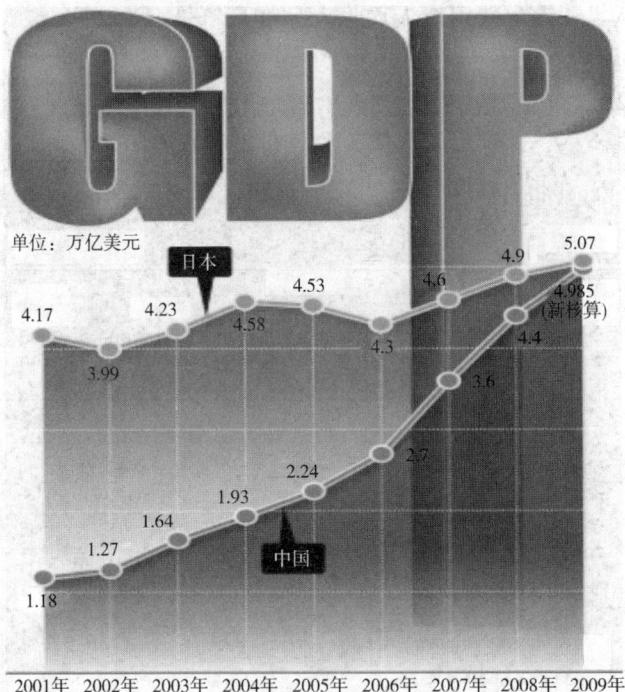

图 3 - 16

资料来源：广州日报，2010 - 08 - 18.

第七节　Excel 频数分布表和直方图

【例 3 - 2】对本章【例 3 - 1】数据，用 Excel 作频数分布表和直方图。

解：（1）排序。将数据输入 Excel 表，按升序排列，出现由小到大的数据，如 810，840，870，…，2 380。

（2）确定组距和组数。根据本例，全距 = 最大值 - 最小值 = 2 380 - 810 = 1 570，确定分成 8 组，组距 200。如：1 000 以下，1 000 ~ 1 200，…，2 200 ~ 2 400。

（3）确定上组限值。Excel 汇总数据采用了"上组限在内原则"，刚好与我们教科书的原则相反，所以，我们先设置各组的上限减 1，然后再调整过来。如图 3 - 17 所示。

（4）选择：数据—数据分析—直方图—确定。如图 3 - 17 所示。（注：如果 Excel 中没有安装 数据分析 ，要启动 "Excel 加载宏" 予以安装。）

①输入。

输入区域：A1：A55

接收区域：B3：J3

标志：选择"√"，表示选用"人均收入"变量符号。

②输出选项。

输出区域：C22

图表输出：选择"√"，表示仅选择频数分布表和直方图。

③单击 确定 ，Excel 将计算出结果显示在 输出区域 中。

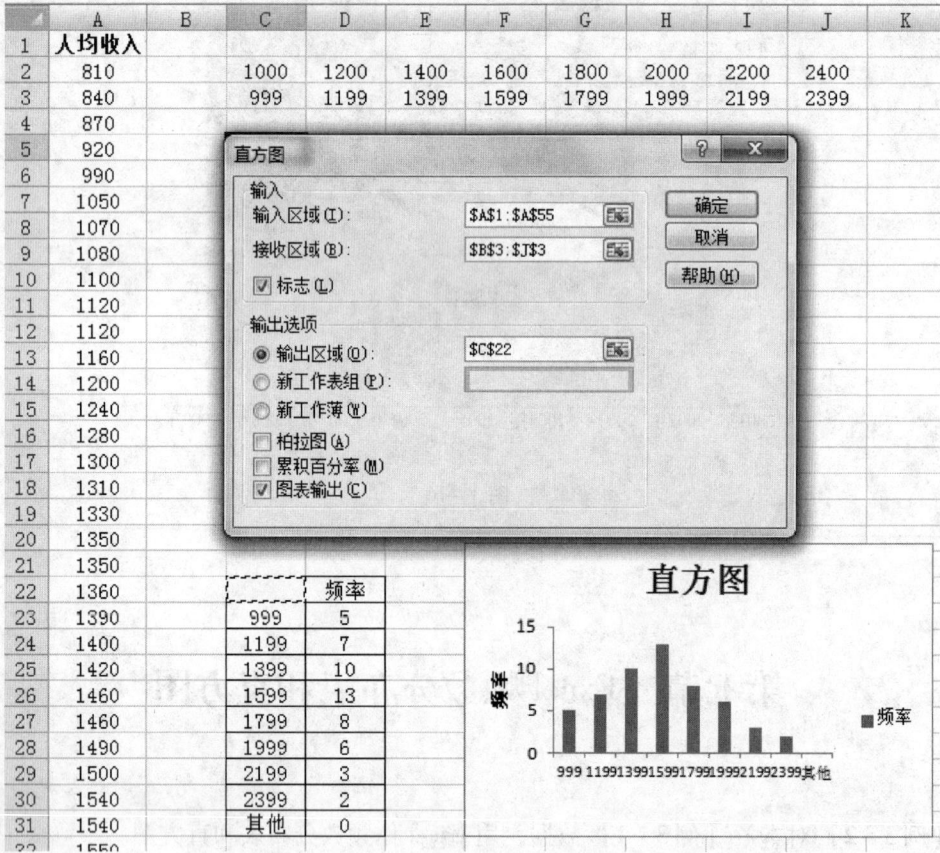

图 3－17

（5）修饰频数分布表。参见图 3－18。

（6）修饰直方图。

①消除间隔：右击鼠标，选择"设置数据系列格式"，将分类间距调到无间距。

②边框颜色：选择"实线"，颜色选择"黑色"。

③填充：选择"无填充"。

④关闭。出现图 3－18。

人均收入 （元）	频数 （户）	频率 （%）
1000	5	9.26
1200	7	12.96
1400	10	18.52
1600	13	24.07
1800	8	14.81
2000	6	11.11
2200	3	5.56
2400	2	3.70
其他	0	100.00

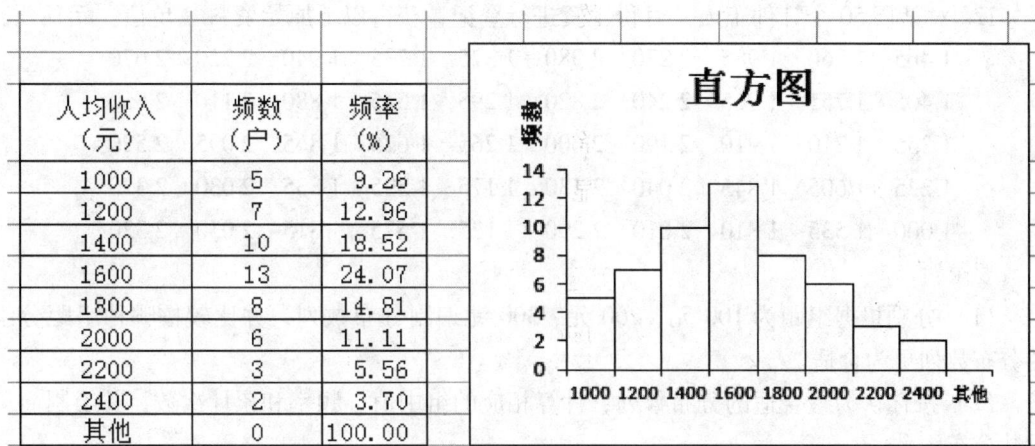

图 3－18

Excel 具有强大的制表和制图功能，限于篇幅，本章不展开讲解，有兴趣的读者，可以专门参阅《Excel 与数据分析》等参考书。

思考题

1. 解释下列统计整理中的基本概念：

（1）统计分组与统计汇总。

（2）次数分布与变量数列。

（3）频数与频率。

（4）全距与组距。

（5）组限与组中值。

（6）直方图与折线图。

2. 什么是统计整理？它分为哪几个步骤？

3. 统计分组有什么作用？如何正确选择分组标志？

4. 试述单项式分组和组距式分组的应用场合。

5. 什么是简单分组和复合分组？两者有何区别？复合分组是否优于简单分组？

6. 现象的分布特征有哪几种形式？

7. 怎样绘制简单次数分布图？

8. 为何要编制累计次数分布？它有哪几种？有何特殊作用？

9. 什么是统计表？试述统计表的结构及种类。

10. 统计图有何功能？如何绘制？

11. 有 20 个工人看管机器，台数资料如下：2、2、5、4、2、4、3、4、3、4、4、2、4、3、4、5、3、4、4、3，试根据资料编制分布数列。

12. 对某厂 50 个计件工人某月份工资进行登记，获得以下原始资料（单位：元）：

1 465	1 760	1 985	2 270	2 980	1 375	1 735	1 940	2 220	2 670
1 405	1 755	1 965	2 240	2 820	1 295	1 645	1 880	2 110	2 550
1 355	1 710	1 910	2 190	2 600	1 265	1 625	1 865	2 095	2 520
1 225	1 605	1 845	2 040	2 430	1 175	1 595	1 835	2 030	2 370
1 000	1 535	1 810	2 010	2 290	1 125	1 575	1 815	2 030	2 320

要求：

（1）分别根据组距为 100 元、200 元、300 元编制分布数列，并比较按哪种组距分组的分布数列更为合适。

（2）按你认为最合适的分布数列，计算相应的组中值、频率和累计次数，并绘制简单次数分布图。

13. 已知一组 15 名工人的资料如下表所示：

工人编号	性　别	年　龄	文化程度	技术级别
1	男	52	文盲	6
2	男	30	初中	3
3	男	19	初中	2
4	男	46	高中	4
5	女	47	小学	4
6	男	34	小学	2
7	女	22	初中	3
8	男	31	高中	5
9	男	55	高中	3
10	男	32	初中	5
11	女	49	中专	4
12	男	34	初中	4
13	男	34	初中	4
14	男	61	中技	7
15	男	36	初中	4

要求：

（1）按性别和文化程度分别编制品质数列。

（2）按技术级别编制单项式数列。

（3）以 10 岁为组距编制组距式数列，20 岁以下、60 岁以上各为一组。

14. 根据某厂工人计件月工资和加工定额的资料（见下表），按完成加工定额（%），以组距为 20% 编制等距数列，计算各组工人数、工资总额和平均工资，分析工人完成加工定额和计件工资之间的相互关系。

工人 顺序号	完成加工 定额（%）	月工资 （元）	工人 顺序号	完成加工 定额（%）	月工资 （元）	工人 顺序号	完成加工 定额（%）	月工资 （元）
1	200	1 950	11	133	1 115	21	126	1 075
2	180	1 680	12	190	1 680	22	190	1 760
3	140	1 145	13	151	1 300	23	145	1 145
4	191	1 720	14	147	1 155	24	148	1 195
5	125	1 105	15	148	1 115	25	110	805
6	97	755	16	86	685	26	102	855
7	89	705	17	82	705	27	105	920
8	150	1 185	18	170	1 500	28	127	1 140
9	128	1 155	19	135	1 105	29	130	1 090
10	108	1 175	20	137	1 170	30	149	1 200

15. 某机械局所属各拖拉机厂某月生产情况见下表。要求按产品类型和马力作复合分组，编制分布数列，分别计算履带式和轮胎式拖拉机的混合产量和标准实物量（以 15 匹马力为标准单位）。

厂别	产品类型	每台 马力数	产量（台）	厂别	产品类型	每台 马力数	产量（台）
1	履带式	36	75	2	轮胎式	12	150
	履带式	18	105	3	履带式	45	40
	轮胎式	28	400		履带式	75	25
2	履带式	75	85		轮胎式	24	50
	轮胎式	15	94				

第四章　总量指标与相对指标

第一节　总量指标

一、总量指标的概念及作用

总量指标是反映社会经济现象在一定时间、地点条件下所达到的总规模、总水平的综合指标，其表现形式是具有计量单位的绝对数，因此也称为绝对指标。如国内生产总值、工业企业实现利润额等。总量指标在社会经济研究和管理中具有如下重要的作用：

（1）总量指标是反映一个国家或地区国民经济和社会发展状况的基本指标。如国内生产总值、进出口总额等总量指标，可以表明一个国家或地区的经济发展水平。

（2）总量指标是计算相对指标和平均指标的基础指标。相对指标和平均指标一般都是由两个有联系的总量指标对比的结果，是总量指标的派生指标。总量指标的计算是否科学、合理，直接影响到相对指标和平均指标的准确性。

（3）总量指标是宏观经济管理和企业经济核算的重要依据。

二、总量指标的种类

（一）总体总量和标志总量

总量指标按其反映的内容不同，分为总体总量和标志总量。

（1）总体总量，即总体单位总数，它是由每个总体单位加总而得到的，说明总体本身规模的大小。

（2）标志总量，是指总体各单位某一数量标志值的总和。

例如，研究某地区商业企业的情况，总体为该地区所有的商业企业，总体单位为该地区每一个商业企业，则该地区的商业企业总数为总体总量，而企业的总销售额、总人数、总利润，即为标志总量，它是由各企业的数量标志汇总而来的。总体总量用总体单位数的多少反映总体规模的大小，而标志总量则用总体单位某种特征的总数来反映总体的规模和水平。

一个总量指标究竟是总体总量还是标志总量，并不是固定不变的，它随着研究目的的变化而变化。研究目的变了，总体和总体单位、总体总量和标志总量也会随之而变。

（二）时期指标和时点指标

总量指标按其时间状态的不同，分为时期指标和时点指标。

（1）时期指标，也称为时期数，指反映社会经济现象在一段时期内所达到的总规模、总水平或工作总量，如产品的产值、商品销售额、工资总额等。时期指标有以下特点：

①时期指标可以累计相加。时期指标是连续登记的结果，在时间上可以累计相加且累加结果具有实际意义。如一个月的产品产量是该月日历天数产量的累计数，一年的产量是12个月产量的累计数。

②时期指标数值的大小与时期的长短密切相关。一般说来，时期越长，指标数值越大，时期越短，指标数值越小。如一年的产量大于一个月的产量。

（2）时点指标，也称为时点数，指反映社会经济现象在某一时点（时刻））所达到的总规模或总水平，如年末人口数、月末商品库存额、季末银行存款余额、年末固定资产净值等。时点指标具有以下特点：

①各时点指标不能累计相加。时点指标的数值是间断计数的，在时间上不能累计相加，累加结果无实际意义。如商品库存量通常是在月初或月末一次性登记的结果，各月初或月末的商品库存量累计结果无意义。

②时点指标数值的大小与时期长短无直接的关系。如年末库存量不一定大于月末库存量。

（三）实物指标、价值指标和劳动量指标

指标按计量单位的不同，分为实物指标、价值指标和劳动量指标。

（1）实物指标，是指以实物单位计量的总量指标，即以事物的物理属性或自然属性作为计量单位的指标。它可以直接反映产品的使用价值或现象的具体内容，但综合能力较差，对不同产品或商品不易进行汇总。例如，自然单位：人口用人，汽车用辆等；度量衡单位：棉布用米，木材用立方米等；专用单位：电用度、热量用焦耳等；复合单位：发电机用台/千瓦，货物周转量用吨/千米等；标准实物单位：棉纱以20支纱为标准棉纱等。

（2）价值指标，是指以货币为计量单位的总量指标，具有最广泛的综合性和概括性。如社会总产值、商品销售额、工资总额、利润额等就是以货币为计量单位的总量指标。

（3）劳动量指标，是指以工时、工日等劳动量单位计量的总量指标。借助劳动量指标可以确定劳动的规模，并且可以作为评价劳动时间长度和计算劳动生产率的依据。

三、总量指标运用原则

（1）正确确定指标的含义。总量指标是社会经济统计的基础指标，运用总量指标对事物进行分析对比时，必须明确指标的科学含义，即指标的概念、范围、计算方法和计量单位等方面应该具有可比性。

（2）总量指标与相对指标、平均指标结合运用。总量指标只能说明事物的规模、水平，不能反映事物数量的相对差异及平均水平。只有各种指标结合运用，才能对事物的发展变化作出客观的评价。

第二节　相对指标

一、相对指标的概念及表现形式

（一）相对指标的概念

相对指标也称为相对数，是两个有联系的统计指标进行对比的比值，它反映社会经济现象之间的数量对比关系。根据统计研究的目的和任务的不同，相对指标可分为计划完成相对数、结构相对数、比例相对数、比较相对数、动态相对数和强度相对数六种。

（二）相对指标的表现形式

相对指标一般有两种表现形式，即无名数和有名数。

（1）无名数，是一种抽象化的数值，通常的表现形式是成数、系数、倍数、百分数、千分数等。相对指标在很多场合都用无名数表示，如经济增长速度、人口自然增长率等。

（2）有名数，是指有具体内容的计量单位的数值，它有单名数和复名数之分。如商品流转速度指标用"次"或"天"等单名数表示，有些相对指标如强度相对数，则通常采用分子指标与分母指标的计量单位共同构成的复合单位，即复名数表示。如人口密度用"人/平方千米"、商业网密度用"人/个"或"个/千人"表示。

二、相对指标的作用

（1）说明社会现象之间的数量对比关系，为深入分析事物的性质提供依据。如一个地区第一、二、三产业的比例，可以说明该地区社会经济发展的程度；人均国内生产总值、人均钢铁产量等指标，可以反映一个国家或地区的国情国力，表明经济实力的相对水平。

（2）把社会现象的绝对差异抽象化，使原来不能直接对比的统计指标可以进行比较。如不同企业的生产规模、条件不同，其总量指标不能直接对比。但通过计算各自的计划完成相对数、设备利用率、资金产值率等相对指标进行比较，便能合理评价企业生产经营的结果。

三、相对指标的种类和计算方法

（一）计划完成相对数

计划完成相对数，又称计划完成程度或计划完成百分比，是计划期内实际完成数与计划任务数对比的比值。一般用百分数（%）表示。

计划完成相对数表明某一时期内某种计划的完成程度，用以监督和检查计划的执行进度，评价计划执行的好坏。其计算公式如下：

$$计划完成相对数 = \frac{实际完成数}{计划任务数} \times 100\% \tag{4.1}$$

注意：分子与分母的位置不能互换。

在实际应用中，由于计划任务时期的长短及任务数值的表现形式不同，计划完成相对数的计算方法也不尽相同。

1. 短期计划完成相对数的计算及计划执行进度的考核

短期计划一般指期限一年以内的计划，计划任务数可表现为总量指标、相对指标或平均指标，计算时要根据具体情况采用不同的方法。

（1）计划任务数为总量指标或平均指标。

计划任务数为总量指标或平均指标时，计划完成相对数的计算直接使用式（4.1）。

【例4-1】某企业A产品产值计划为500万元，实际产值为550万元，试计算该企业A产品产值的计划完成相对数。

解：

$$计划完成相对数 = \frac{550}{500} \times 100\% = 110\%$$

计算结果表明，该企业A产品产值超额完成计划10%，超额完成产值50万元。

【例4-2】接上例，同年该企业计划A产品平均单位成本为每件250元，实际平均单位成本为225元，试计算A产品平均单位成本的计划完成相对数。

解：

$$计划完成相对数 = \frac{225}{250} \times 100\% = 90\%$$

计算结果表明，该企业A产品平均单位成本实际比计划降低10%。

上述两种计划完成相对数具有不同的经济意义。产值计划完成相对数若大于100%，表明超额完成计划；小于100%，说明没有完成计划。数值越大，表明计划完成得越好，这种指标称为正指标。正指标如产品产量、产值、销售额、劳动生产率等计划任务数是按最低限额规定的。平均单位成本计划完成相对数若大于100%，说明实际成本比计划提高，没有完成计划；小于100%，说明实际成本比计划降低，超额完成计划。数值越小，表明计划完成得越好，这种指标称为逆指标。逆指标如单位成本、商品流通费用等，计划任务数是按最高限额规定的。

（2）计划任务数为相对指标。

计划任务数为相对指标时，计划完成相对数的计算公式如下：

$$计划完成相对数 = \frac{1 \pm 实际提高（降低）百分数}{1 \pm 计划提高（降低）百分数} \times 100\% \tag{4.2}$$

【例4-3】某企业某产品的产量计划要求比去年增长8%，单位成本计划降低6%，而实际产量增长了10%，实际单位成本下降了3%，试计算该企业产量和单位成本的计划完成相对数。

解：

$$产量计划完成相对数 = \frac{100\% + 10\%}{100\% + 8\%} \times 100\% = 101.85\%$$

$$单位成本计划完成相对数 = \frac{100\% - 3\%}{100\% - 6\%} \times 100\% = 103.19\%$$

计算结果表明，该企业某产品的产量计划超额完成1.85%，单位成本未能完成计划，实际单位成本超过计划成本的 3.19%。

在实际工作中也有直接用实际增长（或降低）百分数与计划增长（或降低）百分数之差来表示计划完成程度的，这种相减的结果表明实际比计划多提高（或下降）的百分点。上例中，实际产量比计划多完成了 2 个百分点，实际单位成本比计划少完成了 3 个百分点。这种方法与前面所述方法，其含义是不同的，不应混为一谈。

（3）短期计划执行进度的考核。

为保证顺利完成计划任务，有必要定期对计划执行进度进行考核。其计算公式如下：

$$\text{计划执行进度相对数} = \frac{\text{计划期初至某月止累计完成数}}{\text{全期计划任务数}} \times 100\% \tag{4.3}$$

【例 4 - 4】某公司某年计划完成商品销售额 1 500 万元，1 ~ 9 月累计实际完成 1 125 万元，计算该公司前三季度的计划执行进度相对数。

解：

$$\text{计划执行进度相对数} = \frac{1\ 125}{1\ 500} \times 100\% = 75\%$$

计算结果表明，该公司 1 ~ 9 月销售额累计完成年计划的 75%，其计划执行进度与时间同步，只要四季度保持前三季度的平均水平或有所提高，年末就能完成或超额完成全年计划。

2. 中长期计划完成相对数的计算及计划执行进度考核

中长期计划是指期限一年以上的计划，其计划指标有的规定了全期应完成的累计总数，如固定资产投资计划、住宅建设计划等；有的规定计划期最后一年应达到的水平，如产量、产值计划等。因此，检查计划完成的方法也有两种不同的计算方法，即水平法和累计法。

（1）水平法。

水平法是以长期计划期末水平（即最后一年水平）为对象考核的。在长期计划中，若只规定计划期末应达到的水平，则应采用水平法。其计算公式为：

$$\text{长期计划完成相对数} = \frac{\text{计划期末实际达到水平}}{\text{计划期末规定应达水平}} \times 100\% \tag{4.4}$$

用水平法检查中长期计划完成情况，计算提前完成计划的时间，应以计划期内连续一年（12 个月，不论是否在同一个日历年度）达到计划规定的最末一年水平为标准。若连续累计 12 个月实际完成的水平达到计划规定的最末一年的水平，就算完成计划，剩余时间就是提前完成计划的时间。

【例 4 - 5】某企业五年计划规定，某产品产量在计划期最后一年应达到 200 万吨，实际执行结果如表 4 - 1 所示。试计算该企业产量计划完成相对数和提前完成计划时间。

表 4 - 1　某企业五年计划各年产量实际完成情况　　　　　　　　单位：万吨

时间	第 1 年	第 2 年	第 3 年		第 4 年				第 5 年			
			上半年	下半年	一季度	二季度	三季度	四季度	一季度	二季度	三季度	四季度
产量	110	122	66	74	37	38	42	49	53	58	65	72

解：

长期计划完成相对数 $= \dfrac{53 + 58 + 65 + 72}{200} \times 100\% = \dfrac{248}{200} \times 100\% = 124\%$

从第 4 年三季度至第 5 年二季度产量之和为：

$42 + 49 + 53 + 58 = 202$（万吨）

比计划数 200 万吨多 2 万吨，则提前完成计划时间为：

$(60 \text{ 个月} - 54 \text{ 个月}) + \dfrac{2 \text{ 万吨}}{(58 - 38) \text{ 万吨} / 90 \text{ 天}} = 6 \text{ 个月零} 9 \text{ 天}$

（2）累计法。

累计法是把计划期内各年累计实际完成数与同期计划规定的累计数对比计算计划完成相对数的方法。它适用于检查整个计划期累计应达到的水平，如固定资产投资、住宅建设等计划完成情况。其计算公式为：

$$\text{长期计划完成相对数} = \dfrac{\text{长期计划期内各年累计实际完成数}}{\text{长期计划规定累计数}} \times 100\% \qquad (4.5)$$

按累计法计算提前完成计划的时间，只要从期初往后连续考察，其实际累计数达到计划规定的累计数即为完成长期计划，剩余时间为提前完成计划时间。

【例 4 - 6】某市五年计划规定整个计划期间基建投资总额应达 500 亿元，实际执行结果如表 4 - 2 所示。试计算该市五年基建投资额计划完成相对数和提前完成计划时间。

表 4 - 2　某市五年计划各年基建投资额实际完成情况　　　单位：亿元

时间	第 1 年	第 2 年	第 3 年	第 4 年	第 5 年				5 年 合 计
					一 季 度	二 季 度	三 季 度	四 季 度	
投资额	140	135	70	80	40	22	18	20	525

解：

长期计划完成相对数 $= \dfrac{525}{500} \times 100\% = 105\%$

从第 1 年的一季度开始至第 5 年的三季度投资额之和为 505 亿元，比计划数 500 亿元多 5 亿元，则提前完成计划时间为：

$(60 \text{ 个月} - 57 \text{ 个月}) + \dfrac{5 \text{ 亿元}}{500 \text{ 亿元} / (365 \text{ 天} \times 5 \text{ 年})} = 3 \text{ 个月零} 18 \text{ 天}$

计算表明，该市提前 3 个月零 18 天完成五年计划规定的基建投资额计划任务。

（二）结构相对数

结构相对数是总体中某部分数值与该总体全部数值对比的比值，反映总体内部构成情况。一般用百分数"%"表示，且同一总体的结构相对数之和应为 100% 或 1。其计算公式为：

$$结构相对数 = \frac{总体中某部分数值}{总体全部数值} \times 100\% \qquad (4.6)$$

注意：分子与分母位置不能互换。

【例 4 - 7】某地区某年国内生产总值为 1 800 亿元，其中第一产业增加值为 90 亿元，第二产业增加值为 720 亿元，第三产业增加值为 990 亿元。试计算该地区第一、第二、第三产业增加值的结构相对数。

解：

$$第一产业增加值所占比重 = \frac{90}{1\,800} \times 100\% = 5\%$$

$$第二产业增加值所占比重 = \frac{720}{1\,800} \times 100\% = 40\%$$

$$第三产业增加值所占比重 = \frac{990}{1\,800} \times 100\% = 55\%$$

计算结果表明，该地区第一、第二、第三产业增加值占国内生产总值的比重分别为 5%、40% 和 55%，表明该地区经济发展水平较高。

（三）比例相对数

比例相对数是将同一总体内某一部分数值与另一部分数值对比的比值，反映总体各部分之间的内在联系和比例关系。一般用比数如 A∶B 表示。其计算公式为：

$$比例相对数 = \frac{总体中某一部分数值}{总体中另一部分数值} \qquad (4.7)$$

注意：比例相对数的分子分母同属一个总体，且分子与分母的位置可以互换。

【例 4 - 8】某地区某年工业总产值为 2 110 亿元，其中轻工业产值为 1 400 亿元，重工业产值为 710 亿元，试计算轻重工业比例。

$$轻重工业比例 = \frac{1\,400}{710} = 1.97∶1$$

计算结果表明，轻重工业比例为 1.97∶1（以重工业为 100）。

（四）比较相对数

比较相对数是同一时间的同类指标在不同空间对比的比值，反映不同国家、不同地区或不同单位之间的差异程度，一般用百分数"%"或倍数表示。其计算公式为：

$$比较相对数 = \frac{某一地区（单位）的指标数值}{另一地区（单位）同一指标的数值} \qquad (4.8)$$

比较相对数与比例相对数的分子、分母都可以互换，两者的主要差别是比例相对数是同一总体的不同部分比较，而比较相对数是同类指标的不同空间比较。

【例 4 - 9】某省甲乙两市 2010 年人口数、国内生产总值与人均国内生产总值资料如表 4 - 3 所示。试计算甲乙两市相关指标的比较相对数。

表 4 – 3 某省甲乙两市 2010 年相关指标

市名	人口数（万人）	国内生产总值（亿元）	人均国内生产总值（元/人）
甲	725	280	3 862
乙	340	192	5 647

解：

$$人口数比较相对数 = \frac{725}{340} \times 100\% = 213.24\%$$

$$国内生产总值比较相对数 = \frac{280}{192} \times 100\% = 145.83\%$$

$$人均国内生产总值比较相对数 = \frac{3\ 862}{5\ 647} \times 100\% = 68.39\%$$

计算结果表明，乙市经济发展和人民生活水平较高。虽然甲市国内生产总值比乙市多 45.83%，但由于其人口数比乙市多 113.24%，所以甲市的人均国内生产总值比乙市少 31.61%。

（五）动态相对数

动态相对数是将总体不同时期的同一类指标对比的比值，反映事物发展变化的方向和程度，也称为发展速度。一般用百分数"%"表示。其计算公式为：

$$动态相对数 = \frac{报告期水平}{基期水平} \times 100\% \tag{4.9}$$

公式中报告期指要研究或计算的时期，基期指作为比较基础的时期。动态相对数分子与分母的位置一般不能互换。

【例 4 – 10】某地区国内生产总值 2009 年为 2 097.77 亿元，2010 年为 2 383.07 亿元，求该地区 2010 年动态相对数（发展速度）。

解：

$$动态相对数 = \frac{2\ 383.07}{2\ 097.77} \times 100\% = 113.6\%$$

计算结果表明，2010 年该地区国内生产总值是 2009 年的 113.6%，国内生产总值增长了 13.6%。

（六）强度相对数

强度相对数是将两个有联系但性质不同的指标对比的比值，反映现象的强度、密度和普及程度，是一种特殊形式的相对数。一般以有名数表示，也有一些强度相对数采用百分数或千分数表示。其计算公式为：

$$强度相对数 = \frac{某一指标数值}{另一有联系的不同指标数值} \tag{4.10}$$

有些强度相对数的分子和分母可以互换，形成正指标与逆指标两种计算方法。正指标比值的大小与其反映的强度、密度成正比，逆指标比值的大小与其反映的强度、密度成反比。

【例4-11】某市2010年零售商业网点为50 000个，年平均人口为800万人，试计算该市零售商业网密度。

解：

$$零售商业网密度 = \frac{50\ 000 个}{800\ 万人} = 62.5(个 / 万人)(正指标)$$

$$零售商业网密度 = \frac{800\ 万人}{50\ 000 个} \times 10\ 000 = 160(人 / 个)(逆指标)$$

正指标说明该地区2010年每万人有62.5个零售商店为他们服务，逆指标说明每个零售商店为160人服务。

四、计算和应用相对指标的原则

（一）可比性原则

相对指标是两个有联系的统计指标相对比的比值，运用相对指标对事物进行比较、评价时，必须注意指标的可比性。可比性包括用以对比指标的含义、统计范围、计算方法、计量单位等的可比。如果违反了可比性原则，计算的相对数就不能真实反映事物量的差异，不能作出客观的评价。

（二）相对指标与总量指标结合运用

相对指标是用一个抽象化的比值说明事物数量的相对差异，掩盖了事物间绝对量的差别，比值相同的相对指标，其绝对量可能差异很大。因此，应用相对指标时应与总量指标相结合，才能说明事物的真实情况。

（三）各种相对指标结合运用

各种相对指标作用不同，每种相对指标只能说明事物的某一方面，要正确认识事物，必须把各种相对指标结合起来运用。如分析企业经营管理状况，可将实际利润与计划利润进行对比，检查利润计划完成情况；本期实际利润与上期实际利润对比，观察利润动态变化情况；利润与销售额、成本、资金等对比，可以说明企业经济效益的高低等等。

思考题

1. 什么是总量指标？时期指标和时点指标有何异同？

2. 什么是相对指标？相对指标有何作用？

3. 常用的相对指标有哪几种？它们各有什么特点？

4. 如果计划完成相对数大于100%，则一定完成计划任务，这种表述是否正确？为什么？

5. 试指出下列指标是总量指标（时期指标或时点指标）还是相对指标（具体哪一种相对数）。

（1）国内生产总值；（2）人均住房面积；（3）国民收入积累与消费比；（4）资金利润率；（5）旅游入境人数；（6）居民银行存款余额；（7）人口自然增长率；（8）每百户家庭电话拥有量；（9）商品库存额；（10）恩格尔系数。

6. 某厂计划产值比上年提高 5%，实际提高 7%，试计算该厂计划完成相对数。

7. 某厂产值计划为去年的 103%，实际比去年增长 5%，试问该厂计划完成相对数是多少？又知该厂的产品单位成本应在去年 699 元的水平上降低 12 元，今年实际单位成本为 672 元，试计算单位成本计划完成相对数。

8. 某公司所属三个分厂生产情况如下表所示：

某公司所属三个分厂生产情况

工厂名称	2009 年实际产量（吨）	2010 年产量（吨）		计划完成相对数（%）	2010 年实际产量为 2009 年的百分比（%）
		计划产量	实际产量		
甲	1 950	2 000	2 200		
乙	2 020	2 204	1 998		
丙	2 950	3 010	3 035		

要求：计算空格处指标数值。

9. 某企业"五年计划"规定，计划期最末一年产品产量应达到 70 万吨，实际生产情况如下表所示：

某企业五年计划各年产量实际完成情况　　　　　　　　单位：万吨

时间	第 1 年	第 2 年	第 3 年		第 4 年				第 5 年			
			上半年	下半年	一季度	二季度	三季度	四季度	一季度	二季度	三季度	四季度
产量	45	48	25	27	16	16	18	17	18	20	23	25

试计算该企业产品产量五年计划完成程度和提前完成计划的时间。

第五章 平均指标与变异指标

任何统计数据的分布均具有两大特征：一是变量值的集中趋势；二是变量值的离中趋势。平均指标将变量值的差异抽象化，以反映现象的一般水平，即变量值的集中趋势。变异指标反映变量值之间的差异程度，即变量值的离中趋势。将两者有机结合起来，可以全面反映数据分布的特征。

第一节 平均指标

一、平均指标的概念、作用和种类

（一）平均指标的概念

平均指标是指同质总体某一标志在一定时间、地点、条件下所达到的一般水平，是总体或样本集合的代表值。统计实践中研究总体或样本数据的分布特征，其中很重要的一点就是搞清楚这个集合中最具有代表性的数据值是什么，或者何种数值最能代表这个集合中大多数个体所具备的水平（或称为一般性水平）。如果把总体或样本的数据都在数轴上面描点，平均水平就是大多数点所在或靠近的位置，此时它就能代表总体或样本集合中的大多数取值，因而又称为代表性水平。所以，也可以理解为平均指标是反映总体或样本集合中个体标志取值最具有代表性的水平。

（二）平均指标的作用

毫无疑问，平均指标是非常重要的指标，在统计理论和实践中占据非常重要的地位。在对单个总体或样本进行考察分析时，或对多个总体的集合特征进行比较时，往往无法单独罗列样本或总体中的每个个体的特征或直接对多个总体或样本中个体的特征进行一一比较。这时就必须找到各个总体或样本集合中的典型或代表性水平来概括反映其一般水平，据以完成对总体和样本集合整体性认识或整体性对比。所以，平均指标作为总体或样本集合的一般水平代表，方便人们从趋势上和一般水平上把握总体或样本的整体变化状态或趋势，避免局限在总体或样本所包含的个体差异当中。其作用具体表现在以下几个方面：

（1）比较同类现象在不同单位、不同地区间的平均水平，表明现象之间的横向差异。

（2）比较同类现象在不同时期的平均水平，说明现象的发展趋势或变动规律性。

（3）可用于研究现象之间的依存关系。

（4）利用平均数进行推算和预测。

（三）平均指标的分类：位置平均指标和数值平均指标

在理论和实践过程中，寻找平均指标值的思路主要有两种：一种是将总体或样本中的所有数据按照大小顺序排列或分组，按照所处位置来选择代表性水平，称为位置平均指标。如选择处于中间位置的那个数值作为代表，俗称中位数，或者选择处于另外某些位置的数（分位数）作为代表，如四分位数等；又如，可以直接选择出现次数最多的那个位置上的数值作为代表（众数）。另一种是直接考虑集合中每个数据数值的大小及其出现的次数，将它们合并起来计算平均值（平均数，包括算术平均数、几何平均数和调和平均数），此种思路得到的平均指标称为数值平均指标。下面将具体介绍这些平均指标的计算方法。

二、算术平均数

算术平均数是数值平均指标中最为常见最为重要的一种平均数。它的基本思路是将总体或样本中每个数据值相加后再除以数据的个数。按照所给资料的类型不同，具体算法不同，分为简单算术平均数和加权算术平均数。

（一）简单算术平均数

如果一组数据未经分组以原始数据的形式给出来，如 $x_1, x_2, \cdots, x_n$，则简单算术平均数的计算公式如下：

$$\bar{x} = \frac{x_1 + x_2 + \cdots + x_n}{n} = \frac{\sum\limits_{i=1}^{n} x_i}{n}$$

式中，x_i 为第 i 个数据，n 为数据个数，$\bar{x}$ 为算术平均数。 (5.1)

【例 5 - 1】某班有 9 名同学，他们的身高分别是 163、164、164、165、165、165、166、166、167（cm），求该班同学身高的算术平均值。

解：该班同学平均身高是：

$$\bar{x} = \frac{\sum\limits_{i=1}^{n} x_i}{n} = \frac{163 + 164 + 164 + 165 + 165 + 165 + 166 + 166 + 167}{9} = 165 \text{（cm）}$$

（二）加权算术平均数

若一组数据 $x_1, x_2, \cdots, x_n$ 中有 k 个不同的取值 $x_1, x_2, \cdots, x_k$，每个取值出现的次数分别为 f_i，且有 $\sum\limits_{i=1}^{k} f_i = n$，此时算术平均数的计算公式就不需要利用（5.1）式那种分子逐项相加的情形，而可以将数值与对应出现次数（这里称之为权数）相乘积的形式较快地获得分子总值，进而得到算术平均数。其公式如下：

$$\bar{x} = \frac{x_1 \times f_1 + x_2 \times f_2 + \cdots + x_k \times f_k}{\sum\limits_{i=1}^{k} f_i} = \frac{\sum\limits_{i=1}^{k} x_i f_i}{n}$$

式中，n 为数据个数，$\bar{x}$ 为算术平均数。 (5.2)

有时候，当获取的数据是组距分组数据时，就需要以各组组中值来代表各组的平均水平，以每组频数作为权数来近似计算全部数据的算术平均数，参考【例 5 - 3】。

(三) 算术平均数的数学性质

在数学上容易证明算术平均数具有如下性质：

(1) 一组数据与该组数据的算术平均数离差之和等于零，即有：

$$\sum_{i=1}^{n} (x_i - \bar{x}) = 0 \qquad (5.3)$$

(2) 一组数据到其算术平均数的离差平方和比到任何其他数的离差平方和都小，即

$$\sum_{i=1}^{n} (x_i - \bar{x})^2 \leqslant \sum_{i=1}^{n} (x_i - a)^2, a \text{ 为任意一个数} \qquad (5.4)$$

【例 5-2】根据例【5-1】的数据，利用加权算术平均法求该班同学的平均身高。

解：该班同学平均身高是：

$$\bar{x} = \frac{\sum_{i=1}^{k} x_i f_i}{\sum_{i=1}^{n} f_i} = \frac{163 + 164 \times 2 + 165 \times 3 + 166 \times 2 + 167}{9} = 165 \text{ (cm)}$$

【例 5-3】已知某班有 100 名同学，其身高取值如表 5-1 所示，试计算该班同学的平均身高。

表 5-1　某班 100 名同学身高分组汇总表

身高 (cm)	人数 f_i	组中值 x_i	身高总值 $x_i f_i$
150 以下	4	145	580
150~160	16	155	2 480
160~170	40	165	6 600
170~180	30	175	5 250
180 以上	10	185	1 850
合计	100	—	16 760

$$\bar{x} = \frac{\sum_{i=1}^{k} x_i f_i}{n} = \frac{145 \times 4 + 155 \times 16 + 165 \times 40 + 175 \times 30 + 185 \times 10}{4 + 16 + 40 + 30 + 10} = \frac{16\ 760}{100} = 167.6 \text{ (cm)}$$

三、几何平均数

几何平均数通常是用来计算动态相对数的平均值的一种平均指标，如计算平均发展速度、平均收益率等。根据所给数据的具体类型，有简单几何平均和加权几何平均两种形式。

(一) 简单几何平均数

简单几何平均数是 n 个数据 $x_1, x_2, \cdots, x_n$ 的连乘积的 n 次方根，其计算公式如下：

$$G = \sqrt[n]{x_1 x_2 \cdots x_n} = \sqrt[n]{\prod_{i=1}^{n} x_i} \tag{5.5}$$

【例5－4】某地区的地区生产总值2008年是1 000亿元，2009年是1 100亿元，2010年是1 210亿元，2011年是1 360亿元，问近三年该地区的生产总值平均增长速度是多少？

解：增长速度、发展速度都是动态相对指标，求其平均表现通常要用到几何平均数，其结果如下：

平均增长速度 = 平均发展速度 － 1

$$= \sqrt[3]{\frac{1\ 360}{1\ 210} \times \frac{1\ 210}{1\ 100} \times \frac{1\ 100}{1\ 000}} - 1 = \sqrt[3]{\frac{1\ 360}{1\ 000}} - 1 = 0.107\ 9 = 10.79\%$$

（二）加权几何平均数

若一组数据 $x_1, x_2, \cdots, x_n$ 中有 k 个不同的取值 $x_1, x_2, \cdots, x_k$，每个取值出现的次数分别为 f_i，且有 $\sum_{i=1}^{k} f_i = n$，则几何平均数的计算公式为：

$$G = \sqrt[\Sigma f_i]{x_1^{f_1} x_2^{f_2} \cdots x_k^{f_k}} = \sqrt[\Sigma f_i]{\prod_{i=1}^{k} x_i^{f_i}} \tag{5.6}$$

【例5－5】某地区近20年来的经济发展速度如表5－2所示，试计算该地区近20年来的经济发展平均速度。

表5－2　某地区20年来的经济发展速度

发展速度 x_i	年数 f_i	$x_i^{f_i}$
1.02	1	1.020 0
1.05	5	1.276 3
1.07	10	1.967 2
1.10	4	1.464 1
合计	20	—

解：由于需要计算发展速度，根据所给数据资料的类型，可以选用加权几何平均法求平均发展速度为

$$G = \sqrt[\Sigma f_i]{x_1^{f_1} x_2^{f_2} \cdots x_k^{f_k}} = \sqrt[20]{1.02 \times 1.05^5 \times 1.07^{10} \times 1.10^4}$$

$$= \sqrt[20]{1.020\ 0 \times 1.276\ 3 \times 1.967\ 2 \times 1.464\ 1} = \sqrt[20]{3.749\ 3} = 1.068\ 3 = 106.83\%$$

该题可直接用 Excel 辅助计算，计算步骤参见本章第三节 Excel 描述统计。

四、调和平均数

调和平均数是各个参与平均的数据的倒数的算术平均数的倒数，又称为倒数平均数，一般用于计算强度相对指标的平均数。根据所给数据资料的不同，分为简单调和平均数和加权调和平均数。

（一）简单调和平均数

对一组数据 $x_1, x_2, \cdots, x_n$ ，简单调和平均数公式如下：

$$H = \cfrac{1}{\cfrac{\cfrac{1}{x_1} + \cfrac{1}{x_2} + \cdots + \cfrac{1}{x_n}}{n}} = \cfrac{n}{\cfrac{1}{x_1} + \cfrac{1}{x_2} + \cdots + \cfrac{1}{x_n}} = \cfrac{n}{\displaystyle\sum_{i=1}^{n} \cfrac{1}{x_i}} \tag{5.7}$$

【例 5 - 6】轮船从甲地开往乙地，去时顺水行舟，船速为每小时 100 公里，返回时逆水行舟，船速为每小时 80 公里，求轮船来回航程的平均时速。

解：去时船速为 100 公里/小时，则行驶 1 公里需要 1/100 小时；返回时船速为 80 公里/小时，则行驶 1 公里需要 1/80 小时。由于来回航程相同，因此平均每公里需要行驶 $\frac{1}{2}(\frac{1}{100} + \frac{1}{80})$ 小时，轮船的来回平均时速为：

$$\text{平均时速} = \cfrac{1}{\cfrac{1}{2}\left(\cfrac{1}{100} + \cfrac{1}{80}\right)} = \cfrac{2}{\left(\cfrac{1}{100} + \cfrac{1}{80}\right)} = 88.89 \text{（公里/小时）}$$

或者按照强度相对指标的具体含义来求解，直接就可以用到调和平均公式（设甲乙两地相距 a 公里）：

$$\text{平均时速 } H = \cfrac{n}{\displaystyle\sum_{i=1}^{n} \cfrac{1}{x_i}} = \cfrac{\text{总里程}}{\text{总时间}} = \cfrac{2a}{\left(\cfrac{a}{100} + \cfrac{a}{80}\right)} = \cfrac{2}{\left(\cfrac{1}{100} + \cfrac{1}{80}\right)} = 88.89 \text{（公里/小时）}$$

（二）加权调和平均数

若以 m_i 代表 $x_1, x_2, \cdots, x_n$ 中对应数据 x_i 的权数，则加权调和平均数的公式如下：

$$H = \cfrac{1}{\cfrac{\cfrac{1}{x_1}m_1 + \cfrac{1}{x_2}m_2 + \cdots + \cfrac{1}{x_n}m_n}{m_1 + m_2 + \cdots + m_n}} = \cfrac{m_1 + m_2 + \cdots + m_n}{\cfrac{1}{x_1}m_1 + \cfrac{1}{x_2}m_2 + \cdots + \cfrac{1}{x_n}m_n} = \cfrac{\displaystyle\sum_{i=1}^{n} m_i}{\displaystyle\sum_{i=1}^{n} \cfrac{m_i}{x_i}} \tag{5.8}$$

【例 5 - 7】某商人先后买入了三批鸡蛋，但花费和购买量均不相同，第一批购买单价为 10 元/公斤，共花费了 1 000 元人民币；第二批购买单价为 8 元/公斤，共花费了 1 600 元人民币；第三批购买单价为 12 元/公斤，共花费了 1 200 元人民币。试问该商人三批鸡蛋的平均进货价格是多少？

解：此时要看价格这种强度相对指标的平均表现，由于所给条件并没有给出每批货品的购买数量，可以用加权调和平均的方法来计算平均价格：

$$\text{平均价格 } H = \cfrac{\displaystyle\sum_{i=1}^{n} m_i}{\displaystyle\sum_{i=1}^{n} \cfrac{m_i}{x_i}} = \cfrac{\text{总价值}}{\text{总数量}} = \cfrac{1\,000 + 1\,600 + 1\,200}{\cfrac{1\,000}{10} + \cfrac{1\,600}{8} + \cfrac{1\,200}{12}} = 9.5 \text{（元/公斤）}$$

五、众数

众数，顾名思义，就是一组数据中出现次数最多的一个或几个数，通常以符号 M_0 表示。众数的使用是有条件的，当数据量较大，且数据分布有明显的集中趋势时，可以使用众数。反之当数据量很少，且数据分布无明显的集中趋势时，就不适宜使用众数。

确定众数时，需要首先将资料分组，若按单个变量值进行分组，出现次数最多的那个变量值就是众数。众数可能存在，也可能不存在。而且，一组数据也有可能存在多个众数。

如果所给资料是组距式分组资料，则首先确定众数所在组，然后根据公式来计算众数值。具体公式分为下限公式和上限公式两种：

下限公式：$M_0 = L + \dfrac{\Delta_1}{\Delta_1 + \Delta_2} \times i$　　　　　　　　　　　　　　　　(5.9)

上限公式：$M_0 = U - \dfrac{\Delta_2}{\Delta_1 + \Delta_2} \times i$　　　　　　　　　　　　　　　　(5.10)

式中，L 代表众数组的下限值，U 代表众数组的上限值，Δ_1 代表众数组次数与前一组次数之差，Δ_2 代表众数组次数与后一组次数之差，i 代表众数组的组距。

【例 5 - 8】一组数 7.4、7.2、7.1、7.4、7.3、7.5、7.4，其众数就是出现次数最多的 "7.4"。

【例 5 - 9】一组数 7.1、7.2、7.3、7.4、7.5、7.6，就不存在众数。

【例 5 - 10】一组数 7.1、7.2、7.2、7.2、7.3、7.4、7.5、7.5、7.5、7.6，有 "7.2" 和 "7.5" 两个众数，它们分别出现了 3 次。

【例 5 - 11】计算表 5 - 3 所给出的数据资料中 100 名学生的身高众数。

表 5 - 3　某班 100 名同学身高分组汇总表

身高（cm）	人数 f_i
150 以下	4
150 ~ 160	16
160 ~ 170	40
170 ~ 180	30
180 以上	10
合计	100

解：根据资料，众数落在第三组，

则 $L = 160, U = 170, i = 10$

$\Delta_1 = 40 - 16 = 24$ ，$\Delta_2 = 40 - 30 = 10$

按照下限公式 $M_0 = L + \dfrac{\Delta_1}{\Delta_1 + \Delta_2} \times i = 160 + \dfrac{24}{24 + 10} \times 10 = 167.06$（cm）

按照上限公式 $M_0 = U - \dfrac{\Delta_2}{\Delta_1 + \Delta_2} \times i = 170 - \dfrac{10}{24 + 10} \times 10 = 167.06$（cm）

所以这 100 名同学的身高众数是 167.06cm。

注：这里为了方便学习，把上限公式和下限公式均演示了一遍，实际操作中只需用一

个公式计算即可。

六、中位数

对一组数据 $x_1, x_2, \cdots, x_n$，将其按照由大到小或者由小到大排列顺序，居于中间那个位置的数据就是该组数据的中位数，通常以符号 M_e 表示。显然，这组数据中总有一半数据的值不超过 M_e，也有一半数据的值不小于 M_e，且不受极端值的影响，因此中位数有着明确的实际含义，在很多场合下都有使用。中位数的具体确定方法因所给的数据资料不同而有所差异。

1. 对于未分组的原始数据 $x_1, x_2, \cdots, x_n$ 或单变量值分组资料

首先将它们按照降序或升序排列，然后，

若 n 为奇数，寻找处于 $\dfrac{n+1}{2}$ 位置的数，即为所求的中位数。

若 n 为偶数，则寻找处于 $\dfrac{n}{2}$ 和 $\dfrac{n}{2}+1$ 两个位置的数，以这两个数的算术平均数为中位数。

【例 5 - 12】某班 5 名同学身高分别为 165、163、164、167、166（cm），求中位数。

解：该班 5 名同学的身高经由矮到高排序为 163、164、165、166、167（cm），中间位置为（5 + 1）/2 = 3，其中位数即为 165cm。

【例 5 - 13】某班 6 名同学身高分别为 165、163、164、167、166、168（cm），求中位数。

解：该班 6 名同学身高由矮到高排序为 163、164、165、166、167、168（cm），中间位置为（6 + 1）/2 = 3.5，其中位数即为排在第 3 位的 165cm 和第 4 位的 166cm 的算术平均数，即为 165.5cm。

2. 对于组距式分组资料

假设数据资料被分成 k 组，每组频数对应为 f_k，且有 $\sum\limits_{i=1}^{k} f_i = n$。遵循以下步骤：

首先确定中位数所在位置 $O_m = \dfrac{\sum\limits_{i=1}^{k} f_i}{2} = \dfrac{n}{2}$，然后确定位置所在组，该组即中位数所在的组。

中位数的计算公式也分为两个：

下限公式：
$$M_e = L + \frac{\dfrac{n}{2} - S_{m-1}}{f_m} \times i \tag{5.11}$$

上限公式：
$$M_e = U - \frac{\dfrac{n}{2} - S_{m+1}}{f_m} \times i \tag{5.12}$$

式中，L 代表中位数组的下限值，U 代表中位数组的上限值，f_m 代表中位数组的频数，i 代表中位数组的组距，S_{m-1} 为中位数组前面各组的累计频数，S_{m+1} 为中位数组后面各组的累计频

数。

【例 5 - 14】计算表 5 - 1 给出的 100 名同学身高的中位数。

解：根据资料，中位数位置为 $100/2 = 50$，应该落在第三组，

则，$L = 160, U = 170, i = 10$

$S_{m-1} = 4 + 16 = 20$，$S_{m+1} = 30 + 10 = 40$

按照下限公式 $M_e = L + \dfrac{\dfrac{n}{2} - S_{m-1}}{f_m} \times i = 160 + \dfrac{50 - 20}{40} \times 10 = 167.5 \, (\text{cm})$

按照上限公式 $M_e = U - \dfrac{\dfrac{n}{2} - S_{m+1}}{f_m} \times i = 170 - \dfrac{50 - 40}{40} \times 10 = 167.5 \, (\text{cm})$

所以这 100 名同学的身高中位数是 167.5cm。

注：这里为了方便学习，把上限公式和下限公式均演示了一遍，实际操作中只需用一个公式计算即可。

七、各种平均指标的适用场合

上面介绍了诸多平均指标，其目的都是为了反映总体或样本集合的代表性水平。显然，在不同的总体或经验分布的情形下，代表性强的平均指标应该优先采用。

当面临的总体的分布呈现出以算术平均值左右对称的正态分布时，此时总体的算术平均数、众数和中位数是相等的。在经验分布当中，只要分布直方图是左右对称，且是单峰分布，则三个平均指标的值都相等，此时用哪一个指标都合适。实践中，只要经验分布直方图大致呈现单峰正态、偏度不算太大的话，都可以使用平均数作为平均指标。

但是，如果总体是单峰偏态分布且偏斜程度很大，存在少数极大值（右偏分布），或存在少数极小值（左偏分布），此时算术平均数受极端值的影响，其代表性很低，就不宜采用，应该用众数或中位数作为平均水平。例如通常用中位数衡量一个国家或地区的居民平均收入水平。因为一般情况下各个国家和地区的居民收入水平均呈现右偏分布，即极少数人掌握绝大部分财富，此时用算术平均数来表示一般收入水平就会偏高，就不能代表大多数人的收入状况，大多数人会因此出现收入"被增长"的感觉。

第二节　变异指标

平均指标作为总体或样本集合的代表性值，有着"一般性"和"代表性"，但它不能表现或代表集合内部的个体之间的差异。实际上，两个平均水平相同的总体或样本的内部差异可能很大。为了反映总体或样本集合内部个体特征之间的差异，必须引入变异指标。

一、变异指标的概念

变异指标，就是反映总体或样本内各总体单位特征差异程度大小的指标。变异指标在

统计研究中具有重要意义。如果说平均指标可以反映数据分布的集中位置，那么通过变异指标就可以反映数据分布的离散程度。两种指标结合起来就可以更加全面地认识总体或样本数据的分布特征。

二、变异指标的作用

变异指标在不同的场合有着不同的作用，这里只是简单介绍以下几种：

1. 变异指标是衡量平均指标代表性的重要尺度

平均指标作为总体或样本中各单位某一标志的代表性水平，其代表性的高低取决于各个单位在这一标志上表现的差异程度，差异程度越大（变异指标值越高），则平均指标的代表性越低；差异程度越小（变异指标值越低），则平均指标的代表性越高。

2. 变异指标可以衡量现象变动的稳定性和均衡程度

在质量管理中，通常用变异指标来衡量或测定生产线或产品质量特性的稳定性。一般来说，产品的某项质量指标的差异程度越小，则其质量特性越稳定，就越容易获得满足质量要求的产品。另外，反映收入分配差距的变异指标可以反映一个国家或地区的发展均衡程度。

3. 变异指标反映指标的波动程度，可以用来衡量风险的大小

用来衡量资产价格波动的变异指标，如反映股票价格波动和房地产价格波动的指标，在投资学中扮演衡量投资风险的重要角色。

4. 变异指标是计算抽样误差和样本量的重要依据

在抽样调查中，样本量的确定和代表性误差的计算都要用到变异指标中的标准差。将在后面内容中详细介绍。

三、几种常用的变异指标

常用的变异指标有全距、平均差、方差、标准差、变异系数、偏度和峰度系数。

1. 全距（极差）

全距，是一组数据中最大值与最小值之差，反映了数据值在这组数据中的最大波动程度或范围。因为是这组数据中两个极端值之差，所以又称为极差，一般以 R 表示，其计算公式为：

$$R = x_{max} - x_{min} \tag{5.13}$$

式中，x_{max} 为该组数据中的最大值，x_{min} 为该组数据中的最小值。

显然，全距只是受两个极端值的影响，无法反映数据组的内部差异，对数据变异程度的测定是相当粗略的。但是由于计算简便，可以用来快速分析数据的离散程度。

【例 5 - 15】某班 5 名同学身高分别是 161、162、179、168、165（cm），则该班同学身高的全距是多少？

解：该组身高最大值是 179cm，最小值是 161cm，所以全距是 179 - 161 = 18（cm）。

2. 平均差（平均绝对离差）

平均差，又称为平均绝对离差，是一组数据中各个数据到其算术平均数离差的绝对值

的算术平均数。它综合反映了整组数据的变异程度，利用了全部的数据信息，因而比全距更能客观全面地反映数据的离散程度。平均差越大，则数据离散程度越大，反之则离散程度越小。其基本的计算公式如下：

$$A.\ D.\ = \frac{\sum_{i=1}^{n} |x_i - \bar{x}|}{n} \tag{5.14}$$

虽然平均差比全距更能全面反映数据整体的离散程度，但由于在公式中加入了绝对值符号，在数学上处理起来不方便，在实践中并不常用。

3. 方差

方差是测度数据差异程度最为重要、最为常用的指标。由于平均差的绝对值符号不好处理，在数学上利用平方的方法去掉了绝对值符号，平均差也就变成了方差，即是各个数据到其算术平均数离差的平方的算术平均数。

对总体而言，方差记为 σ^2，其公式为：

$$\sigma^2 = \frac{\sum_{i=1}^{N} (x_i - \mu)^2}{N} \tag{5.15}$$

式中，N 是总体规模，μ 是总体的均值。

对样本数据 $x_1, x_2, \cdots, x_n$ 而言，样本方差记为 s^2，计算公式为：

$$s^2 = \frac{\sum_{i=1}^{n} (x_i - \bar{x})^2}{n-1} \tag{5.16}$$

式中，n 是样本容量，$\bar{x}$ 是样本均值。

这里 $\bar{x}$ 成了一个限制条件。在同一抽样方式下取容量为 n 的样本，如果要保持样本均值为 $\bar{x}$，n 个样本点中只有 $n-1$ 个可以自由取值，剩下的那个可以通过这些取值与 $\bar{x}$ 的关系得到。因此 $n-1$ 又称为抽样条件固定时的自由度。

对于组距式分组资料，方差的计算基本思路和公式（5.15）与（5.16）一样，只是此时需要用各组的频数作为权重来计算加权平均数。这里不再赘述。

4. 标准差

方差虽然避免了平均差的绝对值符号的问题，但是带来了一个新问题，即其结果将数据的计量单位变成了平方形式，缺乏实际意义。为了解决这个问题，就有了将方差取正的平方根的办法，即常用的标准差，此时其计量单位就变得和原始数据或平均值一样了。

对总体而言，标准差为：

$$\sigma = \sqrt{\frac{\sum_{i=1}^{N} (x_i - \mu)^2}{N}} \tag{5.17}$$

对样本而言，标准差为：

$$s = \sqrt{\frac{\sum_{i=1}^{n} (x_i - \bar{x})^2}{n-1}} \tag{5.18}$$

5. 变异系数

上面介绍的各种变异指标，包括全距、平均差和标准差，都是用绝对数表示的指标，它们均与原始数据或平均值有着相同的计量单位，也可以称为数据的绝对差异程度指标。这些变异指标的值不仅与数据本身的变异程度有关，也受数据量纲和计量单位的影响。在统计实践中，如果要比较多组数据的离散程度的差异，若各组数据的计量单位和量纲不一样，平均水平也不一样，就不能直接采用上述绝对变异指标来衡量它们离散程度的差异，这时必须采用相对变异指标（即变异系数）来进行分析。

变异系数又称为离散系数，它是各种变异指标与同组数据的算术平均数对比得到的相对数，以反映该组数据的相对离散程度，通常用百分数表示。例如，平均差与算术平均数对比得到平均差系数，标准差与算术平均数对比得到标准差系数。最为常用的就是标准差系数。

对总体数据而言，标准差系数为

$$CV = \frac{\sigma}{\mu} \times 100\% \tag{5.19}$$

式中，σ 是总体标准差；μ 是总体均值。

对样本数据而言，标准差系数为

$$CV = \frac{s}{\bar{x}} \times 100\% \tag{5.20}$$

式中，s 是样本标准差；$\bar{x}$ 是样本均值。

【例 5-16】某班有 5 名同学，其身高分别以米（m）和厘米（cm）为单位计量。试计算两种情形下的平均差、方差、标准差和变异系数，试比较两种计量单位情形下的离散程度：

（1）以米（m）为单位：1.50、1.60、1.70、1.80、1.90；

（2）以厘米（cm）为单位：150、160、170、180、190。

解：以第（1）组数据为例计算。

首先，5 名同学的平均身高是

$$\bar{x}_1 = \frac{\sum_{i=1}^{n} x_i}{n} = \frac{1.5 + 1.6 + 1.7 + 1.8 + 1.9}{5} = 1.70 \ (\text{m})$$

因此，平均差是

$$A.D._1 = \frac{\sum_{i=1}^{n} |x_i - \bar{x}|}{n}$$

$$= \frac{|1.5 - 1.7| + |1.6 - 1.7| + |1.7 - 1.7| + |1.8 - 1.7| + |1.9 - 1.7|}{5}$$

$$= \frac{0.2 + 0.1 + 0 + 0.1 + 0.2}{5} = 0.12 (\text{m})$$

方差是 $s_1^2 = \frac{\sum_{i=1}^{n} (x_i - \bar{x})^2}{n-1} = \frac{0.1^2 \times 2 + 0.2^2 \times 2 + 0}{4} = \frac{0.1}{4} = 0.025 \ (\text{m}^2)$

标准差是 $s_1 = \sqrt{\dfrac{\sum\limits_{i=1}^{n}(x_i - \bar{x})^2}{n-1}} = \sqrt{0.025} = 0.1581\,(\text{m})$

变异系数是 $CV_1 = \dfrac{s_1}{\bar{x_1}} = \dfrac{0.1581}{1.70} \times 100\% = 9.31\%$

类似地，可以计算得到第（2）组数据各项指标：

均值：$\bar{x}_2 = 170\,(\text{cm})$

平均差：$A.D._2 = 12\,(\text{cm})$

方差：$s_2^2 = 250\,(\text{cm}^2)$

标准差：$s_2 = 15.81\,(\text{cm})$

变异系数 $CV_2 = \dfrac{s_2}{\bar{x_2}} = \dfrac{15.81}{170} \times 100\% = 9.31\%$

从上述计算结果可以看到，对于同一组数据，仅仅因为计量单位不一样，其平均差和标准差的数值就相差 100 倍，而方差更是相差 10 000 倍。如果用这些绝对变异指标来比较不同计量单位的同一组数据的离散程度，就会得出差异程度也相差百倍或万倍的错误结论。而此时如果使用变异系数，就会发现变异系数已经消除了计量单位和量纲的影响，两种计量单位情形下变异系数取值完全一样，说明其离散程度本质是一样的。

以上标准差等几种变异指标是从指标数值的角度反映一组数据值的差异程度，但无法反映数据形成的次数分布（总体分布或经验分布）的形状特征，如偏斜程度和陡峭程度。下面引入偏度和峰度两个指标来进一步反映这两个方面的特征。

6. 偏度

一组数据的分布数列中，如果频数分布是完全对称的，则称为对称分布；如果不完全对称，则称为非对称分布或偏态分布。反映数据统计分布偏斜方向和程度的指标即为偏度。

偏态分布有左偏分布和右偏分布两种，这是相对于对称分布而言的。在三种分布类型中，它们的算术平均数 $\bar{x}$、中位数 M_e 和众数 M_0 有着一定的关系。具体而言有以下几种情形，如图 5-1 所示。

（1）对称分布时，有 $\bar{x} = M_e = M_0$；

（2）右偏分布时，有 $\bar{x} > M_e > M_0$；

（3）左偏分布时，有 $\bar{x} < M_e < M_0$。

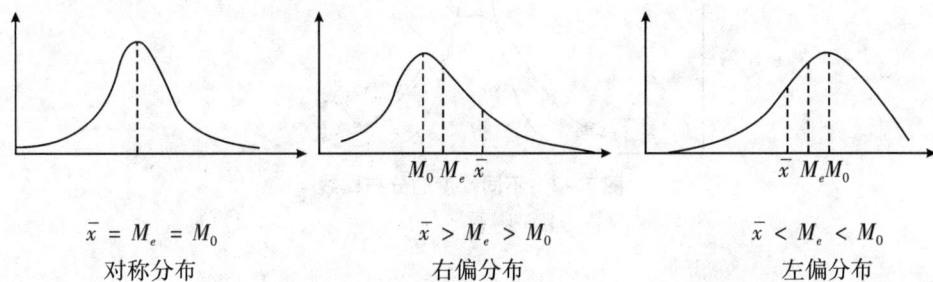

$\bar{x} = M_e = M_0$　　　　$\bar{x} > M_e > M_0$　　　　$\bar{x} < M_e < M_0$

对称分布　　　　　　　右偏分布　　　　　　　左偏分布

图 5-1　对称分布与偏态分布

偏度的测定有多种方法，这里只是简单介绍利用算术平均数与众数进行比较得到偏度的方法。

如上述，在非对称分布中，算术平均数、中位数和众数相互分离，中位数一般位于二者之间，此时算术平均数与众数的距离就可以用来测定偏度，即

偏度 = 算术平均数 – 众数 = $\bar{x} - M_0$

这是偏度的绝对量，若为正值，则为右偏分布；若为负值，则为左偏分布；若为零，则为正态分布。偏度绝对值越大，说明偏斜程度越大。但是不同的数据分布，其计量尺度不一样，若此时要比较偏斜程度，用绝对偏度并不恰当，需要偏度系数这个相对指标，即偏度除以数据的标准差，通常以 SK_p 表示。计算公式为：

$$SK_p = \frac{\bar{x} - M_0}{s} \tag{5.21}$$

7. 峰度系数

峰度系数是用来衡量数据分布的集中程度或分布曲线的尖耸程度的指标。计算公式为：

$$\beta = \frac{m_4}{s^4} \tag{5.22}$$

式中，$m_4 = \dfrac{\sum (x - \bar{x})^4 f}{\sum f}$ 称为四阶中心动差，s 是样本数据标准差。

衡量数据统计分布的集中程度或分布曲线的尖耸程度是以标准正态分布为参考的。标准正态分布曲线的峰叫正态峰，对应的峰度系数 $\beta = 3$，参考图 5 – 2 中的 B 分布曲线；若某分布计算出来的 $\beta > 3$，表示分布曲线的形状比标准正态分布要更陡峭、更集中，称之为尖顶峰，如图 5 – 2 中的 A 分布曲线；若某分布计算出来的 $\beta < 3$，表示分布曲线的形状比标准正态分布要更平缓、更分散，称之为平顶峰，如图 5 – 2 中的 C 分布曲线。

由于偏度和峰度的计算较复杂，本章建议掌握偏度和峰度的概念及计算公式，在实际运用中，用 Excel 软件辅助计算。

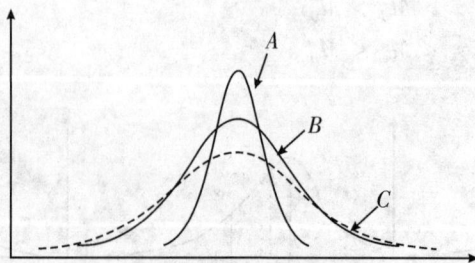

图 5 – 2　不同峰度的分布曲线

第三节　Excel 描述统计

Excel 在描述统计中使用十分普遍，现举实例加以说明。

【例 5-17】对第三章【例 3-1】数据，用 Excel 作描述统计。

解：（1）将数据输入 Excel 表。

（2）选择：数据—数据分析—描述统计—确定。如图 5-3 所示。（注：如果 Excel 中没有安装 数据分析 ，要启动"Excel 加载宏"予以安装）

① 输入。

输入区域：A1：A55

分组方式：选择"逐列"。

标志位于第一行：选择"√"，表示选用"人均收入"变量符号。

② 输出选项。

输出区域：C2

在汇总统计、平均数置信度、第 K 大值、第 K 小值上分别打"√"。

③ 单击 确定 ，Excel 将计算出的结果显示在 输出区域 中。

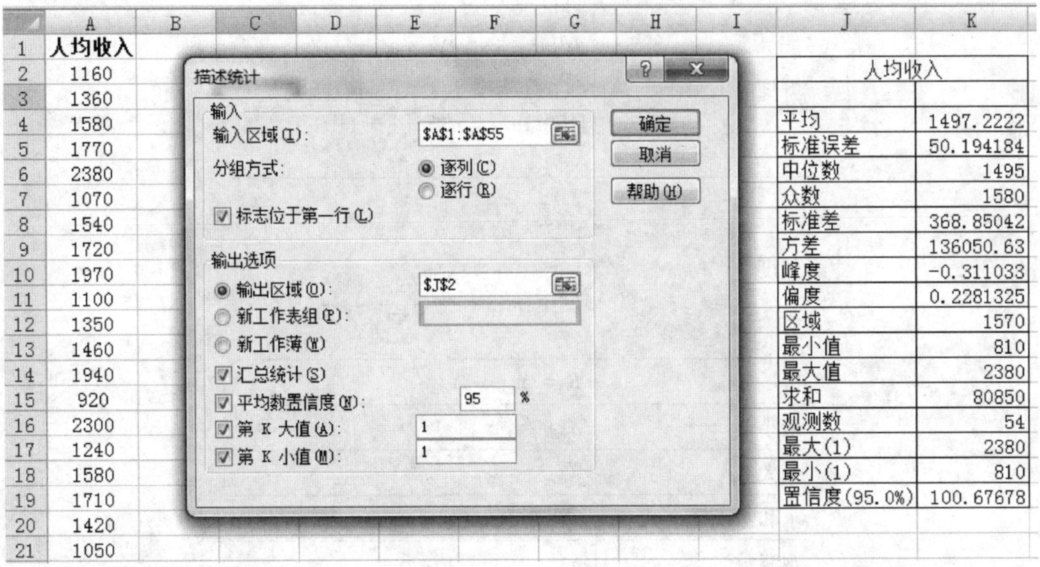

	A										K
1	人均收入									人均收入	
2	1160										
3	1360										
4	1580									平均	1497.2222
5	1770									标准误差	50.194184
6	2380									中位数	1495
7	1070									众数	1580
8	1540									标准差	368.85042
9	1720									方差	136050.63
10	1970									峰度	-0.311033
11	1100									偏度	0.2281325
12	1350									区域	1570
13	1460									最小值	810
14	1940									最大值	2380
15	920									求和	80850
16	2300									观测数	54
17	1240									最大(1)	2380
18	1580									最小(1)	810
19	1710									置信度(95.0%)	100.67678
20	1420										
21	1050										

对话框内容：
描述统计
输入
　输入区域(I)：$A$1:$A$55
　分组方式：● 逐列(C)　○ 逐行(R)
　☑ 标志位于第一行(L)
输出选项
　● 输出区域(O)：$J$2
　○ 新工作表组(P)：
　○ 新工作薄(W)：
　☑ 汇总统计(S)
　☑ 平均数置信度(N)：95 %
　☑ 第 K 大值(A)：1
　☑ 第 K 小值(M)：1
确定　取消　帮助(H)

图 5-3　Excel 描述统计

为了方便读者学习，现将 Excel 描述统计的公式表附录如下：

表5-4　居民人均收入 Excel 描述统计计算表

指标	公式
平均数	$\bar{x} = \dfrac{\sum x}{n}$
标准误差	$\sigma_{\bar{x}} = \dfrac{\sigma}{\sqrt{n}}$
中位数	位于数列中间的数 $m_d = \begin{cases} X_{(\frac{n+1}{2})} \\ \dfrac{1}{2}\left[X_{(\frac{n}{2})} + X_{(\frac{n}{2}+1)} \right] \end{cases}$
众数	出现次数最多的数 $m_0 = L + \dfrac{\Delta_1}{\Delta_1 + \Delta_2} \times d$
标准差	$s = \sqrt{\dfrac{\sum (x_i - \bar{x})^2}{n-1}}$
方差	$s^2 = \dfrac{\sum (x_i - \bar{x})^2}{n-1}$
峰度	$KU = \dfrac{m_4}{s^4} - 3$ 其中,$m_4 = \dfrac{\sum (x - \bar{x})^4 f}{\sum f}$
偏度	$SK = \dfrac{m_3}{s^3}$ 其中,$m_3 = \dfrac{\sum (x - \bar{x})^3 f}{\sum f}$
区域	$R = X_{\max} - X_{\min}$
最小值	$X_{\min}$
最大值	$X_{\max}$
求和	$\sum x_i$
观测数	n
最大（1）	$X_{\max}$
最小（1）	$X_{\min}$
置信度（95.0%）	$t \times \sigma_{\bar{x}}$

【例5-18】对本章【例5-5】数据，用 Excel（几何平均数）计算该地区近20年来

的经济发展平均速度。

解：（1）将数据输入 Excel 表，参见图 5 - 4。

（2）计算数值的 n 次方。先选定 "C3" 格，然后选择函数格，输入 " = A3^B3"，选择 "√"，计算出 "1.0200"。计算其余格，可先选定 "C3：C6"，然后选择：开始—填充—向下。计算结果参见图 5 - 4。

（3）计算数值的连乘积。先选定 "C8" 格，然后选择函数格，输入 " = C3 * C4 * C5 * C6"，选择 "√"，计算出 "3.749 3"。

（4）计算数值的几何平均数。先选定 "C9" 格，然后选择函数格，输入 " ="，接着在函数 f_x 中 " = Product"，选择 "√"，计算出数值的几何平均数为 "1.068 3"。

$$G = \sqrt[\Sigma f_i]{x_1^{f_1} x_2^{f_2} \cdots x_k^{f_k}} = \sqrt[20]{1.02 \times 1.05^5 \times 1.07^{10} \times 1.10^4}$$
$$= \sqrt[20]{1.020\,0 \times 1.276\,3 \times 1.967\,2 \times 1.464\,1} = \sqrt[20]{3.749\,3} = 1.068\,3 = 106.83\%$$

Std		f_x	=PRODUCT(C8)^(1/20)	
	A	B	C	D
1 / 2	发展速度 x_i	年数 f_i	$x_i^{f_i}$	
3	1.02	1	1.0200	
4	1.05	5	1.2763	
5	1.07	10	1.9672	
6	1.1	4	1.4641	
7	合计	20	—	
8	乘积	—	3.7493	
9	几何平均数	—	1.0683	

图 5 - 4 Excel 几何平均数

思考题

1. 什么叫平均指标? 它有什么作用?

2. 不同的平均指标各有什么适用场合?

3. 什么叫变异指标? 它有什么作用?

4. 为什么要计算变异系数? 它有什么作用?

5. 什么叫偏度? 怎样判断统计数据分布的偏斜程度?

6. 什么叫峰度系数? 怎样判断统计数据分布的峰度?

7. 某企业工人日产量的分组资料如下表所示:

日产量（千克）	工人数	
	9 月份	10 月份
20 以下	20	10
20 ~ 30	35	20
30 ~ 40	30	25
40 ~ 50	10	30
50 以上	5	15
合计	100	100

（1）根据表中数据计算 9 月份和 10 月份该企业工人的日产量的算术平均数、中位数和众数；

（2）试根据（1）中三种平均指标的关系，比较 9 月份和 10 月份该企业工人日产量分布的偏斜程度；

（3）分别计算两个月份日产量的平均差、标准差和标准差系数，试比较两个月份工人日产量的波动程度。

8. 某地农贸市场只销售三种蔬菜，分别为胡萝卜、小白菜和冬瓜，某日销售价格和销售额分别为：胡萝卜 4.00 元/千克，销售了 4 000 元；小白菜 5.00 元/千克，销售了 10 000 元；冬瓜 2.00 元/千克，销售了 1 000 元。试问该日该市场销售出去的蔬菜平均价格是多少？

9. 某连锁大型超市 2005 年至 2009 年的年销售额（亿元）资料如下表所示：

年份	2005	2006	2007	2008	2009
销售额	1.000	1.169	1.200	1.300	1.331

试根据上表资料计算该超市 2005 年至 2009 年销售额的平均增长速度。

10. 甲地区最近 10 天的空气质量指数（0 ~ 50 表示良好，50 ~ 100 表示适中）如下：
30、40、50、40、30、55、60、65、35、45。

（1）计算这组数据的全距、平均数、中位数、方差和标准差；

（2）若乙地区同期空气质量指数平均值为 43，标准差为 12，试对两地近 10 天空气质量状况进行比较。

中编　　推断统计

第六章　抽样与参数估计

第一节　抽样调查的概念和作用

一、抽样调查的概念

抽样调查的概念有广义和狭义之分。从广义上看，抽样调查就是非全面调查，它是指从研究的总体中按一定的原则抽取部分单位作为样本进行观察研究，以认识总体的一种统计调查方法。广义概念的抽样调查按抽样方法的不同，分为概率抽样和非概率抽样两种。所谓非概率抽样是相对于概率抽样而言的，它是指从研究的总体中有意识地抽取部分单位作为样本进行观察研究，以认识总体的统计调查方法。例如，典型抽样、随意抽样和定额抽样。所谓概率抽样是指从研究的总体中按随机原则抽取部分单位作为样本进行观察研究，并根据这部分单位的调查结果去推断总体，以达到认识总体的统计调查方法。概率抽样也称随机抽样，包括简单随机抽样、类型抽样、等距抽样、整群抽样和多级抽样等形式。从狭义上看，抽样调查就是随机抽样，本章主要介绍随机抽样，为简便起见，以下抽样调查均指随机抽样。

二、抽样调查的特点

（1）抽样调查是一种非全面调查。抽样调查不需要对总体中所有单位进行调查，而只需调查其中的一部分单位。

（2）抽样调查按随机原则抽取调查单位。所谓随机原则就是在抽取调查单位时，完全排除人为的主观因素影响，并保证每一个调查单位都有相等的中选可能性。随机原则就概率意义而言，又称为等可能性原则。

抽样调查为什么要遵守随机原则呢？这是因为抽样调查的目的在于用样本来推断总体的数量特征。这就要求抽样的部分单位能够充分地代表总体，只有严格遵守随机原则，才能使所选的样本结构与总体结构相同，或者两者的分布相一致。另外，只有遵守随机原则，才能按概率论的原则计算抽样误差，并进行抽样推断。

（3）抽样调查是用总体中部分单位的统计量去推断总体参数。抽样调查是一种非全面调查，其目的就是用总体中部分单位的数量特征去获得总体的数量特征。

（4）抽样调查中产生的误差可以事先计算并加以控制。抽样调查用样本来推断总体，必然会产生抽样误差，但其数值大小可以事先计算，并能控制在一定范围内，以保证抽样调查结果的准确性。

三、抽样调查的作用

抽样调查与全面调查相比，具有节省人力、物力、财力和时间等优点，使得这种调查方法在统计工作中的作用日益显著。归纳起来主要具有以下作用：

（1）用于不可能进行全面调查的总体数量特征的推断。常见的不可能进行全面调查的总体有两种情况：一是无限总体的调查。无限总体包括的总体单位数是不可数的，因此无法对该类总体进行全面调查，只能采用抽样调查的方法来认识总体的数量特征。例如，大气污染或海洋污染情况调查。二是破坏性或消耗性试验。对某些产品质量检验，必须进行破坏性或消耗性试验，才能了解其情况。例如，炮弹的杀伤力检验、灯管的使用寿命检验、纱布的强度检验等，在这种情况下，只有采用抽样调查的方法来了解全部产品的质量。

（2）用于某些不必要进行全面调查的总体数量特征的推断。有些现象虽然理论上可以进行全面调查，但由于调查对象范围广、单位多，需要花费较多的人力、物力和时间，采用抽样调查的方法能够取得事半功倍的效果。例如，职工家庭收支情况调查、农产品产量调查等。

（3）用于全面调查资料的评价和验证。由于全面调查的工作量大，调查登记和整理汇总资料的过程受主观和客观因素的影响，发生登记性和计算性误差的可能性较大。为了提高全面调查资料的准确性，可以用抽样调查资料来验证全面调查资料的准确性。例如，人口普查后总是要抽查一定地区和一定数量的人口进行核对和验证。

（4）用于生产过程的质量控制。抽样调查技术不仅可以对生产的结果进行检验、核算和估计，还可以对生产的过程进行质量控制。例如，对于连续生产的产品质量控制，要求随时了解产品生产过程是否处于技术要求的正常状态，一旦发现问题，就要找出原因，及时纠正，否则，待大量生产后才发现问题，所造成的损失就难以挽回了。

第二节　抽样的基本概念

一、总体和样本

（一）总体

总体是指所有调查研究对象的全体。总体根据其总体单位能否全面计数，分为有限总体和无限总体。有限总体是指总体中所包含的单位数是有限可数的，例如，调查某市工业企业生产经营情况，某市工业企业数就是有限总体。无限总体是指总体中所包含的单位数是无限不可数的，例如，某灯管厂连续不断地生产灯管，源源不断的灯管数就是无限总体。总体单位数用字母 N 表示。

（二）样本

样本是指从总体中按随机原则抽取的那部分调查单位所构成的整体。样本单位数称为样本量，用字母 n 表示。样本是总体的一部分，因此，样本量总是有限的。

二、参数和统计量

（一）参数

参数是指研究者想要了解的总体的某种特征值，也称总体参数或总体指标。研究者所关心的参数通常有总体均值、总体成数、总体标准差等。在抽样调查中，参数是一个未知的常数，其原因是：

（1）由于总体是唯一确定的，因此，根据总体资料计算的参数也是唯一确定的。

（2）由于总体数据通常是不知道的，所以，参数是一个未知的常数。例如，当我们不知道一批产品的合格率，不知道一个城市所有家庭收入的差异，不知道一个地区农产品产量时，可以用抽样调查的样本统计量估计总体参数。

（二）统计量

统计量是指描述样本特征的概括性数字度量，也称样本统计量或样本指标，即统计量是根据样本数据计算出来的一个量，它是样本的函数，如样本均值、样本成数、样本标准差等。在抽样调查中，统计量是一个可以度量的随机变量，其原因是：

（1）由于样本是已经抽出来的一组数据，所以，统计量总是可以求得的。

（2）由于一个总体中可以随机抽取许多样本，样本不同，统计量的数值也就不一样，因此统计量不是唯一确定的，而是一个随机变量。

抽样的目的就是要根据样本统计量去估计总体参数，例如，用样本均值去估计总体均值，用样本成数去估计总体成数，用样本标准差去估计总体标准差等。

三、样本量和样本可能数目

（一）样本量

样本量是指一个样本中所包含的单位数，也称样本容量，用字母 n 表示。在抽样调查中，样本量越大，抽样误差就会越小，但调查费用必定增加；反之，样本量过小，虽节省调查费用，但将导致抽样误差增大，甚至失去抽样推断的价值。因此，在抽样设计中应根据抽样误差的要求和调查费用的情况慎重确定样本量。一般地，样本量大于等于 30 的样本称为大样本，小于 30 的样本称为小样本。

（二）样本可能数目

样本可能数目是指按不同的抽样方式和方法从总体中可能抽取的样本个数，也称样本可能个数。在抽样设计中，样本可能数目的多少与抽样方式（重复与不重复抽样）、取样要求（考虑与不考虑顺序）密切相关。

四、重复抽样和不重复抽样

（一）重复抽样

重复抽样是指从总体中随机抽选一个样本登记后，还需把它再放回，下一次仍从总体所有单位中抽取，如此进行下去，直到抽取预定的样本量 n 为止。在这种抽样方式中，每次都从 N 个单位中抽取，每个总体单位每次被抽取的机会都是 $1/N$，同一单位有多次重复中选的可能。

（二）不重复抽样

不重复抽样是指从总体中随机抽选一个样本登记后，不再把它放回，下一次只从剩余总体单位中抽选，如此进行下去，直到抽取预定的样本量 n 为止。在这种抽样方式中，第一个单位被抽中的机会是 $1/N$，第二个单位被抽中的机会是 $1/(N-1)$ ……第 n 个单位被抽中的机会是 $1/[N-(n-1)]$。由于不重复抽样是一种不放回的抽样，同一单位只有一次中选的可能。

在实际抽样调查中，大多采用不重复抽样，但重复抽样在抽样公式推导中能使问题简化；同时，当总体单位数很大，样本量相对比较小时，重复抽样与不重复抽样的误差也很接近，所以重复抽样具有一定的理论意义。

第三节　抽样分布

近代统计学的创始人之一，英国统计学家费雪（R. A. Fisher，1890—1962）曾把抽样分布、参数估计和假设检验列为统计推断的三个中心内容。抽样分布是进一步学习参数估计、假设检验以及方差分析等内容的基础，因此，掌握抽样分布的理论与方法十分重要。抽样分布的内容较多，本节重点介绍抽样分布的概念和一个总体参数的抽样分布问题。

一、抽样分布的概念

抽样分布是指样本统计量的概率分布。由于样本统计量是由 n 个随机变量构成的样本的函数，所以，抽样分布属于随机变量函数的分布。例如，在简单随机抽样时，总体有 N 个单位，从中按不考虑顺序不重复抽样方式抽取 n 个单位进行调查，可抽取 C_N^n 个样本可能数目，可得到 C_N^n 个不尽相同的样本均值，经整理，将样本均值的全部可能取值及其出现的概率依次排列，就得到样本均值的概率分布，即样本均值的抽样分布。同理可得到样本成数的抽样分布、样本方差的抽样分布等。

为了更好地掌握抽样分布的原理，首先须了解三种不同性质的分布，即总体分布、样本分布和抽样分布，掌握三者之间的区别与联系。

（一）总体分布

总体分布是指总体中各元素的观测值所形成的相对频数分布。假如，可对总体中所有观测值做一次全面普查，则可通过直方图观测该总体的分布状况。但在现实中，总体的分布往往是不知道的，通常是根据经验大致了解总体的分布类型，或者假定它服从某种分布，然后，再用样本分布推断总体分布。例如，先假定某种小包装茶叶的重量服从正态分布，然后在全部小包装茶叶中按随机原则抽取部分来测定，最后用部分小包装茶叶的样本分布推断总体分布。

（二）样本分布

样本分布是指从总体中抽取一个容量为 n 的样本，由这 n 个观测值形成的相对频数分布。由于样本是从总体中抽取的，其中包含着总体的一些信息和特征，因此样本分布也称经验分布。一般地，当样本量较大或逐渐增大时，样本的分布也逐渐接近于总体的分布；但当样本量较小或受随机因素影响，样本的分布也可能与总体的分布不一致，甚至会有较大差异。值得注意的是，样本分布是指一个样本中各观测值的分布，它与抽样分布是不同的。

（三）抽样分布

如前所述，抽样分布是指样本统计量的概率分布。从理论上说，抽样分布就是指从容量为 N 的总体中抽取容量为 n 的样本时，所有样本可能数目的统计量取值所形成的相对频数分布。由于现实中不可能将所有的样本都抽出来，因此，统计量的抽样分布实际上是一种理论分布。在通常情况下，总体的参数是根据样本统计量来推断的。例如，用样本均值去推断总体均值，用样本比例去推断总体比例，用样本标准差去推断总体标准差等，那么进行这种推断的理论依据就是统计量的抽样分布。可以说，抽样分布是研究样本分布与总体分布之间关系的桥梁。

二、样本均值的抽样分布

本节仅介绍一个总体参数的抽样分布问题，所谓一个总体参数的抽样分布，是指在一个总体中全部样本统计量的所有可能取值形成的相对频数分布。构造一个总体参数的抽样分布的步骤为：

（1）从一个容量为 N 的有限总体中随机抽取容量为 n 的所有可能样本；

（2）算出每个样本的统计量数值；

（3）将这些来自不同样本的不同统计量观测值加以分组排列，把对应每个观测值的相对出现的频数排成另一列，则形成样本统计量的所有可能取值的相对频数分布表；

（4）对频数分布数据进行数字特征分析。

在一个总体的参数估计中，人们所关心的参数主要是总体的均值、成数和方差等，相应地，用于推断这些参数的统计量分别是样本的均值、成数和方差等。下面将以简单随机抽样为例，讨论样本均值、成数和方差的抽样分布。样本均值的抽样分布按抽样方式的不同可以分为重复抽样和不重复抽样两种。

（一）重复抽样情况下样本均值的抽样分布

1. 总体方差已知时，样本均值的抽样分布

（1）样本均值的数学期望与方差。当总体方差已知时，因为总体 $X \sim N(\mu, \sigma^2)$，$(x_1, x_2, \cdots, x_n)$ 是其一个简单随机样本，则有：样本 $\bar{x} \sim N(\mu, \sigma^2/n)$，$E(\bar{x}) = \mu$，$V(\bar{x}) = \sigma^2/n$。

证明：因为总体 $X \sim N(\mu, \sigma^2)$，$(x_1, x_2, \cdots, x_n)$ 是其一个简单随机样本，所以 x_1，$x_2, \cdots, x_n$ 相互独立且都服从 $X \sim N(\mu, \sigma^2)$。由概率论可知，相互独立的正态随机变量之和仍服从正态分布，正态分布的线性函数也服从正态分布，且样本均值的数学期望与方差

分别为：

$$E(\bar{x}) = E(\frac{1}{n}\sum_{i=1}^{n} x_i) = \frac{1}{n}\sum_{i=1}^{n} E(x_i) = \frac{1}{n}n\mu = \mu \tag{6.1}$$

$$V(\bar{x}) = V(\frac{1}{n}\sum_{i=1}^{n} x_i) = \frac{1}{n^2}\sum_{i=1}^{n} V(x_i) = \frac{1}{n^2}n\sigma^2 = \frac{\sigma^2}{n} \tag{6.2}$$

式中，在重复抽样条件下，样本变量 $x_1, x_2, \cdots, x_n$ 相互独立，总体方差交叉项等于0。所以，样本 $\bar{x} \sim N(\mu, \sigma^2/n)$。

由式（6.2）可知，样本均值的抽样平均误差为：

$$\sigma_{\bar{x}} = \sqrt{V(\bar{x})} = \sqrt{\frac{\sigma^2}{n}} \tag{6.3}$$

为了更好地理解抽样分布的概念，下面举例说明样本均值抽样分布的形成过程。

【例6-1】设某班组有5个工人，他们的单位工时工资分别为6、8、10、12、14元，现用简单随机重复抽样方式从5个工人中抽出2人，试列出样本均值的抽样分布，分析样本均值的数值特征；并计算样本均值小于8的频数，样本均值大于12的频数，样本均值在8～12之间的频数各为多少？

解：①由于是重复抽样，共有 $N^n = 5^2 = 25$ 个样本，这些样本如表6-1所示。

②计算每一个样本的均值 $\bar{x}$，参见表6-1括号内的数值。

③将各种不同的 $\bar{x}$ 和频数分布编成表6-2，绘制成图6-1，就构成了该总体的抽样分布。

④根据表6-2中的数据计算抽样分布的样本均值的数学期望：

$$E(\bar{x}) = \frac{\sum_{i=1}^{N^n} \bar{x}_i}{N^n} = \frac{250}{25} = 10（元）$$

样本均值的方差：$\sigma_{\bar{x}}^2 = \dfrac{\sum_{i=1}^{N^n} [\bar{x}_i - E(\bar{x})]^2}{N^n} = \dfrac{100}{25} = 4$

表6-1 考虑顺序的重复抽样样本分布表

第一次抽取	第二次抽取				
	6	8	10	12	14
6	6, 6 (6)	6, 8 (7)	6, 10 (8)	6, 12 (9)	6, 14 (10)
8	8, 6 (7)	8, 8 (8)	8, 10 (9)	8, 12 (10)	8, 14 (11)
10	10, 6 (8)	10, 8 (9)	10, 10 (10)	10, 12 (11)	10, 14 (12)

（续上表）

第一次抽取	第二次抽取				
	6	8	10	12	14
12	12, 6 (9)	12, 8 (10)	12, 10 (11)	12, 12 (12)	12, 14 (13)
14	14, 6 (10)	14, 8 (11)	14, 10 (12)	14, 12 (13)	14, 14 (14)

表 6 - 2　考虑顺序的重复抽样样本分布及计算表

$\bar{x}_i$	频数 n_i	相对频数 （%）	$\bar{x}_i n_i$	$[\bar{x}_i - E(\bar{x})]^2 n_i$
6	1	4.0	6	16
7	2	8.0	14	18
8	3	12.0	24	12
9	4	16.0	36	4
10	5	20.0	50	0
11	4	16.0	44	4
12	3	12.0	36	12
13	2	8.0	26	18
14	1	4.0	14	16
合计	25	100.0	250	100

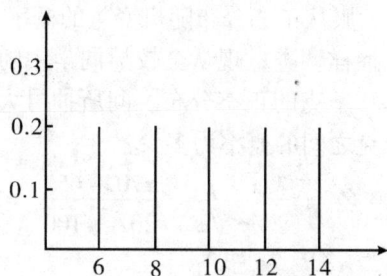

图 6 - 1　总体 X 的分布图

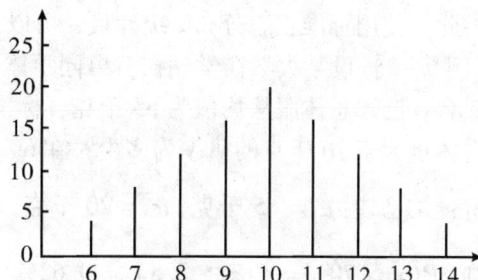

图 6 - 2　样本 $\bar{x}$ 的抽样分布图

表 6 - 3　总体 X 的分布及计算表

总体序号	X_i	$(X_i - \mu)^2$
1	6	16
2	8	4
3	10	0
4	12	4
5	14	16
合计	50	40

⑤根据表 6 – 3 数据计算总体分布的总体均值、总体方差和样本均值的方差。

总体均值：$E(X) = \dfrac{\sum\limits_{i=1}^{N} X_i}{N} = \dfrac{50}{5} = 10$（元）

总体方差：$\sigma^2 = \dfrac{\sum\limits_{i=1}^{N}(X_i - \mu)^2}{N} = \dfrac{40}{5} = 8$

样本均值的方差：$\sigma_{\bar{x}}^2 = \dfrac{\sigma^2}{n} = \dfrac{8}{2} = 4$

以上总体分布和样本均值抽样分布的计算可以看出某班组工人单位工时工资：A. 总体分布的均值为 10 元（是一个常数），虽然每个样本均值（是一个随机变量）与总体均值有差异，但样本均值的数学期望等于总体均值；B. 总体分布的方差为 8（是一个常数），抽样分布的方差等于总体方差的 $1/n$；C. 总体的分布为均匀分布，但样本均值的抽样分布在形态上却是对称的正态分布。

⑥从表 6 – 2 中可以看出：样本均值小于 8 的频数 = 4.0% + 8.0% = 12.0%；样本均值大于 12 的频数 = 8.0% + 4.0% = 12.0%；样本均值在 8 ~ 12 之间的频数 = 12.0% + 16.0% + 20.0% + 16.0% + 12.0% = 76.0%。由此，进一步证明了样本均值的抽样分布在形态上是对称的正态分布，三者频数之和等于 100.0%。

（2）样本均值的标准正态分布。如果总体服从正态分布，那么样本均值的抽样分布也服从正态分布，则随机变量 z 服从均值为 0、方差为 1 的标准正态分布。其统计量为：

$$z = \frac{\bar{x} - \mu}{\sigma / \sqrt{n}} \sim N(0, 1)$$

由此，使用标准正态分布 z 统计量，可以计算任意服从正态分布随机变量的概率。

【例 6 – 2】设某大学在学期初对男同学体重进行抽样调查，现从全校男同学中随机抽取 100 名。已知总体服从均值为 65 千克，标准差为 20 千克的正态分布。问所抽男大学生的平均体重大于 70 千克的概率为多少？在 60 ~ 70 千克之间的概率为多少？

解：①已知：$\mu = 65$ 千克，$\sigma = 20$ 千克，$n = 100$ 名，$z = \dfrac{\bar{x} - \mu}{\sigma / \sqrt{n}} = \dfrac{70 - 65}{20 / \sqrt{100}} = 2.5$。

则：$P(\bar{x} > 70) = P(z > 2.5) = 0.62\%$

查正态分布表，$(1 - 0.9876) / 2 = 0.0062$，即该批男同学平均体重大于 70 千克的概率为 0.62%。

② $P(60 \leqslant \bar{x} \leqslant 70) = P(-2.5 \leqslant z \leqslant 2.5) = 98.76\%$。

查正态分布表，对应于统计量等于 2.50 的概率为 0.9876，即该批男同学平均体重在 60 ~ 70 千克之间的概率为 98.76%。

2. 总体方差未知时，样本均值的抽样分布

当总体方差 σ^2 未知时，可以证明，样本方差 s^2 是总体方差 σ^2 的无偏估计量，因此，可用样本方差代替总体方差。

根据抽样分布理论，如果总体方差未知，在小样本的情况下，样本均值经过标准化后的随机变量服从自由度为 $(n-1)$ 的 t 分布。则有：样本 $E(\bar{x}) = \mu$，$V(\bar{x}) = s^2/n$，统计

量：

$$t = \frac{\bar{x} - \mu}{s/\sqrt{n}} \sim t(n-1) \tag{6.4}$$

t 分布具有以下几个性质：

（1）若 $\dfrac{\bar{x} - \mu}{\sigma/\sqrt{n}} \sim N(0, 1)$，$\dfrac{(n-1)s^2}{\sigma^2} \sim \chi^2(n-1)$，$\dfrac{\bar{x} - \mu}{\sigma/\sqrt{n}}$ 与 $\dfrac{(n-1)s^2}{\sigma^2}$ 相互独立，

则 $t = \dfrac{\bar{x} - \mu}{s/\sqrt{n}}$ 服从自由度为 $n-1$ 的 t 分布。

（2）t 分布类似正态分布为对称分布，一般情况下，t 分布较正态分布平坦和分散，当自由度增大时，t 分布也趋向正态分布。

（3）t 分布的一些特征：$E(t) = 0$，$V(t) = \dfrac{n}{n-2}$（$n > 2$）。t 分布广泛应用于正态总体方差未知时小样本的估计和检验。

（二）不重复抽样情况下样本均值的抽样分布

当采用不重复抽样时，样本均值的数学期望仍等于总体均值，即 $E(\bar{x}) = \mu$；样本均值方差、抽样均值的抽样平均误差分别为：

$$\sigma_{\bar{x}}^2 = V(\bar{x}) = \frac{\sigma^2}{n}\left(\frac{N-n}{N-1}\right) \tag{6.5}$$

$$\sigma_{\bar{x}} = \sqrt{V(\bar{x})} = \sqrt{\frac{\sigma^2}{n}\left(\frac{N-n}{N-1}\right)} \tag{6.6}$$

证明略。具体证明参见网上与本书配套的《〈统计学原理〉学习指导》附录。

当 N 很大时，$N-1 \approx N$，即有

$$\sigma_{\bar{x}} = \sqrt{\frac{\sigma^2}{n}\left(1 - \frac{n}{N}\right)} \tag{6.7}$$

将重复抽样和不重复抽样的计算公式相比较，两者相差一个 $\sqrt{1 - \dfrac{n}{N}}$，该数值是一个大于 0 而小于 1 的正数。所以，在同等条件下，不重复抽样的抽样平均误差总是小于重复抽样的抽样平均误差。

【例 6 - 3】仍以【例 6 - 1】为例，设某班组有 5 个工人，他们的单位工时工资分别为 6、8、10、12、14 元，现用简单随机不重复抽样方式从 5 个工人中抽出 2 人，试列出样本均值的分布，并分析样本平均数的数值特征。

解：由于是不重复抽样，共有 $C_N^n = C_5^2 = 10$ 个样本（解略）。

请读者列出这 10 个样本，编制样本均值的抽样分布；并证明样本均值的数学期望等于总体均值，样本均值的方差等于总体方差的 $1/n$，再乘上一个修正系数 $(N-n)/(N-1)$，即 $\sigma_{\bar{x}}^2 = \dfrac{\sigma^2}{n}\left(\dfrac{N-n}{N-1}\right) = \dfrac{8}{2} \times \dfrac{5-2}{5-1} = 3$。

【例 6 - 4】在【例 6 - 2】中，设该校共有 5 000 名男大学生，现以不重复抽样方法随机抽取 100 名男同学。总体服从均值为 65 千克，标准差为 20 千克正态分布的条件不变。

问所抽男大学生的平均体重在 60~70 千克之间的概率为多少?

解:已知:$\mu = 65$ 千克,$\sigma = 20$ 千克,$N = 5\,000$ 名,$n = 100$ 名,

$$\sigma_{\bar{x}} = \sqrt{\frac{\sigma^2}{n}\left(\frac{N-n}{N-1}\right)} = \sqrt{\frac{20^2}{100} \times \frac{5\,000-100}{5\,000-1}} = 1.98 \,, z = \frac{\bar{x}-\mu}{\sigma_{\bar{x}}} = \frac{70-65}{1.98} = 2.53 \,。$$

则:$P(60 \leqslant \bar{x} \leqslant 70) = P(-2.53 \leqslant z \leqslant 2.53) = 98.86\%$

即该批男同学平均体重在 60~70 千克之间的概率为 98.86%。

三、样本成数的抽样分布

成数,是指总体(或样本)中具有某种属性的单位占全部单位的比重。例如,某产品的合格率、市场占有率等。同理,样本成数的抽样分布按抽样方式的不同,也可以分为重复抽样和不重复抽样情况下的样本成数的抽样分布。

(一)重复抽样情况下样本成数的抽样分布

当从总体中抽出一个容量为 n 的样本时,样本中具有某种属性的单位数 x 服从二项分布,即 $x \sim B(n, p)$,且有 $E(X) = np$,$V(X) = np(1-p)$,因而样本成数 $p = X/n$ 也服从二项分布,且有:$E(p) = E\left(\frac{X}{n}\right) = \frac{1}{n}E(X) = p$,$V(p) = V\left(\frac{X}{n}\right) = \frac{1}{n^2}V(X) = \frac{1}{n}p(1-p)$。根据中心极限定理,当 $n \to \infty$,二项分布趋于正态分布。在大样本的情况下,若 np 和 $n(1-p)$ 均大于 5,样本成数近似服从正态分布:$p \sim N\left(p, \frac{p(1-p)}{n}\right)$,则样本成数的数学期望和抽样平均误差分别为:

$$E(p) = p \tag{6.8}$$

$$\sigma_p = \sqrt{V(p)} = \sqrt{\frac{p(1-p)}{n}} \tag{6.9}$$

【例 6-5】某地区对上半年栽种的一批树苗进行了调查,假定已知树的成活率为 85%,如果检查一个 400 株树苗组成的随机样本,其中存活率在 80%~90% 之间的概率为多少?

解:已知:$p = 85\%$,$n = 400$,$\sigma_p = \sqrt{\frac{p(1-p)}{n}} = \sqrt{\frac{0.85(1-0.85)}{400}} = 0.017\,9$,则

$$P(0.80 < \hat{P} < 0.90) = P\left(\frac{0.80-p}{\sigma_p} < z < \frac{0.90-p}{\sigma_p}\right) = P(-2.79 < z < 2.79) = 99.48\%$$

即该批树苗存活率在 80%~90% 之间的概率为 99.48%。

(二)不重复抽样情况下样本成数的抽样分布

同理,可以证明在不重复抽样情况下,且有 $E(p) = p$,$V(p) = \frac{p(1-p)}{n}\left(\frac{N-n}{N-1}\right)$,样本成数的抽样平均误差为:

$$\sigma_p = \sqrt{V(p)} = \sqrt{\frac{p(1-p)}{n}\left(\frac{N-n}{N-1}\right)} \tag{6.10}$$

【例 6-6】在【例 6-5】中,设该地区上半年栽种的一批树苗为 10 万株,假定已知

树的成活率为85%，如果检查一个400株树苗组成的随机样本，其中存活率在80% ~ 90%之间的概率为多少？

已知：$p = 85\%$ ，$N = 100\ 000$，$n = 400$，

$$\sigma_p = \sqrt{\frac{p(1 - p)}{n}\left(1 - \frac{n}{N}\right)} = \sqrt{\frac{0.85(1 - 0.85)}{400} \times \left(1 - \frac{400}{100\ 000}\right)} = 0.017\ 9$$

则：
$$P(0.80 < \hat{P} < 0.90) = P\left(\frac{0.80 - p}{\sigma_p} < z < \frac{0.90 - p}{\sigma_p}\right)$$
$$= P(-2.79 < z < 2.79) = 99.48\%$$

即该批树苗存活率在80% ~ 90%之间的概率为99.48%。

四、样本方差的抽样分布

样本方差的抽样分布，是指在按一定的抽样方式选取容量为 n 的样本时，由样本方差的所有可能取值形成的相对频数分布。样本方差的抽样分布是样本方差推断总体方差的理论基础。

（一）样本方差是总体方差的无偏估计量

$$E(s_{n-1}^2) = \sigma^2 \tag{6.11}$$

证明：

$$E(s_{n-1}^2) = E\left[\frac{1}{n - 1}\sum_{i=1}^{n}(x_i - \bar{x})^2\right]$$

$$= \frac{1}{n - 1}E\left\{\sum_{i=1}^{n}\left[(x_i - \mu) - (\bar{x} - \mu)\right]^2\right\}$$

$$= \frac{1}{n - 1}E\left[\sum_{i=1}^{n}(x_i - \mu)^2 - n(\bar{x} - \mu)^2\right]$$

$$= \frac{1}{n - 1}\left[\sum_{i=1}^{n}E(x_i - \mu)^2 - nE(\bar{x} - \mu)^2\right]$$

$$= \frac{1}{n - 1}\left(n\sigma^2 - n\frac{\sigma^2}{n}\right) = \sigma^2$$

这里 $n - 1$ 为样本方差的自由度。所谓自由度是指一组数据中可以自由取值的个数。当样本数据的个数为 n 时，若样本均值确定后，只有 $n - 1$ 个数据可以自由取值，其中必有一个数据不能自由取值。

其中，样本标准差的定义为 $s_{n-1} = \sqrt{\dfrac{\sum\limits_{i=1}^{n}(x_i - \bar{x})^2}{n - 1}}$ ，当大样本时，因 $n - 1 \approx n$ ，常用近似值 $s_n = \sqrt{\dfrac{\sum\limits_{i=1}^{n}(x_i - \bar{x})^2}{n}}$ 来替代。

（二）χ^2 分布（卡方分布）

设 $x_1, x_2, \cdots, x_n$ 是来自正态总体 $N(\mu, \sigma^2)$ 的一个简单随机样本，则比值 $\dfrac{(n - 1)s^2}{\sigma^2}$ 的

抽样分布服从自由度为 $(n-1)$ 的 χ^2 分布, 即

$$\chi^2 = \frac{(n-1)s^2}{\sigma^2} \sim \chi^2(n-1) \tag{6.12}$$

χ^2 分布最初由 Abbe 于 1863 年提出, 后来由 Hermert 和 K. Pearson 分别于 1875 年和 1900 年推导出来。

设 $X \sim N(\mu, \sigma^2)$, 则 $Z = \dfrac{X-\mu}{\sigma} \sim N(0,1)$

令 $Y = Z^2$, 则 Y 服从自由度为 1 的 χ^2, 即 $Y \sim \chi^2(1)$。

进一步推导, 若从中抽取容量为 n 的样本, 则

$$\frac{\sum_{i=1}^{n}(x_i - \bar{x})^2}{\sigma^2} \sim \chi^2(n-1)$$

即　$\chi^2 = \dfrac{(n-1)s^2}{\sigma^2} \sim \chi^2(n-1)$

χ^2 分布具有如下性质和特点:

(1) χ^2 分布的变量值始终为正。

(2) $\chi^2(n)$ 分布的形状取决于其自由度 n 的大小, 通常为不对称的正偏分布, 但随着自由度的增大逐渐趋于对称。

(3) χ^2 分布的数学期望为 $E(\chi^2) = n$, 方差为 $V(\chi^2) = 2n$, 当 $n \to \infty$ 时, χ^2 分布趋于正态分布, 即 $\chi^2(n) \sim N(n, 2n)$。

(4) χ^2 分布具有可加性。若 U 和 V 为两个独立的 χ^2 分布随机变量, $U \sim \chi^2(n_1)$, $V \sim \chi^2(n_2)$, 则 $U+V$ 这一随机变量服从自由度为 $n_1 + n_2$ 的 χ^2 分布, 即 $(U+V) \sim \chi^2(n_1 + n_2)$。

χ^2 分布通常用于总体方差的估计和非参数检验等。

【例 6-7】某城市发现城镇居民的月人均可支配收入服从标准差为 900 元的正态分布。现随机抽取 25 位城镇居民作为样本。(1) 样本方差小于 64 万元的概率为多少? (2) 样本方差大于 120 万元的概率为多少?

解: (1) 已知: $\sigma^2 = 900^2 = 810\,000$, $n = 25$,

卡方分布统计量: $\chi^2(\nu) = \dfrac{(n-1)s^2}{\sigma^2} = \dfrac{(25-1) \times 64}{81} = 18.96$

则: $P(s^2 < 64) = P(18.96 < \chi^2_{1-\alpha}(\nu)) = 1 - \alpha = 1 - 0.75 = 0.25$

查卡方分布表, 18.96 在自由度 $\nu = n-1 = 24$ 时, 位于 18.062 和 19.943 之间, α 在 0.70 和 0.80 之间, 取中间值, $\alpha = 0.75$, 即该批城镇居民月人均可支配收入小于 64 万元的概率为 25%。

(2) 已知, 卡方分布统计量: $\chi^2(\nu) = \dfrac{(n-1)s^2}{\sigma^2} = \dfrac{(25-1) \times 120}{81} = 35.56$

则: $P(s^2 > 120) = P(35.56 > \chi^2_{\alpha}(\nu)) = \alpha = 0.06$。

查卡方分布表, 35.56 在自由度 $\nu = n-1 = 24$ 时, 位于 33.196 和 36.415 之间, 偏向 36.415, 用比例法求出偏移系数为 $(36.415 - 35.56) / (36.415 - 33.196) = 0.265\,6$,

因此，$\alpha = 0.05 + (0.10 - 0.05) \times 0.265\,6 \approx 0.06$，即该批城镇居民月人均可支配收入大于 120 万元的概率为 6%。

第四节　参数估计

参数估计是指用样本统计量估计总体参数的方法。参数估计是统计推断的重要内容之一，它是在抽样及抽样分布的基础上，根据样本统计量来推断所关心的总体参数，例如，用样本均值估计总体均值、用样本成数估计总体成数、用样本方差估计总体方差等。参数估计的内容较多，本节重点介绍一个总体参数的估计问题。

一、参数估计的一般问题

（一）估计量与估计值

（1）估计量。估计量是指用来估计总体参数的统计量的名称。例如，样本均值、样本成数和样本方差等。

（2）估计值。估计值是指用来估计总体参数时计算出来的估计量的具体数值。如要估计某城市 300 万名职工的月平均工资，从中随机抽取 300 名职工进行调查，根据样本计算月平均工资为 3 000 元，该城市职工总体平均工资不知道，用样本均值 3 000 元估计总体均值，这个 3 000 元就是估计值。

（二）点估计与区间估计

（1）点估计。点估计是指用样本统计量的某个取值直接估计总体的估计值。点估计具有方法简单、结果直接明了的优点；但点估计值无法给出估计的置信度（或可靠性），且样本是随机的，抽出一个具体样本得到的点估计值很可能不同于总体真值。

（2）区间估计。区间估计是指用样本统计量给出总体参数估计的区间范围。区间估计在点估计的基础上给出了总体参数估计的置信度，弥补了点估计的不足，但也带来了精确度的矛盾。

①置信度，是指总体参数落在某一区间内的概率保证程度，也称置信水平或可靠性，常用概率函数表示。

②置信区间，是指在一定的概率保证程度下，某总体参数所在的区间范围。置信区间与置信度密切相关，均可用概率函数表示。

设 θ 为总体参数，(θ_L, θ_U) 为由样本确定的两个统计量，对于给定的 α $(0 < \alpha < 1)$，有 $P(\theta_L \leq \theta \leq \theta_U) = 1 - \alpha$。则称 (θ_L, θ_U) 为参数 θ 的置信度为 $1 - \alpha$ 的置信区间；该区间的两个端点 (θ_L, θ_U) 分别称为置信下限和置信上限，通称置信限；α 为显著性水平；$1 - \alpha$ 为置信度。

以样本均值为例，将置信度、置信区间、概率度和抽样平均误差联系起来，可用正态分布曲线图来表示（见图 6 - 3）。

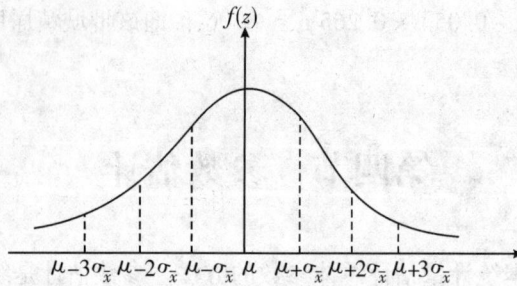

图 6 - 3 正态分布曲线图

图 6 - 3 表示：正态分布曲线所围成的概率面积（置信度），以总体平均数 μ 为中心，抽样极限误差 $\Delta_{\bar{x}} = Z_{\alpha/2}\sigma_{\bar{x}}$ 为尺度，在 $\pm\sigma_{\bar{x}}$ 范围内曲线面积为 68.27%；在 $\pm 2\sigma_{\bar{x}}$ 范围内曲线面积为 95.45%；在 $\pm 3\sigma_{\bar{x}}$ 范围内曲线面积为 99.73%。随着概率度（或称临界值）$Z_{\alpha/2}$ 值不断增大，概率面积也随之增大，并逐渐趋于 1。

表 6 - 4 常用的置信度和概率度值 $Z_{\alpha/2}$

置信度（$1 - \alpha$）%	显著性水平 α	显著性水平 $\alpha/2$	概率度 $Z_{\alpha/2}$
68.27	0.317 3	0.015 8	1.000
90.00	0.100 0	0.050 0	1.645
95.00	0.050 0	0.025 0	1.960
95.45	0.045 5	0.022 7	2.000
99.00	0.010 0	0.005 0	2.580
99.73	0.002 7	0.001 4	3.000

（三）估计量的优良标准

抽样调查的目的是用样本统计量来推断总体参数，对于同一个样本，用不同的方法来推断，可能得到不同的估计量，究竟哪一个更好呢？这就涉及估计量的优劣标准问题。衡量估计量优劣的标准通常有：

（1）无偏性。无偏性是指估计量抽样分布的数学期望等于被估计的总体参数。设 $\hat{\theta} = \hat{\theta}(x_1, x_2, \cdots, x_n)$ 是未知参数 θ 的估计量，若 $E(\hat{\theta}) = \theta$，则称 $\hat{\theta}$ 是 θ 的无偏估计量。由抽样分布证明：$E(\bar{x}) = \mu$，$E(p) = P$ 和 $E(s_{n-1}^2) = \sigma^2$（证明略，参见抽样分布）。因此，样本 $\bar{x}$、p 和 s_{n-1}^2 分别是总体 μ、P 和 σ^2 的无偏估计量。

（2）有效性。有效性是指用样本统计量估计总体参数时，要求样本方差为最小的属性。设 $\hat{\theta}_1$ 和 $\hat{\theta}_2$ 都是 θ 的无偏估计量，若 $V(\hat{\theta}_1) < V(\hat{\theta}_2)$，则称 $\hat{\theta}_1$ 比 $\hat{\theta}_2$ 有效。对于估计总体均值来说，当 $n > 1$ 时，用样本均值 $\bar{x}$ 比单个 X 的估计量有效。事实上，当 $E(\bar{x}) = E(X) = \mu$ 时，样本均值的方差总是小于总体方差，即 $V(\bar{x}) = \dfrac{\sigma^2}{n} < \sigma^2 = V(X)$。从式中看到，当 n 越大时，则 $V(\bar{x})$ 越小，这说明当 n 较大时，用样本均值去估计总体均值的效果就越好。

（3）一致性。一致性是指用样本统计量估计总体参数时，要求当样本量逐渐增大时，样本统计量逐渐趋于总体参数的属性。设 $\hat{\theta}$ 是 θ 的估计量，若 $\hat{\theta}$ 依概率收敛于 θ，即 $\lim\limits_{n\to\infty} p\{\,|\hat{\theta}-\theta|<\varepsilon\,\}=1$，则称 $\hat{\theta}$ 是 θ 的一致估计量。

由大数定理可知，样本均值 $\bar{x}$ 是总体均值 μ 的一致估计量。因任给 $\varepsilon>0$，有 $\lim\limits_{n\to\infty} p\{\,|\bar{x}-\mu|<\varepsilon\,\}=1$。因此，当 n 较大时，可用样本均值来估计总体均值。

二、总体均值的区间估计

（一）正态总体、方差已知，或非正态总体、大样本

根据抽样分布理论，当总体服从正态分布且方差已知，或总体不是正态分布但是大样本时，样本均值的抽样分布均为正态分布，其数学期望为总体均值 μ，方差为 σ^2/n，样本均值经过标准化后的随机变量服从标准正态分布，即

$$z=\frac{\bar{x}-\mu}{\sigma/\sqrt{n}} \sim N(0,1) \tag{6.13}$$

根据标准正态分布和正态分布的性质，可得出总体均值 μ 在 $1-\alpha$ 置信水平下（当 N 未知，或重复抽样）的置信区间如下。如果总体服从正态分布但 σ^2 未知，或总体并不服从正态分布但在大样本条件下，总体方差 σ^2 可用样本方差 s^2 代替。

$$\bar{x}\pm Z_{\alpha/2}\sqrt{\frac{\sigma^2}{n}} \,,\; \bar{x}\pm Z_{\alpha/2}\sqrt{\frac{s^2}{n}} \tag{6.14}$$

当 N 已知，不重复抽样的置信区间为：

$$\bar{x}\pm Z_{\alpha/2}\sqrt{\frac{\sigma^2}{n}\left(\frac{N-n}{N-1}\right)} \,,\; \bar{x}\pm Z_{\alpha/2}\sqrt{\frac{s^2}{n}\left(\frac{N-n}{N-1}\right)} \tag{6.15}$$

【例6-8】某市食品加工厂从长期实践中得知，其加工的500克的某袋装食品重量 x 是一个随机变量，服从方差为5的正态分布。为对加工的袋装食品质量进行监测，该厂质检部门经常要进行抽检，以分析每袋食品重量是否符合要求。现从某天加工的一批袋装食品中随机抽取28袋，测得其重量（单位：克）如下：

502	500	499	501	503	496	497
495	501	502	505	502	499	502
503	501	500	500	501	500	502
501	500	496	499	497	502	500

试以95%的置信水平估计该天袋装食品平均重量的置信区间。

解：已知 $\sigma^2=5$，$n=28$，置信水平 $1-\alpha=95\%$，查正态分布表得 $Z_{0.05/2}=1.96$。

样本均值：$\bar{x}=\dfrac{\sum\limits_{i=1}^{n} x_i}{n}=\dfrac{14\,006}{28}=500.21$（克）

置信区间：$\bar{x}\pm Z_{\alpha/2}\sqrt{\dfrac{\sigma^2}{n}}=500.21\pm 1.96\times\sqrt{\dfrac{5}{28}}$

该天袋装食品平均重量的置信区间为 500.21 ± 0.83，即在 $499.38\sim 501.04$ 克之间。

（二）正态总体、方差未知、小样本

根据抽样分布理论，如果总体方差未知，在小样本的情况下，样本均值经过标准化后的随机变量服从自由度为 $n-1$ 的 t 分布，即

$$t = \frac{\bar{x} - \mu}{s/\sqrt{n}} \sim t(n-1) \tag{6.16}$$

根据 t 分布建立的总体均值 μ 在 $1-\alpha$ 置信水平下重复和不重复抽样的置信区间分别为：

$$\bar{x} \pm t_{\alpha/2} \sqrt{\frac{s^2}{n}}, \qquad \bar{x} \pm t_{\alpha/2} \sqrt{\frac{s^2}{n}\left(\frac{N-n}{N-1}\right)} \tag{6.17}$$

【例 6-9】如果在【例 6-8】中，不知总体方差，试以 95% 的置信水平估计该天袋装食品平均重量的置信区间。

解：因为方差未知，$n=28$，置信水平 $1-\alpha=95\%$，所以样本服从 t 分布，查 t 分布表得 $t_{\alpha/2}(n-1) = t_{0.025}(28-1) = 2.0518$。

样本均值：$\bar{x} = \dfrac{\sum\limits_{i=1}^{n} x_i}{n} = \dfrac{14\,006}{28} = 500.21$（克）

$$s^2 = \frac{\sum\limits_{i=1}^{n}(x_i - \bar{x})^2}{n-1} = \frac{148.714\,3}{28-1} = 5.507\,9$$

置信区间：$\bar{x} \pm t_{\alpha/2} \sqrt{\dfrac{s^2}{n}} = 500.21 \pm 2.052 \times \sqrt{\dfrac{5.507\,9}{28}} = 500.21 \pm 0.91$

该天袋装食品平均重量的置信区间为 500.21 ± 0.91，即在 $499.30 \sim 501.12$ 克之间。在不同的情况下，总体均值的区间估计参见表 6-5。

表 6-5　不同情况下总体均值的区间估计

总体分布	样本量	方差已知	方差未知
正态分布	大样本（$n \geqslant 30$）	$\bar{x} \pm Z_{\alpha/2} \sqrt{\dfrac{\sigma^2}{n}}$	$\bar{x} \pm Z_{\alpha/2} \sqrt{\dfrac{s^2}{n}}$
	小样本（$n < 30$）	$\bar{x} \pm Z_{\alpha/2} \sqrt{\dfrac{\sigma^2}{n}}$	$\bar{x} \pm t_{\alpha/2} \sqrt{\dfrac{s^2}{n}}$
非正态分布	大样本（$n \geqslant 30$）	$\bar{x} \pm Z_{\alpha/2} \sqrt{\dfrac{\sigma^2}{n}}$	$\bar{x} \pm Z_{\alpha/2} \sqrt{\dfrac{s^2}{n}}$

三、总体成数的区间估计

根据抽样分布理论，在大样本的情况下，当样本容量足够大时，样本成数 p 的抽样分

布可以用正态分布近似，样本成数 p 的数学期望等于总体成数 P，即 $E(p) = P$；样本成数的方差等于总体方差的 $1/n$，即 $\sigma_p^2 = \dfrac{p(1-p)}{n}$。样本成数经标准化后的随机变量服从标准正态分布，即

$$z = \frac{p - P}{\sqrt{p(1-p)/n}} \sim N(0, 1) \tag{6.18}$$

与总体均值的区间估计同理，总体成数 P 在 $1 - \alpha$ 置信水平下重复和不重复的置信区间如下。如果总体方差未知，可用样本方差代替。

$$p \pm Z_{\alpha/2}\sqrt{\frac{p(1-p)}{n}}, \ p \pm Z_{\alpha/2}\sqrt{\frac{p(1-p)}{n}\left(\frac{N-n}{N-1}\right)} \tag{6.19}$$

【例 6 - 10】某电视台要了解某市某次电视节目的收视率，随机抽取 300 户居民作为样本。调查结果显示，其中有 120 户居民收视该电视节目，试以 95.45% 的置信水平推断该电视节目收视率的置信区间。

解：已知 $n = 300$，置信水平 $1 - \alpha = 95.45\%$，查正态分布表得 $Z_{0.0455/2} = 2$。

收视率：$p = \dfrac{120}{300} = 40\%$

置信区间：$p \pm Z_{\alpha/2}\sqrt{\dfrac{p(1-p)}{n}} = 0.40 \pm 2 \times \sqrt{\dfrac{0.40(1 - 0.40)}{300}} = 0.40 \pm 0.0566$

该台电视节目在该市收视率的置信区间为 0.40 ± 0.0566，即在 34.34% ~ 45.66% 之间。

【例 6 - 11】某企业共有职工 1 200 人，企业准备推行一项改革，在职工中征求意见，采取不重复抽样方法随机抽取 240 人调查，调查结果显示，有 180 人表示赞成该项改革，60 人表示反对。试以 95.45% 的置信水平推断该企业赞成改革人数比例的置信区间。

解：已知 $N = 1\,200$，$n = 240$，置信水平 $1 - \alpha = 95.45\%$，查正态分布表得 $Z_{0.0455/2} = 2$。

赞成率：$p = \dfrac{180}{240} = 75\%$

置信区间：$p \pm Z_{\alpha/2}\sqrt{\dfrac{p(1-p)}{n}\left(\dfrac{N-n}{N-1}\right)}$

$$= 0.75 \pm 2 \times \sqrt{\frac{0.75(1 - 0.75)}{240} \times \left(\frac{1\,200 - 240}{1\,200 - 1}\right)} = 0.75 \pm 0.0500$$

该企业赞成改革人数比例的置信区间：0.75 ± 0.0500，即在 70% ~ 80% 之间。

在总体成数的区间估计中，如果在正态总体、方差未知、小样本的情况下，也与总体均值的区间估计同理，样本成数经过标准化后的随机变量服从自由度为 $n - 1$ 的 t 分布。即

$$t = \frac{p - P}{\sqrt{p(1-p)/n}} \sim t(n - 1) \tag{6.20}$$

根据 t 分布建立的总体成数 P 在 $1 - \alpha$ 置信水平下重复和不重复的置信区间分别为：

$$p \pm t_{\alpha/2}\sqrt{\frac{p(1-p)}{n}}, \ p \pm t_{\alpha/2}\sqrt{\frac{p(1-p)}{n}\left(\frac{N-n}{N-1}\right)} \tag{6.21}$$

四、总体方差的区间估计

以上讨论了总体均值和成数的区间估计问题，在现实生活中，我们还时常遇到作为衡量变量偏离总体均值尺度的方差估计问题。例如，一批灯管平均耐用时间虽然合乎要求，但各灯管的耐用时间长短差异较大，即方差很大，那么这批灯管质量还是有问题的。

若给定一个显著性水平 α，用 χ^2 分布构造总体方差 σ^2 的置信区间，首先需找到一个 χ^2 值，使其满足 $\chi^2_{1-\alpha/2} \leqslant \chi^2 \leqslant \chi^2_{\alpha/2}$，由于 $\dfrac{(n-1)s^2}{\sigma^2} \sim \chi^2(n-1)$，可用它来代替 χ^2，于是有

$$\chi^2_{1-\alpha/2} \leqslant \frac{(n-1)s^2}{\sigma^2} \leqslant \chi^2_{\alpha/2} \tag{6.22}$$

由此可推导出总体方差 σ^2 在 $1-\alpha$ 置信水平下的置信区间为：

$$\frac{(n-1)s^2}{\chi^2_{\alpha/2}} \leqslant \sigma^2 \leqslant \frac{(n-1)s^2}{\chi^2_{1-\alpha/2}} \tag{6.23}$$

【例6-12】某灯管厂从一批灯管中抽出50支进行耐用时间测试，计算出样本方差为 2 500，试构造：（1）σ^2 的95%的置信区间；（2）σ 的95%的置信区间；（3）该批灯管的耐用时间是否稳定？（4）以上构造置信区间时作了何种假设？

解：（1）已知 $s^2 = 2\,500$，查自由度为49的 χ^2 分布表，$\chi^2_{\alpha/2}(n-1) = \chi^2_{0.025}(50-1) = 71.42$，$\chi^2_{1-\alpha/2}(n-1) = \chi^2_{0.975}(50-1) = 32.36$，代入公式，得该批灯管方差的置信区间：

$$\frac{(50-1) \times 2\,500}{71.42} \leqslant \sigma^2 \leqslant \frac{(50-1) \times 2\,500}{32.36}, \quad \text{即 } 1\,715.21 \leqslant \sigma^2 \leqslant 3\,785.54$$

（2）该批灯管标准差的置信区间：$41.42 \leqslant \sigma \leqslant 61.53$（小时）

（3）该批灯管的耐用时间比较稳定。

（4）以上构造置信区间时作了被抽样的总体服从或近似服从正态分布的假设。

五、样本量的确定

（一）必要的样本量

必要的样本量是指满足一定精度要求和费用要求必须抽取的样本单位个数。在具体组织实施抽样调查前，首先应该确定一个适当的样本量，即抽取多少样本单位数。因为样本量的多少不仅关系到抽样精度的高低，而且关系到抽样调查所花费的人财物的多少。根据前面给出的抽样极限误差 $\Delta_{\bar{x}} = Z_{\alpha/2} \cdot \sigma_{\bar{x}}$，其中重复抽样时，$\sigma_{\bar{x}} = \sqrt{\dfrac{\sigma^2}{n}}$；不重复抽样时，$\sigma_{\bar{x}} = \sqrt{\dfrac{\sigma^2}{n}\left(1 - \dfrac{n}{N}\right)}$。可解出必要的样本量。

均值指标
$$\begin{cases} \text{重 复} \quad n = \dfrac{Z^2_{\alpha/2}\sigma^2}{\Delta^2_{\bar{x}}} & (6.24) \\[4mm] \text{不重复} \quad n = \dfrac{NZ^2_{\alpha/2}\sigma^2}{N\Delta^2_{\bar{x}} + Z^2_{\alpha/2}\sigma^2} & (6.25) \end{cases}$$

其中，重复抽样样本量与不重复抽样样本量的关系：设重复抽样样本量为 $n_0 = \dfrac{Z_{\alpha/2}^2 \sigma^2}{\Delta_{\bar{x}}^2}$，则

不重复抽样样本量为 $n = \dfrac{n_0}{1 + \dfrac{n_0}{N}}$。

$$\text{成数指标} \begin{cases} \text{重 复} & n = \dfrac{Z_{\alpha/2}^2 p(1-p)}{\Delta_p^2} & (6.26) \\ \\ \text{不重复} & n = \dfrac{NZ_{\alpha/2}^2 p(1-p)}{N\Delta_p^2 + Z_{\alpha/2}^2 p(1-p)} & (6.27) \end{cases}$$

$(n \geqslant 30)$

其中，重复抽样样本量与不重复抽样样本量的关系：设重复抽样样本量为 $n_0 = \dfrac{Z_{\alpha/2}^2 p(1-p)}{\Delta_p^2}$，则不重复抽样样本量为 $n = \dfrac{n_0}{1 + \dfrac{n_0}{N}}$。

（二）影响必要样本量的因素

从必要的抽样单位数公式可以看出，必要的样本量受五种因素的影响：①受总体单位之间变异程度的影响及方差的影响；②受极限抽样误差的影响；③受概率保证程度的影响；④受抽样方法的影响；⑤受抽样组织方式的影响。

第五节　抽样调查的组织形式

在抽样调查中，由于调查对象的特点及工作条件不同，其调查组织形式呈现出多样性的特点。其常用的抽样调查的组织形式有简单随机抽样、类型抽样、等距抽样、整群抽样和多级抽样。

一、简单随机抽样

（一）简单随机抽样的概念和抽选方法

简单随机抽样又称纯随机抽样，它是根据随机原则直接从总体中抽取样本量的一种抽样方法。从理论上讲，简单随机抽样最符合抽样的随机原则，是抽样调差中最基本、最单纯的组织形式。简单随机抽样在抽取样本量时主要有以下几种抽选方法。

（1）直接抽选法。就是直接从调查对象中随机抽选。

（2）抽签法。先给总体的每个单位编上序号，将号码写在纸片上，掺和均匀后从中随机抽选，直到抽够预先规定的样本量为止。

（3）随机数字表法。先将总体的全部单位加以编号，根据编号的位数确定使用随机数字表的栏数，然后从任意一栏、任意一行的数字开始，可以向任何方向摘录属于编号范围内的数字，即为样本单位。如果是不重复抽样，碰到重复的数字就删掉，直到抽够预定的

样本量为止。

简单随机抽样主要适用于总体单位数较少、范围较窄的情况。简单随机抽样在实践中具有较大的局限性，即当总体很大，范围很广时不宜使用。例如，在进行全国职工家庭收支抽样调查时，要对全国职工家庭进行编号，这实际上是很难办到的。

（二）抽样误差

抽样误差是指按随机原则抽样时，在没有登记误差和系统性误差的条件下，单纯由于不同的随机样本统计量估计总体参数而产生的误差。虽然抽样误差是抽样调查所固有的、无法避免的误差，但可以运用大数定理的数学公式加以精确计算，并通过抽样设计程序加以控制，所以这种误差也称为可控制误差。抽样误差有以下几种表现形式：

1. 抽样实际误差

抽样实际误差是指一次抽样中，由随机因素引起的样本统计量与总体参数之间的离差。例如，样本均值与总体均值之间的离差$(\bar{x} - \mu)$、样本成数与总体成数之间的离差$(p - P)$。在抽样中，由于总体参数是未知的，因此，抽样实际误差是无法计算的；同时，抽样实际误差仅是一系列抽样可能出现的误差数值之一，因此，抽样实际误差不能用来概括可能产生的所有抽样误差。

2. 抽样平均误差

抽样平均误差是指样本统计量的标准差，它反映了所有抽样结果所得的样本统计量与总体参数的平均离差。其计算公式有理论与实际两种：

（1）抽样平均误差的理论公式。抽样分布理论证明，由于抽样平均误差是样本均值（或样本成数）的标准差，因此，它不同于一般形式的标准差，其计算公式分别为：

$$\sigma_{\bar{x}} = \sqrt{\frac{\sum_{i=1}^{M} (\bar{x}_i - \mu)^2}{M}} \quad 或 \quad \sigma_{\bar{x}} = \sqrt{E\left[\bar{x} - E(\bar{x})\right]^2} \tag{6.28}$$

$$\sigma_p = \sqrt{\frac{\sum_{i=1}^{M} (p_i - P)^2}{M}} \quad 或 \quad \sigma_p = \sqrt{E\left[p - E(p)\right]^2} \tag{6.29}$$

式中，M为样本可能数目。

样本可能数目既与总体、样本的大小有关，也与抽样的方式和取样要求有关。由抽样分布理论证明，在抽样调查中，根据取样的方式不同，可分为重复抽样和不重复抽样；根据对样本的要求不同，可分为考虑顺序抽样和不考虑顺序抽样。将上述两种抽样方式和取样要求结合起来考虑，形成相互交叉的四种情况：考虑顺序的不重复抽样、考虑顺序的重复抽样、不考虑顺序的不重复抽样、不考虑顺序的重复抽样。上述四种情况所组成的样本可能数目是不同的。

【例6-13】设一个盒子里装有编号为①②③的三个球，若按重复与不重复方式，考虑顺序与不考虑顺序方式从中随机抽出两个球，问有多少种组合形式？其样本可能数目各为多少？

解：共有四种组合形式。已知$N = 3$，$n = 2$，则

①考虑顺序的不重复抽样数目为：

$$A_N^n = \frac{N\,!}{(N-n)\,!} = \frac{3\,!}{(3-2)\,!} = 6\,(种可能)$$

②考虑顺序的重复抽样数目为：

$$B_N^n = N^n = 3^2 = 9\,(种可能)$$

③不考虑顺序的不重复抽样数目为：

$$C_N^n = \frac{N\,!}{n!(N-n)\,!} = \frac{3\,!}{2\,!(3-2)\,!} = 3\,(种可能)$$

④不考虑顺序的重复抽样数目为：

$$D_N^n = C_{N+n-1}^n = \frac{(N+n-1)\,!}{n\,!(N-1)\,!} = \frac{(3+2-1)\,!}{2\,!(3-1)\,!} = 6\,(种可能)$$

（2）抽样平均误差的实际公式。抽样平均误差的理论公式是一个定义公式，理论上是科学的。但在实际抽样调查中，总体单位数 N 常常是很大的，样本量 n 一般也要求不小于30，导致样本可能数目 M 很大，即使不考虑顺序的不重复抽样，M 的数目也相当惊人。例如，当 $N=69$，$n=30$ 时，$M=C_{69}^{30}$ 就是一个 20 位的天文数字。在实际工作中，经抽样分布理论证明，可用下列公式计算。

①抽样均值的抽样平均误差。在简单随机重复和不重复抽样的条件下，抽样均值的抽样平均误差分别为：

$$\sigma_{\bar{x}} = \sqrt{\frac{\sigma^2}{n}} \tag{6.30}$$

$$\sigma_{\bar{x}} = \sqrt{\frac{\sigma^2}{n}\left(\frac{N-n}{N-1}\right)} \ 或 \ \sigma_{\bar{x}} = \sqrt{\frac{\sigma^2}{n}\left(1-\frac{n}{N}\right)} \tag{6.31}$$

②抽样成数的抽样平均误差。在简单随机重复和不重复抽样的条件下，抽样成数的抽样平均误差分别为：

$$\sigma_p = \sqrt{\frac{p(1-p)}{n}} \tag{6.32}$$

$$\sigma_p = \sqrt{\frac{p(1-p)}{n}\left(\frac{N-n}{N-1}\right)} \ 或 \ \sigma_p = \sqrt{\frac{p(1-p)}{n}\left(1-\frac{n}{N}\right)} \tag{6.33}$$

从上述抽样平均误差的实际公式可以看出，抽样平均误差的大小主要受以下几个因素影响：

第一，受总体单位之间变异程度的影响，即受总体标准差大小的影响。总体标准差数值大，抽样平均误差也大；反之，则抽样平均误差就小。抽样平均误差与总体标准差的大小成正比例关系。

第二，受样本量大小的影响。样本量愈大，抽样平均误差就愈小；反之，则抽样平均误差就愈大。抽样平均误差与样本量成反比例关系。

第三，受抽样方式不同的影响。不重复抽样小于重复抽样的抽样平均误差。

第四，受抽样组织形式不同的影响。不同抽样组织所抽取的样本，其计算抽样平均误差的方法不同，故抽样平均误差的计算结果也不相同。

由抽样分布理论证明，在抽样调查中，当总体方差 σ^2 未知时，这时，可以用以下两种方法解决总体方差的来源：

第一，用样本方差代替总体方差。

第二，用过去的资料代替。既可以用过去全面调查的资料，也可以用过去抽样调查的资料，例如，有几个不同方差的资料，则应选用数值较大者。

3. 抽样极限误差

抽样极限误差是指样本统计量与总体参数之间的可能误差范围。由于样本统计量是围绕总体参数上下波动的随机变量，其变动幅度或大或小，取值或正或负，这种变动范围的绝对值就是抽样极限误差。用 $\Delta_{\bar{x}}$ 和 Δ_p 分别表示样本均值和成数的抽样极限误差，则有

$$\Delta_{\bar{x}} \leqslant |\bar{x} - \mu| \; ; \Delta_p \leqslant |p - P|$$

解上述不等式，可以得下面的不等式关系：

$$\bar{x} - \Delta_{\bar{x}} \leqslant \mu \leqslant \bar{x} + \Delta_{\bar{x}} \; ; p - \Delta_p \leqslant P \leqslant p + \Delta_p$$

由上式可见，抽样极限误差反映了抽样估计的精确度。一般说来，抽样极限误差越小，抽样估计的精确度越高；反之，则抽样估计的精确度就越低。

（三）总体均值的参数估计

1. 总体总值、总体均值和总体方差

设总体中，N 个总体单位数的标志值分别为 $\{x_1, x_2, \cdots, x_N\}$，在简单随机抽样中：

（1）总体总值：$\tilde{\mu} = \sum_{i=1}^{N} x_i$ 或 $\tilde{X} = \sum_{i=1}^{N} x_i$ （6.34）

（2）总体均值：$\mu = \dfrac{\sum\limits_{i=1}^{N} x_i}{N}$ 或 $\bar{x} = \dfrac{\sum\limits_{i=1}^{N} x_i}{N}$ （6.35）

（3）总体方差：$\sigma^2 = \dfrac{\sum\limits_{i=1}^{N} (x_i - \mu)^2}{N}$ （6.36）

当总体确定后，这些总体参数都是唯一确定的，是常数。

2. 样本总值、样本均值和样本方差

设 $\{x_1, x_2, \cdots, x_n\}$ 是从总体中抽取的简单随机样本，注意，这里的 $\{x_1, x_2, \cdots, x_n\}$ 表示总体中任意 n 个单位数，不一定是前 n 个单位数。在简单随机抽样中，其样本指标为：

（1）样本总值：$\tilde{x} = \sum_{i=1}^{n} x_i$ （6.37）

（2）样本均值：$\bar{x} = \dfrac{\sum\limits_{i=1}^{n} x_i}{n}$ （6.38）

（3）样本方差：$s_{n-1}^2 = \dfrac{\sum\limits_{i=1}^{n} (x_i - \bar{x})^2}{n-1}$ 或 $s_n^2 = \dfrac{\sum\limits_{i=1}^{n} (x_i - \bar{x})^2 f_i}{\sum\limits_{i=1}^{n} f_i}$ （6.39）

3. 总体总值、总体均值和总体方差的参数估计

抽样调查的目的就是为了用样本统计量来估计总体参数，估计时习惯上在总体参数的

符号上加一帽子"^"，以示区别。可以证明：

（1）总体均值的估计值：$\hat{\mu} = \bar{x} = \dfrac{\sum\limits_{i=1}^{n} x_i}{n}$ 　　　　　　　　　　　　　　（6.40）

（2）总体总值的估计值：$\hat{\tilde{\mu}} = N\bar{x}$；或 $\hat{\tilde{x}} = N\bar{x}$ 　　　　　　　　　　　（6.41）

（3）总体方差的估计值：$\hat{\sigma}^2 = s^2$ 　　　　　　　　　　　　　　　（6.42）

（4）抽样平均误差的估计值 $\begin{cases} \text{重　复} \quad \sigma_{\bar{x}} = \sqrt{\dfrac{s^2}{n}} & （6.43） \\[4mm] \text{不重复} \quad \sigma_{\bar{x}} = \sqrt{\dfrac{s^2}{n}\left(1 - \dfrac{n}{N}\right)} & （6.44） \end{cases}$

其中：在 $n-1$ 中，当 n 较大时，$n-1 \approx n$，故在统计学中规定，当 $n \geqslant 30$ 时，因为 t 分布与正态分布已十分接近，可以利用抽样分布的大样本性质，这时，$\hat{\sigma}^2 = s_n^2 = \dfrac{\sum\limits_{i=1}^{n}(x_i - \bar{x})^2 f_i}{\sum\limits_{i=1}^{n} f_i}$；当 $n < 30$ 时，则不能利用这一性质，这时，$s_{n-1}^2 = \dfrac{\sum\limits_{i=1}^{n}(x_i - \bar{x})^2}{n-1}$。$s_n^2$ 与 s_{n-1}^2 的一般表达式为 $\hat{\sigma}^2$ 或 s^2。

（5）抽样极限误差：$\Delta_{\bar{x}} = Z_{\alpha/2}\sigma_{\bar{x}}$ 或 $\Delta_{\bar{x}} = t_{\alpha/2}\sigma_{\bar{x}}$ 　　　　　　（6.45）

（6）总体均值区间估计：$\bar{x} - \Delta_{\bar{x}} \leqslant \mu \leqslant \bar{x} + \Delta_{\bar{x}}$ 　　　　　　　（6.46）

（7）总体总值估计：$(\bar{x} - \Delta_{\bar{x}})N \leqslant \tilde{\mu} \leqslant (\bar{x} + \Delta_{\bar{x}})N$ 　　　　　（6.47）

（8）抽样估计精度：$A_{\bar{x}} = 1 - \Delta'_{\bar{x}}$，其中 $\Delta'_{\bar{x}} = \dfrac{\Delta_{\bar{x}}}{\bar{x}}$ 为抽样误差系数。　（6.48）

【例6-14】某外贸公司出口5万包小包装茶叶，与外商签订的合同规定每包茶叶的平均重量不能低于150克，现采用简单随机不重复方式抽取2‰进行检验，检验结果如下：

表6-6　茶叶重量的计算表

每包茶叶重量（克）	包数 f_i	组中值 x_i	$x_i f_i$	$(x_i - \bar{x})$	$(x_i - \bar{x})^2 f_i$
148 以下	10	147	1 470	−3.9	152.10
148～150	15	149	2 235	−1.9	54.15
150～152	50	151	7 550	0.1	0.50
152～154	20	153	3 060	2.1	88.20
154 以上	5	155	775	4.1	84.05
合计	100	—	15 090	—	379.00

根据上述资料，在95.45%的概率保证程度下：

（1）试估计该批茶叶的平均重量；

（2）试推断该批茶叶是否符合合同规定的要求；

（3）试推断该批茶叶总重量区间范围；

（4）试推断抽样估计精确度。

解：（1）样本均值：$\bar{x} = \dfrac{\sum\limits_{i=1}^{n} x_i f_i}{\sum\limits_{i=1}^{n} f_i} = \dfrac{15\,090}{100} = 150.90$（克）

即估计该批茶叶的平均重量为 150.9 克。

（2）样本方差：$s^2 = \dfrac{\sum\limits_{i=1}^{n} (x_i - \bar{x})^2 f_i}{\sum\limits_{i=1}^{n} f_i} = \dfrac{379.00}{100} = 3.79$

抽样平均误差：$\sigma_{\bar{x}} = \sqrt{\dfrac{s^2}{n}\left(1 - \dfrac{n}{N}\right)} = \sqrt{\dfrac{3.79}{100} \times \left(1 - \dfrac{100}{50\,000}\right)} = 0.194\,5$（克）

抽样极限误差：$\Delta_{\bar{x}} = Z_{\alpha/2}\sigma_{\bar{x}} = 2 \times 0.194\,5 = 0.389\,0$

区间范围：$\bar{x} \pm \Delta_{\bar{x}} = 150.9 \pm 0.389\,0$

即在 95.45% 的概率保证程度下，该批茶叶的平均重量在 150.51 ~ 151.29 克之间。因为最低重量都超过 150 克，符合合同规定的要求。

（3）总体总值估计：$(\bar{x} - \Delta_{\bar{x}})N \leqslant \tilde{\mu} \leqslant (\bar{x} + \Delta_{\bar{x}})N$，即（150.51 ~ 151.29）× 50 000 克，或在 7.525 5 ~ 7.564 5 吨之间。

（4）抽样误差系数：$\Delta'_{\bar{x}} = \dfrac{\Delta_{\bar{x}}}{\bar{x}} = \dfrac{0.389\,0}{150.9} = 0.002\,6$

抽样估计精度为：$A_{\bar{x}} = 1 - \Delta'_{\bar{x}} = 1 - 0.002\,6 = 99.74\%$

（四）总体成数的参数估计

同理，成数参数和统计量也可以定义为：

1. 总体成数和总体方差

（1）总体成数：$P = \dfrac{N_1}{N}$ \hfill (6.49)

（2）总体方差：$\sigma_p^2 = PQ$ \hfill (6.50)

其中，$PQ = P(1 - P)$。

2. 样本成数和样本方差

（1）样本成数：$p = \dfrac{n_1}{n}$ \hfill (6.51)

（2）样本方差：$s_{n-1}^2 = \dfrac{npq}{n-1}$，或 $s_n^2 = pq$ \hfill (6.52)

证明：$s_{n-1}^2 = \dfrac{\sum\limits_{i=1}^{n}(x_i - \bar{x})^2}{n-1} = \dfrac{\sum\limits_{i=1}^{n} x_i^2 - n\bar{x}^2}{n-1}$，由于 x_i 的取值为 0 或 1，

$\therefore \quad s_{n-1}^2 = \dfrac{np - np^2}{n-1} = \dfrac{np(1-p)}{n-1} = \dfrac{npq}{n-1}$

3. 总体成数和总体方差的参数估计

（1）总体成数的估计值：$\hat{P} = p$ \hfill （6.53）

（2）抽样平均误差的估计值 $\begin{cases} \text{重　复} & \sigma_p = \sqrt{\dfrac{s^2}{n}} \hfill （6.54） \\[2em] \text{不重复} & \sigma_p = \sqrt{\dfrac{s^2}{n}\left(1 - \dfrac{n}{N}\right)} \hfill （6.55） \end{cases}$

其中：当 $n \geqslant 30$ 时，$\hat{\sigma}^2 = s_n^2 = pq$；当 $n < 30$ 时，$\hat{\sigma}^2 = s_{n-1}^2 = \dfrac{npq}{n-1}$。

（3）抽样极限误差：$\Delta_p = Z_{\alpha/2}\sigma_p$，或 $\Delta_p = t_{\alpha/2}\sigma_p$ \hfill （6.56）

（4）总体成数区间估计：$p - \Delta_p \leqslant P \leqslant p + \Delta_p$ \hfill （6.57）

【例6-15】在【例6-14】中，按质量规定，凡重量达不到148克的茶叶包为不合格品，试以95.45%的概率保证程度估计该批茶叶的合格率区间范围。

解：合格率：$p = \dfrac{n_1}{n} = \dfrac{90}{100} = 0.90$

抽样平均误差：$\sigma_p = \sqrt{\dfrac{pq}{n}\left(1 - \dfrac{n}{N}\right)} = \sqrt{\dfrac{0.90 \times 0.10}{100} \times \left(1 - \dfrac{100}{50\,000}\right)} = 0.03$

抽样极限误差：$\Delta_p = Z_{\alpha/2}\sigma_p = 2 \times 0.03 = 0.06$

区间范围：$p \pm \Delta_p = 0.90 \pm 0.06$

即在95.45%的概率保证程度下，该批茶叶的平均合格率在84.0% ~96.0%之间。

（五）样本量的确定

根据本章第四节参数估计的推导，估计总体均值和总体成数时，样本量分别如下：

均值指标 $\begin{cases} \text{重　复} & n = \dfrac{Z_{\alpha/2}^2 s^2}{\Delta_{\bar{x}}^2} \hfill （6.58） \\[2em] \text{不重复} & n = \dfrac{N Z_{\alpha/2}^2 s^2}{N\Delta_{\bar{x}}^2 + Z_{\alpha/2}^2 s^2} \hfill （6.59） \end{cases}$

其中，重复抽样样本量与不重复抽样样本量的关系：设重复抽样样本量为 $n = \dfrac{Z_{\alpha/2}^2 s^2}{\Delta_{\bar{x}}^2}$，则不重复抽样样本量为 $n = \dfrac{n_0}{1 + \dfrac{n_0}{N}}$。

成数指标
$（n \geqslant 30）$ $\begin{cases} \text{重　复} & n = \dfrac{Z_{\alpha/2}^2 pq}{\Delta_p^2} \hfill （6.60） \\[2em] \text{不重复} & n = \dfrac{N Z_{\alpha/2}^2 pq}{N\Delta_p^2 + Z_{\alpha/2}^2 pq} \hfill （6.61） \end{cases}$

其中，重复抽样样本量与不重复抽样样本量的关系：设重复抽样样本量为 $n = \dfrac{Z_{\alpha/2}^2 pq}{\Delta_p^2}$，则不重复抽样样本量为 $n = \dfrac{n_0}{1 + \dfrac{n_0}{N}}$。

【例6-16】在【例6-15】中，其他条件不变，只是抽样极限误差可放宽到1克，在95.45%的概率保证程度下作下一次抽样检验，需抽多少包茶叶？

解：$n = \dfrac{NZ_{\alpha/2}^2 s^2}{N\Delta_{\bar{x}}^2 + Z_{\alpha/2}^2 s^2} = \dfrac{50\ 000 \times 2^2 \times 3.79}{50\ 000 \times 1 + 2^2 \times 3.79} = \dfrac{758\ 000}{50\ 015.16} = 15.16 \approx 16\ (\text{包})$

这里需要注意的是，为了使样本量满足抽样精度的最低需要，必要样本量的所有小数点都必须取整数（即不执行四舍五入的原则）。

【例6-17】拟对某中外合资的新建厂生产的一批电子元件进行合格率的抽样调查，要求抽样极限误差不超过5%，试以95.45%的概率保证程度：（1）确定第一次抽查的必要样本量；（2）已知第一次抽查结果，其产品合格率为90%，如果第二次拟对其5万件电子元件进行合格率的抽样调查，必要样本量为多少？

解：（1）因为未知总体单位数，只能用重复简单随机抽样形式；又因为是新厂，未知该厂产品质量的任何信息，只得取成数方差最大值 $pq = 0.5 \times 0.5 = 0.25$。则需抽：

$$n = \dfrac{Z_{\alpha/2}^2 pq}{\Delta_p^2} = \dfrac{2^2 \times 0.5 \times 0.5}{0.05^2} = 400\ (\text{件})$$

（2）$n = \dfrac{NZ_{\alpha/2}^2 pq}{N\Delta_p^2 + Z_{\alpha/2}^2 pq} = \dfrac{50\ 000 \times 2^2 \times 0.9 \times 0.1}{50\ 000 \times 0.05^2 + 2^2 \times 0.9 \times 0.1} = 143.6 \approx 144\ (\text{件})$

（六）小样本条件下的简单随机抽样

【例6-18】在【例6-14】中的外商在数月之后，再次向该外贸公司进口小包装茶叶，仍执行原先每包茶叶的平均重量不能低于150克的合同。该次从5万包茶叶中随机抽取16包，测得每包重量分别为151、150、149、154、152、148、151、151、150、153、150、151、150、149、150、150克。根据上述抽样资料，在95%的概率保证程度下，试推断该批茶叶是否符合合同规定的要求？与上次相比，质量是否稳定？

解：该题 $n < 30$，为小样本抽样检验。

样本均值：$\bar{x} = \dfrac{\sum\limits_{i=1}^{n} x_i}{n} = \dfrac{2\ 409}{16} = 150.562\ 5\ (\text{克})$

即估计该批茶叶的平均重量为150.562 5克。

样本方差：$s_{n-1}^2 = \dfrac{\sum\limits_{i=1}^{n}(x_i - \bar{x})^2}{n-1} = \dfrac{\sum\limits_{i=1}^{n} x_i^2 - n\bar{x}^2}{n-1}$

$\qquad\qquad = \dfrac{362\ 739 - 16 \times 150.562\ 5^2}{16 - 1} = 2.262\ 5$

抽样平均误差：$\sigma_{\bar{x}} = \sqrt{\dfrac{s_{n-1}^2}{n}\left(1 - \dfrac{n}{N}\right)} = \sqrt{\dfrac{2.262\ 5}{16} \times \left(1 - \dfrac{16}{50\ 000}\right)} = 0.376\ 0\ (\text{克})$

已知 $1 - \alpha = 0.95\%$，查 t 分布表得，$t_{\alpha/2}(n-1) = t_{0.025}(15) = 2.131\ 5$

抽样极限误差：$\Delta_{\bar{x}} = t_{\alpha/2}(n-1)\sigma_{\bar{x}} = 2.1315 \times 0.3760 = 0.8014$（克）

区间范围：$\bar{x} \pm \Delta_{\bar{x}} = 150.56 \pm 0.8014$（克）

即在95.45%的概率保证程度下，该批茶叶的平均重量在149.76～151.36克之间。最低重量虽未达到150克，但仍在允许误差范围内，符合合同规定的要求。该外贸公司出口茶叶包装重量较稳定。

二、类型抽样

（一）类型抽样的概念

类型抽样又称分层抽样或分类抽样，它是指对总体各单位先按主要标志加以分类，然后再从各类中按随机原则抽选一定单位构成样本的抽样组织形式。设总体由 N 个单位组成，把总体划分为 K 组，使 $N = N_1 + N_2 + \cdots + N_k$，然后从每组的 N_i 中抽取 n_i 单位构成样本量为 n 的抽样总体，使 $n = n_1 + n_2 + \cdots + n_k$。

类型抽样的特点：类型抽样通过对总体各单位分类后，可以使总体单位标志值比较接近的单位归为一类，使各类的分布比较均匀，在样本量为一定的条件下，可以缩小抽样平均误差，提高抽样调查的效率。类型抽样在各类中抽取样本可以看成是总的样本数在各类的分配。

（二）总体均值（或成数）与总体总值的参数估计

在类型抽样中，总体均值（或成数）与总体总值的参数估计的步骤与简单随机抽样大致相同，由于类型抽样是先分类，再从各类中抽选样本量，故其样本均值（或成数）是各类均值（或成数）的加权算术平均数，方差是各类方差的加权算术平均数。

【例6-19】某县有粮食耕地6 500公顷，按平原、丘陵和山区地势面积等比例抽819平方米进行实割实测，计算结果如表6-7所示。

表6-7 某县粮食耕地计算表

按地势分组	全部面积（公顷）	抽样面积（平方米）	抽样均值（千克/平方米）	产量标准差（千克/平方米）	样本中高产田的比重
符号	N_i	n_i	$\bar{x}_i$	s_i	p_i
平原	4 000	504	0.70	0.15	0.8
丘陵	1 500	189	0.55	0.25	0.5
山区	1 000	126	0.40	0.23	0.3
合计	6 500	819	—	—	—

注：1公顷 = 10 000平方米

根据上述资料，在95.45%概率保证程度下：（1）试估计该县粮食平均每平方米产量的区间范围；（2）试推断该县粮食总产量的区间范围。

解：（1）

抽样均值：$\bar{\bar{x}} = \dfrac{\sum\limits_{i=1}^{k}\bar{x}_i n_i}{\sum\limits_{i=1}^{k} n_i} = \dfrac{0.70 \times 504 + 0.55 \times 189 + 0.40 \times 126}{819} = 0.619\,2$（千克/平方米）

$\bar{s^2} = \dfrac{\sum\limits_{i=1}^{k} s_i^2 n_i}{\sum\limits_{i=1}^{k} n_i} = \dfrac{0.15^2 \times 504 + 0.25^2 \times 189 + 0.23^2 \times 126}{819} = 0.036\,4$

抽样平均误差：$\sigma_{\bar{x}} = \sqrt{\dfrac{s^2}{n}\left(1 - \dfrac{n}{N}\right)} = \sqrt{\dfrac{0.036\,4}{819} \times \left(1 - \dfrac{819}{65\,000\,000}\right)}$

$= 0.006\,7$（千克/平方米）

抽样极限误差：$\Delta_{\bar{x}} = Z_{\alpha/2}\sigma_{\bar{x}} = 2 \times 0.006\,7 = 0.013\,4$（千克/平方米）

区间估计：$\bar{\bar{x}} \pm \Delta_{\bar{x}} = 0.619\,2 \pm 0.013\,4$

即在 95.45% 概率保证程度下，该县粮食平均每平方米产量的区间范围为 0.605\,8 ~ 0.632\,6 千克。

（2）全县粮食总产量的区间范围为：

$\tilde{X} = (\bar{\bar{x}} \pm \Delta_{\bar{x}})N = (0.619\,2 \pm 0.013\,4) \times 65\,000\,000$ 平方米，即在 95.45% 概率保证程度下，全县粮食总产量的区间范围为 39\,377 ~ 41\,119 吨。

【例 6 - 20】在【例 6 - 19】中已知该县 6\,500 公顷粮食耕地，按平原、丘陵和山区地势面积等比例共抽 819 平方米进行实割实测，其中高产田的比重资料见表 6 - 7。根据该资料，在 95.45% 概率保证程度下，试估计该县高产田的比重区间。

解：

抽样成数：$p = \dfrac{\sum\limits_{i=1}^{k} p_i n_i}{\sum\limits_{i=1}^{k} n_i} = \dfrac{0.8 \times 504 + 0.5 \times 189 + 0.3 \times 126}{819} = 0.65$

$\overline{pq} = \dfrac{\sum\limits_{i=1}^{k} p_i q_i n_i}{\sum\limits_{i=1}^{k} n_i} = \dfrac{0.8 \times 0.2 \times 504 + 0.5 \times 0.5 \times 189 + 0.3 \times 0.7 \times 126}{819}$

$= 0.188\,5$

抽样平均误差：$\sigma_p = \sqrt{\dfrac{\overline{pq}}{n}\left(1 - \dfrac{n}{N}\right)} = \sqrt{\dfrac{0.188\,5}{819} \times \left(1 - \dfrac{819}{65\,000\,000}\right)} = 0.015\,2$

抽样极限误差：$\Delta_p = Z_{\alpha/2}\sigma_p = 2 \times 0.015\,2 = 0.030\,4$

区间估计：$p \pm \Delta_p = 0.65 \pm 0.030\,4$

即在 95.45% 概率保证程度下，该乡高产田的比重区间为 61.96% ~ 68.04%。

（三）样本量的确定

类型抽样样本量的确定与简单随机抽样方法基本一样，区别仅在于用类型抽样的方差 $\bar{s^2}$ 替代简单随机抽样的方差 s^2。

（四）各类型之间样本量的分配

在类型抽样中，当总样本量 n 确定后，如何在各类型中分配，对估计量的精确度和调查费用将产生重要的影响。常用的各类型之间样本量分配的方法有如下几种：

（1）平均法。平均法是一种简单平分法，其基本思路是：在样本量给定的条件下，仅考虑类型抽样的分类组数，将总样本量平均分配到各层中，各层平均分摊样本量。

（2）比例法。比例法主要以各类型中总体单位数的多少进行分配，其基本思路是：在样本量给定的条件下，按比例分配各层中的样本量，保证类型抽样均值（或成数）是总体均值（或成数）的无偏估计。

（3）适度法。适度法兼顾了各层内单位数和差异情况，其基本思路是：在样本量给定的条件下，合理安排各层样本量，使抽样误差达到最小。

（4）最优法。最优法进一步考虑调查费用问题，其基本思路是：在样本量和调查费用给定的条件下，使抽样误差达到最小；或在样本量和抽样误差给定的条件下，使调查费用最省。

最优法是考虑因素最多的样本量分配法，在类型抽样样本合理分配方面起着重要的作用，最优法与其他三种方法的关系式为：

$$\frac{\dfrac{N_i s_i}{\sqrt{C_i}}}{\sum\limits_{i=1}^{k} \dfrac{N_i s_i}{\sqrt{C_i}}} \Rightarrow \frac{N_i s_i}{\sum\limits_{i=1}^{k} N_i s_i} \Rightarrow \frac{N_i}{\sum\limits_{i=1}^{k} N_i} \Rightarrow \frac{1}{k} \tag{6.62}$$

【例 6-21】在【例 6-19】中，已知该县有粮食耕地 6 500 公顷，现确定按平原、丘陵和山区地势面积抽 819 平方米进行实割实测，试分别采用平均法、比例法、适度法和最优法分配样本量，并分别计算其平均每平方米产量、抽样平均误差和总费用。

表 6-8　某县粮食耕地计算表

按地势分组	全部面积（公顷）	标准差	调查费用（元/平方米）	平均法（平方米）	比例法（平方米）	适度法（平方米）	最优法（平方米）
符号	N_i	s_i	C_i	n_i	n_i	n_i	n_i
平原	4 000	0.15	10	273	504	408	492
丘陵	1 500	0.25	20	273	189	255	218
山区	1 000	0.23	30	273	126	156	109
合计	6 500	—		819	819	819	819
每平方米产量 $\bar{x}$	—	—	—	0.550 0	0.619 2	0.596 2	0.620 1
抽样平均误差 $\sigma_{\bar{x}}$	—	—	—	0.007 5	0.006 7	0.007 1	0.006 7
总费用（元）				16 380	12 600	13 860	12 550

解：（1）平均法。

$$n_1 = n_2 = n_3 = n\frac{1}{k} = \frac{819}{3} = 273$$

平均产量 $\overline{\overline{x}} = \dfrac{\sum\limits_{i=1}^{k} \overline{x}_i n_i}{\sum\limits_{i=1}^{k} n_i} = \dfrac{0.70 \times 273 + 0.55 \times 273 + 0.40 \times 273}{819}$

$$= 0.5500 \text{（千克/平方米）}$$

$$\overline{s^2} = \frac{\sum\limits_{i=1}^{k} s_i^2 n_i}{\sum\limits_{i=1}^{k} n_i} = \frac{0.15^2 \times 273 + 0.25^2 \times 273 + 0.23^2 \times 273}{819} = 0.0460$$

抽样平均误差 $\sigma_{\overline{x}} = \sqrt{\dfrac{\overline{s^2}}{n}(1 - \dfrac{n}{N})} = \sqrt{\dfrac{0.0460}{819} \times (1 - \dfrac{819}{65\,000\,000})}$

$$= 0.0075 \text{（千克/平方米）}$$

总费用 $C = c_1 n_1 + c_2 n_2 + c_3 n_3 = 10 \times 273 + 20 \times 273 + 30 \times 273 = 16\,380$（元）
将平均每平方米产量、抽样平均误差和总费用的计算结果填入表 6 – 8。

（2）比例法。

$$n_1 = n\frac{N_1}{\sum\limits_{i=1}^{k} N_i} = 819 \times \frac{4\,000}{6\,500} = 504 \ , \ n_2 = 819 \times \frac{1\,500}{6\,500} = 189 \ , \ n_3 = 819 \times \frac{1\,000}{6\,500} = 126$$

将平均每平方米产量、抽样平均误差和总费用的计算结果填入表 6 – 8。

（3）适度法。

$$n_1 = n\frac{N_1 s_1}{\sum\limits_{i=1}^{k} N_i s_i} = 819 \times \frac{4\,000 \times 0.15}{4\,000 \times 0.15 + 1\,500 \times 0.25 + 1\,000 \times 0.23} = 819 \times \frac{600}{1\,205} = 408$$

$$n_2 = 819 \times \frac{1\,500 \times 0.25}{1\,205} = 255 \ , \ n_3 = 819 \times \frac{1\,000 \times 0.23}{1\,205} = 156$$

将平均每平方米产量、抽样平均误差和总费用的计算结果填入表 6 – 8。

（4）最优法。

$$n_1 = n\frac{\dfrac{N_1 s_1}{\sqrt{C_1}}}{\sum\limits_{i=1}^{k} \dfrac{N_i s_i}{\sqrt{C_i}}} = 819 \times \frac{\dfrac{4\,000 \times 0.15}{\sqrt{10}}}{\dfrac{(4\,000 \times 0.15)}{\sqrt{10}} + \dfrac{(1\,500 \times 0.25)}{\sqrt{20}} + \dfrac{(1\,000 \times 0.23)}{\sqrt{30}}}$$

$$= 819 \times \frac{189.7}{315.6} = 492$$

$$n_2 = 819 \times \frac{\dfrac{1\,500 \times 0.25}{\sqrt{20}}}{315.6} = 218 \ , \ n_3 = 819 \times \frac{\dfrac{1\,000 \times 0.23}{\sqrt{30}}}{315.6} = 109$$

将平均每平方米产量、抽样平均误差和总费用的计算结果填入表6-8。从表6-8可看出，最优法平均单位产量较准、误差较小、总费用最低；比例法平均单位产量最准、误差最小、总费用较低。这两种方法比平均法和适度法更优，是实际工作中常用的方法。

三、等距抽样

（一）等距抽样的概念

等距抽样又称机械抽样或系统抽样，它是将总体全部单位按某一标志排列，然后按固定顺序和间隔来抽选样本单位的抽样组织形式。其特点是能提高样本单位分布的均匀性和样本的代表性。等距抽样总体单位的排列顺序可以是无关标志，也可以是有关标志。

第一，按无关标志排列，即总体各单位排列顺序时所依据的标志与调查的标志无关。例如，按姓氏笔画、地理位置、街道门牌号码、工商企业名录等排列。

第二，按有关标志排列，即总体各单位排列顺序时所依据的标志与调查的标志有关。例如，城市住户调查，按职工收入由低到高或由高到低顺序排列。

等距抽样抽取样本量的具体方法有以下几种：

1. 随机等距

设总体有 N 个单位，现需抽取一个容量为 n 的样本，首先将总体单位 N 按一定标志排列，然后将 N 划分为 n 个单位相等的部分，每部分包括 K 个单位，即 $K = N/n$，在第一部分 K 个单位中随机抽取第一个单位 i，以后每隔 K 个单位抽一个，一直抽到第 $i + (n-1)K$ 个单位为止。

2. 对称等距

对称等距就是在总体第一部分 K 个单位中随机抽取第一个单位 i 后，在第二部分抽取 $2K - i + 1$ 单位，在第三部分抽取 $2K + i$ 单位，在第四部分抽取 $4K - i + 1$ 单位……如此交替对称进行。对称等距抽样能有效地避免随机等距抽样的系统偏差，提高样本的代表性。随机等距和对称等距抽样的随机性表现在抽取第一个样本单位，当第一个单位确定后，其余各个单位也就确定了。

3. 中点等距

中点等距就是在总体第一部分 K 个单位中，取中间项为起点单位，以后每隔 K 个单位抽一个，一直抽到第 $(k/2) + (n-1)K$ 个单位为止。采用中点等距的优点在于：由于总体按有关标志的大小顺序排队，总体各部分中间项的标志值接近相应部分标志值的平均数，对本部分具有较好的代表性，从而提高整个样本对总体的代表性。不足之处在于：中点等距在起点抽样时不符合随机原则。

（二）等距抽样的计算

等距抽样的计算按总体单位的排列顺序分成两种情况：

第一种，当总体按无关标志排列时，等距抽样与简单随机不重复抽样没有什么差别，因此，可按简单随机不重复抽样方法计算。

第二种，当总体按有关标志排列时，等距抽样可视为类型抽样的特殊形式，即更细致的类型抽样，因此，可按类型抽样方法计算。

【例6-22】某城市社会经济调查队欲对该市60万户居民（198万人口）家庭的生活

消费水平进行抽样调查，采用按街区每隔 2 000 户抽取 1 户的等距抽样方法，共调查了 300 户，按调查户人均收入等级分成 7 组，其居民家庭人均消费性支出额［单位：千元/（人·年）］数据如表 6 - 9 所示。

表 6 - 9　某市居民家庭生活消费水平调查计算表

人均消费性支出额 ［千元/（人·年）］	调查户数 （户）n_i	组中值 x_i	$x_i n_i$	$(x_i - \bar{x})$	$(x_i - \bar{x})^2 n_i$
5 以下	30	4	120	− 8.4	2 116.8
5 ~ 7	30	6	180	− 6.4	1 228.8
7 ~ 9	60	8	480	− 4.4	1 161.6
9 ~ 11	60	10	600	− 2.4	345.6
11 ~ 17	60	14	840	1.6	153.6
17 ~ 25	30	21	630	8.6	2 218.8
25 以上	30	29	870	16.6	8 266.8
合计	300	—	3 720	—	15 492.0

根据上述资料，在 95.45% 的概率保证程度下：

（1）试估计该市居民家庭人均消费性支出额［单位：千元/（人·年）］的区间范围；

（2）试推断该市居民家庭总消费额的区间范围。

解：（1）样本均值：$\bar{x} = \dfrac{\sum\limits_{i=1}^{n} x_i n_i}{\sum\limits_{i=1}^{n} n_i} = \dfrac{3\ 720}{300} = 12.4$［千元/（人·年）］

样本方差：$s^2 = \dfrac{\sum\limits_{i=1}^{n} (x_i - \bar{x})^2 n_i}{\sum\limits_{i=1}^{n} n_i} = \dfrac{15\ 492.0}{300} = 51.64$

抽样平均误差：$\sigma_{\bar{x}} = \sqrt{\dfrac{s^2}{n}\left(1 - \dfrac{n}{N}\right)} = \sqrt{\dfrac{51.64}{300} \times (1 - 0.001)}$

$= 0.414\ 7$［千元/（人·年）］

抽样极限误差：$\Delta_{\bar{x}} = Z_{\alpha/2}\sigma_{\bar{x}} = 2 \times 0.414\ 7 = 0.829\ 4$

区间范围：$\bar{x} \pm \Delta_{\bar{x}} = 12.4 \pm 0.829\ 4$

即在 95.45% 的概率保证程度下，该市居民家庭人均消费性支出额［单位：千元/（人·年）］在 11.57 ~ 13.23 千元。

（2）总体总值估计 $(\bar{x} - \Delta_{\bar{x}})N \leqslant \widetilde{X} \leqslant (\bar{x} + \Delta_{\bar{x}})N$，即（11.57 ~ 13.23）× 198 万，即该市居民家庭总消费额在 229.09 亿 ~ 261.95 亿元之间。

四、整群抽样

（一）整群抽样的概念

整群抽样是将总体各单位划分成若干群，然后以群为单位从中随机抽取一些群，对抽中群的所有单位都进行调查的抽样组织形式。

整群抽样与简单随机抽样不同，简单随机抽样抽到的单位是总体单位，而整群抽样抽到的是群（或组），而每一群中都包括若干总体单位，因此，整群抽样抽到的单位与总体单位不一致。整群抽样也不同于类型抽样，虽然两者都将总体划分为若干组，但分组的作用却不同。类型抽样划分的组称为类或层，它的作用在于缩小总体，使总体的变异减小，而抽取的基本单位仍是总体单位；整群抽样划分的组称为群，它的作用却是要扩大单位，使抽到的基本单位不再是总体单位而是群。例如，调查城市居民住户，将该城市按居委会行政区域划分为若干群，抽样调查的单位是整个群，即对抽中的样本群中的全部居民住户进行全面调查。

整群抽样的主要优点如下：

（1）设计和组织抽样比较方便。例如，调查城市居民住户，不必列出城市所有居民住户的抽样框，可利用现成的行政区域（街道或居委会）将城市划分为若干群。

（2）节省人力、财力、物力和时间。由于整群抽样的调查单位相对集中于若干个样本群内，在实地调查时，调查人员能节省大量来往于调查单位间的时间和费用。

但是，整群抽样与简单随机抽样相比，在相同的调查单位条件下，由于前者的调查单位相对集中，在总体中分布不均匀，因此，抽样误差较大，抽样估计精度也较低。在实际工作中，由于整群抽样具有组织方便，节省人力、物力和时间等优点，被广泛运用于人口调查、家计调查、林牧业调查以及工业产品质量检验中。

（二）整群抽样的计算

在整群抽样中各群内的单位数可以相等，也可以不相等。

1. 等群抽样

设总体有 N 个单位，将总体 N 划分为 R 个群，每群含 M 个单位，现从 R 群中随机抽取 r 群，设第 i 群第 j 单位的标志值为 X_{ij}，可分别用简单算术平均法计算样本平均数和成数。

【例 6-23】某工厂大量连续生产，为了掌握某月份某种产品的一级品比率，确定抽出 5% 的产品，即在全月连续生产的 720 小时中，按每隔 20 小时抽取 1 小时的全部产品进行检查，根据抽样资料计算结果，一级品率为 85%，各群间的方差为 6%，在 95.45% 的概率保证程度下，试估计该厂产品一级品比率的区间范围。

解：$R = 720$ 小时，$r = 720 \times 5\% = 36$ 小时，$p = 85\%$，$\delta_p^2 = 6\%$，则

抽样平均误差：$\sigma_p = \sqrt{\dfrac{\delta_p^2}{r}\left(\dfrac{R-r}{R-1}\right)} = \sqrt{\dfrac{0.06}{36} \times \left(\dfrac{720-36}{720-1}\right)} = 0.039\,8$

抽样极限误差：$\Delta_p = Z_{\alpha/2}\sigma_p = 2 \times 0.039\,8 = 0.079\,6$

一级品比率区间：$p \pm \Delta_p = 0.85 \pm 0.079\,6$

即在 95.45% 的概率保证程度下，该厂产品一级品比率在 77.04% ~ 92.96% 之间。

2. 不等群抽样

设总体有 N 个单位，将总体 N 划分为 R 个群，每群含 M_i（$i = 1, 2, \cdots, r$）个单位，各群 M_i 不相同，现从 R 群中随机抽取 r 群，则可分别用加权算术平均法计算样本均值和成数。

【例 6 - 24】从某县 50 个村中随机抽取 5 个村，对 5 个村所有养猪专业户进行全面调查，调查结果如表 6 - 10 所示。

表 6 - 10　某县养猪专业户抽样调查计算表

中选村编号	中选村户数 M_i	户均存栏生猪（头）$\bar{x}_i$	优良品种比重（%）p_i	$\bar{x}_i M_i$	$(x_i - \bar{x})^2 M_i$	$p_i M_i$	$(p_i - p)^2 M_i$
1	80	50	90	4 000	52 839.2	72	3.801 9
2	120	70	80	8 400	3 898.8	96	1.670 9
3	110	80	50	8 800	2 033.9	55	3.643 6
4	90	85	70	7 650	7 784.1	63	0.029 2
5	100	90	55	9 000	20 449.0	55	1.742 4
合计	500	—	—	37 850	87 005.0	341	10.888 0

试在 95% 的概率保证程度下，推断该县养猪专业户总存栏生猪数和优良品种率的区间范围。

解：（1）抽样均值：$\bar{x} = \dfrac{\sum\limits_{i=1}^{r} \bar{x}_i M_i}{\sum\limits_{i=1}^{r} M_i} = \dfrac{37\,850}{500} = 75.70$（头）

群间方差：$\delta^2 = \dfrac{\sum\limits_{i=1}^{r}(\bar{x}_i - \bar{x})^2 M_i}{\sum\limits_{i=1}^{r} M_i} = \dfrac{87\,005.0}{500} = 174.01$

抽样平均误差：$\sigma_{\bar{x}} = \sqrt{\dfrac{\delta^2}{r}\left(\dfrac{R-r}{R-1}\right)} = \sqrt{\dfrac{174.01}{5} \times \dfrac{50-5}{50-1}} = 5.65$（头）

抽样极限误差：$\Delta_{\bar{x}} = t_{\alpha/2}(n-1)\sigma_{\bar{x}} = 2.776 \times 5.65 = 15.684\,4$（头）

其中查表：$t_{0.05/2}(5-1) = 2.776$

区间范围：$(\bar{x} \pm \Delta_{\bar{x}})N = (75.70 \pm 15.68) \times 50 \times 100$

即在 95% 的概率保证程度下，该县养猪专业户总存栏生猪为 300 100 ~ 456 900 头。

（2）优良品种比重：$p = \dfrac{\sum\limits_{i=1}^{r} p_i M_i}{\sum\limits_{i=1}^{r} M_i} = \dfrac{341}{500} = 0.682\,0$

群间方差：$\delta_p^2 = \dfrac{\sum\limits_{i=1}^{r}(p_i - p)^2 M_i}{\sum\limits_{i=1}^{r} M_i} = \dfrac{10.888\ 0}{500} = 0.021\ 8$

抽样平均误差：$\sigma_p = \sqrt{\dfrac{\delta_p^2}{r}\left(\dfrac{R-r}{R-1}\right)} = \sqrt{\dfrac{0.021\ 8}{5} \times \dfrac{50-5}{50-1}} = 0.063\ 3$

抽样极限误差：$\Delta_p = t_{\alpha/2}(n-1)\sigma_p = 2.776 \times 0.063\ 3 = 0.175\ 7$

区间范围：$p \pm \Delta_p = 0.682\ 0 \pm 0.175\ 7$

即在95%的概率保证程度下，该县养猪专业户存栏生猪优良品种率为50.63%～85.77%。

五、多级抽样

（一）多级抽样的概念

多级抽样又称多阶段抽样，它把抽取样本单位分为 n 个步骤进行，即先从总体中抽取一级单位，然后再从抽中的一级单位中抽取二级单位，直到抽取最终单位。例如，我国农产量，第一阶段是从省抽县；第二阶段是从中选的县抽村；第三阶段再从中选的村抽地块；第四个阶段也是最后的阶段，即从中选的地块中抽取样本点。

多级抽样、类型抽样和整群抽样既有共同点又有区别。现仅以两级抽样为例，它们的共同点在于：三者都需要先对总体加以分组，然后抽取单位。它们的区别在于：类型抽样是从全部的分组中每组各抽取部分单位；整群抽样是从全部的分组中随机抽取部分组，然后对中选组的全部单位进行调查。而两阶段抽样在第一阶段随机抽取部分分组，然后在中选的组中再抽选部分样本单位。所以，两级抽样在组织技术上是整群抽样和类型抽样的综合，其比较见表6-11。

表6-11　类型抽样、整群抽样和两级抽样的区别

抽样形式	第一阶段	第二阶段
类型抽样	抽全部	抽部分
整群抽样	抽部分	抽全部
两级抽样	抽部分	抽部分

多级抽样的优点如下：

（1）调查的总体范围分布广。对于几乎不可能从总体中直接抽取调查单位作为样本的情况，例如，农产量抽样调查，全国有几千万公顷耕地，很难采用单级方式一次抽到所需要的样本，因而只能采用多级抽样调查。

（2）节省人、财、物等费用。采用多级抽样调查，可以使样本单位相对集中，便于组织，节约费用。

（3）灵活、方便。在抽样的各个阶段，抽中的单位可以根据各自的实际情况，分别采用不同的抽样方式进行，而不必强求一致，因而抽样过程灵活、方便。

（二）多阶段抽样的计算

以下只讨论两级抽样，设所调查的总体为 $\sum_{i=1}^{nm} X_i$ ，按照两级抽样的要求，首先将总体划分为 N 个组，每组包含 M_i 个单位，如下列所示：

$$X_{11} \ X_{12} \cdots X_{1j} \cdots X_{1m_1} \cdots X_{1M_1}$$
$$X_{21} \ X_{22} \cdots X_{2j} \cdots X_{2m_2} \cdots X_{2M_2}$$
$$\vdots \quad \vdots \quad \quad \vdots \quad \quad \vdots \quad \quad \vdots$$
$$X_{i1} \ X_{i2} \cdots \ X_{ij} \cdots X_{im_i} \cdots \ X_{iM_i}$$
$$\vdots \quad \vdots \quad \quad \vdots \quad \quad \vdots \quad \quad \vdots$$
$$X_{N1} \ X_{N2} \ \ X_{Nj} \cdots X_{Nm_N} \ \ X_{NM_N}$$

又假设，第一阶段从 N 个组中随机抽取 n 个组，第二阶段再从中选的 n 个组中，分别随机抽取 m_i 个单位进行调查。

【例 6 - 25】某地区有大小不等的 53 个乡，共有 2 072 个行政村，现采用两级抽样估计该地区平均每村拥有的拖拉机台数。第一阶段从 53 个乡中随机抽取 14 个乡，然后在中选的乡再按 1/4 的比例抽取行政村共 151 个，经调查取得资料如表 6 - 12 所示。

表 6 - 12　某地区乡、村拖拉机两级抽样调查计算表

样本乡（ i ）	村数 M_i	样本村 m_i	样本村拖拉机总数 $\sum_{i=1}^{n}\sum_{j=1}^{m_i}X_{ij}$	$\bar{x}_i$	$m_i^2(\bar{x}_i-\bar{x})^2$	组内方差 s_{2i}^2
1	46	11	88	8.00	2 403.6	13.80
2	39	10	114	11.40	111.7	78.89
3	25	6	96	16.00	451.9	198.40
4	23	5	82	16.40	388.7	224.25
5	32	8	83	10.38	276.1	86.57
6	31	8	207	25.88	11 531.3	1 435.86
7	60	15	208	13.87	449.2	160.14
8	28	7	73	10.43	201.3	87.33
9	59	14	195	13.99	460.6	190.69
10	24	6	73	12.17	3.0	125.80
11	84	21	191	9.10	4 969.8	72.30
12	30	7	79	11.29	66.7	63.00
13	64	16	226	14.12	708.0	75.47
14	66	17	166	9.76	2 102.1	144.69
合计	611	151	1 881	182.79	24 124	—

试以 95.45% 的概率保证程度，估计该地区平均每村拥有拖拉机台数。

解：样本均值：$\bar{x} = \dfrac{\displaystyle\sum_{i=1}^{n}\sum_{j=1}^{m_i} x_{ij}}{\displaystyle\sum_{i=1}^{n} m_i} = \dfrac{1\,881}{151} = 12.457\,0$（台）

$\bar{m} = \dfrac{\displaystyle\sum_{i=1}^{n} m_i}{n} = \dfrac{151}{14} = 10.785\,7$，$\bar{M} = \dfrac{\displaystyle\sum_{i=1}^{N} M_i}{N} = \dfrac{2\,072}{53} = 39.09$

组间方差：$s_b^2 = \dfrac{\displaystyle\sum_{i=1}^{n} m_i^2 \left(\bar{x}_i - \bar{x}\right)^2}{\bar{m}^2 (n-1)}$

$\qquad = \dfrac{24\,124}{10.785\,7^2 \times (14-1)} = 15.951\,8$

组间方差加权均值：$s_2^2 = \dfrac{\displaystyle\sum_{i=1}^{n} m_i s_{2i}^2}{\displaystyle\sum_{i=1}^{n} m_i} = \dfrac{27\,496.21}{151} = 182.094\,1$

其中，组内方差 $s_{2i}^2 = \dfrac{\displaystyle\sum_{j=1}^{m_i} \left(x_{ij} - \bar{x}_i\right)^2}{m_i - 1}$

抽样平均误差：

$\sigma_{\bar{x}} = \sqrt{\dfrac{s_b^2}{n}\left(1 - \dfrac{n}{N}\right) + \dfrac{s_2^2}{n\bar{m}}\left(1 - \dfrac{\bar{m}}{\bar{M}}\right)}$

$\quad = \sqrt{\dfrac{15.951\,8}{14} \times \left(1 - \dfrac{14}{53}\right) + \dfrac{182.094\,1}{14 \times 10.785\,7} \times \left(1 - \dfrac{10.785\,7}{39.09}\right)}$

$\quad = \sqrt{0.838\,4 + 0.873\,2} = 1.308\,3$（台）

抽样极限误差：$\Delta_{\bar{x}} = Z_{\alpha/2}\sigma_{\bar{x}} = 2 \times 1.308\,3 = 2.616\,6$（台）

区间估计：$\bar{x} \pm \Delta_{\bar{x}} = 12.457\,0 \pm 2.616\,6$（台）

即在95.45%的概率保证程度下，该地区平均每村的拖拉机为 9.84 ~ 15.07 台。

第六节　Excel 抽样调查

【例6-26】根据【例6-8】的数据，不知总体方差，试以95%的置信水平估计该天袋装食品平均重量的置信区间（用 Excel 描述统计计算）。

解：根据【例5-17】Excel 描述统计的步骤，测算出 Excel 结果如图 6-4 所示：

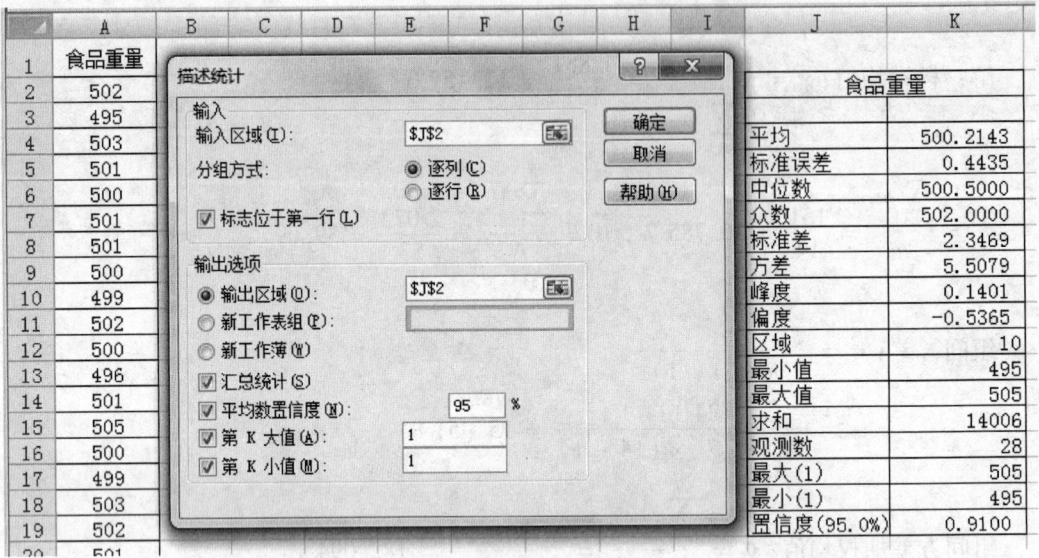

图 6-4

样本均值：$\bar{x} = \dfrac{\sum_{i=1}^{n} x_i}{n} = 500.2143$（克）

样本方差：$s^2 = \dfrac{\sum_{i=1}^{n} (x_i - \bar{x})^2}{n-1} = 5.5079$

抽样平均误差（标准误差）：$\sigma_{\bar{x}} = \sqrt{\dfrac{s^2}{n}} = \sqrt{\dfrac{5.5079}{28}} = 0.4435$（克）

极限误差（置信度）：$\Delta_{\bar{x}} = t_{\alpha/2}(n-1)\sqrt{\dfrac{s^2}{n}}$

$$= 2.0518 \times 0.4435$$
$$= 0.9100\,（克）$$

因为方差未知，查 t 分布表得 $t_{\alpha/2}(n-1) = t_{0.025}(28-1) = 2.0518$。

置信区间：$\bar{x} \pm t_{\alpha/2}\sqrt{\dfrac{s^2}{n}} = 500.2143 \pm 0.9100$

该天袋装食品平均重量的置信区间为 500.2143 ± 0.9100，即在 $499.30 \sim 501.12$ 克之间。

上述计算也可以直接在 Excel 中完成。将【例 6-8】的 28 个数据输入 Excel 表中，其计算结果如图 6-5 所示。

	A	B	C	D	E	F	G
1	**食品重量**						
2	502		名称	符号	公式	Data	
3	495		样本量	n		28	
4	503		平均	Mean	=AVERAGE（A2：A29）	500.2143	
5	501		标准差	Std	=STDEV（A2：A29）	2.3469	
6	500		标准误差	S_e	=Std/SQRT(28)	0.4435	
7	501		显著性水平	α		0.05	
8	501		自由度	df	=$n-1$	27	
9	500		t 值	t	=$TINV(\alpha, df)$	2.0518	
10	499		极限误差	tS_e	=t*S_e	0.9100	
11	502						
12	500		下限	CL	=mean-t*S_e	499.3043	
13	496		上限	CU	=mean+t*S_e	501.1243	
14	501						

图 6-5

思考题

1. 什么是抽样调查？它有何特点和作用？

2. 抽样调查为什么要遵守随机原则？

3. 什么是参数和统计量？两者有何联系与区别？

4. 什么是抽样分布？它具有哪些不同性质的分布？

5. 什么是参数估计？参数估计量的优良标准有哪些？

6. 为什么要确定必要的样本量？必要的样本量受哪些因素影响？

7. 什么是简单随机抽样？在抽取样本量时主要用哪几种抽选方法？

8. 什么是抽样误差？它有哪些表现形式？

9. 抽样实际误差、抽样平均误差和抽样极限误差有何联系与区别？

10. 影响抽样平均误差的主要因素有哪些？

11. 在简单随机抽样中，小样本与大样本的计算有何不同？

12. 什么是类型抽样？它有哪些特点？

13. 什么是等距抽样？它有哪些特点？

14. 什么是整群抽样？它有哪些主要优点？

15. 什么是多级抽样？它有哪些优点？

16. 设某班组有 5 个工人，他们的单位工时工资分别为 6、8、10、12、14 元，现用简单随机不重复抽样方式从 5 个工人中抽出 2 人：（1）试列出样本均值的抽样分布，分析样本平均数的数值特征。（2）样本均值小于 8 的频数、样本均值大于 12 的频数、样本均值在 8~12 之间的频数各为多少？

17. 某大型股份公司设有 5 个工资级别，该公司人员的月平均工资为 5 000 元，标准差为 1 421 元：（1）是否可以认为，在这 5 个级别的人员中，95% 的人所挣工资在 2 215~7 785 元之间？为什么？（2）以下这种说法是否正确：如果反复地从这些级别中每次抽取

100 人的简单随机样本，这些人的平均工资约有 95.45% 的概率落在 4 718 ~ 5 282 元之间。

（3）以下这样说是否正确：如果反复地从这些级别中每次抽取 10 000 人的简单随机样本，这些人的平均工资约有 99.73% 的概率落在 4 718 ~ 5 282 元之间。

18. 已知某糖果厂用自动包装机包糖，每包糖服从均值为 500 克，标准差为 24 克的正态分布。某日开工后随机抽查 36 包：（1）样本均值低于 492 克的概率为多少？（2）样本均值在 492 ~ 508 之间的概率为多少？

19. 某地区人口普查显示，该市人口老龄化（65 岁以上）的比率为 14.7%，若你作为暑期社会实践队成员到该市对该市人口老龄化问题进行研究，随机调查了 400 名当地市民，问其老龄化在 10% ~ 16% 之间的概率为多少？

20. 某城市发现单身家庭的夏季电费服从标准差为 10 元的正态分布。现随机抽取 25 份电费单作为样本。（1）样本方差小于 75 元的概率是多少？（2）样本方差大于 150 元的概率是多少？

21. 某市劳动和社会保障局想调查下岗职工中女性所占的比重，随机抽取 300 个下岗职工，发现其中 195 个为女性职工。试以 95.45% 的概率保证程度，估计该市下岗职工中女性比重的区间范围。

22. 某灯管厂生产 10 万只日光灯管，现采用简单随机不重复抽样方式抽取 1‰ 灯管进行质量检验，测试结果如下表所示：

耐用时间（小时）	灯管数（只）
800 以下	10
800 ~ 900	15
900 ~ 1 000	35
1 000 ~ 1 100	25
1 100 以上	15
合计	100

根据上述资料：

（1）试计算抽样总体灯管的平均耐用时间。

（2）在 99.73% 的概率保证程度下，估计 10 万只灯管平均耐用时间的区间范围。

（3）按质量规定，凡耐用时间不及 800 小时的灯管为不合格品，试计算抽样总体灯管的合格率，并按 95% 的概率保证程度下，估计 10 万只灯管的合格率区间范围。

（4）若上述条件不变，只是抽样极限误差可放宽到 40 小时，在 99.73% 的概率保证程度下，作下一次抽样调查，需抽多少只灯管检验？

23. 某厂报告期生产某产品 20 000 个，现采用简单随机不重复抽样方法对其合格率进行调查。已知过去进行的 3 次同类调查所得合格率分别为 97%、96% 和 95%，在 95.45% 的概率保证程度下，试求：（1）抽样极限误差不超过 1%，应抽多少个产品？（2）若把精确度提高一倍，在其他条件不变时，应抽多少个产品？（3）若把概率度缩小 1/2，在其他条件不变时，应抽多少个产品？（4）若经报告期研究后认为，由于机器磨损、原材料质量偏低等原因，可能导致产品标志变异度增大，估计成数方差为 0.073 6，在其他条件不变时，应抽多少个产品？

24. 某校拟对大学生生活费支出情况进行调查分析，已知该校有 6 000 名本科生，现采用简单随机不重复抽样方法调查 20 名，其月生活费支出分别为 350、380、300、450、500、300、600、750、300、360、400、550、560、420、450、480、320、400、450、330 元。在 95% 的概率保证程度下，试推断该校本科生月生活费支出的区间范围。

25. 某县欲调查某种农作物的产量，由于平原、丘陵和山区的产量有差别，故拟划分为平原、丘陵和山区三层采用分层抽样。已知平原共有 120 个村，丘陵共有 100 个村，山区共有 180 个村。现按平原村、丘陵村和山区村等比例各抽 5% 的样本村，实割实测产量资料如下表所示：

平原		丘陵		山区	
样本村	当年产量（百千克）	样本村	当年产量（百千克）	样本村	当年产量（百千克）
1	210	1	180	1	150
2	160	2	180	2	200
3	75	3	95	3	125
4	280	4	125	4	60
5	300	5	155	5	110
6	190			6	100
				7	180
				8	75
				9	90

根据上述资料：

（1）在 95.45% 的概率保证程度下，试估计该县农作物平均每村产量的区间范围。

（2）试推算该县农作物总产量的区间范围。

26. 某块麦地长 720 米，宽 100 米，其中包括 100 条垅，现从这块麦地中按等距抽样的方式，抽取 40 个 1 米长的垅为样本，那么，抽样间隔 = 总垅长/样本数 = （720 × 100）/40 = 1 800 米，假定在地块中抽取第一个样本单位是 900 米，点前后各 1 米，以此为起点，以后每隔 1 800 米抽取一个样本单位，一直抽到 40 个样本单位为止。得到各样本单位的实割实测数据如下表所示：

样本产量（千克）	0.6	0.8	1.0	1.2	1.4	1.6
单位数（个）	5	7	13	8	4	3

根据上述资料，在概率保证程度为 95.45% 时，试估计该麦地的总产量区间范围。

27. 从某县的 100 个村庄中随机抽出 10 个村，对中选村进行整村调查，调查结果得平均每户饲养家禽 35 头，各村平均数的方差为 16 头，试在 95.45% 的概率保证程度下，推断该县饲养家禽户均头数的区间范围。

第七章 假设检验

第一节 假设检验概述

一、假设检验的意义

假设检验，是指利用样本的实际统计量去检验事先对总体某些数量特征所作的假设是否可信，进而为决策取舍提供依据的一种统计分析方法。假设检验是统计推断的一项重要内容，其实也是抽样估计的必然延续，以判断所作估计的误差是否显著，故也称为统计检验或显著性检验。

在现实生活中，由于我们通常难以完全知道所关心总体的某些数量特征及其变化情况，因此，对总体进行比较研究时，常常需要对目前总体的状况作出某种假设。例如，工厂生产某种产品，经过工艺改革，使用新材料、新配方，企业管理者十分关心产品质量是否有所提高，因此可以假设经过改革以后产品质量可能提高或并没有提高。又如，我们考虑目前股票市场上价格指数的走势是否正常，可以根据过去长期观察的平均水平和变异情况作出当前股票价格水平可能正常或不正常的假设。而所作的假设是否成立，一方面说明对事物的判断或估计是否准确；另一方面需要用一定的统计方法进行检验才能得出结论。

假设检验作为一种以概率论和数理统计为基础的技术性方法，无论是在自然科学领域还是在社会经济领域的统计分析中，都被广泛采用；尤其是在经济学科和管理学科的实证研究中，假设检验已是一种必不可少的研究手段。所以，学习和掌握假设检验的知识，对于经管学科的学生和学者都是非常重要的。

二、估计与检验的必然联系

假设检验是以样本特征值验证假设的总体特征值是否成立的一种统计推断方法，是抽样推断的另一重要形式。因此，假设检验和上一章的抽样估计有着不可分割的联系。例如，对消耗性产品的质量进行检验，由于不可能对全部产品进行测试，因此必须通过抽样调查，以样本的不合格品率来推断全部产品的不合格品率。如果我们按一定的概率把握程度估计总体的不合格品率，那就是一个参数估计问题，更准确地说，是一个区间估计问题；如果要以一定的概率水平，通过样本资料来判断该批产品是否合格或合格的程度，那就是一个假设检验问题。事实上，这两个问题对同一个实例用的是同一个样本、同一个统计量、同一种分布，因而可由区间估计问题转换成假设检验问题，也可由假设检验问题转换成区间估计问题。

其实，假设检验可以看成是区间估计中置信区间的另一种表达方式。换句话说，我们可以用置信区间估计技术来处理有关假设检验问题。因为置信区间实际上是在一定的概率保证程度下利用样本资料计算得到的关于总体参数可能存在的范围，而我们进行假设检验时对总体参数所作的假设，有可能落在置信区间之外，也有可能落在置信区间里面。在同一样本、同一统计量、同一分布的情况下，落在置信区间之外的假设可以判定为具有显著性差异，不能接受；而落在置信区间里面的假设则不能说它存在显著性差异，因此不能拒绝它，必须等获得更多的信息以后再作决定。所以，我们可以将置信区间看作是所有可以接受的假设的集合。

当然，假设检验和区间估计所考虑的问题是不同的，两者所关心的结论也不一样。在假设检验中，通常我们所关心的是检验总体参数值有无变化（即是否存在显著性差异），而检验过程就是利用样本资料所含的信息判断差异是否显著。在区间估计中，我们的目的在于通过样本资料推断总体参数在一定概率水平下的可能取值区间。

三、假设的命题

假设检验首先是从对总体参数所作的一个假设开始，然后通过抽样调查获得的资料进行检验，进而判断对总体的认识是否正确可靠。因此，进行假设检验必须先作出假设命题，它一般又包括两部分：原假设 H_0 和备选假设 H_1。

（一）原假设 H_0

原假设又称虚无假设或零假设，一般用 H_0 表示。它常常是根据已有的资料，或经过周密考虑后确定的。例如，我们要检验一批新进口的薄钢板是否符合平均厚度为 4 毫米的标准，可以事先提出如下假设命题：该批新进口的薄钢板的平均厚度等于 4 毫米。然后，从这批钢板中按随机抽样的方法抽取样本并计算样本的平均厚度，以此来检验所作假设的正确性。如果被证实，被检验的假设就是原假设，且假设命题成立。用符号表示为：

$$H_0: X = 4\text{mm}$$

这个表示式读作"原假设是总体平均厚度等于 4 毫米"。

一般而言，原假设建立的依据都是曾经存在的，且具有较大的稳定性，从经验上看，没有发生条件的变化，是不会被轻易否定的。换句话讲，进行假设检验的基本目的，就在于根据经验作出假设和决策，并以抽样技术来检验，即接受原假设还是拒绝原假设。

（二）备选假设 H_1

备选假设又称择一假设，即原假设被否定之后而采取的逻辑对立的假设。我们说，原假设一般是稳定的，但这并不能保证原假设永远正确，不会被否定。在检验过程中，如果抽样调查分析的结果表明有充分的理由否定原假设 H_0 的真实性，而拒绝接受原假设，我们就只能选择或接受其逻辑对立面的假设，即备选假设。以上面对钢板厚度的检验为例，当原假设 $H_0: X = 4\text{mm}$ 被否定后，可能被采用的备选假设有：

$$H_1: X \neq 4\text{mm}$$

其意思是"这批钢板的总体平均厚度不等于 4 毫米"。

当我们所关心的问题不是总体参数是否等于假定参数，而是总体参数与假定参数是否发生指定方向的差异时，原假设和备选假设就要用不等号来表示。如：

$$H_0: X \leqslant X_0; \quad H_1: X > X_0 \tag{7.1}$$

或　　$H_0: X \geqslant X_0; \quad H_1: X < X_0 \tag{7.2}$

例如，某橡胶厂生产卡车轮胎，经长期试验知道其平均耐用里程为 25 000 千米，并且服从正态分布。现在推行橡胶合成的新配方，我们关心生产的新轮胎平均耐用里程是否有所提高。根据要求，我们可以作出这样的假设命题：原假设 H_0 表示生产的新轮胎平均耐用里程没有任何提高；备选假设 H_1 表示生产的新轮胎平均耐用里程有所提高，即

$H_0: X \leqslant 25\,000$ 千米

$H_1: X > 25\,000$ 千米

四、显著性水平

我们作出假设命题后，等于为总体参数建立了一个比较标准。接下来要做的工作就是从实际总体中抽取样本，并根据实际观察的资料计算统计量的取值。当然，我们不知道总体是否已经发生了变化，即不知道样本是来自新的总体，还是仍然从原来的总体中抽取的。我们通过样本统计量取值与假设的总体参数比较来判断，要求两者完全一致的可能性是极小的，那么差异要达到多大才算是显著呢？所谓显著性就是相对差异程度而言的，程度不同说明引起差异的原因也不同，且存在着两种不同性质的差异：一种是条件差异，即由于工艺或试验条件的改变所引起的差异；另一种是随机差异，即由于生产或试验过程中受偶然因素的影响所引起的差异。这两种原因的共同作用导致各种各样的误差，如果样本统计量与假设总体参数之间的差异超过了通常偶然因素起作用的程度，就说明所发生的差异，除了随机因素之外还存在条件差异的因素，因此我们可以据此否定总体的变动纯粹由随机原因引起，没有显著差异的原假设。换句话说，如果我们能证明统计量和假设的总体参数实际发生的差异超过给定的标准的可能性很小，那么，我们就有理由用反证法认为原假设是错误的，从而拒绝接受这个假设。否则，我们就没有理由拒绝原假设，而称原假设是可容的。

我们之所以拒绝原假设，并不是因为它存在逻辑的绝对矛盾，或实际上不可能存在这种假设，而仅仅是因为它存在的可能性很小。根据小概率事件原理，概率很小的事件在一次试验中几乎是不会发生的。如果根据原假设的条件正确计算出某一结果发生的概率很小，理应在一次试验中不至于发生，然而在一次试验中事实上却发生了，我们则认为原假设不正确，而拒绝接受。

这里关键的问题是，概率要小到何种程度才足以否定原来所作的假设。在进行假设检验时应该事先规定一个小概率的标准，作为判断的界限，这个小概率标准称为显著性水平。由于原假设的分布是已知的，因而样本统计量和总体参数的离差在一定范围内的概率也可以知道，离差超过这个范围的概率同样可以知道，如果统计量与参数的差异过大，以致发生这种事件的概率很小，而且小到低于给定的标准，我们就拒绝原假设；如果计算出的统计量与参数差异的相应概率大于给定的标准，我们就接受原假设。这样，我们把概率分布分为两个区间：离差的绝对值大于给定的标准的概率分布区间称为拒绝区间，离差的绝对值小于这个标准则为接受区间。例如，给定小概率标准 $\alpha = 0.05$，凡概率小于 5% 的差异都是小概率事件，属于拒绝区间，如图 7-1 中分布两端的阴影部分所示；而 $1 - \alpha =$

0.95，则是对立事件的概率，其概率在95%以内的，为接受区间，如图7-1中央部分所示。

事件属于接受区间，原假设成立，判断总体无显著差异；事件属于拒绝区间，推翻原假设，认为总体有显著差异。其区间以小概率标准 $\alpha = 0.05$ 为界限，所以称 α 为显著性水平，α 所对应的概率度称为显著性水平 α 的临界值。例如，$\alpha = 0.05$ 时，在正态分布的情况下，则临界值 $z_{0.05} = 1.96$ 的事件作为小概率事件，这样，我们可以直接利用概率表查找临界值作为判断的依据。

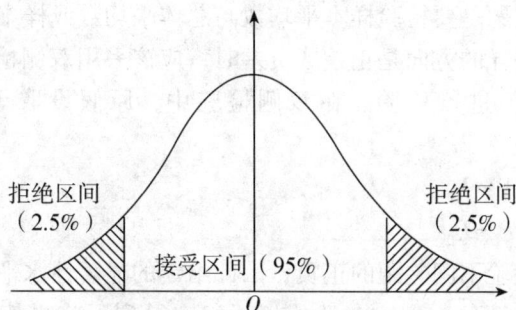

图7-1 正态分布图

显著性水平主要由拒绝区间所能承担的风险来决定，应该根据研究问题的性质和对结论准确性的要求而有所不同。在实践中，通常采用 0.1、0.05、0.01、0.001 等显著性水平。例如，民意测验采用显著性水平 $\alpha = 0.01$，工程技术检验取 $\alpha = 0.001$，甚至取 $\alpha = 0.000\,1$ 等等。

第二节 假设检验的基本思路与方法

一、假设检验的思路与程序

在上一节中，我们实际上已提到了假设检验的基本思路，为了更好地理解和运用假设检验方法，这里特将假设检验的思路与程序归纳如下。

（1）建立假设。首先提出原假设，记为 H_0，设立原假设的目的在于检验中要确立予以拒绝或接受的假设。原假设总是假定总体没有显著性差异，所有差异都是由随机原因引起的，所以这种假设又称无效假设。其次提出备选假设，记为 H_1，如果原假设被拒绝，则等于接受了备选假设，所以备选假设也就是原假设的对立事件。

（2）决定检验的显著性水平 α。在原假设成立的条件下，由被检验的统计量分布求出相应的临界值，该临界值即为原假设的拒绝域和接受域的分界线。

（3）确定检验统计量，并依据样本信息计算检验统计量的实际值。

（4）将实际求得的检验统计量取值与临界值进行比较，作出拒绝或接受原假设的决策。如果样本统计量取值超过临界值，则说明原假设落入拒绝域中，我们就选择拒绝接受原假设；若样本统计量的取值小于临界值，则说明原假设落入接受域中，我们就不能拒绝原假设，而必须接受原假设或作进一步的检验。

二、双侧检验与单侧检验

根据我们所研究问题的性质不同，以及我们所关心的统计量与总体参数的显著性差异的方向不同，对统计检验方法的设计有双侧检验与单侧检验两种类型。

（一）双侧检验

当我们所关心的问题是要检验样本平均数与总体平均数或样本成数与总体成数有没有显著性差异，而不问差异的方向是正差或负差时，应该采用双侧检验。例如，对广州市居民人均年收入的估计值进行检验。在双侧检验中，原假设取等式，而备选假设取不等式，例如：

$$H_0: \overline{X} = \overline{X}_0; \quad H_1: \overline{X} \neq \overline{X}_0 \tag{7.3}$$

或 $\quad H_0: P = P_0; \quad H_1: P \neq P_0 \tag{7.4}$

同时，由于双侧检验不问差距的正负，因此给定的显著性水平 α 须按正态分布对称性的原理平均分配到左右两侧，每方各为 $\alpha/2$，相应得到下临界值为 $-Z_{\alpha/2}$，上临界值为 $Z_{\alpha/2}$，如图 7-2 所示。

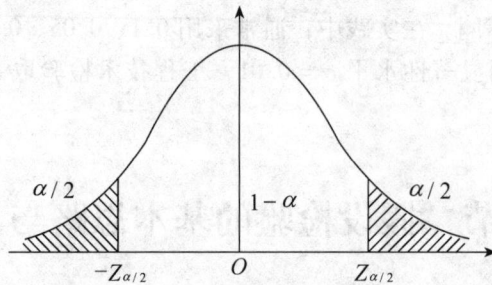

图 7-2　双侧检验

将由样本信息计算的统计量 Z 的实际值与事先给定的临界值 $Z_{\alpha/2}$ 作比较。在双侧检验中，如果 $Z \geqslant Z_{\alpha/2}$ 或 $Z \leqslant -Z_{\alpha/2}$，就拒绝原假设 H_0，接受备选假设 H_1；如果 $Z \leqslant Z_{\alpha/2}$，$Z \geqslant -Z_{\alpha/2}$，就不能否定原假设，而接受原假设是真实的。

（二）单侧检验

当我们所关心的问题不仅仅要检验样本平均数和总体平均数之间或样本成数和总体成数之间有没有显著的差异，而且要追究是否发生预先指定方向的差异时，则应该采用单侧检验。根据所关心的是正差异或负差异，单侧检验又有左单侧检验和右单侧检验之分。

平均数和成数的单侧检验，原假设和备选假设都是以不等式的形式表示。

当我们所关心的问题是总体平均数或成数是否低于预先假设时，如检验空调的连续运作时数，应该采用左单侧检验。原假设与备选假设为：

$$H_0: \bar{X} \geqslant \bar{X}_0; \quad H_1: \bar{X} < \bar{X}_0 \tag{7.5}$$

或　$$H_0: P \geqslant P_0; \quad H_1: P < P_0 \tag{7.6}$$

当我们所关心的问题是总体平均数或成数是否超过预先的假设时，如检验罐头食品的防腐剂含量，应该采用右单侧检验。原假设与备选假设为：

$$H_0: \bar{X} \leqslant \bar{X}_0; \quad H_1: \bar{X} > \bar{X}_0 \tag{7.7}$$

或　$$H_0: P \leqslant P_0; \quad H_1: P > P_0 \tag{7.8}$$

在决定检验的显著性水平 α 以及相应的临界值时，如果是左单侧检验，则有左侧临界值 $-Z_\alpha$；如果是右单侧检验，则有右侧临界值 Z_α。由于这时临界拒绝区域是单侧要求，考虑到正态分布概率表是双侧的，如果单侧的概率要求为 α，则双侧的概率应为 2α，并按 $F(Z) = 1 - 2\alpha$ 的要求查概率表求得临界值 Z_α 或 $-Z_\alpha$，如图 7-3、图 7-4 所示。

将实际求得的 Z 值与事先给定的 Z_α 或 $-Z_\alpha$ 作比较，在左单侧检验中，如果 Z 值等于或小于 $-Z_\alpha$，即 $Z \leqslant -Z_\alpha$，则拒绝原假设，接受备选假设；如果 Z 值大于 $-Z_\alpha$，即 $Z > -Z_\alpha$，则接受原假设。在右单侧检验中，如果 Z 值等于或大于 Z_α，即 $Z \geqslant Z_\alpha$，则拒绝原假设，接受备选假设；如果 Z 值小于 Z_α，即 $Z < Z_\alpha$，则接受原假设。

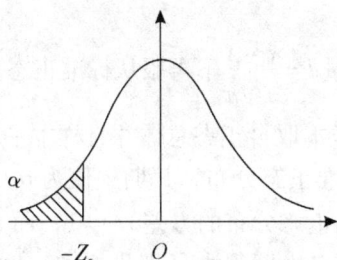

图 7-3　左单侧检验　　　　图 7-4　右单侧检验

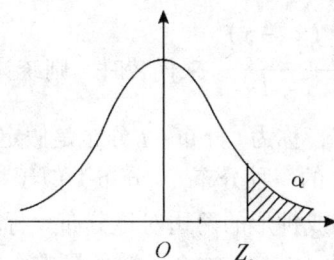

三、Z 检验与 t 检验

在假设检验中，由于样本量和样本资料的限制，而使样本统计量有不同的概率分布，并据此形成 Z 检验和 t 检验两种方法。

（一）Z 检验

Z 检验又称正态分布检验。我们知道，从正态总体中随机抽取容量为 n 的样本，不论 n 的大小，样本平均数 $\bar{x}$ 都服从正态分布 $N(\bar{X}, \sigma_{\bar{x}}^2)$，而统计量 $Z = \dfrac{\bar{x} - \bar{X}}{\sigma_{\bar{x}}}$ 服从标准正态分布 $N(0, 1)$。从一般非正态总体中抽取容量为 n 的样本，当容量 n 很大时，样本平均数也趋近于正态分布 $N(\bar{X}, \sigma_{\bar{x}}^2)$，而统计量 $Z = \dfrac{\bar{x} - \bar{X}}{\sigma_{\bar{x}}}$ 趋近于标准正态分布。这里抽样平均误差 $\sigma_{\bar{x}} = \dfrac{\sigma}{\sqrt{n}}$ 中，σ 是已知的，因而 $\sigma_{\bar{x}}$ 也是确定的。但常常是总体的标准差 σ 不知道，必

须用样本标准差 $s = \sqrt{\dfrac{\sum\limits_{i=1}^{n}(x_i - \bar{x})^2}{n-1}}$ 来代替 σ，即用 $\hat{\sigma}_{\bar{x}} = \dfrac{s}{\sqrt{n}}$ 来代替 $\sigma_{\bar{x}}$。这时，统计量 $t =$

$\dfrac{\bar{x} - \bar{X}}{\hat{\sigma}_{\bar{x}}}$ 不再是标准正态统计量 $Z = \dfrac{\bar{x} - \bar{X}}{\sigma_{\bar{x}}}$ 了，因为 Z 中唯一的变量是 x，而在 t 中除了变量 x

外又加了另一变量 $\hat{\sigma}_{\bar{x}}$。数学上已证明，当样本量足够大（$n > 30$）时，统计量 t 的分布趋近于正态分布。因此，在大样本的情况下，我们可以利用正态分布来进行统计推断，包括总体参数的估计和检验。这就是迄今为止我们都用正态分布的统计量 Z 作区间估计和统计检验的原因。

在总体平均数和成数的 Z 检验中，给定显著性水平，并按标准正态分布 $N(0, 1)$ 确定相应的临界值 $Z_{\alpha/2}$ 或 Z_{α}，然后根据实际调查的样本信息计算统计量 Z，并将实际计算的 Z 值和临界值进行对比，再对是接受原假设或拒绝作出决策，检验步骤如前文所述。

（二）t 检验

t 检验又称 t 分布检验。在统计假设检验中，当总体的标准差 σ 未知，而需要用样本

标准差 $s = \sqrt{\dfrac{\sum\limits_{i=1}^{n}(x_i - \bar{x})^2}{n-1}}$ 来代替时，则统计量 $t = \dfrac{\bar{x} - \bar{X}}{s/\sqrt{n}}$ 不再服从标准正态分布，而服从于

另一种概率分布，称为 t 分布。t 分布是假定样本取自正态总体并且样本平均数 x 和抽样标准差 $\hat{\mu}_{\bar{x}}$ 相互独立的一种分布。t 分布类似于标准正态分布，其期望值为 0，即 $E(t) = 0$，并以它为中心形成钟形的两边对称分布。标准正态分布的方差 $\sigma^2 = 1$，而 t 分布的方差 $\sigma^2(t)$ 则受自由度 $\nu = n-1$ 这个参数的影响。当自由度很小（即小样本）时，$\sigma^2(t)$ 大于 1；当自由度在 30 以上时，t 分布和标准正态分布极为相近，以 s 估计 σ 的误差可以忽略不计；但当自由度很小时，t 分布的 s 变异就很明显，因此 t 分布和标准正态分布就有显著的差别。图 7-5 是自由度为 3 时的 t 分布与标准正态分布的比较。

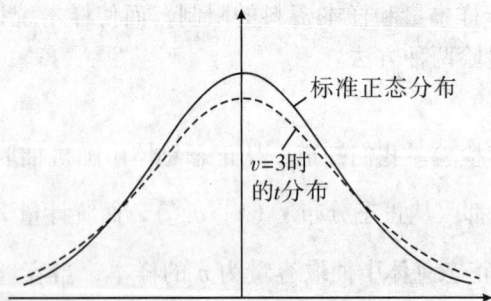

图 7-5 正态分布与 t 分布

t 分布也是左右对称的，但 t 分布的顶部比标准正态分布低，而两端又比较高些。对这个现象的直观解释是，t 分布依赖于两个随机变量 x 和 $\sigma_{\bar{x}}$，在小样本中，x 的极值和 s

（或 $\sigma_{\bar{x}}$）的极值很可能会成对出现，所以统计量 t 势必比 Z 分散些。但是当自由度 ν 增大时，t 的变异性减小；当自由度无限增大时，则 t 分布的方差趋近于1，t 分布与 Z 分布便重叠在一起。由此可见，t 分布受自由度 $\nu = n - 1$ 大小的影响。一个自由度决定一个 t 分布，形成 t 分布族。在自由度为 1~30 时，可以按不同自由度编制 30 张 t 分布表。但在假设检验中，我们常用的显著性水平 α 只有 0.005、0.01、0.05、0.10 等几种，则可以选用 t 分布中的部分概率，编制一张综合性的 t 分布表，供统计假设检验时使用。

在 t 分布检验中，我们用 $t_\alpha (\nu)$ 表示自由度为 ν，而显著性水平为 α 的临界值，由于本书所附的 t 分布表 t 值的 α 是双侧分配的，因此在双侧检验中，各边包含着 $\alpha/2$ 的概率面积，上临界值为 $t_{\alpha/2} (\nu)$，而下临界值为 $-t_{\alpha/2} (\nu)$。例如，给定显著性水平 $\alpha = 5\%$，则分配两侧的概率面积各为 2.5%，假定自由度 $\nu = 10$，查 t 分布表中当自由度为 10 而 $\alpha = 0.05$ 时，t 临界值为 2.228，即上临界值 $t_{0.025} (10) = 2.228$，下临界值 $-t_{0.025} (10) = -2.228$。在单侧检验中，如果给定单侧显著性水平 α，则应查找 t 分布表的概率为 2α（即各边概率面积为 α）对应的临界值，并确定相应的右临界值 t_α，或左临界值 $-t_\alpha$。例如，要求自由度为 15，单侧的显著性水平 $\alpha = 0.05$ 时，应该查找 t 分布表的 $2\alpha = 0.1$（即每边概率面积为 0.05）相应的右临界值 $t_{0.05} (15) = 1.753$，或左临界值 $-t_{0.05} (15) = -1.753$。

第三节 总体参数检验

一、总体均值检验

总体均值的假设检验就是检验当前的总体平均数是否和事先假设的总体平均数（如生产规程规定的产品平均质量水平、根据理论计算的标准水平、根据历史资料计算的平均水平等）存在着显著性差异。我们可以根据研究问题的要求和样本资料的条件，灵活地运用各种检验方法，下面通过实例介绍各种检验方法的应用。

【例 7 - 1】某电风扇厂根据历史资料统计结果得知，其电风扇平均使用寿命为 25 000 小时，标准差为 1 900 小时。现在从新批量生产的电风扇中随机抽取 400 台做试验，求得样本平均寿命 $\bar{x} = 25\,300$ 小时。试按 5% 的显著性水平判断新产电风扇的平均使用寿命与通常的使用寿命有没有显著的差异，或者它们属于同一总体的假设是否成立。

解：本题是关于"新产电风扇的平均使用寿命与通常的使用寿命有没有显著的差异"，而不需考虑是正差异还是负差异，所以是双侧检验问题，而且是大样本的 Z 检验。具体求解步骤如下：

（1）设立原假设。$H_0：\bar{X} = 25\,000$ 小时，其意思是总体平均数仍为 25 000 小时，样本资料并不显示新批量生产的电风扇平均使用寿命与过去有什么显著的差异，因而所发生的差异完全是随机性的。

设立备选假设 $H_1：\bar{X} \neq 25\,000$ 小时，其意思和原假设相反，即新批量生产的电风扇的平均使用寿命与通常的平均使用寿命有明显的差异。

（2）给定显著性水平。取 $\alpha = 0.05$，由于是双侧检验，则两边拒绝区间的概率各为

$\alpha / 2 = 0.025$，即下临界值为 $-Z_{0.025}$，上临界值为 $Z_{0.025}$，由于拒绝区间的概率 $\alpha = 0.05$，因此接受区间的概率为 $1 - 0.05 = 0.95$。查"正态概率分布表"得 $Z_{0.025} = 1.96$，所以下临界值 $-Z_{0.025} = -1.96$，表示下拒绝区域包括所有小于和等于 -1.96 的 Z 值；上临界值 $Z_{0.025} = 1.96$，表示上拒绝区域包括所有大于和等于 1.96 的 Z 值。

（3）根据样本信息，计算统计量 Z 的实际值。

$$Z = \frac{\bar{x} - \bar{X}_0}{\sigma / \sqrt{n}} = \frac{25\,300 - 25\,000}{1\,900 / \sqrt{400}} = 3.16$$

（4）检验判断。由于实际的 Z 值 $3.16 >$ 上临界值 $Z_{0.025} = 1.96$，因此我们有理由拒绝原假设 H_0，即推翻新批量生产的电风扇的平均使用寿命和原来没有显著差异的假设，而接受备选假设 H_1，即认为新批量生产的产品质量有明显的提高，或者说，新批量生产的产品和原来的产品并非同一总体。

【例 7－2】某公司年度财务报表的附注中声明，其应收账款的平均计算误差不超过 50 元。审计师从该公司年度内应收账款账户中随机抽取 17 笔进行调查，结果其平均计算误差为 56 元，标准差为 8 元。试以 0.01 的显著性水平评估该公司应收账款的平均计算误差是否超过 50 元。

解：本题的要求是，检验总体平均数是否显著超过原来的声明（假设），因而属于右单侧检验。

（1）设立假设。根据题意，如果调查结果与原来水平有显著的差异（提高），我们就拒绝原假设，所以我们以等于或小于原平均数为原假设，而以大于原平均数为备选假设。

$H_0: \bar{X} \leqslant 50$；$H_1: \bar{X} > 50$

（2）给定显著性水平。由于要求检验应收账款计算误差是否有显著的提高，因此只需右侧临界值，不存在左侧临界值。由于是小样本，须用 t 检验，且给定显著性水平 $\alpha = 0.01$ 是单侧的要求。考虑到查用方便，"t 分布临界值表"是按单侧和双侧同时设列的，如果单侧要求 $\alpha = 0.01$，则双侧就应为 $2 \times 0.01 = 0.02$，查 t 分布表得知，自由度 $\nu = n - 1 = 17 - 1 = 16$ 时，$t_\alpha (\nu) = t_{0.01} (16) = 2.583$。

（3）根据样本资料，计算检验统计量 t 的实际值。

$$t = \frac{\bar{x} - \bar{X}_0}{S / \sqrt{n}} = \frac{56 - 50}{8 / \sqrt{17}} = 3.09$$

（4）检验判断。因为 $t > t_\alpha$，即 $3.09 > 2.583$，检验统计量的样本观察值落入拒绝区域，所以在 0.01 显著性水平下，拒绝原假设。也就是说，该公司应收账款的平均计算误差超过 50 元，原声明不能成立。

【例 7－3】某电池厂生产的某号电池，历史资料表明平均发光时间为 1 000 小时，标准差为 80 小时。在最近生产的产品中抽取 100 个电池，测得平均发光时间为 990 小时。若给定显著性水平为 0.05，问新生产的电池发光时间是否有明显的降低。

解：本题是关于总体平均数的左单侧检验问题。

（1）设立假设。原假设 $H_0: \bar{X} \geqslant 1\,000$ 小时；备选假设 $H_1: \bar{X} < 1\,000$ 小时。

（2）给定显著性水平。取 $\alpha = 0.05$，左侧临界值为 $-Z_\alpha$，由于单侧概率要求 $\alpha = 0.05$，则双侧概率应为 $2 \times 0.05 = 0.1$。$F(Z_\alpha) = 1 - 0.1 = 0.9$，查"概率表"得 $Z_\alpha = 1.645$，

即临界值 $-Z_\alpha = -1.645$。

（3）根据样本平均数，计算统计量 Z 的实际值。

$$Z = \frac{\bar{x} - \bar{X}_0}{s/\sqrt{n}} = \frac{990 - 1\,000}{80/\sqrt{100}} = -1.25$$

（4）检验判断。由于 Z 值大于 $-Z_\alpha$，即 $-1.25 > -1.645$，因此不能拒绝原假设 H_0，即认为现在生产的电池发光时间比正常生产的没有显著降低。

【例 7-4】某牛奶厂生产盒装牛奶，按规定自动装罐的标准盒装净重为 1 000 克。现在从装罐车间中抽取 10 盒，实测每盒净重（克）的结果如下：1 010、1 024、994、986、1 016、1 030、1 004、990、980、1 020。给定显著性水平 $\alpha = 0.01$，问装罐车间的生产是否正常。

解：由于本题检验的是盒装净重是否符合净重 1 000 克的标准，因此是双侧检验问题，而且是小样本的 t 检验。

（1）设立假设。原假设 H_0：$\bar{X} = 1\,000$ 克；备选假设 H_1：$\bar{X} \neq 1\,000$ 克。

（2）给定显著性水平。取 $\alpha = 0.01$，由于是双侧检验，自由度 $\nu = n - 1 = 10 - 1 = 9$，从"t 分布表"中查得上临界值 $t_{0.005}(9) = 3.25$，下临界值 $-t_{0.005}(9) = -3.25$。

（3）计算样本的各项指标值。

样本平均数：$\bar{x} = \dfrac{\sum\limits_{i=1}^{n} x_i}{n} = 1\,005.4$（克）

样本标准差：$s = \sqrt{\dfrac{\sum\limits_{i=1}^{n}(x_i - \bar{x})^2}{n-1}} = 17.28$（克）

样本平均误差：$\sigma_{\bar{x}} = \dfrac{s}{\sqrt{n}} = \dfrac{17.28}{3.16} = 5.468$（克）

检验统计量：$t = \dfrac{\bar{x} - \bar{X}_0}{s/\sqrt{n}} = \dfrac{1\,005.4 - 1\,000}{5.468} \approx 1$

（4）检验判断。由于 t 的实际值 $t = 1 <$ 临界值 $t_{0.005}(9) = 3.25$，因此不能拒绝原假设，即认为该牛奶厂装罐车间的生产属于正常。

二、总体成数检验

表明现象的数量结构用成数（比率）指标，如产品合格率、电视收视率、升学率、就业率等。若要研究总体成数是否发生显著变化，则可以利用样本成数对总体成数作假设检验。

前面已经讨论过，总体成数 P 可以看作总体（0，1）分布的平均数，其方差为 $P(1-P)$，即

$E(x) = P$

$\sigma = \sqrt{P(1-P)}$

同样，每个样本的（0，1）分布中，样本成数 p_i 也有

$E_i(x) = p_i$

$$\sigma_i (x) = \sqrt{p_i (1 - p_i)}$$

而且，抽样平均数和总体平均数的关系，抽样平均误差和总体方差的关系分别为：

$$E (p_i) = P$$

$$\sigma_p = \sqrt{\frac{P (1 - P)}{n}}$$

上一章讨论了（0，1）二项分布趋近于正态分布，即当样本容量 n 足够大的时候，样本成数 p_i 趋近于一个平均数为 P、方差为 $\frac{P (1 - P)}{n}$ 的正态分布，而统计量 $Z = \frac{p_i - P}{\sqrt{\frac{P (1 - P)}{n}}}$ 趋近于标准正态分布。这一事实提供了成数假设检验的基础。

【例 7 - 5】某化肥厂生产合成氨，按规定含氮量为 80%。现在，每小时取 50 千克，一班 8 小时共抽 400 千克进行检验，测得平均浓度为 84%，试以 5% 的显著性水平检验质量有没有明显的差异。

解：（1）设立假设。原假设 H_0：$P = 0.8$；备选假设 H_1：$P \neq 0.8$。

（2）给定显著性水平。取 $\alpha = 0.05$，由于是双侧检验，查"概率表"得上临界值 $Z_{0.025} = 1.96$，下临界值 $-Z_{0.025} = -1.96$。

（3）根据抽样资料，计算：

$$\sigma_p = \sqrt{\frac{P (1 - P)}{n}} = \sqrt{\frac{0.8 \times 0.2}{400}} = 2\%$$

$$Z = \frac{p - P}{\sigma_p} = \frac{0.84 - 0.8}{0.02} = 2$$

（4）检验判断。由于 $Z = 2$，$Z_{0.025} = 1.96$，即 $Z > Z_{0.025}$，因此拒绝原假设，即认为合成氨含氮量和标准含量有明显的差异。

【例 7 - 6】某公司宣称，有 75% 以上的消费者满意其产品的质量。一家市场调查公司受委托调查该公司此项声明是否属实。随机抽样调查 625 位消费者，表示满意该公司产品质量者有 500 人，试问在 0.05 的显著性水平下，该公司的声明是否属实。

解：由于该公司宣称 75% 以上的消费者满意其产品质量，现在要检验该声明是否属实，因此本题是关于总体成数的右单侧检验问题。

（1）设立假设。原假设 H_0：$P \leqslant 75\%$；备选假设 H_1：$P > 75\%$。

（2）给定显著性水平。取 $\alpha = 0.05$，由于是单侧检验，查"正态概率分布表"，$F (Z_\alpha) = 1 - 2\alpha = 0.90$，得 $Z_\alpha = 1.645$。

（3）根据样本资料可得：$p = 500/625 = 0.8$，则检验统计量 Z 的实际值为：

$$\sigma_p = \sqrt{\frac{P (1 - P)}{n}} = \sqrt{\frac{0.75 \times 0.25}{625}} = 0.017\,32$$

$$Z = \frac{p - P}{\sigma_p} = \frac{0.8 - 0.75}{0.017\,32} = 2.887$$

（4）检验判断。因 $Z = 2.887 > Z_{0.05} = 1.645$，所以拒绝原假设 H_0，认为该公司的声明

属实。

三、总体方差检验

方差反映现象在数量上的变异程度，从而也从另一方面反映事物变化的均匀性程度。若要检查总体方差是否发生了显著性变化，则可以利用总体方差的假设检验方法。

在上节总体方差估计中，已介绍用样本方差 $s^2 = \dfrac{\sum\limits_{i=1}^{n}(\bar{x}_i - \bar{X})^2}{n-1}$ 来估计总体方差 σ^2，其中 s^2 的分母 $n-1$ 称为自由度，用 ν 表示，它说明样本 n 个单位中，只有 $n-1$ 个单位可以独立决定。现在的问题是，根据样本资料计算 s^2 之后，怎样判断总体方差 σ^2 是否发生了显著性变化？总体方差检验与总体平均数或成数检验的基本思路是一致的，所不同的是正态分布和 t 分布已经不适用于总体方差的检验，而必须利用另一种概率分布，即 χ^2（卡方）分布来确定方差检验的拒绝或接受临界值，并根据样本方差的实际值建立一个 χ^2 统计量，然后就可以按一般程序进行检验和决策。

从一个方差为 σ^2 的正态分布总体中，独立抽取容量为 n 的样本，构造新的随机变量 η：

$$\eta = \frac{\sum\limits_{i=1}^{n}(x_i - \bar{x})^2}{\sigma^2} = \frac{(n-1)s^2}{\sigma^2} \tag{7.9}$$

则 η 是服从自由度 $\nu = n-1$ 的 χ^2 分布，记为 χ^2_{n-1}。它表明样本方差 s^2 乘以常数因子 $\dfrac{(n-1)}{\sigma^2}$ 后，服从于自由度 $\nu = n-1$ 的 χ^2 分布。其分布曲线全部处于第一象限，而自由度 ν 是分布的唯一参数，随着自由度不同而有不同的偏斜程度，自由度愈小偏斜度愈大，当自由度超过 30 时，曲线接近于正态分布。

事先编制 χ^2 分布表，以表明 $\eta \geqslant \lambda_1$ 的概率。从 χ^2 分布表中，对应一定的自由度和给定的概率 α，查表就可得到临界值 λ_1，如图 7-6 阴影部分所示。

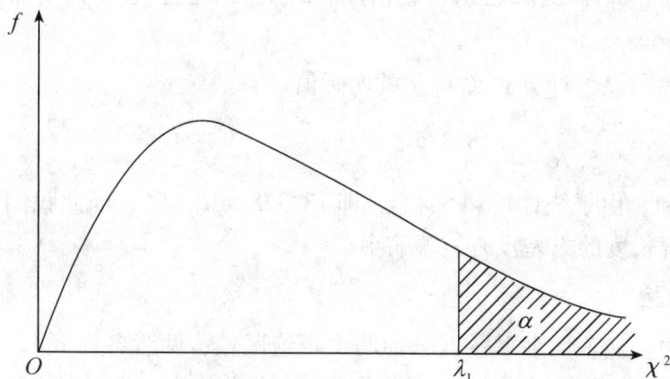

图 7-6 χ^2 分布

例如，当自由度等于5，而 $\alpha = 0.10$ 时，表中对应的 $\lambda_1 = 9.236$，即表示：

$P \ (\eta \geqslant 9.236) \ = 0.1$

利用 χ^2 分布表，就可以进行总体方差检验。

（一）右单侧检验

χ^2 分布表事实上就是提供右单侧临界值 χ_α^2。从样本资料求得 χ^2 统计量实际值大于 χ_α^2 时，我们就拒绝原假设，采用备选假设，否则我们就接受原假设。

【例 7 - 7】 某机械厂生产某型号螺栓，正常生产螺栓口径服从于平均数为 $\overline{X}$、方差 $\sigma^2 = 36$ 毫米的正态分布。现在，从新批量生产的螺栓中抽取 10 只实测，计算样本方差为 42 毫米，试以显著性水平 $\alpha = 0.05$ 检验总体方差是否显著提高了。

解：（1）设立假设。H_0：$\sigma^2 \leqslant 36$；H_1：$\sigma^2 > 36$。

（2）给定显著性水平。$\alpha = 0.05$，自由度 $\nu = 10 - 1 = 9$，查 χ^2 分布表得右临界值 $\chi_{0.05}^2 = 16.919$。

（3）根据样本信息，计算 χ^2 统计量的实际值。

$$\chi^2 = \frac{(n-1) \ s^2}{\sigma^2} = \frac{9 \times 42}{36} = 10.5$$

（4）检验判断。由于 $\chi^2 < \chi_{0.05}^2$，即 $10.5 < 16.919$，因此不能拒绝原假设，不能认为总体方差有显著的提高。

（二）左单侧检验

由于 χ^2 分布表只提供右单侧临界值，因此给定显著性水平 α 的左单侧临界值，应该用 $\chi_{1-\alpha}^2$ 来代替，并且规定，当根据样本信息计算 χ^2 统计量的实际值小于 $\chi_{1-\alpha}^2$ 时，就拒绝原假设而接受备选假设，否则我们接受原假设。

【例 7 - 8】 某机器加工某型钢管的长度服从标准差 $\sigma = 2.4$ 厘米的正态分布，经技术调整后，选出新生产的 25 根钢管的一个随机样本，求出样本标准差 $s = 2.1$ 厘米。试以显著性水平 1% 判断，该机器生产的钢管长度的变异性是否已显著减小。

解：（1）设立假设。H_0：$\sigma^2 \geqslant 2.4^2 = 5.76$；$H_1$：$\sigma^2 < 5.76$。

（2）给定显著性水平。$\alpha = 0.01$，自由度 $\nu = 25 - 1 = 24$，查 "χ^2 分布表" 得左临界值 $\chi_{1-\alpha}^2 = \chi_{0.99}^2 = 10.856$。

（3）根据样本信息，计算 χ^2 统计量的实际值。

$$\chi^2 = \frac{(n-1) \ s^2}{\sigma^2} = \frac{24 \times 2.1^2}{5.76} = 18.375$$

（4）检验判断。由于统计量 $\chi^2 > \chi_{0.99}^2$，即 $18.375 > 10.856$，因此我们没有理由拒绝原假设，即认为钢管长度的方差没有显著缩小。

（三）双侧检验

在双侧检验中，显著性水平 α 区分为两个拒绝区域，两者各占 $\alpha/2$。由于 χ^2 分布并非对称，必须分别求左临界值 $\chi_{1-\alpha/2}^2$、右临界值 $\chi_{\alpha/2}^2$，并规定，当根据样本信息计算的 $\chi^2 < \chi_{1-\alpha/2}^2$ 或 $\chi^2 > \chi_{\alpha/2}^2$ 时，就拒绝原假设而接受备选假设；当 $\chi^2 > \chi_{1-\alpha/2}^2$ 并且 $\chi^2 < \chi_{\alpha/2}^2$ 时，就没有理由拒绝原假设，认为原假设为真。

【例7-9】某茶叶进出口公司规定，每包茶叶的重量服从标准差 $\sigma = 10$ 克的正态分布，现在从一批待出口茶叶中随机抽取 16 包，实测样本标准差 $s = 12$ 克。请以 0.02 显著性水平检查该批茶叶的每包重量是否有显著的变异。

解：（1）设立假设。H_0：$\sigma^2 = 10^2 = 100$；H_1：$\sigma^2 \neq 100$。

（2）给定显著性水平。$\alpha = 0.02$，自由度 $\nu = 16 - 1 = 15$，查"χ^2 分布表"，得下临界值 $\chi^2_{1-\alpha/2} = \chi^2_{0.99} = 5.229$，上临界值 $\chi^2_{\alpha/2} = \chi^2_{0.01} = 30.578$。

（3）根据样本信息，计算 χ^2 统计量的实际值。

$$\chi^2 = \frac{(n-1)s^2}{\sigma^2} = \frac{15 \times 12^2}{100} = 21.6$$

（4）检验判断。由于 $\chi^2_{0.99} < \chi^2 < \chi^2_{0.01}$，即 $5.229 < 21.6 < 30.578$，因此我们没有理由拒绝原假设，认为总体方差没有显著的变异，说明该批茶叶就重量来说是合格的。

四、两类错误分析

原假设究竟是真实的还是不真实的，事实上是不知道的。在参数检验中，我们接受原假设仅仅是由于它出现的可能性比较大，而拒绝原假设也仅仅是由于它出现的可能性比较小。这样，按概率大小所作的判断并不能保证百分之百正确，不论是接受原假设还是拒绝原假设都可能犯错误，总是要承担一定的风险。通常，所作的判断不外乎以下四种情况：

（1）原假设是真实的，而作出接受原假设的判断，这是正确的决定。

（2）原假设是不真实的，而作出拒绝接受原假设的判断，这是正确的决定。

（3）原假设是真实的，而作出拒绝原假设的判断，这是犯了第一类型的错误。

（4）原假设是不真实的，而作出接受原假设的判断，这是犯了第二类型的错误。

这四种情况构成如下表所示的统计决策表。

假设检验的统计决策表

	接受	拒绝
H_0 真实	正确的决定（$1 - \alpha$）	第一类型错误（α）
H_0 不真实	第二类型错误（β）	正确的决定（$1 - \beta$）

在作检验决策的时候，当然希望所有真实的原假设都能得到接受，尽量避免真实的假设被拒绝，少犯或不犯第一类型的错误；也希望所有不真实的原假设都被拒绝，尽量避免不真实的假设被接受，少犯或不犯第二类型的错误。因此，需要对可能犯第一类型或第二类型错误的概率作分析。

假设检验是建立在小概率事件几乎不会发生的原理基础上的，给定显著性水平 α，如果样本平均数或成数与总体平均数或成数差异出现的概率等于或小于 α，则认为此事件可能性很小，因此就拒绝原假设。但是这个差异的发生并不是完全不可能，而是有 α 的可能性存在。这就是说，有 α 的可能性发生原假设是真实的而被拒绝了，所以显著性水平 α 实际上就是犯了第一类型错误的概率，α 也称为拒真概率。犯第一类型错误所引起的损失可能很大，例如，决定大批量生产实际无效的药物，就会造成很大的浪费。因此，要根据实际需要对显著性水平 α 加以控制，α 定得越小，则犯第一类型错误的可能性越小。例如，$\alpha = 0.05$，表示可以保证判断时犯第一类型错误的可能性不超过 5%；而当 $\alpha = 0.01$ 时，则保证犯第一类型错误的可能性不超过 1%。

但是，第一类型错误和第二类型错误又是一对矛盾，在其他条件不变的情况下，减少犯第一类型错误的可能性，势必增加犯第二类型错误的可能性，即增加原假设是不真实的而又被接受的错误。设犯第二类型错误的概率为 β，则 β 称为纳伪概率。犯第二类型错误也可能引起很大损失，例如，把有显著效果的新药检验为无效，以致不敢投入生产，使某种疾病蔓延，贻害不浅。要比较第一类型错误与第二类型错误的损失哪个更大，就要对不同情况作具体的分析。

如果说 β 表示接受不真实的原假设的概率，那么 $1 - \beta$ 就表示拒绝不真实的原假设的概率，$1 - \beta$ 的值接近于 1，表示不真实的原假设几乎都能够加以拒绝；反之，$1 - \beta$ 接近于 0，表示犯第二类型错误的可能性是很大的，因此 $1 - \beta$ 是表明检验工作做得好坏的一个指标，称为检验功效。一般地说，检验功效和备选假设的真值与不真实的原假设距离有关，离原假设愈远的检验功效也愈高，但是由于备选假设的真值通常是不知道的，而且 β 的大小又和显著性水平 α 成反比变化，因此在假设检验时总是将冒第一类型错误的风险概率固定下来，对所得的结果进行判断。要同时减少第一、二两类错误的概率，只有增加样本单位数，但在实际工作中，不可能无限增大样本容量，因而选择控制第一类型错误便是更切实际的办法，检验程序的设计正是从满足这一要求出发的。

第四节　Excel 假设检验

【例 7 - 10】一家制造商生产钢棒，为了提高质量，如果某新的生产工艺生产出的钢棒的断裂强度大于现有平均断裂强度标准的话，公司将采用该工艺。当该钢棒的平均断裂强度标准是 500 千克。对新工艺生产的钢棒进行抽样，12 件棒材的断裂强度如下：502、496、510、508、506、498、512、497、515、503、510 和 506，若给定显著性水平为 0.05，问该批新工艺生产的钢棒平均断裂强度有所提高吗？

解：设立假设：原假设 H_0：$\overline{X} \leqslant 500$；备选假设 H_1：$\overline{X} > 500$，Excel 计算步骤如下：

（1）输入数据：A2：A13。

（2）在 Excel 中，用插入函数 f_x，分别计算均值、标准差、标准误差和 t 值。

（3）计算右尾检验 P 值。在函数 f_x 中，选择 "TDIST"，在弹出的 "X" 栏中输入计算出的 t 值 "2.956 4"，在 "Deg_ freedom" 栏中输入自由度 "11"，在 "Tails" 栏中输入 "1" 表明单侧检验。确定后 Excel 计算出 P 值 "0.006 5"。因为 P 值远远小于 $\alpha = 0.05$，故拒绝 H_0，说明该批新工艺生产的钢棒平均断裂强度明显提高。

（4）计算左尾检验 P 值。用 "1 - 右尾 P 值 = 0.993 5"，说明在标准正态分布条件下，t 值在 2.956 4 左边的面积为 0.993 5。

（5）计算双尾检验 P 值。在函数 f_x 中，选择 "TDIST"，在弹出的 "X" 栏中输入计算出的 t 值 "2.956 4"，在 "Deg_ freedom" 栏中输入自由度 "11"，在 "Tails" 栏中输入

"2"表明双侧检验。确定后 Excel 计算出 P 值 "0.013 1"。同理，因为 P 值远远小于 $\alpha/2 = 0.025$，故拒绝 H_0，说明该批新工艺生产的钢棒平均断裂强度明显提高。本题用右尾检验比较合适。一个总体的假设检验 Excel 计算结果参见图 7-7。

	A	B	C	D	E
1	钢棒强度	大样本已知均值标准差	t检验	公式	计算结果
2	502				
3	496	样本值			
4	510	例数	n	n	12
5	508	均值	Mean	=AVERAGE(A2:A13)	505.2500
6	506	检验假设			
7	498	检验假设	HoMean		500
8	512	检验水平	α		0.05
9	497	标准差	Std	=STDEV(A2:A13)	6.1515
10	515	统计量			
11	503	标准误	Se	=Std/SQRT(n)	1.7758
12	510	t值	t	=(Mean-HoMean)/Se	2.9564
13	506	检验			
14		左尾检验			
15		P值		p=IF(t<0,TDIST(ABS(t),df,1),1−TDIST(t,df,1))	0.9935
16		右尾检验			
17		P值		p=IF(t>0,TDIST(t,df,1),1-TDIST(ABS(t),df,1))	0.0065
18		双尾检验			
19		P值		p=TDIST(ABS(t),df,2)	0.0131

图 7-7

思考题

1. 什么是假设检验？假设检验的基本思路是什么？

2. 试述假设检验和区间估计的联系与区别。

3. 什么是显著性水平？

4. 什么是原假设？什么是备选假设？

5. 假设检验的一般程序是什么？

6. 什么是双侧检验？什么是单侧检验？它们各自适用于何种情况？

7. 什么是第一类型错误？什么是第二类型错误？两种错误间的关系如何？

8. 某食品公司销售一种果酱，按标准规格每罐净重为 250 克，标准差是 3 克。现食品公司从生产该果酱的工厂进了一批货，抽取其中的 100 罐，测得平均净重为 251 克。问该批果酱是否符合标准？（$\alpha=0.05$）

9. 根据统计资料，彩电的无故障工作时间服从正态分布，平均无故障工作时间为 10 000 小时。为了提高彩电的质量水平，延长无故障工作时间，生产厂家采取了改进措施。现抽取 100 台改进后生产的彩电，得出平均无故障工作时间为 10 900 小时，标准差为 500 小时。问能否据此认为彩电的平均无故障工作时间有显著增加？（$\alpha=0.01$）

10. 已知某市青年的初婚年龄服从正态分布。现抽取 1 000 对新婚青年，发现样本平均年龄为 $\bar{X}=24.5$ 岁，样本标准差为 3 岁。问是否可以据此认为该地区平均初婚年龄没有达到晚婚年龄（25 岁）的标准？（$\alpha=0.05$）

11. 某质量管理部门从一家企业抽查了 180 件准备出厂的产品作为样本进行检查，发

现其中有 168 件为合格品。问该企业全部产品的合格率是否达到 95%？（$\alpha = 0.05$）

12. 根据原有资料，某城市居民彩电的拥有率为 60%。现根据最新 100 户的抽样调查，发现彩电的拥有率为 62%。问能否认为彩电的拥有率有新增长？（$\alpha = 0.05$）

13. 从一个连续对称总体中，抽取一个 $n = 18$ 的随机样本，测得样本值如下：8、10、17、15、16、20、11、9、10、10、18、15、11、12、19、13、14、12。问在显著性水平 $\alpha = 0.05$ 下，其中位数是否等于 15？

14. 某市全部职工家庭中，订阅某种报纸的占 20%。最近，从订阅数量来看，似乎出现减少的迹象。为了检验订阅率是否存在变化，任选 100 户职工家庭进行调查，获得其样本订阅率 p 为 0.16。问这种报纸的订阅率是否显著地降低了？（取 $\alpha = 0.06$）

15. 某种型号汽车的制造商保证说，他的汽车使用每升纯净汽油平均行驶里程为 50 千米。选取 9 辆汽车的随机样本，每辆汽车用 1 升纯净汽油行驶。样本获得的信息是平均值为 47.4 千米，标准差为 4.8 千米，使用 0.05 的显著性水平。问你对汽车制造商的保证作何评价？

16. 在下列练习中，给出显著性水平和试验结果相应的概率值，试述你将作出何种决策：拒绝 H_0 或接受 H_0。

（1）$\alpha = 0.05$，$p = 0.65$；　　（2）$\alpha = 0.01$，$p = 0.009$；

（3）$\alpha = 0.01$，$p = 0.025$；　　（4）$\alpha = 0.05$，$p = 0.025$；

（5）$\alpha = 0.01$，$p = 0.10$；　　（6）$\alpha = 0.05$，$p = 0.49$；

（7）$\alpha = 0.05$，$p = 0.049$；　　（8）$\alpha = 0.01$，$p = 0.012$。

17. 在下列练习中，给出 H_0、α、P 的观察值以及 H_0 的实际情况，请陈述错误的类型。

（1）H_0：$P = Q = 1/2$，$\alpha = 0.01$ 单侧检验，$P = 0.008$（单侧），H_0 为真。

（2）H_0：$P = Q = 1/2$，$\alpha = 0.05$ 双侧检验，$P = 0.08$（双侧），H_0 为真。

（3）H_0：$P = Q = 1/2$，$\alpha = 0.05$ 双侧检验，$P = 0.06$（双侧），H_0 不真。

（4）H_0：$P = Q = 1/2$，$\alpha = 0.05$ 双侧检验，$P = 0.03$（双侧），H_0 不真。

（5）H_0：$P = Q = 1/2$，$\alpha = 0.01$ 双侧检验，$P = 0.005$（双侧），H_0 不真。

18. 某橡胶厂生产的汽车轮胎平均寿命为 40 000 千米，标准差为 7 500 千米。该厂经过技术革新，试制了一种新型汽车轮胎，技术人员拟抽试 100 只新型轮胎，以判断其寿命是否有所提高。兹选定第一类型错误最大概率不超过 1%，若要获得新型轮胎寿命显著地超过老型轮胎的结论，100 只样本轮胎的平均寿命需要达到多少千米？若新型轮胎的寿命实际为 42 000 千米，而抽样检验的结果却低于所确定的临界里程，从而导致技术人员作出错误判断。问这属于哪一类型的错误？其概率值是多少？并计算其检验力。

第八章 相关与回归分析

在自然界和人类社会中，许多现象或事物彼此之间都是相互联系、相互依赖和相互制约的。某一现象的存在和发展，一方面影响着周围一些事物的存在和发展，另一方面又受周围一些事物的影响和制约。相关与回归分析，就是研究和解释现象与现象、事物与事物彼此之间依存度、关联度和因果关系的统计方法。随着计算机科学的不断发展，在统计学、数量经济学，特别是计量经济的研究中，相关与回归分析已成为内容越来越丰富、方法越来越先进、计算越来越简便、地位越来越重要的现代统计方法。

第一节 相关与回归分析的基本概念

一、相关的概念与种类

经济现象之间客观上存在着各种各样的有机联系，一种经济现象的发展变化必然受与之相联系的其他现象发展变化的制约与影响，这种依存关系可以分成函数关系和相关关系两大类。

（一）函数关系

函数关系是指现象之间存在着严格的依存关系。在这种关系中，对于某一变量的每一个数值，都有另一变量的确定值与之相对应，并且这种关系可用一个数学表达式反映出来。例如，$y = px$，即在价格 p 为一定的条件下，商品销售额 y 与销售量 x 的依存关系。$S = \pi R^2$，即圆的面积 S 对于半径 R 的依存关系。

（二）相关关系

相关关系是指现象之间存在着非严格的、不确定的依存关系。这种依存关系的特点是：某一现象在数量上发生变化会影响另一现象数量上的变化，而且这种变化在数量上具有一定的随机性。即当给定某一现象以一个数值时，另一现象会有若干个数值与之对应，并且总是遵循一定规律，围绕这些数值的平均数上下波动。其原因是影响现象发生变化的因素不止一个。例如，影响工业总产值的因素除了职工人数外，还有固定资产原值、流动资金和能源供应状况等因素。

相关关系与函数关系是既有区别又有联系的两个概念。两者的区别在于：函数关系所反映的现象之间的具体关系值固定，自变量与因变量在数量上一一对应；而相关关系所反映的现象之间的具体关系值不固定，有关现象变动在数量上不是一一对应的，具有一定的随机性。两者的联系是：函数关系中的有些自变量与因变量由于观测或实验出现误差，其关系值也不可能绝对固定，有时也通过相关关系来反映；相关关系分析也可用函数表达式来近似地反映现象之间的数量依存关系。当随机因素不存在时，相关关系就变为函数关系。因此，函数关系是相关关系的特殊形式。

（三）相关关系的种类

现象之间的相关关系，可以从不同的角度进行分类。

（1）相关关系按变量的多少，可以分为单相关、复相关和偏相关。单相关是指两个变量之间的相关关系。例如，耐用消费品销售量与居民货币收入之间的关系。复相关是指三个以及三个以上变量之间的相关关系。例如，消费基金与国内生产总值及平均人口的相关关系。偏相关是指某一现象与多种现象相关的场合，假定其他变量不变时，只研究其中两个变量之间的相关关系。例如，假定某市 50 寸松下彩电销售量与其价格，以及该市居民人均收入相关，假定该市居民人均收入不变，只考虑 50 寸松下彩电销售量与其价格水平的关系就是一种偏相关。

（2）相关关系按相关形式的不同，可以分为线性相关和非线性相关。线性相关又称直线相关，是指相关的两个变量对应值的散布点在直角坐标图上围绕直线波动的关系。例如，耐用消费品销售量与居民货币收入之间的关系。非线性相关又称曲线相关，是指相关的两个变量对应值的散布点在直角坐标图上围绕曲线波动的关系。例如，农作物亩产量与施肥量之间的关系。

（3）相关关系按相关方向的不同，可以分为正相关和负相关。正相关是指两个变量之间的变化方向一致，呈一致增长或一致下降趋势。例如，耐用消费品销售量与居民货币收入之间的关系。负相关是指两个变量之间的变化方向相反，即一个呈下降（上升）而另一个呈上升（下降）趋势。例如，某商品的商品流通费用率与销售额之间的关系。

（4）相关关系按相关程度的高低，可以分为完全相关、不相关和不完全相关。完全相关是指两个变量之间有确定的函数关系。在这种情况下，完全相关就成为函数关系。不相关是指两个变量之间各自独立、不存在依存关系。不完全相关是指两个有联系的变量，当一个变量变化时另一个变量也随之发生变化，但两者不存在严格的函数关系。不完全相关介于完全相关与不相关之间，由于社会经济现象的数量表现多数具有随机性质，因此它们之间的关系通常表现为不完全相关。

（5）相关关系按变量之间的依存关系，还可以分为单向因果关系、互为因果关系和分不清因果的依存关系。单向因果关系是指两变量之间因果分明，不能互相转化的相关关系。例如，农作物亩产量与施肥量之间的关系。互为因果关系是指两变量之间互相影响、互相转化的相关关系。例如，身高与体重之间的关系。分不清因果的依存关系是指两变量之间只存在互相联系而并不存在明显的因果关系。例如，工业总产值与耗电量之间的关系。

此外，相关关系按变量之间的真假关系，还可以分为"真实相关"和"虚假相关"。"真实相关"是指两个变量之间的相关关系确实存在并且具有内在的联系。例如，耐用消费品销售量与居民货币收入之间的关系，某商品的商品流通费用率与销售额之间的关系都是"真实相关"。"虚假相关"是指两个变量之间的相关只是表面存在，实质上并没有内在的联系。例如，曾经有这样一个真实的故事：某国暴发了严重的瘟疫，政府高层一直无法解决这一问题。有一位学者公布了一个研究结果：医生人数越多的乡镇，瘟疫死亡的人数越多，两者之间存在着很高的正相关，解决瘟疫的最好办法就是减少医生的数量。又如，有人将历年捕鲸量资料与股票价格指数资料凑合在一起，得出负相关的结论；有人将卷烟销售量资料与人的平均寿命资料凑合在一起，得出正相关的结论等。这些结论显然是非常荒谬的，属于"虚假相关"。

二、回归的概念与种类

（一）回归的概念

回归最初是遗传学中的一个名词，是由英国生物学家兼统计学家高尔登（Galton，1822—1911）首先提出来的。他在研究人类的身高时，发现高个子父母的子女身高有低于其父母身高的趋势；而矮个子父母的子女身高往往有高于其父母身高的趋势。从整个发展趋势看，高个子回归于人口的平均身高，而矮个子则从另一方向回归于人口的平均身高。回归这一名词，从此便一直为生物学和统计学所沿用。

回归的现代概念与过去大不相同。一般来说，回归是研究自变量与因变量之间的关系形式的分析方法。其目的在于根据已知自变量来估计和预测因变量的总平均值。例如，农作物亩产量与施肥量、降雨量和气温有着依存的关系。通过对这一依存关系的分析，在已知有关施肥量、降雨量和气温信息的条件下，可以预测农作物的平均亩产量。

（二）回归的种类

现象之间的回归分析，可以从不同的角度进行分类，常用的分类如下：

（1）回归按变量的多少，可以分为一元回归方程和多元回归方程。一元回归方程是根据某一因变量与一个自变量之间的相关关系建立的方程。例如，根据耐用消费品销售量与居民货币收入的相关关系建立的回归方程。多元回归方程是根据某一因变量与两个或两个以上自变量之间的相关关系建立的回归方程。例如，某种商品的销售额不仅受到居民货币收入的影响，还要受到人口数等因素的影响，可以建立二元回归方程。又如，根据农作物亩产量与施肥量、降雨量、气温的相关关系，可以建立三元回归方程。

（2）回归按是否线性，可以分为线性回归方程和非线性回归方程。在线性回归方程中，因变量与自变量的关系是呈直线型的。例如，耐用消费品销售量与居民货币收入的关系。在非线性回归方程中，因变量与自变量的关系是呈曲线型的。例如，某商店的商品流通费用率与销售额的关系。

（3）回归按是否有滞后关系，可以分为自身回归方程和无自身回归现象的回归方程。自身回归方程是指一个变量自身随时间的不同，其值在前后期（前一期或前几期）之间表现出一定的依存关系。如某些水果的产量有大小年之分，本年的产量与前年的产量有关。

此外，回归按是否带虚拟变量，可分为普通回归方程和带虚拟变量回归方程。

三、相关分析与回归分析的区别与联系

相关分析与回归分析均为研究两个或两个以上变量之间关系的方法。相关分析是研究两个或两个以上随机变量之间相互依存关系的方向和密切程度的方法，直线相关用相关系数表示，曲线相关用相关指数表示，多元相关用复相关系数表示。回归分析是研究某一因

变量与一个或几个自变量之间数量关系变动趋势的方法。由回归分析求出的关系称为回归方程。

这两种分析的区别是：相关分析研究的都是随机变量，并且不分自变量与因变量；回归分析研究的变量要定出自变量与因变量，并且自变量是确定的普通变量，因变量是随机变量。这两种分析的联系是：它们是研究现象之间相互依存关系的两个不可分割的方面。在实际工作中，一般先进行定性的相关分析；然后计算相关系数，拟合适当的回归方程，进行显著性检验等；最后用回归方程进行推算或预测。

四、相关分析与回归分析的作用

相关与回归既可用来分析同一时期的变量数列（静态分析），也可用来分析不同时期的时间数列（动态分析），在社会经济分析中具有重要作用。

（1）可以研究经济现象之间的相关形式、相关方向和密切程度，认识其数量变化的规律性；

（2）可以对经济现象进行推算和预测，为各级领导鉴往知来，为科学地制定经济政策和管理决策提供科学依据；

（3）可以用于补充缺少的资料。

五、相关分析与回归分析的步骤

相关与回归分析的步骤一般有以下几步：

（1）进行相关关系的定性分析；

（2）确定回归方程；

（3）计算相关系数或相关指数，对回归方程变量之间的相关性进行显著性检验；

（4）利用回归方程式进行推算和预测；

（5）对推算和预测作出置信区间估计。

第二节　单相关与一元线性回归分析

单相关与一元线性回归分析是对两个具有线性关系的变量，研究其相关，配合线性回归方程，并根据自变量的变动来推算和预测因变量平均发展趋势的方法。

一、相关图

对于两个变量之间相关关系的分析，常用的方法是相关图法。所谓相关图法就是将具有相关关系的两列成对的变量值，在直角坐标图上标出每对变量值的散布点（坐标点），以其散布点的分布状况来判别相关形式、相关方向和密切程度的方法。先用相关图对数列进行分析，可以为正确选择回归分析的数学表达式提供依据。例如，两变量之间的几种相关图形及差别，方法如图 8 - 1 所示：

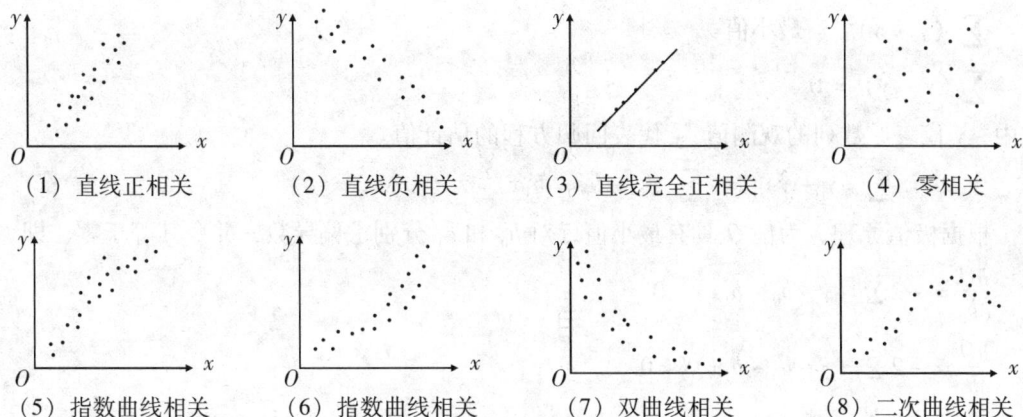

（1）直线正相关　　（2）直线负相关　　（3）直线完全正相关　　（4）零相关

（5）指数曲线相关　　（6）指数曲线相关　　（7）双曲线相关　　（8）二次曲线相关

图 8－1　相关图

二、一元线性回归分析

在相关图分析的基础上，可以选择一定的回归方程式进行定量分析。对两个具有线性关系的变量，配合线性回归方程，并根据自变量的变动来测定因变量平均发展趋势的分析方法，称为一元线性回归分析，也称简单直线回归分析。它是回归分析中最基本、最常用的方法。

（一）一元线性回归方程

设 x 为自变量，y 为因变量，y 与 x 之间存在某种线性关系，其一元线性回归方程为：

$$\hat{y} = b_0 + b_1 x \tag{8.1}$$

式中，b_0 和 b_1 是两个待定参数，也称回归系数，其中 b_0 是直线 $\hat{y}$ 在 y 轴上的截距，当 $x = 0$ 时，$\hat{y} = b_0$。b_1 是直线 $\hat{y}$ 的斜率，它表明自变量增加（或减少）一个单位，因变量相应增加（或减少）多少。当 $b_1 > 0$ 时，x 与 y 为正相关，当 $b_1 < 0$ 时，x 与 y 为负相关。

（二）一元线性回归分析的特点

（1）两个变量的地位不是对等关系。在进行回归分析时，必须根据研究目的，确定哪个变量是自变量，哪个变量是因变量。

（2）因变量为随机变量，而自变量为非随机变量，即可以预先给定或控制的变量。

（3）回归方程可以利用自变量的给定值来推算因变量的相应值。它反映的是自变量与因变量之间的具体变动关系。

（4）回归系数 b_1 可正可负。正号说明两变量为正相关；负号说明两变量为负相关。

（三）OLS 估计

估计方程的回归系数有许多方法，其中使用最广泛的是最小平方法（Ordinary Least Square），下面我们采用最小平方法来估计方程的回归系数。

最小平方法的中心思想，是通过数学方程配合一条较为理想的趋势线，这条趋势线必须满足两个条件：

（1）原数列的观测值与方程的估计值的离差平方和为最小。

（2）原数列的观测值与方程的估计值的离差总和为零。现以公式表示如下：

$$\sum (y - \hat{y})^2 = 最小值$$

$$\sum (y - \hat{y}) = 0$$

式中，y 代表原数列的观测值，$\hat{y}$ 代表回归方程的估计值。

令 $Q = \sum (y - \hat{y})^2 = \sum (y - b_0 - b_1 x)^2$

根据极值原理，为使 Q 具有最小值，对 b_0 和 b_1 分别求偏导数，并令其等于零，即

$$\frac{\partial Q}{\partial b_0} = -2 \sum (y - b_0 - b_1 x) = 0$$

$$\frac{\partial Q}{\partial b_1} = -2 \sum (y - b_0 - b_1 x) x = 0$$

整理出两个标准方程：

$$\sum y = n b_0 + b_1 \sum x$$

$$\sum xy = b_0 \sum x + b_1 \sum x^2$$

对上面两等式联立求解，解出回归系数 b_0、b_1 分别为：

$$b_1 = \frac{n \sum xy - \sum x \sum y}{n \sum x^2 - \left(\sum x \right)^2}$$

$$b_0 = \frac{\sum y}{n} - b_1 \frac{\sum x}{n}$$

【例 8-1】某省 2000—2010 年国内生产总值和固定资产投资完成额资料如表 8-1 所示：

表 8-1　一元线性回归方程计算表　　　　　　单位：百亿元

年份	国内生产总值 y	固定资产投资完成额 x	xy	x^2	y^2
2000	107	32	3 424	1 024	11 449
2001	120	35	4 200	1 225	14 400
2002	135	40	5 400	1 600	18 225
2003	158	50	7 900	2 500	24 964
2004	189	60	11 340	3 600	35 721
2005	226	72	16 272	5 184	51 076
2006	266	81	21 546	6 561	70 756
2007	318	96	30 528	9 216	101 124
2008	368	112	41 216	12 544	135 424
2009	395	134	52 930	17 956	156 025
2010	460	161	74 060	25 921	211 600
合计	2 742	873	268 816	87 331	830 764

要求：根据表 8-1 的资料，绘制相关图并配适当的回归方程。

解：（1）绘制相关图。设国内生产总值为 y，固定资产投资完成额为 x，建立直角坐标。绘制相关图（图略），由散点图形看出两者为线性关系，可以配一元线性回归方程。

（2）建立一元线性回归方程：$\hat{y} = b_0 + b_1 x$。

（3）估计回归系数。列表计算有关数据（见表 8 - 1），由计算结果得：

$$b_1 = \frac{n \sum xy - \sum x \sum y}{n \sum x^2 - \left(\sum x \right)^2} = \frac{11 \times 268\,816 - 873 \times 2\,742}{11 \times 87\,331 - 873^2}$$

$$= \frac{563\,210}{198\,512} = 2.837\,2$$

$$b_0 = \frac{\sum y}{n} - b_1 \frac{\sum x}{n} = \frac{2\,742}{11} - 2.837\,2 \times \frac{873}{11} = 24.102\,2$$

所求一元线性回归方程为：$\hat{y} = 24.102\,2 + 2.837\,2x$

上式表明某省固定资产投资完成额每增加 1 百亿元，国内生产总值将增加 2.837 2 百亿元，两者为正相关关系。

三、单相关分析

（一）单相关分析的特点

在线性相关分析中采用相关系数来测定两变量之间的联系程度的方法，称为单相关分析，也称直线相关分析。它具有以下几个特点：

（1）两个变量的地位是对等关系。单相关分析研究的两个变量不分彼此，不反映任何自变量和因变量的关系，是完全对等的关系。

（2）只能算出一个相关系数。相关系数是一个绝对值在 0 与 1 之间的系数，其值的大小反映两变量之间相关关系的密切程度，由于两变量的地位是对等的，因此，改变两变量的地位不影响相关系数的数值。

（3）相关系数有正负号，分别表示正相关和负相关。

（4）相关的两个变量都是随机变量。

（二）相关系数

在相关与回归分析中，正确判别变量之间的相互关系，计算相关系数是至关重要的。为了阐明相关系数的性质，需要从变差的分析开始。

1. 离差平方和的分解

在一元线性回归方程中，观测值 y 的取值大小是上下波动的，这种波动现象称为变差。变差的产生由两方面引起：①受自变量变动的影响，即 x 取值的不同；②其他因素（包括观测和实验中产生的误差）影响。为了分析这两方面的影响，需要对总变差进行分解。

对每一个观测值来说，变差的大小可以通过该观测值 y 与其算术平均数的离差来表示，而全部观测值的总变差可由这些离差的平方和来表示：

$$L_{yy} = \sum \left(y - \bar{y} \right)^2$$

式中，L_{yy} 称为总变差。

因为 $L_{yy} = \sum (y - \bar{y})^2 = \sum \left[(y - \hat{y}) + (\hat{y} - \bar{y}) \right]^2$

$= \sum (y - \hat{y})^2 + \sum (\hat{y} - \bar{y})^2 + 2 \sum (y - \hat{y})(\hat{y} - \bar{y})$

由于上式交叉项等于零，故总变差为：

$$\sum (y - \bar{y})^2 = \sum (y - \hat{y})^2 + \sum (\hat{y} - \bar{y})^2$$

或记为：$L_{yy} = Q + U$

等式右边的 U 称为回归变差（或回归平方和），它是通过 x 与 y 的线性关系由自变量 x 的变动而引起的；等式右边的 Q 称为剩余变差（或残差平方和），它是由观测和实验中产生的误差以及其他未加控制的因素引起的。

2. 可决系数 R^2

可决系数是回归变差与总变差之比，它是评价两个变量之间线性相关关系强弱的一个重要指标。其计算公式为：

$$R^2 = \frac{\sum (\hat{y} - \bar{y})^2}{\sum (y - \bar{y})^2} = 1 - \frac{\sum (y - \hat{y})^2}{\sum (y - \bar{y})^2} \tag{8.2}$$

3. 相关系数 R

相关系数是可决系数的平方根，它是一元线性回归分析中用来衡量两个变量之间相关关系密切程度的重要指标。相关系数有两种定义方法：

（1）根据总变差定义。即直接由可决系数 R^2 开根号的方法。

$$R = \sqrt{\frac{\sum (\hat{y} - \bar{y})^2}{\sum (y - \bar{y})^2}} = \sqrt{1 - \frac{\sum (y - \hat{y})^2}{\sum (y - \bar{y})^2}} \tag{8.3}$$

（2）根据积差法定义。即将 $\hat{y} = b_0 + b_1 x$、$\bar{y} = b_0 + b_1 \bar{x}$ 代入（8.3）式，整理得出相关系数的方法。

$$R = \frac{\sum (x - \bar{x})(y - \bar{y})}{\sqrt{\sum (x - \bar{x})^2} \sqrt{\sum (y - \bar{y})^2}} \tag{8.4}$$

由于根据积差法定义的相关系数不需要先求回归方程的剩余变差，可以直接从样本数据中计算得到，所以在实际计算中用得较为广泛。用积差法计算相关系数计算量仍然较大，因此，根据平均数的数学性质可将其简化为：

$$R = \frac{n \sum xy - \sum x \sum y}{\sqrt{n \sum x^2 - \left(\sum x \right)^2} \sqrt{n \sum y^2 - \left(\sum y \right)^2}} \tag{8.5}$$

从上述定义可以看出，相关系数的取值范围为 $-1 \leqslant R \leqslant 1$，相关系数为正值表示正相关；相关系数为负值表示负相关。相关系数 R 的绝对值的大小表示相关程度的高低。

①当 $R = 0$ 时，说明回归变差为 0，自变量 x 的变动对总变差毫无影响，这种情况称为零相关。

②当 $|R| = 1$ 时，说明回归变差等于总变差，总变差的变化完全由自变量 x 的变化

所引起，这种情况称为完全相关。这时自变量 x 与因变量 y 的关系已转化为函数关系。

③当 $0 < |R| < 1$ 时，说明自变量 x 的变动对总变差有部分影响，这种情况称为普通相关。其中，R 的绝对值愈大，表示相关程度愈高。一般情况下，当 $|R| \geq 0.8$，即 $R^2 \geq 0.64$ 时，说明自变量 x 的变动对总变差的影响占一半以上，称为高度相关；当 $|R| < 0.3$，即 $R^2 < 0.09$ 时，说明自变量 x 的变动对总变差的影响少于 9%，称为低度相关；当 $0.3 \leq |R| \leq 0.8$ 时，说明自变量 x 的变动对总变差的影响程度在 9% ~ 64% 之间，称为中度相关。

（三）显著性检验

相关系数愈大说明两个变量之间的相关关系愈密切，但相关系数的绝对值大到什么程度时，才能认为两变量的相关关系是显著的、回归方程用来推算和预测是有意义的呢？只有根据具体的条件和要求，通过相关系数检验法的检验才能加以判别。相关系数检验法的步骤如下：

（1）计算相关系数。

（2）根据回归方程的自由度 $(n-2)$ 和给定的显著性水平 α 值，从相关系数临界值表中查出临界值 $R_\alpha(n-2)$。

（3）判别。若 $|R| \geq R_\alpha(n-2)$，表明两变量之间线性相关关系显著，检验通过，这时回归方程可以用来推算和预测；若 $|R| < R_\alpha(n-2)$，表明两变量之间线性相关关系不显著，检验不通过，这时的回归方程就不能用来推算和预测，应分析其原因，对回归方程重新加以处理。

【例 8-2】根据表 8-1 数据进行显著性检验。

解：（1）计算相关系数：

$$R = \frac{n \sum xy - \sum x \sum y}{\sqrt{n \sum x^2 - \left(\sum x\right)^2} \sqrt{n \sum y^2 - \left(\sum y\right)^2}}$$

$$= \frac{11 \times 268\ 816 - 873 \times 2\ 742}{\sqrt{11 \times 87\ 331 - (873)^2} \sqrt{11 \times 830\ 764 - (2\ 742)^2}}$$

$$= \frac{563\ 210}{567\ 060.56} = 0.993\ 2$$

（2）当显著性水平 $\alpha = 0.05$，自由度 $= n - m = 11 - 2 = 9$ 时，查相关系数临界值表得：$R_{0.05}(9) = 0.602$。

（3）判别。因 $R = 0.993\ 2 > 0.602 = R_{0.05}(9)$，故在 $\alpha = 0.05$ 显著性水平上，检验通过，说明两变量之间相关关系显著。

四、点预测和置信区间

回归方程通过显著性检验后，就可以用来预测了。在一元线性回归方程的预测中，对于自变量 x 的一个给定值 x_0，代入回归方程，就可以求得一个对应的回归预测值 $\hat{y}_0$，$\hat{y}_0$ 值又称为点预测值。但是，在实际工作中，预测目标的实际值不一定刚好就等于预测值，随着现实情况的变化和各种环境因素的影响，两者总是会产生或大或小的偏差，如果仅根据某一点的预测计算就作出结论，则几乎总是谬误。所以，我们不仅要作出 y 的点预测，而且还要给出 y 的置信区间。所谓置信区间就是指在一定的显著性水平上，依据数理统计方法计算出的包含预测目标未来真实值的某一区间范围。

（一）估计标准误差

在进行预测时，要了解预测的可靠性，要测算观测值与估计值之间的平均离差程度，就需要计算估计标准误差。估计标准误差也称剩余标准差，它是剩余变差的平均数的方根，估计标准误差以回归直线为中心，反映各观测值与估计值之间的平均离差程度。其计算公式为：

$$s_y = \sqrt{\frac{\sum (y - \hat{y})^2}{n - 2}} \qquad (8.6)$$

在一元线性回归方程的实际应用时，可用其简捷公式：

$$s_y = \sqrt{\frac{\sum y^2 - b_0 \sum y - b_1 \sum xy}{n - 2}} \qquad (8.7)$$

从上式可以看出，若各观测值与估计值的平均离差愈小，说明两变量之间的线性关系愈密切；若各观测值与估计值的平均离差愈大，则说明两变量之间的线性关系愈不密切。

（二）置信区间

根据正态分布的性质，对于固定的 x_0，y 取值是以 $\hat{y}_0$ 为中心而对称分布的，愈靠近 $\hat{y}_0$ 的地方出现的机会愈大，反之出现的机会就愈小，且实际观测值 y

落在 $\hat{y}_0 \pm s_y$ 区间内的概率为 68.27%；

落在 $\hat{y}_0 \pm 2s_y$ 区间内的概率为 95.45%；

落在 $\hat{y}_0 \pm 3s_y$ 区间内的概率为 99.73%。

由此可见，s_y 愈小，则根据一元线性回归方程推算和预测的结果就愈精确。因此，估计标准误差通常作为估计回归方程精确度和置信区间的标志。

【例 8-3】根据表 8-1 数据，预测 2012 年该省固定资产投资完成额为 231 百亿元，试以 95.45% 的概率保证程度估计 2012 年该省国内生产总值的置信区间。

（1）计算估计标准误差：

$$
\begin{aligned}
s_y &= \sqrt{\frac{\sum y^2 - b_0 \sum y - b_1 \sum xy}{n - 2}} \\
&= \sqrt{\frac{830\,764 - 24.102\,2 \times 2\,742 - 2.837\,2 \times 268\,816}{11 - 2}} \\
&= \sqrt{\frac{1\,991.012\,4}{9}} = 14.87 \text{（百亿元）}
\end{aligned}
$$

（2）预测 2012 年该省国内生产总值。当 $x_0 = 231$ 百亿元时，代入一元线性回归方程得：

$$\hat{y}_0 = 24.102\,2 + 2.837\,2 \times 231 = 679.50 \text{（百亿元）}$$

（3）置信区间。当概率为 95.45% 时，该方程的置信区间为：

$$\hat{y}_0 \pm 2s_y = 679.50 \pm 2 \times 14.87$$

即当 2012 年该省固定资产投资完成额为 231 百亿元时，在 95.45% 的概率保证程度下，国内生产总值的置信区间为 649.76 ~ 709.24 百亿元之间。

五、Excel 单相关与一元线性回归分析

Excel 具有强大的统计功能，运用 Excel 统计软件对【例 8 - 1】进行单相关与一元线性回归分析，其步骤如下：

（1）将【例 8 - 1】的数据输入 Excel 表：B2：C12

（2）选择 数据 菜单之 数据分析 选项，在分析工具框中选"回归"（注：如果 Excel 中没有安装 数据分析 ，要启动"Excel 加载宏"予以安装）。回归对话框将显示为图 8 - 2 所示。

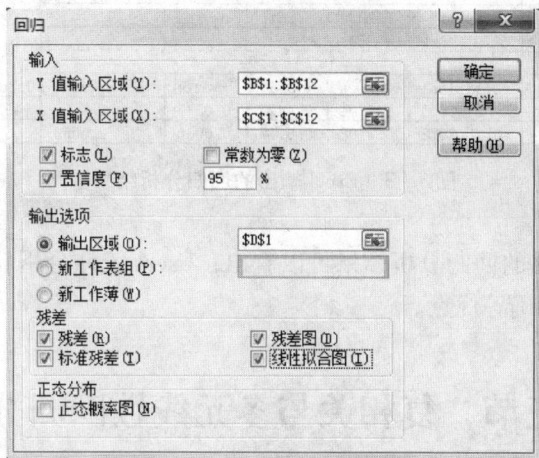

图 8 - 2　回归分析对话框

①输入。

Y 值输入区域：B1：B12。

X 值输入区域：C1：C12。

标志：选择"√"表示具有统计表的变量符号。

常数为零：只有当用户想强制使回归线通过原点（0，0）时才选此框。

置信度：Excel 自动包括了回归系数的 95% 置信区间。要使用其他置信区间，选择该框并在 Confidence Levet 框中输入置信水平。

②输出选项。

输出区域：D1。

③残差。

残差（R）：选择此框可得到预测值和残差（Residual）。

残差图（D）：选择此框可得到残差和每一 x 值的图表。

标准残差（T）：选择此框可得到标准化的残差（Standardized Rduals，每一残差被估计标准误差除）。这一输出可使曲线较容易分层。

线性拟合图（I）：选择此框可得到一含有 y 输入数据和拟合的 y 值的散点图。

④正态概率图：绘制因变量的正态概率图。

（3）单击确定，Excel 将计算出结果显示在输出区域中。

	A	B	C	D	E	F	G	H	I	J	K	L
1	年份	y	x	SUMMARY OUTPUT								
2	2000	107	32		回归统计							
3	2001	120	35	Multiple R	0.9932							
4	2002	135	40	R Square	0.9865							
5	2003	158	50	Adjusted R	0.9850							
6	2004	189	60	标准误差	14.8813							
7	2005	226	72	观测值	11							
8	2006	266	81									
9	2007	318	96	方差分析								
10	2008	368	112		df	SS	MS	F	Significance F			
11	2009	395	134	回归分析	1	145265.1	145265.1	656.0	1.0156E-09			
12	2010	460	161	残差	9	1993.1	221.5					
13				总计	10	147258.2						
14												
15					Coefficients	标准误差	t Stat	P-value	Lower 95%	Upper 95%	下限 95.0%	上限 95.0%
16				Intercept	24.1055	9.8704	2.4422	0.0372	1.7772	46.4338	1.7772	46.4338
17				x	2.8372	0.1108	25.6117	0.0000	2.5866	3.0878	2.5866	3.0878

图 8-3　Excel 输出的回归分析结果

图 8-3 Excel 输出的回归分析结果可以看出，Excel 统计分析软件具有操作简单，计算速度快，计算结果精确等优点。

第三节　复相关与多元线性回归分析

社会经济现象的变动是复杂的，一个因变量的变动往往是由许多自变量的综合影响所造成。例如，居民消费基金的增长主要受国内生产总值和平均人口增长的影响。这种研究某一因变量与两个或两个以上自变量之间的相互依存关系的方法就是复相关与多元线性回归分析法。

一、复相关与多元线性回归的概念和种类

复相关是指多个变量之间的依存关系，即一个因变量与两个或两个以上自变量之间的依存关系，也称多元相关。

多元线性回归是指根据某一因变量与两个或两个以上自变量之间的相关关系建立的回归关系式，也称复回归。多元线性回归方程按自变量的多少分为：

二元线性回归方程，是根据某一因变量与两个自变量之间的线性相关关系建立的回归方程：

$$\hat{y} = b_0 + b_1 x_1 + b_2 x_2 \tag{8.8}$$

三元线性回归方程，是根据某一因变量与三个自变量之间的线性相关关系建立的回归方程：

$$\hat{y} = b_0 + b_1 x_1 + b_2 x_2 + b_3 x_3 \tag{8.9}$$

同理，n 元线性回归方程，是根据某一因变量与 n 个自变量之间的线性相关关系建立的回归方程：

$$\hat{y} = b_0 + b_1 x_1 + b_2 x_2 + \cdots + b_n x_n \tag{8.10}$$

二、多元线性回归方程的测定

在多元线性回归分析中，较常用的是二元线性回归和复相关分析法，为说明方便起见，本节主要讨论二元线性回归方程和复相关系数。

（一）二元线性回归方程

设 y 为因变量，且 y 与 x_1、x_2 之间存在某种线性关系，其二元线性回归方程为：

$$\hat{y} = b_0 + b_1 x_1 + b_2 x_2$$

式中，$\hat{y}$ 为二元线性回归的估计值；b_0 为常数项；b_1 为 y 对 x_1 的回归系数，表明当 x_2 固定时，x_1 变动一个单位，引起 y 变动的平均值；b_2 为 y 对 x_2 的回归系数，表明当 x_1 固定时，x_2 变动一个单位，引起 y 变动的平均值。

（二）OLS 估计

为了估计二元线性回归方程的回归系数，我们仍然采用 OLS 法。

令：$Q = \sum (y - \hat{y})^2 = \sum (y - b_0 - b_1 x_1 - b_2 x_2)^2$

根据极值原理，为使 Q 具有最小值，对 b_0、b_1 和 b_2 分别求偏导数，并令其等于零；然后对三个偏导数方程进行计算、整理，得到三个标准方程：

$$\sum y = nb_0 + b_1 \sum x_1 + b_2 \sum x_2$$

$$\sum x_1 y = b_0 \sum x_1 + b_1 \sum x_1^2 + b_2 \sum x_1 x_2$$

$$\sum x_2 y = b_0 \sum x_2 + b_1 \sum x_1 x_2 + b_2 \sum x_2^2$$

上述联立方程可用传统的方法，如消元法、替代法、行列式法解出三个回归系数。也可以用现代统计软件，如 Excel、SPSS、EViews、SAS、马克威尔等统计软件计算。

三、多元线性回归方程的检验

在多元线性回归方程分析中，为了解回归方程是否符合变量之间的客观规律性，引入的影响因素是否有效，需要对回归方程进行检验。常用的检验方法有 R 检验、F 检验和 t 检验等。

（一）R 检验

1. R 统计量

R 检验是通过复相关系数检验一组自变量 x_1，x_2，$\cdots$，x_m 与因变量 y 之间的线性相关程度的方法，又称复相关系数检验法。与单相关系数一样，可以通过对总变差的分解，得到复可决系数，然后开平方，得到复相关系数。复相关系数是回归变差与总变差之比的方根。在多元线性回归分析中，表明因变量与多个自变量之间相关程度的指标。R 统计量公式为：

$$R = \sqrt{\frac{\sum (\hat{y} - \bar{y})^2}{\sum (y - \bar{y})^2}} = \sqrt{1 - \frac{\sum (y - \hat{y})^2}{\sum (y - \bar{y})^2}} \tag{8.11}$$

上式，尽管在形式上与单相关系数相同，但是，单相关系数仅反映一个自变量 x 与因变量 y 之间相关关系的密切程度，而复相关系数所反映的是一组自变量 x_1，x_2，$\cdots$，x_m 与因变量 y 之间相关关系的密切程度。

在实际应用时，复相关系数的计算常用其简捷公式，如二元线性回归的复相关系数为：

$$R = \sqrt{1 - \frac{\sum y^2 - b_0 \sum y - b_1 \sum x_1 y - b_2 \sum x_2 y}{\sum y^2 - n (\bar{y})^2}} \tag{8.12}$$

2. R 检验的步骤

与单相关系数显著性检验一样，复相关系数检验法的步骤为：

（1）计算复相关系数。

（2）查表。根据回归方程的自由度（$n - m$）和给定的显著性水平 α 值，查相关系数临界值 $R_\alpha(n - m)$。

（3）判别。若 $|R| \geqslant R_\alpha(n - m)$，表明一组自变量 $x_1, x_2, \cdots, x_m$ 与因变量 y 之间的线性相关关系显著，检验通过，这时回归方程可以用来推算和预测；若 $|R| < R_\alpha(n - m)$，表明一组自变量 x_1，x_2，$\cdots$，x_m 与因变量 y 之间的线性相关关系不显著，检验不通过，这时的回归方程就不能用来推算和预测，应分析其原因，对回归方程重新加以处理。

3. 可决系数 R^2 与校正可决系数 $\overline{R^2}$ 的关系

由于 R^2 是一个随自变量个数增加而递增的增函数，所以，当我们对两个具有不同自变量个数但性质相同的回归模型进行比较时，就不能只用 R^2 作为评价回归模型优劣的标准，还必须考虑回归模型所包含的自变量个数的影响。因此，就需要定义一个校正可决系数，记为 $\overline{R^2}$。

$$\overline{R^2} = 1 - \frac{\sum (y - \hat{y})^2 / (n - m)}{\sum (y - \bar{y})^2 / (m - 1)} \tag{8.13}$$

可以证明，可决系数 R^2 与校正可决系数 $\overline{R^2}$ 有如下关系式：

$$\overline{R^2} = 1 - (1 - R^2) \times \frac{n - 1}{n - m} \tag{8.14}$$

（二）F 检验

1. F 统计量

F 检验是通过 F 统计量检验假设 $H_0: b_1 = b_2 = \cdots = b_m = 0$ 是否成立的方法。F 统计量公式为：

$$F = \frac{\sum (\hat{y} - \overline{y})^2 / (m - 1)}{\sum (y - \hat{y})^2 / (n - m)} \tag{8.15}$$

式中，$m - 1$ 是回归变差 $\sum (\hat{y} - \overline{y})^2$ 的自由度，$n - m$ 是剩余变量 $\sum (y - \hat{y})^2$ 的自由度。可以证明 F 统计量服从以 $(m - 1, n - m)$ 为自由度的 F 分布。

可以证明，F 统计量与可决系数 R^2 有如下换算关系：

$$F = \frac{R^2}{1 - R^2} \times \frac{n - m}{m - 1} \tag{8.16}$$

2. F 检验的步骤

（1）提出假设。$H_0 : b_1 = b_2 = \cdots = b_m = 0$ ；$H_1 : b_1, b_2, \cdots, b_m$ 至少有一个不等于 0。

（2）计算 F 统计量。

（3）查表。给定显著性水平 α，查 F 分布表的临界值 $F_\alpha(m - 1, n - m)$。

（4）判别。若 $F > F_\alpha(m - 1, n - m)$，则拒绝原假设 H_0，认为一组自变量 x_1, x_2, $\cdots$, x_m 与因变量 y 之间的回归效果显著；反之，则不拒绝原假设，即回归效果不显著。一般来讲，回归效果不显著的原因有以下几种：

①影响 y 的因素除了一组自变量 x_1, x_2, $\cdots$, x_m 之外，还有其他不可忽略的因素。

②y 与一组自变量 x_1, x_2, $\cdots$, x_m 之间的关系不是线性的。

③y 与一组自变量 x_1, x_2, $\cdots$, x_m 之间无关。

这时，回归方程就不能用来预测，应分析其原因，另选自变量或改变预测方程的形式。

（三）t 检验

1. t 统计量

前面讲的 R 检验和 F 检验都是将所有的自变量作为一个整体来检验它们与因变量 y 的相关程度以及回归效果，而 t 检验则是通过 t 统计量对所求回归方程的每一个系数逐一进行检验假设 $H_0 : b_j = 0, j = 1, 2, \cdots, m$ 是否成立的方法。t 统计量公式为：

$$t_j = \frac{b_j}{s_{b_j}}, j = 0, 1, 2, \cdots, m \tag{8.17}$$

式中，b_j 为第 j 个自变量 x_j 的回归系数，s_{b_j} 是 b_j 的样本标准差。

2. t 检验的步骤

（1）提出假设。$H_0 : b_j = 0, j = 0, 1, 2, \cdots, m$ ；$H_1 : b_j \neq 0, j = 0, 1, 2, \cdots, m$ 。

（2）计算 t 统计量。

①计算估计标准误差。$s_y = \sqrt{\dfrac{\sum (y - \hat{y})^2}{n - m}}$ 。

②计算 b_j 的样本标准差 s_{b_j} 。在多元线性回归方程中，b_j 的样本标准差 s_{b_j} 计算比较复杂，其公式为：$s_{b_j} = \sqrt{c_{jj}} \times s_y$ ，式中 c_{jj} 为矩阵 $(X'X)^{-1}$ 主对角线上第 j 个元素，c_{jj} 需要用统计软件辅助计算。

（3）查表。给定显著性水平 α，查 t 分布表的临界值 $t_{\alpha/2}(n - m)$。

（4）判别。若 $|t_j| \geq t_{\alpha/2}(n-m)$，则拒绝原假设 H_0，说明 x_j 对 y 有显著影响；反之，则不拒绝原假设 H_0，说明 x_j 对 y 无显著影响，则应删除该因素。

四、应用举例

【例 8 - 4】某省 2000—2010 年居民消费、国内生产总值和平均常住人口资料如表 8 - 2 所示：试对该省统计资料进行复相关和二元线性回归分析，并对回归方程进行 R 检验、F 检验和 t 检验。若预测 2012 年该省国内生产总值为 545 百亿元，平均常住人口为 106 百万人，在 99.73% 的概率保证程度下，试估计 2012 年该省居民消费的置信区间。

表 8 - 2   二元线性回归方程计算表

年份	居民消费（百亿元）y	国内生产总值（百亿元）x_1	平均人口（百万人）x_2	$x_1 x_2$	x_1^2	x_2^2	$x_1 y$	$x_2 y$	y^2
2000	45	107	84	8 988	11 449	7 056	4 815	3 780	2 025
2001	47	120	87	10 440	14 400	7 569	5 640	4 089	2 209
2002	54	135	88	11 880	18 225	7 744	7 290	4 752	2 916
2003	65	158	89	14 062	24 964	7 921	10 270	5 785	4 225
2004	80	189	91	17 199	35 721	8 281	15 120	7 280	6 400
2005	90	226	92	20 792	51 076	8 464	20 340	8 280	8 100
2006	99	266	93	24 738	70 756	8 649	26 334	9 207	9 801
2007	118	318	95	30 210	101 124	9 025	37 524	11 210	13 924
2008	136	368	96	35 328	135 424	9 216	50 048	13 056	18 496
2009	153	395	100	39 500	156 025	10 000	60 435	15 300	23 409
2010	177	460	104	47 840	211 600	10 816	81 420	18 408	31 329
合计	1 064	2 742	1 019	260 977	830 764	94 741	319 236	101 147	122 834

解：（1）设该省居民消费为 y，国内生产总值为 x_1，平均常住人口为 x_2，并假设 y 与 x_1、x_2 之间存在线性关系。

（2）建立二元线性回归方程：$\hat{y} = b_0 + b_1 x_1 + b_2 x_2$。

（3）估计回归系数。将表 8 - 2 中有关数据代入其标准方程，得：

$1\ 064 = 11 b_0 + 2\ 742 b_1 + 1\ 019 b_2$

$319\ 236 = 2\ 742 b_0 + 830\ 764 b_1 + 260\ 977 b_2$

$101\ 147 = 1\ 019 b_0 + 260\ 977 b_1 + 94\ 741 b_2$

用消元法解上述联立方程，得三个参数分别为：

$b_0 = -137.723\ 3$

$b_1 = 0.283\ 1$

$b_2 = 1.769\ 2$

将回归系数代入二元线性回归方程，得：

$\hat{y} = -137.7233 + 0.2831x_1 + 1.7692x_2$

（4）R 检验。计算复相关系数：

$$R = \sqrt{1 - \frac{\sum y^2 - b_0 \sum y - b_1 \sum x_1 y - b_2 \sum x_2 y}{\sum y^2 - n(\bar{y})^2}}$$

$$= \sqrt{1 - \frac{122\ 834 - (-137.7233) \times 1\ 064 - 0.2831 \times 319\ 236 - 1.7692 \times 101\ 147}{122\ 834 - 11 \times \left(\frac{1\ 064}{11}\right)^2}}$$

$$= \sqrt{1 - \frac{46.6072}{19\ 916.1818}} = 0.9988$$

计算校正可决系数：

$$\overline{R^2} = 1 - (1 - R^2) \times \frac{n-1}{n-m} = 1 - (1 - 0.9976) \times \frac{11-1}{11-3} = 0.997$$

显著性检验。取显著性水平 $\alpha = 0.05$，自由度 $= n - m = 11 - 3 = 8$，查相关系数的临界值表得 $R_{0.05}(8) = 0.726$，因为 $R > R_{0.05}(8)$，故在 $\alpha = 0.05$ 显著性水平上，检验通过。从复相关系数和校正可决系数看，该省国内生产总值、平均人口与居民消费之间相关关系非常显著。

（5）F 检验。假设 $H_0 : b_1 = b_2 = \cdots = b_m = 0$；$H_1 : b_1, b_2, \cdots, b_m$ 至少有一个不等于0。

$$F = \frac{R^2}{1 - R^2} \times \frac{n-m}{m-1} = \frac{0.9976}{1 - 0.9976} \times \frac{11-3}{3-1} = 1\ 662.67$$

查 F 分布表的临界值 $F_{0.05}(3-1, 11-3) = 4.46$。因为 $F > F_\alpha(m-1, n-m)$，则拒绝原假设 H_0，可以认为该组自变量 x_1，x_2，$\cdots$，x_m 与因变量 y 之间的回归效果显著。

（6）t 检验。假设 $H_0 : b_j = 0$，$j = 1, 2, \cdots, m$，$H_1 : b_j \neq 0$，$j = 1, 2, \cdots, m$。

①计算估计标准误差：

$$s_y = \sqrt{\frac{\sum y^2 - b_0 \sum y - b_1 \sum x_1 y - b_2 \sum x_2 y}{n-3}}$$

$$= \sqrt{\frac{122\ 834 - (-137.7233) \times 1\ 064 - 0.2831 \times 319\ 236 - 1.7692 \times 101\ 147}{11 - 3}}$$

$$= \sqrt{\frac{46.6072}{8}} = 2.4137$$

②计算 t 统计量。由于 c_{jj} 为矩阵 $(X'X)^{-1}$ 主对角线上第 j 个元素，计算量较大，这里用统计软件辅助计算 c_{jj}。

$$t_0 = \frac{b_0}{s_{b_0}} = \frac{b_0}{\sqrt{C_{11}} \times s_y} = \frac{-137.7233}{\sqrt{441.3927} \times 2.4137} = -2.7159$$

$$t_1 = \frac{b_1}{s_{b_1}} = \frac{b_1}{\sqrt{C_{22}} \times s_y} = \frac{0.2813}{\sqrt{0.000\ 158} \times 2.4137} = 9.2717$$

$$t_2 = \frac{b_2}{s_{b_2}} = \frac{b_2}{\sqrt{C_{33}} \times s_y} = \frac{1.7692}{\sqrt{0.067\ 462} \times 2.4137} = 2.8221$$

查 t 分布表的临界值 $t_{\alpha/2}(n-m) = t_{0.05/2}(11-3) = 2.31$，$|t_0|$、$|t_1|$、$|t_2|$ 均大于 $t_{\alpha/2}(n-m)$，则拒绝原假设 H_0，说明 x_1, x_2 对 y 有显著影响。

（7）预测。当 2012 年该省国内生产总值为 545 百亿元，平均常住人口为 106 百万人时，居民消费点预测值为：

$$\hat{y} = -137.723\ 3 + 0.283\ 1 \times 545 + 1.769\ 2 \times 106 = 204.10（百亿元）$$

在 99.73% 的概率保证程度下，该省居民消费置信区间为：$204.10 \pm 3 \times 2.413\ 7$，即在 196.86 百亿 ~211.34 百亿元之间。

五、Excel 复相关与多元线性回归分析

同理，用 Excel 统计软件对【例 8-4】进行回归分析，其结果如图 8-4 所示：

	A	B	C	D	E	F	G	H	I
1	SUMMARY OUTPUT								
2									
3	回归统计								
4	Multiple R	0.9985							
5	R Square	0.9970							
6	Adjusted R Square	0.9962							
7	标准误差	2.7529							
8	观测值	11							
9									
10	方差分析								
11		df	SS	MS	F	Significance F			
12	回归分析	2	19855.56	9927.78	1310.03	8.58658E-11			
13	残差	8	60.63	7.58					
14	总计	10	19916.18						
15									
16		Coefficients	标准误差	t Stat	P-value	Lower 95%	Upper 95%	下限 95.0%	上限 95.0%
17	Intercept	-137.7233	57.8360	-2.3813	0.0445	-271.0933	-4.3532	-271.0933	-4.3532
18	×1	0.2831	0.0346	8.1841	0.0000	0.2033	0.3628	0.2033	0.3628
19	×2	1.7692	0.7150	2.4744	0.0384	0.1204	3.4180	0.1204	3.4180

图 8-4　Excel 输出的回归分析结果

Excel 计算结果精确，与手工计算结果有微小差异，实际应用时，应以 Excel 计算为准。

第四节　曲线相关与曲线回归分析

当两变量之间的关系不是直线型的，存在某种曲线关系，这时就必须运用曲线相关与曲线回归进行分析。

一、曲线相关与曲线回归的概念和分类

曲线相关是指相关的两个变量对应值的散布点在直角坐标图上呈某种曲线形状的关系式，也称非线性相关。根据曲线相关的变量拟合的回归方程称为曲线回归方程，也称非线

性回归方程。常见的一元曲线回归方程有下列几种类型:

(1) 双曲线回归方程:

$$\hat{y} = b_0 + b_1 \frac{1}{x} \tag{8.18}$$

(2) 对数曲线回归方程:

$$\hat{y} = b_0 + b_1 \ln x \tag{8.19}$$

(3) 二次曲线回归方程:

$$\hat{y} = b_0 + b_1 x + b_2 x^2 \tag{8.20}$$

(4) 指数曲线回归方程:

$$\hat{y} = b_0 b_1^{x} \tag{8.21}$$

上述 (1)、(2)、(3) 类方程通过简单的变量换元可直接化为线性回归方程,由于这类方程的因变量没有变形,故可以直接采用最小平方法估计其待定参数;在第 (4) 类方程中,经常要通过对数变形代换间接地化为线性回归方程,由于这类方程在对数变换后形似线性回归方程,故可利用这一对数形式,间接地采用最小平方法估计其待定参数。上述四种曲线回归方程由于可直接或间接地化为线性回归方程,故又称为可线性化的曲线回归方程。

二、曲线回归方程的变换及相关指数的计算

对于上述 (1)、(2)、(3) 类可线性化的曲线回归方程,主要是通过简单的变量换元,化曲线回归方程为直线回归方程,然后再采用最小平方法估计参数并进行一系列的计算。其换元过程和相关指数计算公式如表 8 - 3 所示:

表 8 - 3 换元过程和相关指数计算公式

原方程	方程代换	代换后方程	相关指数
$\hat{y} = b_0 + b_1 \frac{1}{x}$	$x' = \frac{1}{x}$	$\hat{y} = b_0 + b_1 x'$	$R = \dfrac{n \sum x'y - \sum x' \sum y}{\sqrt{n \sum x'^2 - \left(\sum x'\right)^2}\sqrt{n \sum y^2 - \left(\sum y\right)^2}}$
$\hat{y} = b_0 + b_1 \ln x$	$x' = \ln x$	$\hat{y} = b_0 + b_1 x'$	$R = \dfrac{n \sum x'y - \sum x' \sum y}{\sqrt{n \sum x'^2 - \left(\sum x'\right)^2}\sqrt{n \sum y^2 - \left(\sum y\right)^2}}$
$\hat{y} = b_0 + b_1 x + b_2 x^2$	$x' = x^2$	$\hat{y} = b_0 + b_1 x$ $+ b_2 x'$	$R = \sqrt{1 - \dfrac{\sum y^2 - b_0 \sum y - b_1 \sum xy - b_2 \sum x'y}{\sum y^2 - n\left(\bar{y}\right)^2}}$
$\hat{y} = b_0 b_1^{x}$	$\ln \hat{y} = \ln b_0$ $+ x\ln b_1$ $\hat{y} = \ln y ; A =$ $\ln b_0 ; B = \ln b_1$	$\hat{y} = A + Bx$	$R = \dfrac{n \sum xy - \sum x \sum y}{\sqrt{n \sum x^2 - \left(\sum x\right)^2}\sqrt{n \sum y^2 - \left(\sum y\right)^2}}$

【例8-5】某商店1991—2000年商品流通费用率和商品零售额资料如下：

表8-4 直线换元法计算表

年份	商品流通费用率（%）y	商品零售额（百万元）x	$x' = \dfrac{1}{x}$	$x'y$	x'^2	y^2
2001	7.0	10.2	0.098 0	0.686 3	0.009 61	49.00
2002	6.2	11.7	0.085 5	0.529 9	0.007 31	38.44
2003	5.8	13.0	0.076 9	0.446 2	0.005 92	33.64
2004	5.3	15.0	0.066 7	0.353 3	0.004 44	28.09
2005	5.0	16.5	0.060 6	0.303 0	0.003 67	25.00
2006	4.6	19.0	0.052 6	0.242 1	0.002 77	21.16
2007	4.5	22.0	0.045 5	0.204 5	0.002 07	20.25
2008	4.4	25.0	0.040 0	0.176 0	0.001 60	19.36
2009	4.2	28.5	0.035 1	0.147 4	0.001 23	17.64
2010	4.0	32.0	0.031 3	0.125 0	0.000 98	16.00
合计	51.0	192.9	0.592 1	3.213 7	0.039 60	268.58

要求：根据上述资料，绘制相关图，配合适当的回归方程分析商品零售额与流通费用率的关系；若2012年该商店商品零售额为41.25百万元，试对2012年该商品流通费用作出点预测。

解：（1）绘制相关图。设商品流通费率为y，商品零售额为x，建立直角坐标，绘制相关图（图略），由散点图形看出，随着商品零售额的增加，流通费用率有不断下降的趋势，呈双曲线形状。

（2）建立双曲线回归方程：

$$\hat{y} = b_0 + b_1 \frac{1}{x} \qquad 令\ x' = \frac{1}{x}$$

得：$\hat{y} = b_0 + b_1 x'$

（3）估计参数。列表计算有关数据，见表8-6，由计算结果得：

$$b_1 = \frac{n \sum x'y - \sum x' \sum y}{n \sum x'^2 - \left(\sum x'\right)^2} = \frac{10 \times 3.213\ 7 - 0.592\ 1 \times 51.0}{10 \times 0.039\ 60 - 0.592\ 1^2} = \frac{1.939\ 9}{0.045\ 4} = 42.729\ 1$$

$$b_0 = \frac{\sum y}{n} - b_1 \frac{\sum x'}{n} = \frac{51.0}{10} - 42.729\ 1 \times \frac{0.592\ 1}{10} = 2.570\ 0$$

得双曲线回归方程为：$\hat{y} = 2.570\ 0 + 42.729\ 1x$

（4）计算相关指数：

$$R = \frac{n \sum x'y - \sum x' \sum y}{\sqrt{n \sum x'^2 - \left(\sum x'\right)^2}\ \sqrt{n \sum y^2 - \left(\sum y\right)^2}}$$

$$= \frac{1.939\ 9}{\sqrt{0.045\ 4}\ \sqrt{10 \times 268.58 - 51.0^2}}$$

$$= 0.988\ 7$$

（5）显著性检验。取显著性水平 $\alpha = 0.05$，自由度 $= n - m = 10 - 2 = 8$，查相关系数临界值表得：$R_{0.05}(8) = 0.632$。由于商品零售额增加，流通费用率呈下降趋势，两者之间为负相关关系，相关指数取负值为 $-0.988\ 7$。因为 $|R| > R_{0.05}(8)$，故在 $\alpha = 0.05$ 显著性水平上，检验通过，说明两变量之间相关关系显著，用双曲线回归方程拟合数列进行预测是可靠的。

（6）预测。将 2012 年该商店零售额 41.25 百万元代入方程，得 2001 年该商店流通费用率为：

$$\hat{y} = 2.570\ 0 + 42.729\ 1 \times \frac{1}{41.25} = 3.61$$

故 2012 年该商店商品流通费用总额点预测值为 148.912 5（41.25×3.61）百万元。

第五节　应用相关与回归分析应注意的问题

在应用相关与回归分析时，一般应分为定性分析与定量分析两个阶段。所谓定性分析就是依据经济理论、专业知识和实践经验进行分析。在定性分析中应注意下列问题。

一、相关与否要以定性分析为前提

在应用相关与回归分析时，首先要分析判明拟分析的变量之间确有相互依存关系，然后才能转入定量分析。不能不加分析地将两个或两个以上的变量资料凑合在一起进行定量分析，这样常常会得出虚假相关的结论。例如，有人将历年捕鲸量资料与股票价格指数资料凑合在一起，得出负相关的结论；有人将卷烟销售量资料与人的平均寿命资料凑合在一起，得出正相关的结论等。这些结论显然是非常荒谬的。

二、回归分析要正确确定自变量和因变量

在现实经济生活中，经济现象之间客观上存在着各种各样的有机联系，因此，我们研究某一经济现象的客观运动规律时，经过理论分析，总是可以找到影响这一现象变化的一个或几个主要因素。例如，研究工业总产值的变化时，可以发现它与职工人数、固定资产原值、流动资金和耗电量等因素有关，那么，工业总产值是因变量，而后者均为自变量。一般来说，当单独进行相关分析时，可以不区分因变量与自变量，但是，当相关与回归分析结合运用时，却一定要区分因变量与自变量，且因变量与自变量在回归方程中的地位不能倒置。

三、要选用正确的数学表达式

为了客观地反映经济现象之间的有机联系，在相关与回归分析中备有多种可供选择的

定量分析数学表达式，这就产生了如何根据经济现象的客观联系选用正确的数学表达式问题。一般来说，在经济理论、专业知识和实践经验的基础上，还需借助于相关图法，判明相关与回归的性质，然后选用正确的数学表达式。此外，在复相关与复回归分析中，既要注意选用与因变量关系密切的变量作自变量，又要在众多的自变量中进行筛选，留用自变量之间关系不密切的变量，舍弃关系密切的变量，以防止多重共线性的发生。

四、要注意回归分析应用的范围和条件

利用数学表达式取得的回归方程，均是根据一定范围内的有限资料计算的。一般来说，其有效性只适用于该范围内，不适用于该范围外，即只适宜用于内插推算，不宜用于外推预测。但是，随着现代科学，尤其是经济计量学的产生和发展，各种预测检验方法的进一步完善，为回归方程的外推预测奠定了良好的理论基础。因此，根据经济现象之间的客观联系建立起来的回归方程，通过相关系数的显著性检验，在一定的概率保证程度下，可作近期预测，若经过其他预测检验法的检验，也可作较长期的预测。

第六节　Excel 相关与回归分析

Excel 具有强大的相关与回归分析功能，为了更好地结合实例，本章将 Excel 相关与回归分析内容分别在【例8-1】和【例8-4】中阐述，第六节只列出节，具体内容请参见【例8-1】和【例8-4】。

思考题

1. 什么是相关关系？相关关系与函数关系有何区别与联系？
2. 什么是回归分析与相关分析？两者有何区别与联系？
3. 相关关系有哪些种类？
4. 回归方程有哪些种类？
5. 相关与回归分析有何作用？
6. 相关与回归分析一般分哪几个步骤？
7. 一元线性回归分析有哪些特点？
8. 在一元线性回归方程 $y = b_0 + b_1 x$ 中，参数 b_0 和 b_1 的几何意义与经济意义各是什么？
9. 单相关分析有哪些特点？
10. 因变量 y 的总变差、回归变差和剩余变差分别反映什么问题？
11. 什么是一元线性回归分析的估计标准误差？它有何作用？
12. 什么是复相关与复回归分析？
13. 什么是 R 检验、F 检验和 t 检验？它们各自有何作用？
14. 可决系数 R^2 与校正可决系数 $\overline{R^2}$ 有何关系？

15. F 统计量与可决系数 R^2 有何换算关系？

16. 什么是曲线相关与曲线回归分析？

17. 应用相关与回归分析应注意哪些问题？

18. 某工业企业某种产品产量与单位成本资料如下：

年份	2003	2004	2005	2006	2007	2008	2009	2010
产品产量（万件）	2	3	4	3	4	5	6	7
单位成本（元/件）	73	72	71	73	69	68	66	65

要求：

（1）根据上述资料，绘制相关图，判别该数列相关与回归的种类。

（2）配合适当的回归方程。

（3）根据回归方程，指出每当产品产量增加 1 万件时，单位成本变动如何？

（4）计算相关系数，在显著性水平 $\alpha = 0.05$ 时，对回归方程进行显著性检验。

（5）计算估计标准误差。

（6）当产量为 8 万件时，在 95.45% 的概率保证程度下，对单位成本作区间估计。

19. 某地区 40 个企业的工业生产固定资产原值和平均每昼夜原材料加工量资料如下：

序号	固定资产（万元）	平均每昼夜原料加工量（万吨）	企业数
1	300	0.5	2
2	400	0.5	6
3	400	0.7	3
4	500	0.5	2
5	500	0.7	5
6	500	0.9	7
7	600	0.7	2
8	600	0.9	2
9	600	1.1	3
10	700	0.9	1
11	700	1.1	7

要求：

（1）试根据上述资料，配合一元线性回归方程。

（2）计算相关系数，在显著性水平 $\alpha = 0.05$ 时，对回归方程进行显著性检验。

20. 现有如下数据：$n = 7$，$\sum x = 1\,890$，$\sum y = 31.3$，$\sum x^2 = 535\,500$，$\sum y^2 = 174.15$，$\sum xy = 9\,318$。

要求：

（1）根据上述数据，试确定 y 与 x 的一元线性回归方程。

（2）计算相关系数，在显著性水平 $\alpha = 0.01$ 时，对回归方程进行显著性检验。

（3）计算估计标准误差。

（4）在 95.45% 的概率保证程度下，试确定该方程的置信区间。

21. 某企业按某产品的产量（吨）与生产费用（万元）之间的相关关系求得一元线性回归方程，据方程式有：（1）产量每增 1 吨，生产费用将增加 2 万元；（2）当产量为 6 吨时，生产费用将为 16 万元，试确定该一元线性回归方程。

又知该产品产量数列的方差为 9，生产费用数列的方差为 49，试求该产品产量与生产费用之间的相关系数。

22. 某企业某产品 2001—2010 年利润与单位成本统计数据如下：

年份	利润率（%）	单位成本（元/件）	年份	利润率（%）	单位成本（元/件）
2001	9	100	2006	16	79
2002	10	95	2007	17	75
2003	11	88	2008	20	70
2004	13	84	2009	22	68
2005	15	80	2010	25	66

要求：

（1）根据上述数据，绘制相关图，判别该数列相关与回归的种类。

（2）配合适当的回归方程。

（3）在显著性水平 $\alpha = 0.01$ 时，对回归方程进行显著性检验。

（4）若该企业 2011 年产品单位成本降至 60 元/件，产量为 8 万件时，预期可获多少利润？

23. 某市 1979—2000 年主要百货商店营业额，在业人员总收入和当年竣工住宅面积的统计数据如下：

年份	营业额（亿元）	在业人员总收入（亿元）	当年竣工住宅面积（百万米²）	年份	营业额（亿元）	在业人员总收入（亿元）	当年竣工住宅面积（百万米²）
2000	8.2	76	9.0	2006	12.2	116	6.2
2001	8.3	78	7.8	2007	13.7	129	10.8
2002	8.6	80	5.5	2008	15.5	148	18.4
2003	9.0	83	5.0	2009	18.3	183	15.7
2004	9.4	85	10.8	2010	23.3	210	32.5
2005	9.4	88	3.5	2011	27.3	249	45.5

试对该市统计数据进行复相关与复回归分析；若该市在业人员总收入和当年竣工住宅面积在 2011 年的基础上分别增长 15% 和 17%，在 95.45% 的概率保证程度下，对该市 2012 年主要百货商店营业额作区间估计。

第九章 时间数列指标与波动的测定

统计不仅要从静态角度分析社会经济现象的数量特征，而且要从动态角度分析社会经济现象的数量特征。我们可以通过对社会经济现象的数量方面在不同时间上表现出来的各具体值，作比较分析和平均分析，以探索社会经济现象发展变化的过程及其规律性。本章着重阐述时间数列的概念、方法及其动态分析指标。

第一节 时间数列概述

一、时间数列的概念

社会经济现象总是随着时间的推移而变化的。任何一个经济研究机构、企业管理部门或国家机关要掌握社会活动或经济活动的变化过程及其发展趋势，都必须及时掌握和分析有关的时间数列资料。所谓时间数列，亦称为动态数列或时间序列（Time Series），就是指将表明社会现象在不同时间发展变化的某种指标数值，按时间先后顺序排列而形成的数列。例如，将某省 2005—2010 年的国内生产总值、第三产业产值、国内生产总值中第三产业比重、职工人数和职工年平均工资依年份远近排列形成的数列就是时间数列，见表 9－1。

表 9－1 某省 2005—2010 年有关社会经济指标表

年份	国内生产总值（亿元）	第三产业产值（亿元）	国内生产总值中第三产业比重（%）	职工人数（万人）	职工年平均工资（元）
2005	4 516.63	1 579.98	34.98	879.84	7 117.00
2006	5 733.97	1 988.24	34.67	911.90	8 250.00
2007	6 519.14	2 318.06	35.56	904.07	9 127.00
2008	7 315.51	2 680.87	36.65	897.32	9 698.00
2009	7 919.12	2 922.23	36.90	884.80	10 233.00
2010	8 464.31	3 178.69	37.55	857.07	11 309.00

时间数列由两个基本要素构成：一个是资料所属的时间，另一个是在一定时间条件下的统计指标数值。

时间数列中通常用 t 来表示时间序号，时间数列中的变量值通常用 a_t 或 y_t 来表示，a_t

或 y_t 亦称为时间数列的发展水平。

在编制时间数列的基础上，可以通过计算分析指标来进行比较分析；还可以建立经济计量模型，进行现象变动的趋势分析和预测。因此，时间数列是对社会经济现象进行动态分析和预测的基础数据。

二、时间数列的种类

时间数列按其所排列的指标值的性质不同，可分为绝对数时间数列、相对数时间数列和平均数时间数列。绝对数时间数列是基本数列，其余两种时间数列是根据绝对数时间数列计算出来的派生数列。

（一）绝对数时间数列

绝对数时间数列，是指由一系列同类的总量指标数值所构成的时间数列。它反映事物在不同时间上的规模、水平等总量特征。由于绝对数有时期数与时点数之分，因此，绝对数时间数列也相应地有时期数列和时点数列之分。

时期数列和时点数列各有其特点，平均发展水平算法不同。

1. 时期数列

时期数列，是指由反映某种社会经济现象在一段时期内发展过程累计量的总量指标所构成的绝对数时间数列。例如，表 9-1 中的国内生产总值时间数列即为一个时期数列。

在时期数列中，时间单位的长度称为时期。两个相邻时期间的距离称为时期间隔。在连续而不断的时期数列中，时期间隔的长度等于时期长度。如表 9-1 中的国内生产总值时间数列的时期与间隔均为 1 年。时期与间隔可以为日、周、旬、月、季、年，甚至若干年，其长短应根据统计研究的目的要求而定。为编制和检查短、近期计划及进行短、近期预测服务，采用的时期与间隔宜短；为编制和检查中长期计划及进行中长期预测服务，采用的时期与间隔宜长。

时期数列的特点是：时期数列中各项指标值反映现象在一段时期内发展过程的总量；各项指标值随着现象的发展进程进行连续登记，因而各项指标值可以相加，相加后的指标值反映现象在更长时期内发展过程的总量；每项指标值的大小与其所包括的时间长短有直接关系，时期长则指标值大，时期短则指标值小，因此，其时期间隔一般应该相等。

2. 时点数列

时点数列，是指由反映某种现象在一定时点（瞬间）上的发展状况的总量指标所构成的绝对数时间数列。例如，表 9-1 中的职工人数时间数列即为一个时点数列。

在时点数列中，每一时点指的都是一瞬间，因此无时点长度。相邻两个时点间的距离，称为时点间隔。时点间隔的长短，决定于所研究现象变动的快慢。对一些变动频繁的现象，间隔宜短。如企业职工人数、流动资金余额、商品库存量等，可以月、季为间隔，每月月末或每季季末统计一次。对一些变动较小、比较稳定的现象，间隔可适当长一些。如学校数、企业数、耕地面积、设备台数等，可以年为间隔，每年年末统计一次。

时点数列的特点是：时点数列中各项指标值反映现象在一定时点上的发展状况；各项指标值只能按时点所表示的瞬间进行不连续登记，相加无实际经济意义，因而不能直接相加；各项指标值的大小，与其时点间隔的长短没有直接关系。

（二）相对数时间数列

相对数时间数列，是指由一系列同类的相对指标数值所构成的时间数列。它可以反映社会经济现象数量对比关系的发展过程。它包括：由两个时期数列对比所形成的相对数时间数列，由两个时点数列对比所形成的相对数时间数列，以及由一个时期数列和一个时点数列对比所形成的相对数时间数列。例如，表9－1中的"国内生产总值中第三产业比重"，就是由"第三产业产值"与"国内生产总值"这两个时期数列对比而形成的。相对数时间数列反映事物数量关系的发展变化动态，由于各期相对数的对比基数不同，故其各项水平数值不能直接相加。

（三）平均数时间数列

平均数时间数列，是指由一系列同类的平均数指标数值所构成的时间数列。它可以反映社会经济现象一般水平的发展变化过程。例如，表9－1中的"职工年平均工资"时间数列即为平均数时间数列。这类动态数列可以揭示研究对象一般水平的发展趋势和发展规律。平均数时间数列中各项水平数值也不能直接加总。

上述三种时间数列，不是彼此孤立的。由于社会经济现象的复杂性和相互联系性，在很多情况下，为了全面地分析事物的发展变化过程，必须将各项时间数列结合起来运用。

三、编制时间数列的原则

编制时间数列的目的在于通过数列中各项指标值对比，说明社会经济现象的发展过程和规律性。因此，为了保证同一时间数列中指标值的可比性，即数列中前后各项指标值可以相互比较，应遵守以下几个基本编制原则：

（一）时间长短应该可比

由于时期数列数值的大小，同时期长短成正比。时期愈长指标值愈大，反之则愈小。因此，时期数列中各项指标值所属的时期长短应该前后一致才能对比；如果时期长短不同，应进行必要的调整。关于时期间隔，为了便于对比分析，间隔最好相等，也可以编制间隔不等的数列。例如，可将1978、1980、1985、1990、1995、2000、2005、2010各年的国内生产总值编成一个数列。

对于时点数列来说，则不存在指标值所属时间长短问题，只要求注意时点间隔是否一致即可。由于时点数列指标值的大小与时点间隔的长短没有直接关系，其时点间隔虽然可以不一致，但是为了明显地反映社会经济现象发展变化的规律性，时点间隔也应力求一致。

（二）总体范围大小应该一致

总体范围，是指时间数列指标值所包括的地区范围、隶属关系范围等。在进行时间数列分析时，要查明所依据的指标值总体范围是否前后一致。只有范围一致才能对比，如有变动应进行必要的调整。

（三）指标的经济内容应该相同

一般来说，只有同质的现象才能进行动态对比，才能表明现象发展变化的过程及趋势。因此，保证各期指标经济内容的一致性就十分必要。例如，"对农民出售农业生产资料"，现在算批发，但以前算零售，将批发、零售指标作前后对比时，就要进行调整。

（四）指标的计算方法和计量单位应该一致

各个指标的计算方法如果不一致，也不便于动态对比。指标数值的计量单位也应该一致，否则也不可比。例如，劳动生产率指标，有按职工总数计算的，也有按生产工人数计算的；有按总产值、净产值计算的，也有按国内生产总值或国民生产总值计算的。必须前后一致，不可混杂。

第二节　时间数列的水平分析指标

对时间数列所反映事物的变动情况的描述，可以采用一系列动态分析指标。动态分析指标基本上有两类：一类是现象发展的水平指标，如发展水平、平均发展水平；另一类是现象发展的速度指标，如发展速度、平均发展速度。

一、发展水平与平均发展水平

（一）发展水平

发展水平，是指时间数列中的每一具体指标值。它反映某种社会经济现象在一定时期或时点所达到的规模或水平，如表 9 - 1 中五个指标各年的数值反映了这五种现象在不同时间的发展水平。发展水平通常用 a_i 表示。a_0，a_1，$\cdots$，a_n 是时间数列中各个时期或时点的发展水平。其中，a_0 是最初水平，a_n 是最末水平，中间各项是中间各时期或各时点的水平。在动态对比时作为对比基础时期的水平，叫基期水平；所要分析的时期（与基期相比较的时期）的水平，叫报告期水平或计算期水平。发展水平的这些不同名称，随着研究目的的不同而有所改变。

（二）平均发展水平

平均发展水平，是指将不同时间的发展水平加以平均而得到的平均数，因是不同时间的、动态上的平均，故又叫做序时平均数或动态平均数。序时平均数与前面所讲的一般平均数都反映现象的一般水平，但两者之间却有区别。一般平均数是根据同一时期总体标志总量与总体单位总量对比求得的，是根据变量数列计算的，从静态上说明总体某个数量标志的一般水平；序时平均数则是根据时间数列中不同时间的指标值的总和与时间的项数对比求得的，是根据时间数列计算的，从而说明某一现象在不同时间数值的一般水平。

在动态分析中，利用序时平均数分析社会经济现象的动态变化具有很重要的作用：用它可以反映社会经济现象在一段时间内所达到的一般水平，并对其作出概括的说明；用它可以消除现象在短期内波动的影响，便于观察现象的发展趋势和规律；用它还可以对不同单位、不同地区等在某一段时间内某一事物的一般水平进行比较。

序时平均数可以根据各种时间数列进行计算，由于时间数列中指标的性质不同，故有下列不同的计算方法：

1. 绝对数时间数列的序时平均数

绝对数时间数列包括性质不同的时期数列和时点数列，其序时平均数的计算方法也因之不同。

（1）时期数列的序时平均数。同一时期数列中各项指标值所属时期的长短相等，可以直接将各项指标值相加除以项数，用简单算术平均法计算序时平均数。其计算公式为：

$$\bar{a} = \frac{a_1 + a_2 + a_3 + \cdots + a_n}{n} = \frac{\sum\limits_{i=1}^{n} a_i}{n} \tag{9.1}$$

式中，$\bar{a}$ 为序时平均数，a_i 为各个时期的发展水平，n 为时期数。

【例9-1】根据表9-1中的国内生产总值数列，计算各年度的平均国内生产总值。

解：根据（9.1）式得：

$$\bar{a} = \frac{4\,516.63 + 5\,733.97 + 6\,519.14 + 7\,315.51 + 7\,919.12 + 8\,464.31}{6}$$

$$= 6\,744.78 \text{（亿元）}$$

（2）时点数列的序时平均数。时点数列的序时平均数，根据掌握资料的不同而有不同的计算方法：

①根据每日时点资料计算序时平均数。在掌握整个研究时期中每日资料的情况下，序时平均数的计算方法与时期数列相同，即将每日数字相加再除以日数，用简单算术平均法计算序时平均数。例如，工厂根据每天的出勤人数计算一个月的平均每天出勤人数，即可用此法。这种方法计算的平均发展水平是最准确的。其计算公式为：

$$\bar{a} = \frac{\sum\limits_{i=1}^{n} a_i}{n} \tag{9.2}$$

式中，a_i 为各时点发展水平，n 为指标项数（天数）。

如果我们掌握了一段时期中每次变动的资料，就可以将每一资料所存在的日数作为权数，对各时点指标值加权，用加权算术平均法来计算序时平均数。其公式为：

$$\bar{a} = \frac{\sum\limits_{i=1}^{n} a_i f_i}{\sum\limits_{i=1}^{n} f_i} \tag{9.3}$$

式中，a_i 为每次变动的时点水平，f_i 为各时点水平所持续的间隔长度（天数）。

【例9-2】某种商品的零售价格，自6月11日起从70元调整为50元，直至月底再无变化，试计算该商品6月份平均零售价格。

解：根据（9.3）式得：

$$\bar{a} = \frac{70 \times 10 + 50 \times 20}{10 + 20} = 56.67 \text{（元）}$$

②根据间隔相等的时点资料计算序时平均数。在掌握间隔相等的时点资料的情况下，计算序时平均数，可以用简单算术平均法，先依次将相邻两个时点指标值相加除以"2"，得到两个时点指标值的序时平均数；然后再将这些序时平均数进行简单算术平均，就可以

计算出整个时点数列的序时平均数。

【例9-3】某工业企业 2010 年 7—10 月各月初产品库存额资料如表 9-2 所示，试计算第三季度产品平均库存额。

表 9-2　某工业企业 2010 年 7—10 月各月初产品库存额

时间	7月1日	8月1日	9月1日	10月1日
库存额（万元）	20.00	16.00	18.00	17.60

解：月平均库存额 $= \dfrac{\text{当月初库存额} + \text{当月末（下月初）库存额}}{2}$

7 月份平均库存额 $= \dfrac{20+16}{2} = 18.00$（万元）

8 月份平均库存额 $= \dfrac{16+18}{2} = 17.00$（万元）

9 月份平均库存额 $= \dfrac{18+17.6}{2} = 17.80$（万元）

季平均库存额 $= \dfrac{\text{该季各月平均库存额之和}}{3}$

第三季度产品平均库存额 $= \dfrac{18+17+17.8}{3} = 17.60$（万元）

将上面两个步骤加以合并简化，可以写成：

第三季度产品平均库存额 $= \dfrac{\dfrac{20+16}{2} + \dfrac{16+18}{2} + \dfrac{18+17.6}{2}}{3}$

$$= \dfrac{\dfrac{20}{2} + 16 + 18 + \dfrac{17.6}{2}}{4-1}$$

$$= 17.60 \text{（万元）}$$

通过以上计算，我们可以得出一个计算间隔相等时点数列序时平均数的一般公式。如以 a_1，a_2，$\cdots$，a_n 代表各时点水平，n 代表项数，则其计算公式为：

$$\bar{a} = \dfrac{\dfrac{a_1}{2} + a_2 + a_3 + \cdots + \dfrac{a_n}{2}}{n-1} \tag{9.4}$$

时点数列的序时平均数 $= \dfrac{\dfrac{1}{2}\text{首项数值} + \text{第二项数值} + \cdots + \dfrac{1}{2}\text{末项数值}}{\text{项数} - 1}$

根据时间间隔相等的时点数列计算序时平均数的方法，是假定现象在各个时点之间的变动是均匀的，但是实际上并不完全如此，所以计算的序时平均数只能是近似值。由于间隔愈短，误差愈小，因此，为了使序时平均数能基本反映实际情况，时点数列的间隔不宜过长。

③根据间隔不等时点资料计算序时平均数。在掌握间隔不等时点资料的情况下，可用

不同的时点间隔长度作为权数，用加权算术平均法计算序时平均数。其公式为：

$$\bar{a} = \frac{\dfrac{a_1 + a_2}{2}f_1 + \dfrac{a_2 + a_3}{2}f_2 + \cdots + \dfrac{a_{n-1} + a_n}{2}f_{n-1}}{\sum\limits_{i=1}^{n-1} f_i} \tag{9.5}$$

式中，f_i 为各时点间隔长度。

【例 9-4】某镇 2010 年各统计时点的人口数如表 9-3 所示，试计算该镇 2010 年的年平均人口数。

表 9-3　某镇 2010 年各统计时点的人口数

统计时点	1月1日	4月1日	7月1日	11月1日	12月31日
人口数（万人）	14.35	15.20	16.10	17.50	18.77

解：根据（9.5）式得：

$$\bar{a} = \frac{\dfrac{14.35 + 15.20}{2}\times3 + \dfrac{15.20 + 16.10}{2}\times3 + \dfrac{16.10 + 17.50}{2}\times4 + \dfrac{17.50 + 18.77}{2}\times2}{3 + 3 + 4 + 2}$$

$$= 16.23 \text{（万人）}$$

2. 相对数时间数列和平均数时间数列的序时平均数

相对数和平均数时间数列的序时平均数是由两个绝对数时间数列对比形成的。由于各相对数和平均数的分母不同，不能直接将不同时间的相对数或平均数相加来计算序时平均数，而应根据时期数列和时点数列序时平均数的求法，分别求出构成相对数和平均数时间数列的子项和母项数列的序时平均数，然后将它们对比求出相对数和平均数时间数列的序时平均数。其基本计算公式为：

$$\bar{c} = \frac{\bar{a}}{\bar{b}} \tag{9.6}$$

式中，$\bar{a}$ 为分子数列的序时平均数，$\bar{b}$ 为分母数列的序时平均数，$\bar{c}$ 为相对数或平均数时间数列的序时平均数。

根据表 9-1 中的资料，试求 2005—2010 年某省国内生产总值中第三产业的平均比重。

解：设第三产业的产值为 a，国内生产总值为 b，国内生产总值中第三产业的比重为 c。则：

$$\bar{a} = \frac{\sum\limits_{i=1}^{n} a_i}{n} = \frac{1\,579.98 + 1\,988.24 + 2\,318.06 + 2\,680.87 + 2\,922.23 + 3\,178.69}{6}$$

$$= 2\,444.68 \text{（亿元）}$$

$$\bar{b} = \frac{\sum\limits_{i=1}^{n} b_i}{n} = \frac{4\,516.63 + 5\,733.97 + 6\,519.14 + 7\,315.51 + 7\,919.12 + 8\,464.31}{6}$$

$$= 6\,744.78 \text{（亿元）}$$

根据（9.6）式得：

$$\overline{c} = \frac{\overline{a}}{\overline{b}} = \frac{2\ 444.68}{6\ 744.78} = 36.25\%$$

二、增长量与平均增长量

(一) 增长量

增长量，是指时间数列中计算期水平与基期水平之差，说明社会经济现象在一定时期内增减变化的绝对量。按对比选择的基期不同，增长量可分为逐期增长量和累计增长量两种。逐期增长量是各期水平与上一期水平之差，表明各计算期比上一时期逐期增减变动的绝对数量；累计增长量是各期水平与某一固定基期水平之差，表明在较长一段时期内累计增减的绝对数量。以公式表示为：

累计增长量：$a_1 - a_0$, $a_2 - a_0$, $a_3 - a_0$, $\cdots$, $a_n - a_0$ (9.7)

逐期增长量：$a_1 - a_0$, $a_2 - a_1$, $a_3 - a_2$, $\cdots$, $a_n - a_{n-1}$ (9.8)

从上述公式中，可以看出这两种增长量之间具有一定的数量关系，即累计增长量等于相应各个逐期增长量之和，即

$$a_n - a_0 = (a_1 - a_0) + (a_2 - a_1) + (a_3 - a_2) + \cdots + (a_n - a_{n-1}) \tag{9.9}$$

【例 9-5】2005—2010 年某省海关进出口总额资料如表 9-4 所示，试计算其增长量。

表 9-4　2005—2010 年某省海关进出口总额　　　　单位：亿美元

年份	2005	2006	2007	2008	2009	2010
进出口总额	1 039.72	1 099.60	1 301.20	1 297.98	1 403.54	1 701.08

解：根据 (9.7) 和 (9.8) 式，计算 2005—2010 年某省海关进出口总额的增长量，如表 9-5 所示。

表 9-5　2005—2010 年某省海关进出口总额的增长量计算表　单位：亿美元

年份	2005 a_0	2006 a_1	2007 a_2	2008 a_3	2009 a_4	2010 a_5
发展水平：产量	1 039.72	1 099.60	1 301.20	1 297.98	1 403.54	1 701.08
增长量：累计	—	59.88	261.48	258.26	363.82	661.36
逐期	—	59.88	201.60	-3.22	105.56	297.54

按表中资料计算，2005—2010 年某省海关进出口总额的逐期增长量之和为：

$59.88 + 201.60 + (-3.22) + 105.56 + 297.54 = 661.36$（亿美元）

这个数值等于 2005—2010 年的累计增长量 661.36 亿美元。

此外，对于受季节因素影响较明显的社会经济指标，为了排除季节变化的影响，还可计算年距增长量。它是报告期某月（季）水平与上年同月（季）水平之差，说明经济现象是经过一年增减变化的绝对量。

(二) 平均增长量

平均增长量是指逐期增长量的简单算术平均数，说明经济现象在一段较长时间内，平

均每期增减变化的数量。其计算公式为：

$$平均增长量 = \frac{逐期增长量之和}{逐期增长量个数}$$

$$= \frac{(a_1 - a_0) + (a_2 - a_1) + \cdots + (a_n - a_{n-1})}{n}$$

$$= \frac{累计增长量}{n} = \frac{a_n - a_0}{n} \tag{9.10}$$

式中，n 为逐期增长量个数，也即资料项数减 1。

根据表 9 – 4 的资料，得到 2005—2010 年某省海关进出口总额的平均增长量为：

$$\frac{59.88 + 201.60 + (-3.22) + 105.56 + 297.54}{5}$$

$$= \frac{661.36}{5} = 132.27 \text{（亿美元）}$$

第三节　时间数列的速度分析指标

一、发展速度与增长速度

（一）发展速度

发展速度，是指计算期发展水平与基期发展水平之比，表示计算期水平已达到或相当于基期水平之多少，反映了某种社会经济现象在一定时期内发展的方向和速度，通常用倍数或百分数表示。根据对比的基期不同，发展速度可以分为定基发展速度与环比发展速度。定基发展速度是时间数列中计算期发展水平与固定基期发展水平之比，说明某种社会经济现象在较长时期内总的发展方向和速度，亦称为总速度。环比发展速度是时间数列中计算期发展水平与前期发展水平之比，说明某种社会经济现象的逐期发展方向和速度。用公式表示为：

$$定基发展速度：\frac{a_1}{a_0}, \frac{a_2}{a_0}, \frac{a_3}{a_0}, \cdots, \frac{a_n}{a_0} \tag{9.11}$$

$$环比发展速度：\frac{a_1}{a_0}, \frac{a_2}{a_1}, \frac{a_3}{a_2}, \cdots, \frac{a_n}{a_{n-1}} \tag{9.12}$$

不难看出，定基发展速度与环比发展速度存在一定的数量关系：相邻若干个环比发展速度的连乘积等于相应的定基发展速度，相邻两个定基发展速度之商等于相应的环比发展速度。

（二）增长速度

增长速度，是指计算期增长量与基期发展水平之比，说明社会经济现象在一定时期内增减的快慢程度，通常也用百分数或倍数表示。由于采用的基期不同，可分定基增长速度和环比增长速度两种。用公式表示为：

$$定基增长速度：\frac{a_1 - a_0}{a_0}, \frac{a_2 - a_0}{a_0}, \frac{a_3 - a_0}{a_0}, \cdots, \frac{a_n - a_0}{a_0}$$

或 $$\frac{a_1}{a_0} - 1, \ \frac{a_2}{a_0} - 1, \ \frac{a_3}{a_0} - 1, \ \cdots, \ \frac{a_n}{a_0} - 1 \tag{9.13}$$

环比增长速度：$\dfrac{a_1 - a_0}{a_0}, \ \dfrac{a_2 - a_1}{a_1}, \ \dfrac{a_3 - a_2}{a_2}, \ \cdots, \ \dfrac{a_n - a_{n-1}}{a_{n-1}}$

或 $$\frac{a_1}{a_0} - 1, \ \frac{a_2}{a_1} - 1, \ \frac{a_3}{a_2} - 1, \ \cdots, \ \frac{a_n}{a_{n-1}} - 1 \tag{9.14}$$

由此可见，增长速度等于发展速度减1。当计算期水平高于基期水平时，发展速度大于1或100%，增长速度为正值，表示现象增长的程度，亦称增长率。当计算期水平低于基期水平时，发展速度小于1或100%，增长速度为负值，表示现象降低的程度，亦称降低率。

【例9-6】根据表9-4中2005—2010年某省海关进出口总额的数列，计算各年的环比发展速度和环比增长速度，以及以2005年为基期的定基发展速度和定基增长速度。

解：根据（9.11）、（9.12）、（9.13）及（9.14）式，可得计算结果如表9-6所示：

表9-6 2005—2010年某省海关进出口总额的发展速度计算表

年份		2005	2006	2007	2008	2009	2010
进出口总额（亿美元）		1 039.72	1 099.60	1 301.20	1 297.98	1 403.54	1 701.08
发展速度（%）	定基	100.00	105.76	125.15	124.84	134.99	163.61
	环比	—	105.76	118.33	99.75	108.13	121.20
增长速度（%）	定基	—	5.76	25.15	24.84	34.99	63.61
	环比	—	5.76	18.33	-0.25	8.13	21.20

定基增长速度不等于环比增长速度的连乘积，两者不能直接换算。若要根据若干个环比增长速度求相应的定基增长速度，需利用增长速度与发展速度之关系及两种发展速度之关系作变换计算。此外，对于季节因素影响较明显的社会经济指标，为了消除季节因素影响，还可计算年距发展速度和年距增长速度。年距发展速度是计算期某月（季）水平与上年同月（季）水平之比，或本年累计至某月（季）之水平与上年同期累计水平之比（俗称"同比"）；年距增长速度是年距增长量与上年同月（季）水平之比，或用年距发展速度减1计算。

二、平均发展速度与平均增长速度

平均发展速度，是指环比发展速度的序时平均数，说明某种社会经济现象在一段较长时期内逐期发展变化的平均速度。由于社会经济现象在各个时期所处的条件及影响其变化的因素不同，因而各时期的发展速度有差异，而平均发展速度通过对各个时期发展速度的平均，消除了差异，也消除了时期长短不同的影响，便于对社会经济现象不同历史时期发展变化速度进行比较，或对不同地区、不同国家的发展速度进行比较，它是进行统计分析和预测的必要依据。平均增长速度是平均发展速度的派生指标，它说明某种社会经济现象在一段较长时期内逐期平均增减变化的程度。两者之间的关系为：平均增长速度 = 平均发展速度 − 1。

在社会经济现象统计中，计算平均发展速度通常采用水平法和累计法两种。

（一）水平法

水平法又称几何平均法，它是用各期环比发展速度连乘积的几何平均法计算。其公式为：

$$\bar{x} = \sqrt[n]{x_1 \cdot x_2 \cdot x_3 \cdot \cdots \cdot x_n} = \sqrt[n]{\prod_{i=1}^{n} x_i} \tag{9.15}$$

式中，$\bar{x}$ 为平均发展速度，x_i 为环比发展速度（$i = 1, 2, \cdots, n$），$\prod$ 为连乘符号。

环比发展速度的连乘积等于定基发展速度。因此，平均发展速度亦可直接用定基发展速度（总速度）来计算，即

$$\bar{x} = \sqrt[n]{\frac{a_n}{a_0}} = \sqrt[n]{R} \tag{9.16}$$

式中，R 为定基发展速度。

【例 9 – 7】某地区 2010 年国内生产总值为 246 亿元，根据规划制订 2015 年要达到 365 亿元，试计算 2010—2015 年该地区国内生产总值的平均发展速度。

解：$a_0 = 246$ 亿元，$a_n = 365$ 亿元，$n = 5$

故根据（9.16）式，得：

$$\bar{x} = \sqrt[5]{\frac{a_n}{a_0}} = \sqrt[5]{\frac{365}{246}} = 108.21\%$$

用水平法计算平均发展速度的要求是按数列最初水平（a_0）和平均发展速度推算的最末水平等于实际的最末水平（a_n），即 $a_0 \bar{x}^n = a_n$。

由此可见，用水平法计算的平均发展速度取决于 a_0 和 a_n，并侧重于考察中长期计划期末发展水平。这种方法适用于诸如生产能力、国民生产总值、工资总额、劳动生产率等水平指标平均发展速度的计算。水平法可以直接用期末水平与期初水平资料计算，其优点是简单易算。但它忽略了中间各期水平，当中间各期水平波动很大时，水平法计算的平均发展速度的代表性就不高。

（二）累计法

累计法又称方程法。它是用高次方程法计算，其正根即为平均发展速度。其公式为：

$$\bar{x} + \bar{x}^2 + \bar{x}^3 + \cdots + \bar{x}^n = \frac{\sum_{i=1}^{n} a_i}{a_0} \tag{9.17}$$

由（9.17）式可见，计算过程不胜其烦。在实际工作中，已编有《平均增长速度查对表》一书，可根据年限和各年发展水平总和对基期水平的百分比（$\sum_{i=1}^{n} a_i / a_0$）直接查表求得平均发展速度。该表分递增速度和递减速度两部分，若 $\dfrac{\sum_{i=1}^{n} a_i}{a_0} / n > 100\%$，即从递增速

度部分查表；若 $\dfrac{\sum\limits_{i=1}^{n} a_i}{a_0}/n < 100\%$，则从递减速度部分查表。

表 9-7 　累计法查对表（节录）

平均每年增长（%）	各年发展水平总和为基期水平的百分比（%）				
	1 年	2 年	3 年	4 年	5 年
8.80	⋮	⋮	⋮	⋮	648.55
8.90	⋮	⋮	⋮	⋮	650.44
⋮	⋮	⋮	⋮		⋮
28.90	⋮	⋮	509.22	785.29	1 141.14
29.00	⋮	⋮	510.08	787.00	1 144.23

【例 9-8】某省 2005—2010 年普通高校毕业生人数见表 9-8，试计算该省 2005—2010 年普通高校毕业生人数的年平均发展速度。

表 9-8 　2005—2010 年某省普通高校毕业生人数

年份	2005	2006	2007	2008	2009	2010
毕业生人数（万人）	10.00	11.00	12.00	13.50	14.00	14.50

解：$a_0 = 10$（万人），$\sum\limits_{i=1}^{5} a_i = 65$（万人），则 $\sum\limits_{i=1}^{5} a_i/a_0 = 65/10 = 650\%$。

由于 $650\%/5 > 100\%$，故从递增部分查表。查表 9-7 中 5 年期限一列，可知 650% 介于 648.55% 与 650.44% 之间，顺水平方向从表中第一列可查得平均增长速度为 8.80% 与 8.90%，即该省 2005—2010 年普通高校毕业生人数的年平均发展速度在 108.80% 与 108.90% 之间。利用内插法可得更具体的数值，计算过程如下：

$$\frac{650\% - 648.55\%}{650.44\% - 648.55\%} = \frac{t}{8.9\% - 8.8\%}$$

$$t = \frac{1.45\% \times 0.1\%}{1.89\%} = 0.08\%$$

故 5 年的平均发展速度为 $100\% + (8.80\% + 0.08\%) = 108.88\%$。

用累计法计算平均发展速度的要求是按数列最初水平（a_0）和平均发展速度推算的各期水平的累计数要等于各期实际发展水平的累计数，即 $a_0 (\bar{x} + \bar{x}^2 + \cdots + \bar{x}^n) = \sum\limits_{i=1}^{n} a_i$。

由此可见，用方程法计算平均发展速度，侧重于考察中长期计划各期水平的总和，亦即计划期间的累计总量。这种方法适用于计算基本建设投资额、新增固定资产额、住宅建筑面积、造林面积等指标的平均发展速度。

三、计算和运用速度指标应注意的问题

对于大多数时间数列，特别是有关社会经济现象的时间数列，我们经常利用速度来描述其发展的数量特征。尽管速度的计算与分析都比较简单，但现实生活中仍存在误用乃至

滥用速度指标的现象。因此，在用速度分析实际问题时，应注意以下两方面的问题：

（1）如果时间数列中的指标值有 0 或负数，则不宜用几何平均法计算平均发展速度。

（2）速度指标与发展水平指标要结合运用。速度指标是相对数，其数值大小取决于报告期和基期两个发展水平，有时速度很快，但增长量甚小；有时速度虽慢，但增长量颇大。基数小时，速度就可能较快，基数大时，速度就可能较慢。因此，当我们观察和研究问题时，不能只看速度，必须同时考察发展水平和增长量，把两者结合起来，才能避免片面性。统计上把增长速度和增长量结合起来的指标，就是增长百分之一的绝对值。其计算公式为：

$$增长\ 1\%\ 的绝对值 = \frac{逐期增长量}{环比增长速度} = \frac{前期水平}{100} \tag{9.18}$$

例如，1949 年我国钢产量只有 16 万吨，增长 1% 只有 1 600 吨，可是到 1998 年，我国钢产量已达 11 559 万吨，增长 1% 就是 115.59 万吨，后者是前者的 720 多倍，前后两个增长速度的经济意义显然不可同日而语。

增长 1% 的绝对值这一指标，不仅可用于比较同一事物不同时期增长速度的经济意义，还可用于比较不同国家、不同地区、不同单位之间同一事物增长速度所隐含的不同经济意义。这对我们正确评价和处理速度与效益的关系是颇有好处的。

第四节　时间数列波动的基本理论

一、时间数列波动分析的意义

时间数列，是指社会经济现象发展过程中的数量表现，隐含着社会经济现象发展变化的规律。为了认识和掌握这些规律，我们必须对时间数列进行深入分析，以便鉴往知来，预测事物发展的前景，为各级领导制定政策与计划、实行科学管理提供有效的咨询服务。

二、时间数列的因素分析

社会经济现象的性质多种多样，发展的时空条件千差万别，影响事物发展的具体原因不可胜数。但就共同规律而言，一般可归纳为长期趋势、季节变动、周期波动和随机波动四个因素。

（一）长期趋势

长期趋势，是指受事物发展的根本原因制约而形成的事物在一段较长时期内持续增长或持续下降的基本趋势。尽管在这个时期内，事物的发展仍有波动，但基本趋势不变。如股票市场的"牛市"和"熊市"。

（二）季节变动

季节变动，是指由于自然条件、社会条件的影响，社会经济现象在 1 年内随着季节的转变而引起的周期性变动。例如，农产品收购、农业生产资料和其他季节性商品的销售、几大节日的客运量等，就有明显的季节性，而且年复一年地有规律地变动。

季节变动一般以 1 年为周期，此外，有的季节现象是以 1 日、1 周、1 月为周期而发生变动的，亦称为准季节变动。例如，市内公共汽车的乘客，早晨逐渐增多，上、下班时间达到高峰，入夜以后逐渐减少，是以1日为周期的变动；市内商店的顾客、影剧院的售票，星期六和星期日最多，是以1周为周期的变动；由于机关、团体、企业习惯在月初发工资，因此，银行活期储蓄存款月初增加、月末减少，是以1月为周期变动的。

（三）周期波动

周期波动，是指社会经济现象以若干年为周期呈波浪式的变动。例如，股票市场由牛市到熊市的周期再到下一个牛市与熊市的周期；资本主义经济由危机、萧条、复苏、繁荣的一个周期再到下一个危机、萧条、复苏、繁荣的周期。虽然每一个周期可能长短不同，但盛衰起伏周而复始。事物的周期变动，也是由事物发展的内在原因决定的。

（四）随机波动

随机波动，是指由于天灾、人祸、战乱等意外因素的影响而产生的变动。

长期趋势、季节变动和周期波动都有一定的规律性，可以用统计方法加以测定，随机波动是无规律性的不规则变动，难以测定，一般可作为误差项处理。

社会经济现象的发展变化，都是上述四种因素的全部或部分变动影响的结果。在现实生活中，有些社会经济现象无循环变动，以年为单位的时间数列无季节变动。因此，时间数列预测分析应从实际出发，实际包含分解和测定几个因素。

三、时间数列预测分析的基本原理

时间数列预测分析的基本原理是，在长期趋势、季节变动、周期波动和随机波动四种因素中，先剔除其余几种因素的影响来测定一种因素变动的影响，然后再结合起来测定各种因素变动的综合影响。进行时间数列预测分析，首先要了解各种因素的结构类型。以 Y 代表时间数列的指标值，T 代表长期趋势，S 代表季节变动，C 代表周期波动，I 代表随机波动。各种因素的结构类型如下：

（一）乘法型

乘法型，是指时间数列由各种因素相乘的乘积所形成的结构类型。其关系式为：

$$Y = T \times S \times C \times I \tag{9.19}$$

进行分析时，一般是先测定长期趋势值 T，用长期趋势去除时间数列，即可得出消除长期趋势影响的时间数列：

$$\frac{Y}{T} = S \times C \times I$$

进一步测定季节变动值 S，再用季节变动去除时间数列，即可得出消除长期趋势和季节变动影响的时间数列：

$$\frac{Y}{T \times S} = C \times I$$

将只包含周期波动和随机波动影响的时间数列，加以移动平均，即可测得周期波动影响值 C。

如果时间数列不含周期波动因素的影响，则：

$$\frac{Y}{T \times S} = I$$

当消除长期趋势和季节变动影响后，其数值接近于 1 时，则时间数列受周期波动和随机波动的影响可略而不计；如果其数值和 1 有较大的离差，还要进一步测定周期波动和随机波动。

如果是以年为时间单位的时间数列，则不包含季节变动因素的影响，其关系式为：

$$Y = T \times C \times I$$

（二）加法型

加法型，是指时间数列由各种因素相加的总和所形成的结构类型。其关系式为：

$$Y = T + S + C + I \tag{9.20}$$

根据上列关系式，要测定某种因素的影响，将时间数列减去其余因素即可。如果是以年为时间单位的时间数列，则不包含季节变动的影响。其关系式为：

$$Y = T + C + I$$

（三）乘加型

乘加型，是指时间数列由有关因素分别相乘之后再相加的总和所形成的结构类型。它是上述两种结构类型的综合和折中。其关系式为：

$$Y = T \times S + C \times I \tag{9.21}$$

由于长期趋势和季节变动属于常态现象，实践上将两者的结合 $T \times S$ 称为标准变动。时间数列扣除标准变动影响后，所剩余的就是周期波动和随机波动，因而两者的结合称为剩余变动。

以年为时间单位的时间数列，其乘加型的关系式为：

$$Y = T + C \times I$$

对于一个具体时间数列，要分解为几个影响因素，采用何种结构类型，应根据研究对象的性质、研究目的和所掌握的资料来确定。

第五节 Excel 时间数列波动的测定

时间数列是指以时间次序排列起来的统计数据。影响时间数列波动的具体原因很多，一般归纳为长期趋势 T、季节变动 S、周期波动 C 和随机波动 I。如前所述，时间数列波动模型一般可以分为：乘法型 $Y_{it} = T_{it} S_{it} C_{it} I_{it}$，加法型 $Y_{it} = T_{it} + S_{it} + C_{it} + I_{it}$，乘加型 $Y_{it} = T_{it} S_{it} + C_{it} I_{it}$。本节将结合一个实例，阐述时间数列波动模型的因素分解，并用 Excel 统计软件进行具体测算。

【例9－9】某市啤酒厂 2006—2011 年各季度的啤酒销售量数据如图 9－1 所示。试用乘法模型分解长期趋势、季节变动、周期波动和随机波动，并对 2012—2013 年各季度该厂啤酒销售量进行预测。

	A	B	C	D	E
1	年份	季度			
2		1	2	3	4
3	2006	38	48	56	39
4	2007	45	57	63	45
5	2008	44	59	75	53
6	2009	45	59	77	56
7	2010	44	63	83	57
8	2011	47	65	81	62

图 9 - 1 某市啤酒厂 2006—2011 年啤酒销售量（万桶）

解：先作啤酒销售量趋势曲线图，从图 9 - 1 可以看出，该市啤酒厂 2006—2011 年啤酒销售量受到长期趋势、季节变动、周期波动和随机波动的影响，可拟合乘法模型 $Y_{it} = T_{it}S_{it}C_{it}I_{it}$。

Excel 计算表如图 9 - 2 所示：

年份	季度				合计
	1	2	3	4	
2006	38	48	56	39	181
2007	45	57	63	45	210
2008	44	59	75	53	231
2009	45	59	77	56	237
2010	44	63	83	57	247
2011	47	65	81	62	255
合计	263	351	435	312	1361
平均	43.8333	58.5000	72.5000	52.0000	56.7083
季节指数	0.7730	1.0316	1.2785	0.9170	4.0000

图 9 - 2 季节指数计算表

（1）计算长期趋势 T。在图 9 - 3 中，将第②列啤酒销售量 Y 除以第③列季节指数 S，然后，将消除季节指数的时间数列作回归，得回归方程 $T = 46.4964 + 0.8068x$，将第①列时间编号带入回归方程，得第⑤列长期趋势 T。

（2）计算周期波动 C。在图 9 - 3 中，将第④列数据除以第⑤列数据，得第⑥列数据周期及随机波动 CI，再将第⑥列数据用首尾折半法作五项移动平均 MA（⑥），得第⑦列数据周期波动 C。

（3）计算随机波动 I。在图 9 - 3 中，将第⑥列数据除以第⑤列数据，得第⑧列数据随机波动 I。

（4）预测。在图 9 - 3 中，将第③、⑤、⑦和⑧数据相乘，即可得第⑨列数据预测值。

在预测时需要注意的是：第一，因为我们不能预先确定 2012 年及 2013 年的随机波动因素，所以，可将未来年份各季度的随机波动 I 调整为 1.0000。第二，周期及随机波动 CI、周期波动 C，均取最后一个循环周期的数值。

— 182 —

2012 年第 1 季度预测值 $y_{12.01} = T_{it}C_{it}S_{it}I_{it}$

$$= (46.4964 + 0.8068x_{12.01})\ S_{12.01}C_{12.01}I_{12.01}$$

$$= (46.4964 + 0.8068 \times 25) \times 0.7730 \times 1.0016 \times 1.0000$$

$$= 52(万桶)$$

同理，2012 年第 2 季度至 2013 年第 4 季度该厂啤酒销售量见图 9 - 3。

	A	B	C	D	E	F	G	H	I	J
1	年/季	时间编号	啤酒销售量(Y)	季节指数(S)	季节分离后序列（Y/S）	回归预测值T	周期及随机波动(CI)	周期波动(C)	随机波动(I)	预测值(Y)=TSCI
2	标号	①	②	③	④=②/③	⑤	⑥=④/⑤	⑦=MA(⑥)	⑧=⑥/⑦	⑨=③⑤⑦⑧
3	2006/1	1	38	0.7730	49.16	47.30	1.0392			
4	2	2	48	1.0316	46.53	48.11	0.9672			
5	3	3	56	1.2785	43.80	48.92	0.8954	0.9534	0.94	56
6	4	4	39	0.9170	42.53	49.72	0.8553	0.9811	0.87	39
7	2007/1	5	45	0.7730	58.21	50.53	1.1521	1.0010	1.15	45
8	2	6	57	1.0316	55.25	51.34	1.0763	1.0161	1.06	57
9	3	7	63	1.2785	49.28	52.14	0.9450	1.0134	0.93	63
10	4	8	45	0.9170	49.07	52.95	0.9268	0.9982	0.93	45
11	2008/1	9	44	0.7730	56.92	53.76	1.0588	1.0090	1.05	44
12	2	10	59	1.0316	57.19	54.56	1.0482	1.0361	1.01	59
13	3	11	75	1.2785	58.66	55.37	1.0594	1.0442	1.01	75
14	4	12	53	0.9170	57.80	56.18	1.0288	1.0322	1.00	53
15	2009/1	13	45	0.7730	58.21	56.98	1.0216	1.0209	1.00	45
16	2	14	59	1.0316	57.19	57.79	0.9896	1.0169	0.97	59
17	3	15	77	1.2785	60.23	58.60	1.0278	1.0072	1.02	77
18	4	16	56	0.9170	61.07	59.41	1.0280	0.9991	1.03	56
19	2010/1	17	44	0.7730	56.92	60.21	0.9453	1.0033	0.94	44
20	2	18	63	1.0316	61.07	61.02	1.0008	1.0016	1.00	63
21	3	19	83	1.2785	64.92	61.83	1.0500	0.9988	1.05	83
22	4	20	57	0.9170	62.16	62.63	0.9924	0.9979	0.99	57
23	2011/1	21	47	0.7730	60.80	63.44	0.9584	0.9859	0.97	47
24	2	22	65	1.0316	63.01	64.25	0.9807	0.9807	1.00	65
25	3	23	81	1.2785	63.36	65.05	0.9739	0.9991	0.97	81
26	4	24	62	0.9170	67.61	65.86	1.0266	1.0033	1.02	62
27	2012/1	25		0.7730		66.67	1.0500	1.0016	1.00	52
28	2	26		1.0316		67.47	0.9924	0.9988	1.00	70
29	3	27		1.2785		68.28	0.9584	0.9979	1.00	87
30	4	28		0.9170		69.09	0.9807	0.9859	1.00	62
31	2013/1	29		0.7730		69.89	0.9739	0.9807	1.00	53
32	2	30		1.0316		70.70	1.0266	0.9991	1.00	73
33	3	31		1.2785		71.51	1.0500	1.0033	1.00	92
34	4	32		0.9170		72.31	0.9924	1.0016	1.00	66

图 9 - 3 某市啤酒厂 2006—2011 年啤酒销售量计算

思考题

1. 简述时间数列的概念、作用及种类。

2. 什么是时期数列和时点数列？两者有什么特点和区别？

3. 编制时间数列应遵循哪些原则？

4. 什么是发展水平、增长量、平均增长量、发展速度、增长速度和增长1%的绝对值？定基发展速度和环比发展速度、发展速度和增长速度的关系如何？

5. 一般平均数和序时平均数有什么不同点？

6. 怎样计算时间数列的平均发展水平指标？

7. 怎样计算时间数列的平均发展速度指标？

8. 根据下表中的已知资料，运用时间数列分析指标的相互关系，推算表中空缺的数字。

年份	钢产量（万吨）	累计增长量（万吨）	定基发展速度（%）	定基增长速度（%）
2005	8.20	—		
2006		1.50		
2007			131.80	
2008				30.80
2009				41.20
2010			150.50	

9. 运用时间数列指标的相互关系，根据已知资料，推算表中空缺的数字。

年份	销售额（万元）	逐期增长量（万元）	环比发展速度（%）	环比增长速度（%）	增长1%的绝对值（万元）
2005	100.8	—	—	—	—
2006		10.20			
2007			110.50		
2008				11.30	
2009					
2010		14.20			2.46

10. 已知某企业2010年各月总产值、职工人数资料如下表所示：

月份	1	2	3	4	5	6	7	8	9	10	11	12
1. 总产值（万元）	168	204	80	184	182	188	200	202	200	198	201	205

（续上表）

月份	1	2	3	4	5	6	7	8	9	10	11	12
2. 月初职工人数（人）	200	196	200	206	210	210	220	222	212	216	218	229
其中：生产工人人数（人）	136	120	136	144	150	150	156	158	154	152	153	158

注：2011 年 1 月初职工人数为 230 人，其中生产工人为 160 人。

试根据上述资料：

（1）计算 2010 年各季的月平均总产值和全年的月平均总产值。

（2）计算 2010 年全年平均职工人数。

（3）计算 2010 年月平均全员劳动生产率、全年平均全员劳动生产率和全年职工构成指标。

（4）根据有关时间数列分析指标，分别对企业上半年、下半年的变化作出分析评价。

11. 已知某企业制造 A 产品的单位成本资料如下表所示：

年份	2005	2006	2007	2008	2009	2010
成本水平（元）	12.80	13.00	12.40	12.10	11.80	11.60

试计算 A 产品成本水平逐期降低量、逐期降低率和平均每年递减率。

12. 某企业 2010 年的增加值为 4 000 万元，计划到 2015 年增加值要达到 10 000 万元。试计算：

（1）每年应以怎样的增长速度进行生产，才能达到预定的计划目标？

（2）如果希望提前两年完成计划，则每年的增长速度应比原来提高多少？

（3）如果按新的增长速度继续生产，到 2015 年该企业的增加值应为多少？

13. 已知某地区国内生产总值最近 5 年的环比增长速度依次为 8.20%、8.80%、8.98%、10.50% 和 10.83%，试计算该地区 5 年的平均增长速度。若该地区要实现国内生产总值翻两番，那么需要多少时间？

第十章　统计指数

第一节　指数的概念、分类和作用

一、指数的概念

统计指数有广义和狭义之分。

广义的指数是指反映事物现象特征变动或差异程度的相对数，是对事物现象特征进行比较分析的一种相对比率，包括一切动态相对数、计划完成相对数和某些比较相对数。

狭义的指数是一种特殊的相对数，它反映的是由不同度量的事物所构成的特殊总体的变动或差异程度，如物价指数、成本指数、产量指数等。需要特别强调的是，狭义指数所反映的对象是一类特殊的总体，如不同产品的总产量、不同商品的总价格水平等。不同的产品或商品有着不同的属性和计量单位，它们是不同度量的事物，不能直接相加，要反映它们某一方面特征的综合变动，就必须设法找到某种同度量因素（权数）将它们变得可以相加。通常统计指数理论和方法中强调的指数概念都是指狭义指数，但实际应用中指数的概念则不限于此。

二、指数的分类

（一）个体指数和总指数

指数按照所反映对象或研究范围的不同可以分为个体指数和总指数。

个体指数是指反映个体现象或个别事物的变动或差异的相对数，如某种产品的产量指数、某种商品的价格变动指数等，属于广义指数的范畴。

总指数是指反映特殊复杂总体综合变动或差异程度的相对指标，是前述的狭义指数，在许多场合下又可直接称为综合指数。

（二）数量指标指数和质量指标指数

按照反映事物现象特征的指标的性质和作用的差异，可以将指数分为数量指标指数和质量指标指数。

数量指标是指反映研究事物或现象的规模、尺寸等绝对数量特征的指标；而质量指标是指反映事物现象的性质、质量或效益水平等质量特征（相对数量特征）的指标，如产品的价格、单位成本、企业的劳动生产率等等。数量指标指数和质量指标指数就是分别反映事物现象数量特征和质量特征变动或差异程度的相对数。

（三）动态指数和静态指数

按照指数所反映事物现象特征表现变动或差异的时间状态的不同，可以分为动态指数和静态指数。

动态指数又称为时间指数，由不同时间段或时刻点上的指标值对比形成，用以反映事物现象特征表现随着时间的发展变动状况。动态指数按照对比基期的不同，可以分为定基指数和环比指数。如1978—2011年中国大陆GDP环比指数序列或以1978年为基期的定基指数序列。

静态指数是指反映除时间外其他因素引起的事物现象的特征表现对比关系的指数，具体包括空间指数、计划完成情况（生产进度）指数和特征差异指数等。空间指数如居民消费价格地区差异指数；特征差异指数如进出口商品比价指数等。

（四）加权综合指数和加权平均指数

总指数按照计算编制方法的不同可以分为加权综合指数和加权平均指数。综合指数是指通过同度量因素的媒介作用将不能直接加总的个体或项目的指标值加权后加总然后进行对比得到的指数；平均指数则是寻找合适的权重对个体指数进行加权计算平均数得到的指数。实际上综合指数和平均指数都是反映复杂事物现象总体特征综合变动的总指数，其本质是一致的，只是计算思路不同，但通过数学公式的变换，其形式也可以变得相同，所以平均指数也可以称为综合指数。

三、指数的作用

统计指数其实也是一种统计指标，用以反映事物现象特征表现的差异或变动情况。按照前述指数的定义和分类，编制和构建统计指数，就可以对所关注的事物现象的特征表现进行分析和研究了。

（一）可以分析简单或复杂事物现象的特征表现的变动方向和程度

例如通过编制某市场的全部商品的价格总指数、销售量总指数和销售额指数，反映由多种商品组成的复杂总体的价格、销售量以及销售额的变动方向和程度。

（二）可以对复杂事物现象特征综合变动方向和程度进行因素分析

如前所述，综合指数往往是通过数量指标与质量指标合成之后对比形成的，这就是所谓的指数体系。按照指数理论和方法，可以根据指数体系的因素分析法来分析复杂事物现象特征综合变动中各个影响因素的贡献。

（三）可以分析事物现象特征表现在空间上的差异程度

这种统计指数就是通常所说的空间指数，例如，可以比较各个地区的消费物价水平差异的指数。

（四）可以反映事物现象之间的某些特征差异或比例关系

例如工农产品综合比价指数、贸易条件指数等。

（五）可以分析事物现象特征的长期变化趋势

例如借助连续编制的动态指数形成的环比指数序列或定基指数序列，可以反映现象特征表现在长时间的变化动态趋势。若把同期间相互联系的几种指数序列加以比较分析，可进一步认识现象特征之间的计量关系。

（六）可以对多指标复杂事物现象进行综合测度和评价

例如可以构建国家创新指数对一国自主创新能力进行评价，可以构建人类发展指数来对国家或地区的社会经济发展状况进行综合测评等。

第二节　综合指数

一、综合指数的产生和发展

综合指数是指用同度量因素将不可加总的个体指标加权之后加总起来进行不同时间或不同空间的对比来反映复杂事物现象特征综合变动的指数，其基本思想是"先加总，再对比"。综合指数最早的应用就是研究物价的综合变动。可以说，指数理论是从研究物价变动中产生和发展起来的。

最先研究市场物价变动的是英国的利斯·吴恒，1650 年，他选择了谷、畜、鱼、布、菜等商品，研究这些商品在 1352 年至 1650 年的价格变动情况，这就是物价指数的萌芽。

1738 年，法国调查员杜托首创了简单综合法（$\sum p_1 / \sum p_0$），研究了路易十四时期与路易十二时期相比较的物价变动，编制了世界上第一个物价指数，从而成为物价指数的创始人。但是，这种简单综合法将各种商品的价格简单加总之后进行报告期和基期水平的对比，有着显而易见的不合理之处：首先，各种商品计量单位和使用价值不一样，其价格并不具备直接可加性；其次，各种商品在市场上的销售量和销售额不一样，即在市场中的地位和影响力不一样，因此将各种商品价格一视同仁其实有失偏颇。

1864 年，德国统计学家拉斯贝尔（E. Laspeyres）首创了加权综合法，提出了以基期商品交易量为权数的物价指数公式（$\overline{K}_p = \sum p_1 q_0 / \sum p_0 q_0$），简称拉氏物价指数。1874 年，德国的另一位统计学家帕许（H. Paasche）提出了以报告期商品交易量为权数的物价指数公式（$\overline{K}_p = \sum p_1 q_1 / \sum p_0 q_1$），简称帕氏价格指数。

由于按照基期商品交易量 q_0 和报告期商品交易量 q_1 加权得到的综合指数结果有差别，因而产生了"权偏误"之争。1887—1890 年，英国人马歇尔（A. Marshall）和艾奇沃斯（F. Y. Edgeworth）创造了"中间权数"，即以基期交易量和报告期交易量之算术平均数为权数。

1901 年和 1912 年，美国经济学家沃尔什（G. M. Walsh）和庇古（P. C. Pigou）先后提出以拉氏指数和帕氏指数的简单几何平均数来计算物价指数。后来，美国统计学家费雪（Irving Fisher）比较验证了其所具有的优良性质之后，将其命名为理想指数，也有人因此称此指数为费雪指数。

此外，还有主张以若干时期销售量的平均数或某个时期的销售量（既非基期又非报告期）为固定权数［如英国经济学家杨格（A. Young）］来计算物价指数。

下面将详细介绍综合指数的各种编制方法。

二、综合指数的编制方法

（一）指数化因素和同度量因素

运用综合法编制总指数，无论是数量指标指数还是质量指标指数，都由两个因素构成：一个是指数化因素，即通过指数去反映其变化或差异程度的因素，如物价指数中的价格，物量指数中的物量；另一个就是同度量因素，即将复杂总体中不同度量不能加总的指标转化为可以同度量并可以加总的指标的媒介因素，如物价指数中的销售量以及物量指数中的价格，它们将不可直接相加的价格和销售量都转化成为用货币单位表示的可以相加的销售额。

（二）基期加权综合指数（拉氏指数）

基期加权综合指数就是前述拉斯贝尔的做法，即用同度量因素（指标）的基期水平加权来计算综合指数，又称为拉氏指数，简记为 L。

如前述，拉氏物价指数以基期的销售量为权数，得到计算公式

$$L_p = \frac{\sum p_1 q_0}{\sum p_0 q_0} \tag{10.1}$$

它表示若仍然购买与基准期相同数量和结构的商品的前提下物价综合变动的程度。分母 $\sum p_0 q_0$ 是基期实际的销售额，分子 $\sum p_1 q_0$ 是基期销售量按照报告期价格计算的假定销售额。分子与分母之差 $\sum p_1 q_0 - \sum p_0 q_0$ 表明按照基期的销售量标准因物价变动而引起的销售额增减的金额。

类似地，拉氏物量指数以基期的产品价格为权数，得到计算公式为

$$L_q = \frac{\sum p_0 q_1}{\sum p_0 q_0} \tag{10.2}$$

它表示在物价水平不变的前提下物量（销售量或产量）综合变动的程度。此时分母含义同上，分子 $\sum p_0 q_1$ 是按照基期价格计算的报告期假定的销售额或产值。分子与分母之差额 $\sum p_0 q_1 - \sum p_0 q_0$ 表明因销售量（或产量）的变动而使销售额或产值变动的金额。

【例10-1】假设某农贸市场只销售大米、食油和猪肉三种商品，其2010年和2011年的相关销售价格和销售量资料参见表10-1。试根据所给资料计算该市场2011年相对于2010年的拉氏价格指数和拉氏销售量指数，并分析因价格变动和销售量变动引起的销售额的变动。

解：根据所给资料，利用基期销售量作为同度量因素计算拉氏价格指数如下：

$$L_p = \frac{\sum p_1 q_0}{\sum p_0 q_0} = \frac{100}{68} = 147.06\%$$

这表明，该农贸市场三种商品2011年相对于2010年价格平均上升了47.06%。

利用基期价格作为同度量因素计算拉氏销售量指数如下：

$$L_q = \frac{\sum p_0 q_1}{\sum p_0 q_0} = \frac{56.5}{68} = 83.09\%$$

这表明，该农贸市场三种商品 2011 年相对于 2010 年销售量平均下降了 16.91%。

进一步可以进行销售额变动的绝对量分析：

$$\sum p_1 q_0 - \sum p_0 q_0 = 100 - 68 = 32(千元)$$

$$\sum p_0 q_1 - \sum p_0 q_0 = 56.5 - 68 = -11.5(千元)$$

即按照拉氏指数算法，由于价格增长使得该农贸市场销售额增加了 3.2 万元，由于销售量下降使得销售额下降了 1.15 万元。

表 10 - 1 　某农贸市场产品销售资料

商品	计量单位	价格（元/单位）		销售量		销售额（千元）			
		p_0	p_1	q_0	q_1	$p_0 q_0$	$p_1 q_1$	$p_0 q_1$	$p_1 q_0$
大米	公斤	6	8	2 000	2 500	12	20	15	16
食油	瓶	50	60	400	350	20	21	17.5	24
猪肉	市斤	12	20	3 000	2 000	36	40	24	60
合计	—	—	—	—	—	68	81	56.5	100

（三）报告期加权综合指数（帕氏指数）

报告期加权综合指数就是前述帕许的做法，即用同度量因素（指标）的报告期水平加权来计算综合指数，又称为帕氏指数，简记为 P。

帕氏物价指数以报告期的销售量为权数，得到计算公式

$$P_p = \frac{\sum p_1 q_1}{\sum p_0 q_1} \tag{10.3}$$

它表示在保持与报告期相同数量和结构的商品的前提下物价综合变动的程度。分子 $\sum p_1 q_1$ 是报告期实际的销售额，分母 $\sum p_0 q_1$ 是以报告期销售量计算的基准期的假定销售额。分子与分母之差额 $\sum p_1 q_1 - \sum p_0 q_1$ 是按照报告期的销售量标准因物价变动而引起的销售额增减的金额。

类似地，帕氏物量指数以报告期的产品价格为权数，得到计算公式为

$$P_q = \frac{\sum p_1 q_1}{\sum p_1 q_0} \tag{10.4}$$

它表示在物价保持在报告期水平不变的前提下物量（销售量或产量）综合变动的程度。此时分子含义同上，分母 $\sum p_1 q_0$ 是按照报告期价格计算的基准期假定的销售额。分子与分母之差额 $\sum p_1 q_1 - \sum p_1 q_0$ 表明假设价格保持在报告期水平而因销售量的变动使得销售额增减变动的金额。

【例10-2】根据【例10-1】所给资料计算该市场2011年相对于2010年的帕氏价格指数和帕氏销售量指数，并分析因价格变动和销售量变动引起的销售额的变动。

解：根据所给资料，利用报告期销售量作为同度量因素计算帕氏价格指数如下：

$$P_p = \frac{\sum p_1 q_1}{\sum p_0 q_1} = \frac{81}{56.5} = 143.36\%$$

这表明，该农贸市场三种商品2011年相对于2010年价格平均上升了43.36%。

利用报告期价格作为同度量因素计算帕氏销售量指数如下：

$$P_q = \frac{\sum p_1 q_1}{\sum p_1 q_0} = \frac{81}{100} = 81.00\%$$

这表明，该农贸市场三种商品2011年相对于2010年销售量平均下降了19%。

进一步可以进行销售额变动的绝对量分析：

$$\sum p_1 q_1 - \sum p_0 q_1 = 81 - 56.5 = 24.5(千元)$$

$$\sum p_1 q_1 - \sum p_1 q_0 = 81 - 100 = -19(千元)$$

即按照帕氏指数算法，由于价格增长使得该农贸市场销售额增加了2.45万元，由于销售量下降使得销售额下降了1.9万元。

（四）中间加权指数和理想指数

1. 中间加权指数

中间加权指数就是前述马歇尔和艾奇沃斯主张的以指标的基准期和报告期水平的算术平均数为权数来计算的综合指数，可以简称马艾指数，简记为 E。马艾物价指数和物量指数分别为：

$$E_p = \sum p_1 \frac{(q_1 + q_0)}{2} / \sum p_0 \frac{(q_1 + q_0)}{2} = \frac{\sum p_1 q_1 + \sum p_1 q_0}{\sum p_0 q_1 + \sum p_0 q_0} \qquad (10.5)$$

$$E_q = \sum q_1 \frac{(p_1 + p_0)}{2} / \sum q_0 \frac{(p_1 + p_0)}{2} = \frac{\sum p_1 q_1 + \sum p_0 q_1}{\sum p_1 q_0 + \sum p_0 q_0} \qquad (10.6)$$

【例10-3】按照【例10-1】的数据资料，可以得到该农贸市场的马艾物价和物量指数分别为：

$$E_p = \frac{\sum p_1 q_1 + \sum p_1 q_0}{\sum p_0 q_1 + \sum p_0 q_0} = \frac{81 + 100}{56.5 + 68} = 145.38\%$$

$$E_q = \frac{\sum p_1 q_1 + \sum p_0 q_1}{\sum p_1 q_0 + \sum p_0 q_0} = \frac{81 + 56.5}{100 + 68} = 81.85\%$$

2. 理想指数

如前所述，理想指数又称为费雪指数（简记为 F），是拉氏指数和帕氏指数的几何平均数。

费雪物价指数公式：$F_p = \sqrt{\dfrac{\sum p_1 q_0}{\sum p_0 q_0} \times \dfrac{\sum p_1 q_1}{\sum p_0 q_1}}$ 　　　　　　　　　（10.7）

费雪物量指数公式：$F_q = \sqrt{\dfrac{\sum p_1 q_1}{\sum p_1 q_0} \times \dfrac{\sum p_0 q_1}{\sum p_0 q_0}}$ 　　　　　　　　　（10.8）

【例10-4】按照【例10-1】的数据资料，可以得到该农贸市场的费雪物价和物量指数分别为：

$$F_p = \sqrt{\frac{\sum p_1 q_0}{\sum p_0 q_0} \times \frac{\sum p_1 q_1}{\sum p_0 q_1}} = \sqrt{L_p \times P_p} = \sqrt{1.470\,6 \times 1.433\,6} = 145.20\%$$

$$F_q = \sqrt{\frac{\sum p_1 q_1}{\sum p_1 q_0} \times \frac{\sum p_0 q_1}{\sum p_0 q_0}} = \sqrt{L_q \times P_q} = \sqrt{0.830\,9 \times 0.810\,0} = 82.04\%$$

（五）固定权数综合指数

固定权数综合指数由英国经济学家杨格（A. Young）提出，因此也称为杨格指数（简记为 Y）。此时同度量因素（指标）值既不固定在基准期也不固定在报告期，而是固定在一个研究者认为合适的特定时期水平上。具体公式如下：

$$Y_p = \frac{\sum p_1 q_n}{\sum p_0 q_n}$$ 　　　　　　　　　　　　　　　（10.9）

$$Y_q = \frac{\sum p_n q_1}{\sum p_n q_0}$$ 　　　　　　　　　　　　　　　（10.10）

式中，p_n 和 q_n 分别表示特定的价格和物量水平，可以是某个时间的水平，也可以是某些时期水平的平均数。由于固定权数综合指数的同度量因素一般不随比较时期的改变而改变，所以编制起来很方便，而且也便于观察现象的长期发展变化趋势。

综上，可以看到各种指数编制方法均有其特有的优势和缺点，比如马艾指数和理想指数虽然较好地避免了拉氏指数和帕氏指数较为极端的情况，但计算公式较为复杂，实际中并不经常采用。

统计实践中的惯常做法是，利用基期加权法计算物量指数，即通常采用拉氏物量指数；而利用报告期加权法计算物价指数，即通常采用帕氏物价指数。

第三节　平均指数

一、平均指数的概念

平均指数是总指数的另一种编制形式，是对个体指数进行加权平均计算得到的总指数，其基本思想是"先对比，后平均"。这里采用的平均方法主要是加权算术平均和加权调和平均两种。平均指数的编制过程一般遵循以下两个步骤：

1. 计算组成复杂总体的各个项目的个体指数

例如计算物价总指数时，首先计算含 k 项商品的复杂总体的各项商品的个体价格指数

$$K_{ip} = \frac{p_{i1}}{p_{i0}} \quad (i = 1, \cdots, k)；若要计算物量总指数，则首先计算各项商品的个体物量指数$$

$$K_{iq} = \frac{q_{i1}}{q_{i0}} \quad (i = 1, \cdots, k)。$$

2. 寻找合适的权重对个体指数进行加权得到总指数

在第一步中，各个体指数已经反映了复杂总体中各个项目的变动程度，但是要反映复杂总体特征的综合变动，就必须把这些个体指数合成起来。但显然不能将各个个体指数同等视之而进行简单平均，需要考虑各个项目在这个复杂总体中各自所占的地位和作用，即需要考虑给不同项目的变动指数以不同的权重。例如，在物价指数和物量指数的计算中，就可以考虑以基准期或报告期的某商品的销售额占全部商品销售额的比重作为对应的权重，分别是 $\dfrac{p_{i0}q_{i0}}{\sum p_{i0}q_{i0}}$ 和 $\dfrac{p_{i1}q_{i1}}{\sum p_{i1}q_{i1}}$。

二、加权算术平均指数

算术平均指数通常用 $\dfrac{p_{i0}q_{i0}}{\sum p_{i0}q_{i0}}$ 作为第 i 个个体指数的权重，由此得到物价和物量指数的公式如下：

$$I_p = \sum \left(K_p \frac{p_0 q_0}{\sum p_0 q_0} \right) = \sum \left(\frac{p_1}{p_0} \frac{p_0 q_0}{\sum p_0 q_0} \right) = \frac{\sum p_1 q_0}{\sum p_0 q_0} \tag{10.11}$$

$$I_q = \sum \left(K_q \frac{p_0 q_0}{\sum p_0 q_0} \right) = \sum \left(\frac{q_1}{q_0} \frac{p_0 q_0}{\sum p_0 q_0} \right) = \frac{\sum p_0 q_1}{\sum p_0 q_0} \tag{10.12}$$

通过上述公式数学变换可以看到，以基期销售额比重为权重的算术平均指数其本质上和拉氏综合指数是一样的，由此可见平均指数和综合指数是内在一致的。

【例10-5】利用【例10-1】所给资料，试计算该农贸市场的加权算术平均价格指数和销售量指数。

解：计算结果如表10-2所示：

表10-2　某农贸市场产品指数计算表

商品	计量单位	K_p（%）	K_q（%）	$p_0 q_0$（千元）	$p_0 q_0 / \sum p_0 q_0$
大米	公斤	133.33	125.00	12	0.18
食油	瓶	120.00	87.50	20	0.29
猪肉	市斤	166.67	66.67	36	0.53
合计	—	—	—	68	1.00

加权算术平均价格指数为：

$$I_p = \sum \left(K_p \frac{p_0 q_0}{\sum p_0 q_0} \right) = 133.33\% \times 0.18 + 120.00\% \times 0.29 + 166.67\% \times 0.53$$

$$= 147.13\%$$

加权算术平均销售量指数为:

$$I_q = \sum \left(K_q \frac{p_0 q_0}{\sum p_0 q_0} \right) = 125.00\% \times 0.18 + 87.50\% \times 0.29 + 66.67\% \times 0.53 = 83.21\%$$

三、加权调和平均指数

调和平均指数通常用 $\dfrac{p_{i1} q_{i1}}{\sum p_{i1} q_{i1}}$ 作为第 i 个个体指数的权数,这样得到物价和物量指数的公式如下:

$$I_p = \frac{1}{\sum \dfrac{1}{K_p} \dfrac{p_1 q_1}{\sum p_1 q_1}} = \frac{\sum p_1 q_1}{\sum \dfrac{1}{K_p} p_1 q_1} = \frac{\sum p_1 q_1}{\sum \dfrac{p_0}{p_1} p_1 q_1} = \frac{\sum p_1 q_1}{\sum p_0 q_1} \tag{10.13}$$

$$I_q = \frac{1}{\sum \dfrac{1}{K_q} \dfrac{p_1 q_1}{\sum p_1 q_1}} = \frac{\sum p_1 q_1}{\sum \dfrac{1}{K_q} p_1 q_1} = \frac{\sum p_1 q_1}{\sum \dfrac{q_0}{q_1} p_1 q_1} = \frac{\sum p_1 q_1}{\sum p_1 q_0} \tag{10.14}$$

通过上述公式数学变换可以看到,以报告期销售额比重为权数的调和平均指数其本质上和帕氏综合指数是一样的,由此可见平均指数和综合指数是内在一致的。

【例10-6】利用【例10-1】所给资料,试计算该农贸市场的加权调和平均价格指数和销售量指数。

解:计算结果如表10-3所示:

表10-3 某农贸市场产品指数计算表

商品	计量单位	K_p	K_q	$1/K_p$	$1/K_q$	$p_1 q_1$ (千元)	$\dfrac{p_1 q_1}{\sum p_1 q_1}$	$\dfrac{1}{K_p} \dfrac{p_1 q_1}{\sum p_1 q_1}$	$\dfrac{1}{K_q} \dfrac{p_1 q_1}{\sum p_1 q_1}$
大米	公斤	1.333 3	1.250 0	0.750 0	0.800 0	20	0.246 9	0.185 2	0.197 5
食油	瓶	1.200 0	0.875 0	0.833 3	1.142 9	21	0.259 3	0.216 0	0.296 3
猪肉	市斤	1.666 7	0.666 7	0.600 0	1.500 0	40	0.493 8	0.296 3	0.740 7
合计	—	—	—	—	—	81	1.000 0	0.697 5	1.234 5

加权调和平均价格指数为: $I_p = \dfrac{1}{\sum \dfrac{1}{K_p} \dfrac{p_1 q_1}{\sum p_1 q_1}} = \dfrac{1}{0.697\,5} = 143.37\%$

加权调和平均销售量指数为: $I_q = \dfrac{1}{\sum \dfrac{1}{K_q} \dfrac{p_1 q_1}{\sum p_1 q_1}} = \dfrac{1}{1.234\,5} = 81.00\%$

第四节　指数体系和因素分析

一、指数体系

指数体系是指在实际意义上有紧密联系、在数量上有严格关系的相互关联的指数所构成的系统，一般表现为一个总值指数等于两个或两个以上的因素指数的乘积。例如：

销售额指数 = 销售量指数 × 销售价格指数

销售利润额指数 = 销售量指数 × 销售价格指数 × 利润率指数

总成本指数 = 产品产量指数 × 单位成本指数

需要说明的是，这种严格等式关系并不是无条件的。以销售额指数体系为例，销售额指数是总值指数，因素指数分别是销售量指数和物价指数。要使得这个乘积等式成立，若一个因素指数是拉氏指数，另一个必须是帕氏指数。用数学公式表达如下：

销售额指数 = 拉氏数量指数 × 帕氏价格指数，即 $\dfrac{\sum p_1 q_1}{\sum p_0 q_0} = \dfrac{\sum p_0 q_1}{\sum p_0 q_0} \times \dfrac{\sum p_1 q_1}{\sum p_0 q_1}$

销售额指数 = 帕氏数量指数 × 拉氏价格指数，即 $\dfrac{\sum p_1 q_1}{\sum p_0 q_0} = \dfrac{\sum p_1 q_1}{\sum p_1 q_0} \times \dfrac{\sum p_1 q_0}{\sum p_0 q_0}$

另外，指数体系还给出了一个绝对额方面的变换关系。例如：

销售额变动 = 因销售量变动引起的销售额变动 + 因销售价格变动引起的销售额变动，即

$$\sum p_1 q_1 - \sum p_0 q_0 = \left(\sum p_0 q_1 - \sum p_0 q_0 \right) + \left(\sum p_1 q_1 - \sum p_0 q_1 \right)$$

或　$$\sum p_1 q_1 - \sum p_0 q_0 = \left(\sum p_1 q_0 - \sum p_0 q_0 \right) + \left(\sum p_1 q_1 - \sum p_1 q_0 \right)$$

由上可知，通过指数体系，可以对受多种因素影响的复杂总体从相对数和绝对数两个方面分析各个因素的影响程度。这也正是因素分析法的理论基础。

二、因素分析法

因素分析法，又称为连锁替代法或连环替代法，是在指数体系的基础上，分析受多个因素影响的总指标变动时，为了观察某一因素变动的影响而将其他因素固定下来，如此逐项替代，并分析对比替代前后的结果，从相对数和绝对数两个方面分析各影响因素对事物现象总体的影响。既然因素分析法是在指数体系的基础上进行的，需要注意以下几个方面的问题：

（1）一般可以考虑将影响总指标的因素指标分为数量指标和质量指标。当然，数量指标和质量指标的划分是相对的，可能会因条件的变化而变化，需要将这些指标放在特定的环境中来确定其实际意义。

（2）一般情况下，观察质量指标变动的影响时，需要将作为同度量因素的数量指标的水平固定在报告期，即用帕氏质量指标指数；而观察数量指标变动的影响时，需要将作为

同度量因素的质量指标的水平固定在基准期，即用拉氏数量指标指数。

（3）在多因素的连环替代分析中，各个因素应该按照一定的顺序排列，以防止错乱，并使各因素之变动成连环之势。因素指标的排列顺序一般可以按照数量指标×质量指标（数量指标）×质量指标等顺序进行，重点是考虑相邻指标相乘之后的实际含义。例如在研究企业利润额变动时，其影响因素的排列顺序为销售量、销售价格、利润率。销售量乘以销售价格得到销售额，然后销售额再乘以利润率就得到利润额，这些乘积结果均有实际的经济含义。假如销售价格与利润率的位置互换，销售量与利润率的乘积的经济含义就不是特别明确，就会影响进一步分析。

（4）分析各项因素变动对事物总变动的影响时，既要看相对数方面的关系，也要看绝对数方面的关系，这样分析比较全面。

对于多个项目组成的复杂总体，有时候关注总体的总量特征，对应的被分析指标就是总量指标，有时候又关注结构、比例、平均等相对性特征，这时候对应的被分析指标就是相对指标和平均指标。对三类不同类型指标进行指数体系的因素分析，基本思想是一致的，但实际操作过程中略有不同。这里只介绍最为简单的总量指标的因素分析。

三、总量指标的因素分析

总量指标的变动常常受两种甚至多种因素变动的影响，需要进行双因素分析或多因素分析。双因素分析将以【例 10 - 1】的数据进行示范，这里首先介绍多因素分析。

进行多因素分析时，首先要鉴别各因素指标的性质，并将各因素指标按照一定的顺序排列好，然后按确定同度量因素的一般原则确定各因素指标所属时期，再将数据资料代入计算。例如：

总产量 = 工人总数 × 劳动生产率
　　　　　数量指标　　质量指标

总产量 = 职工总数 × 工人比重 × 人均工时 × 时均产量
　　　　　数量指标　　质量指标　　质量指标　　质量指标

上述四个因素指标是按照数量指标—质量指标（数量指标）—质量指标（数量指标）—质量指标的顺序排列。用符号表示如下：

$E = ABCD$

也可以完全倒置过来，写成 $E = DCBA$，但四个因素指标的顺序不能乱。下面以表 10 - 4 的数据为例进行分析。

【例 10 - 7】以表 10 - 4 的数据进行总量指标的多因素分析。

表 10 - 4　多因素分析计算表数据

项目	计量单位	符号	报告期	基期	指数（%）
总产量	件	E	1 937 430	1 408 000	137.60
职工总数	人	A	2 090	2 200	95.00
工人数	人		1 881	1 760	106.88
工人比重	%	B	90	80	112.50

（续上表）

项目	计量单位	符号	报告期	基期	指数（%）
人均工时	小时/（人·月）	C	206	200	103.00
时均产量	件	D	5	4	125.00

因为 $E = ABCD$，

所以 $\dfrac{E_1}{E_0} = \dfrac{A_1 B_1 C_1 D_1}{A_0 B_0 C_0 D_0} = \dfrac{A_1 B_0 C_0 D_0}{A_0 B_0 C_0 D_0} \times \dfrac{A_1 B_1 C_0 D_0}{A_1 B_0 C_0 D_0} \times \dfrac{A_1 B_1 C_1 D_0}{A_1 B_1 C_0 D_0} \times \dfrac{A_1 B_1 C_1 D_1}{A_1 B_1 C_1 D_0}$

根据表中资料，即有

$137.60\% = 95\% \times 112.50\% \times 103.00\% \times 125.00\%$

$A_1 B_1 C_1 D_1 - A_0 B_0 C_0 D_0 = (A_1 B_0 C_0 D_0 - A_0 B_0 C_0 D_0) + (A_1 B_1 C_0 D_0 - A_1 B_0 C_0 D_0)$

$\quad + (A_1 B_1 C_1 D_0 - A_1 B_1 C_0 D_0) + (A_1 B_1 C_1 D_1 - A_1 B_1 C_1 D_0)$

根据表中资料计算得到：

$A_1 B_1 C_1 D_1 = 1\,937\,430$，$A_0 B_0 C_0 D_0 = 1\,408\,000$，

$A_1 B_1 C_1 D_0 = 1\,549\,944$，$A_1 B_1 C_0 D_0 = 1\,504\,800$，$A_1 B_0 C_0 D_0 = 1\,337\,600$

代入上式就得到如下总产量变动的绝对数额关系：

$529\,430 = (-70\,400) + 167\,200 + 45\,144 + 387\,486$

即报告期相对于基期，总产量增加了 529 430 件，增长了 37.60%，其中因职工人数减少了 5% 而减产 70 400 件，因工人比重上升了 12.5% 而增产了 167 200 件，因人均工时增加了 3% 而增产了 45 144 件，因时均产量增长了 25% 而增产了 387 486 件。

【例 10 - 8】对【例 10 - 1】的数据资料，试利用因素分析法来分析该农贸市场销售额变动中各影响因素的贡献。

解：该题存在以下指数体系：

销售额指数 = 拉氏销售量指数 × 帕氏销售价格指数

即 $\dfrac{\sum p_1 q_1}{\sum p_0 q_0} = \dfrac{\sum p_0 q_1}{\sum p_0 q_0} \times \dfrac{\sum p_1 q_1}{\sum p_0 q_1}$，代入数据有

$\dfrac{81}{68} = \dfrac{56.5}{68} \times \dfrac{81}{56.5}$，即有 $119.12\% = 83.09\% \times 143.36\%$

该农贸市场销售额的绝对变化量因素分解如下：

总销售额变动 = 因销售量变动引起的销售额增减 + 因销售价格变动引起的销售额增减

有（81 - 68）千元 = （56.5 - 68）千元 + （81 - 56.5）千元

即 13 千元 = （-11.5）千元 + 24.5 千元

所以，该农贸市场商品销售额整体增加了 1.3 万元，增长了 19.12%；其中因销售价格上升了 43.36% 而使销售额增加了 2.45 万元，因销售量下降了 16.91% 而使销售额减少了 1.15 万元。

第五节 指数数列

一、指数数列的含义

指数数列是指由同一指数的一系列列值所组成的数列，通常用于反映事物现象特征表现在较长一段时期内连续变化的情况。如表 10－5 所示即为 1978－2009 年中国大陆居民消费价格定基指数序列和环比指数序列。可以看到，改革开放 31 年来，居民消费价格指数（2009 年）相对于 1978 年上涨了 419%。2009 年相对于 2008 年居民消费价格指数下降了 0.7%。

表 10－5 1978—2009 年中国大陆居民消费价格指数

年份	居民消费价格指数% 1978 = 100	居民消费价格指数% 上年 = 100	年份	居民消费价格指数% 1978 = 100	居民消费价格指数% 上年 = 100
1978	100.0	100.7	1999	432.2	98.6
1980	109.5	107.5	2000	434.0	100.4
1985	131.1	109.3	2001	437.0	100.7
1991	223.8	103.4	2002	433.5	99.2
1992	238.1	106.4	2003	438.7	101.2
1993	273.1	114.7	2004	455.8	103.9
1994	339.0	124.1	2005	464.0	101.8
1995	396.9	117.1	2006	471.0	101.5
1996	429.9	108.3	2007	493.6	104.8
1997	441.9	102.8	2008	522.7	105.9
1998	438.4	99.2	2009	519.0	99.3

二、指数数列的换算

表 10－5 所列的指数数列，既有定基指数，也有以上年为基期的环比指数。在统计分析研究中，往往因研究目的不同而需要变换指数的基期，这种变换一般有以下三种情况：

（一）环比数列变为定基数列

根据环比发展速度的连乘积等于定基发展速度这一代换关系，可以用环比指数的连乘积来求得定基指数。如要求得 1985 年的 1978 年为定基的居民消费价格指数，就可以用 1979、1980、1981、1982、1983、1984、1985 年的环比指数的连乘积得到。

（二）定基数列变为环比数列

也可以用相邻时期的定基指数之商得到环比指数。如表 10－5 中 2009 年的环比居民消费价格指数 99.3% 即可以用 2009 年的定基指数 519% 与 2008 年的定基指数 522.7% 之商求得。

（三）定基数列变换基期

根据以某一时期为固定基期的指数数列来推算以另一时期为固定基期的指数数列，具体做法是以新的固定基期的指数为除数去遍除原定基数列中各期的指数得到新的定基指数数列。

三、不变权数、可变权数和远期指数的推算

在发展速度和个体指数中，由于不存在同度量因素等权数的影响，因此环比发展速度的连乘积等于定基发展速度，相邻两期的定基发展速度相除等于相应的环比发展速度。但是，在总指数中，无论是综合指数还是平均指数，都存在不同时期权数或同度量因素变动的影响。在这种情况下，只有各期权数或同度量因素相同，即各期指数均使用同一个不变权数，环比指数和定基指数才存在上述两种关系：

$$\frac{\sum p_1 q_0}{\sum p_0 q_0} \times \frac{\sum p_2 q_0}{\sum p_1 q_0} \times \frac{\sum p_3 q_0}{\sum p_2 q_0} = \frac{\sum p_3 q_0}{\sum p_0 q_0}$$

$$\frac{\sum p_3 q_0}{\sum p_0 q_0} \div \frac{\sum p_2 q_0}{\sum p_0 q_0} = \frac{\sum p_3 q_0}{\sum p_2 q_0}$$

如果各期均使用报告期的权数或同度量因素，即各期指数所用的是可变权数，环比指数与定基指数的上述两种联系便不复存在：

$$\frac{\sum p_1 q_1}{\sum p_0 q_1} \times \frac{\sum p_2 q_2}{\sum p_1 q_2} \times \frac{\sum p_3 q_3}{\sum p_2 q_3} \neq \frac{\sum p_3 q_3}{\sum p_0 q_3}$$

$$\frac{\sum p_3 q_3}{\sum p_0 q_3} \div \frac{\sum p_2 q_2}{\sum p_0 q_2} \neq \frac{\sum p_3 q_3}{\sum p_2 q_3}$$

从理论上说，凡是使用可变权数编制的指数，均不宜用环比发展速度与定基发展速度的相互关系的原理进行推算。我国的物价指数是用可变权数编制的，西方许多国家的物价指数虽然使用不变权数，但不变也是相对的，只不过维持几年而已，每隔三五年也要变换权数。严格地说，所有国家物价指数和使用可变权数的其他指数，都不能使用环比指数与定基指数进行相互推算。

然而，社会经济情况是不断发展变化的，经济指数如果长期使用不变权数，势必脱离实际而失去现实意义。而且，要直接编制时距很长的指数，也存在许多无法克服的实际困难。所以，无论是国内还是国外，在编制指数数列和进行长期经济活动分析时，对所谓可变权数的影响都略而不计，直接利用前述推算方法。

第六节 常见的统计指数简介

为了掌握经济信息，国家需要编制多种价格指数来评判和监测经济运行状况。我国目前编制的价格指数主要有居民消费价格指数、商品零售价格指数、工业品出厂价格指数、原材料燃料动力购进价格指数和固定资产投资价格指数。其中人们在日常生活中最有直接感受因而也最为关心的是居民消费价格指数和商品零售价格指数。统计指数方法除了可计算价格指数外，还可计算综合评价指数，后者将在第十一章专门阐述。

一、消费者价格指数

居民消费价格指数也称为消费者价格指数（Consumer Price Index，CPI），是指反映一组代表性的消费品及服务项目价格水平随时间变动趋势和程度的指数，用以反映居民家庭所购买的生活消费品和服务的价格水平变动情况，是世界各国普遍编制的一种价格指数。通过这一指数可以反映通货膨胀和通货紧缩程度，可以观察消费品价格的变动水平及其对消费者货币购买力的影响，研究居民实际收入和实际消费水平变动情况，为宏观经济分析和决策、价格总水平的监测调控提供重要依据。

在我国，由于城市和乡村居民在消费水平和消费结构上还存在较大差异，当前我国还分城乡分别编制城市居民消费价格指数和农村居民消费价格指数，同时也编制全国居民消费价格指数。

居民消费价格指数的编制最大的难点在于代表性消费品和服务的选择及其权重的确定，如果选择和权重确定失当，就无法代表居民消费品和服务的真实情况，也就无法提供真实的价格变动信息。中国大陆的相关居民消费价格指数数据在历年统计年鉴中均可以查阅，其他国家和地区的消费者价格指数数据均可以在其官方年鉴上查阅得到。

二、商品零售价格指数

商品零售价格指数（Retail Price Index）是反映一定时期内城乡商品零售价格变动趋势和程度的相对数。商品零售价格的变动直接影响到城乡居民的生活支出和国家的财政收入，影响居民购买力和市场供需的平衡，影响到消费与积累的比例关系。因此，该指数可以从一个侧面对上述经济活动进行观察和分析。

零售价格指数资料是采用分层抽样的方法取得的，即在全国选择不同经济区域和地区的具有代表性的商品作为样本，对其价格进行经常性的调查，然后以样本推断总体。各年的中国大陆商品零售价格指数数据可以在国家统计年鉴上获取。

三、股票价格指数

股票价格指数（Stock Price Index）是反映某一股票市场上多种股票价格变动趋势的一种相对数，简称股价指数，其单位一般用"点"表示。股票价格指数的计算方法很多，但一般以发行量为权数进行加权综合。

当前世界各国或地区的证券交易所都有自己的股票价格指数。如美国的道·琼斯指数和标准普尔股票价格指数、纽约证券交易所股票价格指数，英国的伦敦《金融时报》工商业普通股股票价格指数，日本的日经指数，中国香港的恒生指数等。我国大陆的上海和深圳两个证券交易所也编制了自己的股价指数，如上交所的上证综合指数和深交所的深证成份股指数等。

思考题

1. 什么叫指数？狭义指数和广义指数有何不同？
2. 如何对指数进行分类？
3. 什么叫数量指标指数？什么叫质量指标指数？
4. 什么叫总指数？什么叫个体指数？
5. 什么叫动态指数？什么叫静态指数？
6. 指数有何作用？
7. 什么叫指数化因素？什么叫同度量因素？
8. 什么叫指数体系？有何作用？
9. 什么叫指数数列？怎么进行指数数列的换算？
10. 某地三种商品的销售情况如下：

商品	计量单位	价格（元/单位）		销售量	
		p_0	p_1	q_0	q_1
甲	件	10.0	11.0	1 250	1 500
乙	担	60.0	54.0	1 200	1 680
丙	个	2.0	2.3	600	570

试根据上表资料计算：

（1）计算该地三种商品的销售额总指数、拉氏销售量总指数和帕氏销售价格指数。

（2）根据指数体系，利用因素分析法分析因销售量和销售价格变动引起的该地三种商品销售额的变动。

（3）试利用基期加权平均法计算三种商品的销售量平均指数。利用报告期加权平均法计算三种商品的销售价格平均指数。

11. 据调查，某市甲、乙、丙、丁四种代表商品的个体价格变动分别是：甲、乙两种商品分别上涨12%和8%，丙商品价格保持不变，丁商品价格下降5%。这四种商品的固定权重分别为20%、30%、10%和40%。试求这四种商品代表的物价总指数。

12. 某厂新老工人的月平均工资和人数资料如下：

工人组别	基期			报告期		
	工资水平（元）	工人数（人）	工资总额（元）	工资水平（元）	工人数（人）	工资总额（元）
老工人	3 000	70	210 000	3 300	65	214 500
新工人	2 000	30	60 000	2 200	135	297 000
合计	2 700	100	270 000	2 557.5	200	511 500

根据上述资料计算并回答：

（1）为什么报告期新老工人平均工资都有大幅度增加，而总平均工资却有所下降？

（2）如何从相对数和绝对数两个方面反映工厂工资总额的增减情况。

13. 某市基期社会商品零售额为 9 560 万元，报告期为 12 850 万元，零售物价上涨 10.5%。试计算该市社会商品零售额指数和零售量指数，以及由零售物价上涨居民多支出的金额。

14. 某企业基期产值 1 400 万元，报告期上升为 1 470 万元（按当年价计算），同期出厂价格指数为 102%，工人平均劳动生产率从 16 000 元增加到 16 480 元，试确定产品物量指数、劳动生产率指数、工人人数指数。

下编　　应用统计

第十一章　综合评价法

第一节　综合评价概述

一、综合评价法的概念

综合评价法是指利用统计指标对评价对象作出明确的、全面的评定或判断，排出名次顺序、分出等级的方法。

在统计评价中，按评价内容不同，可分为单项评价和综合评价两类。单项评价是指利用一个统计指标对评价对象某一方面的情况作出定量的描述，并以此作为评价依据，例如，利用人均 GDP 指标判断不同地区经济水平的高低。综合评价则是根据研究目的建立一个统计指标体系，对现象发展的多个方面分别给予定量描述，并在此基础上，把各个指标所提供的信息综合起来，通过加权平均，得到一个综合评价值，对评价对象作出整体性评判和比较。较之单项评价，综合评价更具全面性和综合性，是统计评价的主要方法。

二、综合评价法的基本步骤

1. 确定综合评价的目的

这是综合评价法的出发点，在综合评价中，首先要根据所要解决的问题，确定综合评价目的。重点解决为什么要综合评价，综合评价事物的哪些方面，达到什么目的等。只有目的明确，才有可能顺利解决所要解决的问题。

2. 构建综合评价指标体系

这是综合评价法的关键。构建综合评价指标体系，必须以综合评价目的为依据，对所要考察的事物进行认真分析，寻找出影响评价对象的因素，从中选出若干主要因素，构建成综合评价指标体系。

3. 确定评价指标的权数

评价指标的权数是指在评价指标体系中每个指标的重要程度占该指标群的比重。在多指标综合评价中，由于各指标在指标群中的重要性不同，因此，不能等量齐观，必须客观地确定各指标的权数。权数值的确定准确与否直接影响综合评价的结果，因而，科学地确定指标权数在多指标综合评价中具有举足轻重的地位。评价权数的确定方法有德尔菲法（又称专家评定法）、层次分析法、强制打分法、主成分分析法、因子分析法和相关系数构权法等，其中最常用的是德尔菲法和层次分析法。

4. 确定观测指标的量纲方法

根据综合评价指标计算过程的不同特点，确定观测指标的量纲方法大致可分为两类：一类为采用有量纲指标评价方法，主要是总分评定法；另一类为采用无量纲指标评价方法，主要包括标准化变换法、规格化变换法、功效系数法、指数化变换法和最优值距离法等。

5. 确定评价标准和计算评价值

评价标准一般包括时间评价标准、空间评价标准、历史评价标准、定额评价标准和经验评价标准等。评价标准不同，计算分析的评价结果也就不同，因此，评价标准选择恰当与否，关系到对事物正确评价的成败问题。确定好评价标准后，便可以按评价标准计算评价值。

6. 确定评价指标的合成方法

评价指标的合成方法是指将量纲化变换后的各个指标按照某种方法进行综合，得出一个可用于评价比较的综合指标。合成方法主要有总和合成法、乘积合成法和混合合成法三种，其中常用的是总和合成法，其公式有简单算术平均法和加权算术平均法。

7. 分析综合评价结果

通过排序，指出评价对象的成绩和存在的主要问题，并结合各个评价对象所处的环境和条件，分析问题的原因，提出改进的措施。

在综合评价的基本步骤中，确立指标体系、权重、量纲方法和综合评价合成方法等是综合评价法的重要步骤和难点问题，下面分别详述之。

第二节　构建综合评价指标体系

在综合评价指标体系的构建中，指标选择的好坏对分析对象有着举足轻重的作用，如果评价指标选择不当，再好的综合评价方法也会出现差错，甚至完全失败。选择指标构建评价指标体系，必须以综合评价目的为依据，对所要考察的事物进行认真分析，寻找出影响评价对象的因素，从中选出若干主要因素，构建成综合评价指标体系。

一、指标体系的构建原则

（1）整体性原则，即要求所选的指标能够作为一个有机整体，在其相互配合中比较全面、科学、准确地涵盖为达到评价目的所需的基本内容。如果有遗漏，评价结果就会出现偏差，但要做到全面也是不容易且没有必要的，只能要求所选的指标从不同的侧面具有代表性。

（2）可比性原则，即要尽可能采用相对指标，便于不同对象进行比较，但为了反映对象之间规模上的差异，也应选取一些绝对指标。另外，各个指标的计量范围、口径等必须一致，才能进行综合。

（3）可操作性原则，即所需的指标原则上从现有的统计指标中产生，少量需要重新计算和统计的指标也应该尽可能地在现有统计数据的基础上取得。

（4）相互独立性原则，即要求指标尽可能无内在联系，这样既能减少指标体系的冗余，又能避免统计指标之间的信息重复导致最后的综合结果难以反映客观实际。当然，要求指标间完全独立是难以实现的，对独立性程度的要求可以视综合评价方法而异。利用多元统计分析方法进行综合评价时，可适当放宽独立性要求，因该方法本身就具备消除指标间相关影响的功能。

二、指标体系的构建方法

目前，指标体系的构建有经验确定法和数学方法两种。在多数的研究中，学者大多采用经验确定法。因此，指标体系的选取具有很强的主观随意性。

在经验确定法的实际应用中，专家评估法是一种常用的方法，即向专家发函，征求其意见。评价者可根据评价目标及评价对象的特征，在所涉及的调查表中列出一系列评价指标，分别征询专家对所设计的评价指标的意见，然后进行统计处理，并反馈咨询结果，经几轮咨询后，如果专家意见趋于集中，则由最后一次咨询确定具体的评价指标体系。该方法是一种多专家多轮咨询法，具有以下三个特征：

（1）匿名性。向专家们分别发送咨询表，参加评价的专家互不知晓，消除了相互间的影响。

（2）反馈性。协调人对每一轮的结果作出统计，并将其作为反馈材料发给每位专家，供下一轮评价时参考。

（3）集中性。专家意见经过多次征询反馈后，意见渐趋一致，用统计的方法加以集中整理，可以得出一个比较客观的结果。

专家评估法的优点是专家不受任何心理因素的影响，可以充分发挥主观能动性，在大量广泛信息的基础上，集中专家们的集体智慧，最后可以得到合理的评价指标体系。这种方法的主要缺点是它所需要的时间较长，耗费的人力物力较多。

第三节　确定评价指标的权数

在评价指标体系中，每个指标对实现系统目标和功能的重要程度各不相同。权数表示各指标的相对重要程度。合理确定和适当调整指标权数，体现了在评价指标体系中，各评价因素轻重有度、主次有别，更能突出评价指标的重要性。确定评价指标权数的方法可分为主观赋权法和客观赋权法两种。

一、主观赋权法

主观赋权法是指利用专家的知识、经验对实际问题作出判断而主观给出权数的方法。一般说来，专家在确定指标权数时，较多的是从评价指标本身的经济意义（或技术意义）来考虑其重要性，因此，我们又称主观赋权法确定的权数为价值量权数。主观赋权法有多种，研究也比较成熟，例如，德尔菲法、层次分析法、相对比较法、连环比率法等。本节重点介绍前两种方法。

主观赋权法具有充分吸收本领域专家高深的理论知识和丰富经验，能体现各个评价指标的重要程度的优点，但主观赋权法以人的主观判断作为赋权基础仍然不尽合理。为此，人们采取多种途径和方法来避免赋权时的主观随意性，包括：遴选专家时注重专家的领域知识和经验；注重专家本身判断的一致性；增加专家的数量；考虑专家是否具有代表性；给不同的专家赋不同的权数，等等。

（一）德尔菲法

1. 德尔菲法的由来

德尔菲（Delphi）是阿波罗神殿所在地的希腊古城之名。传说阿波罗是太阳神和预言神，众神每年到德尔菲集会以预言未来。20 世纪 40 年代，美国兰德公司运用德尔菲集会形式，向一组专家征询意见，将专家们对过去历史资料的解释和对未来的分析判断汇总整理，经过多次反馈，尽可能取得统一意见。因此，德尔菲法也称为专家评估法。

德尔菲法根据系统的程序，采用匿名发表意见的方式，即专家彼此独立评估、互不通气，只能与调查人员联系，通过多轮次征询、归纳、反馈和修改，最后汇总成专家基本一致的看法，作为评估的结果。如前所述，德尔菲法具有匿名性、反馈性和集中性等特点。

2. 德尔菲法的步骤

设有 n 个决策指标 f_1，f_2，$\cdots$，f_n，组织 m 个专家。专家人数的多少，可根据评估内容的多少和涉及面的宽窄而定，一般不超过 20 人。其具体实施步骤如下：

（1）每位专家确定一组指标权数的估计值 w_{i1}，w_{i2}，$\cdots$，w_{in}（$1 \leqslant i \leqslant m$）。

（2）对 m 个专家给出的权数估计值取平均，得到平均估计值：

$$\overline{w_j} = \frac{1}{m} \sum_{i=1}^{m} w_{ij} \qquad (1 \leqslant j \leqslant n) \tag{11.1}$$

（3）计算估计值和平均估计值的偏差：

$$\Delta_{ij} = \left| w_{ij} - \overline{w_j} \right| \tag{11.2}$$

（4）把计算结果反馈给各位专家，以便做第二次修改。逐轮收集意见并向专家反馈信息是德尔菲法的主要环节。收集意见和信息反馈一般要经过三四轮。在向专家进行反馈的时候，只给出各种意见，但不说明发表各种意见的专家的具体姓名。这一过程重复进行，直到偏差 Δ_{ij} 满足一定要求为止。

（二）层次分析法

1. 层次分析法的由来与基本思路

层次分析法（Analytic Hierarchy Process），简称 AHP 法，是美国运筹学家、匹兹堡大学 T. L. Saaty 教授于 20 世纪 70 年代创立的一种定量与定性相结合的多目标决策分析方法。层次分析法的基本思路是把一个复杂决策问题表示为一个有序的递阶层次结构，通过人们的比较判断，计算各种决策方案在不同准则及总准则之下的相对重要性量度，据此对决策方案的优劣进行排序。这一方法的基本思路是将决策者的经验判断给予量化，从而为决策者提供定量形式的决策依据。

2. 层次分析法的步骤

（1）建立层次分析结构。在应用层次分析法进行多目标决策的过程中首先需确定各层次的目标体系。所谓分层，就是根据研究目标之间的内在联系和因果关系，逐步分解为多层次的目标体系。层次的目标体系有树状目标结构体系（见图 11 - 1）和网状目标结构体系（见图 11 - 2）两种。

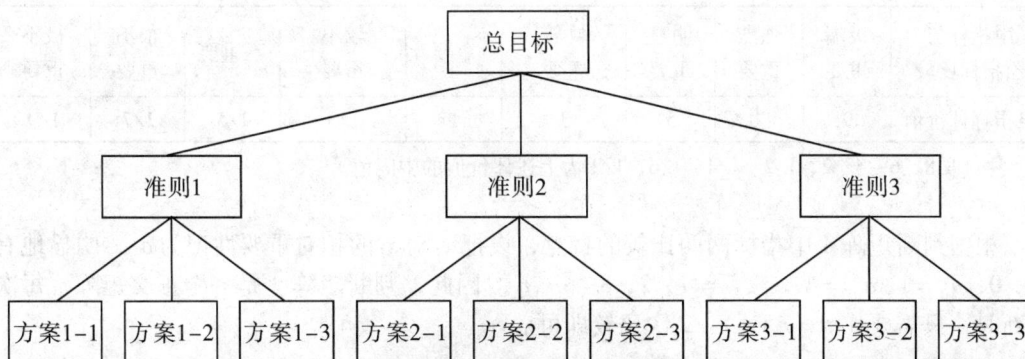

图 11 - 1 树状目标结构体系

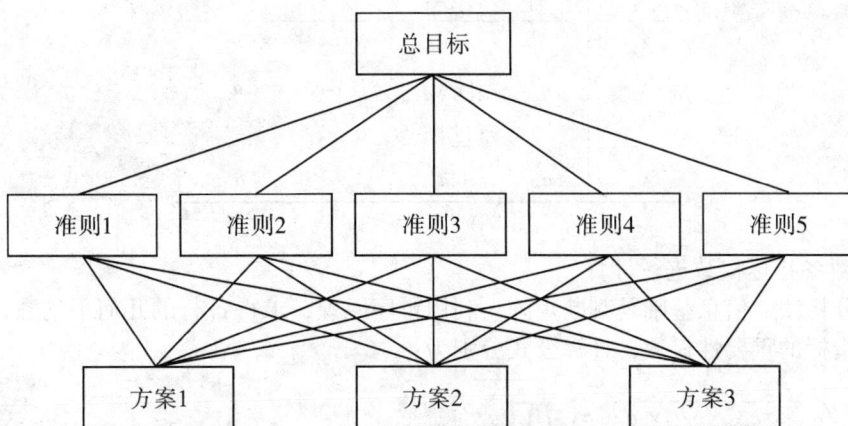

图 11 - 2 网状目标结构体系

建立层次分析结构后，同一层次的元素作为准则对下一层次的元素起支配作用，同时它又受上一层次元素的支配。最高层次只有一个元素，它表示决策分析的总目标，称为目标层；中间层次一般为实现总目标所涉及的各种准则、子准则，表示衡量是否达到目标的判断准则，称为准则层；最低一层表示要选用的解决问题的各种措施、决策、方案等，称为方案层。除目标层外，每个元素至少受上一层一个元素支配；除方案层外，每个元素至少支配下一层一个元素。层次数与问题的复杂程度和需要分析的详尽程度有关。每一层次中的元素一般不超过 9 个，因同一层次中包含数目过多的元素会给两两比较判断带来困难。

（2）构造判断矩阵。层次分析法在对指标的相对重要程度进行测量时，引入了九分位的相对重要的比例标度，令 A 为判断矩阵，用以表示同一层次各个指标的相对重要性的判断值，它由若干位专家来判定。则有 $A = (a_{ij})_{m \times m}$。矩阵 A 中各元素 a_{ij} 表示横行指标 Z_i 对各

列指标 Z_j 的相对重要程度的两两比较值。考虑到专家对若干指标直接评价权重的困难，根据心理学家提出的"人区分信息等级的极限能力为 7 ± 2"的研究结论，有如下评分规则：

表 11 – 1　1~9 标度方法

甲指标与乙指标比较	极端重要	强烈重要	明显重要	比较重要	重要	较不重要	不重要	很不重要	极不重要
甲指标评价值	9	7	5	3	1	1/3	1/5	1/7	1/9

注：取 8、6、4、2、1/2、1/4、1/6、1/8 为上述评价值的中间值。

根据判断矩阵 A 中指标两两比较的特点，设把 x_i 对 x_j 的相对重要性记为 a_{ij}，明显地有 $a_{ij} > 0$，$a_{ii} = 1$，$a_{ij} = 1/a_{ji}$，$i = 1，2，3，\cdots，n$。因此，判断矩阵 A 是一个正交矩阵，每次判断时，只需要作 $n(n-1)/2$ 次比较即可。

表 11 – 2

	X_1	X_2	$\cdots$	X_m
X_1	a_{11}	a_{12}	$\cdots$	a_{1m}
X_2	a_{21}	a_{22}	$\cdots$	a_{2m}
$\vdots$	$\vdots$	$\vdots$		$\vdots$
X_m	a_{m1}	a_{m2}	$\cdots$	a_{mm}

（3）对各指标权数进行计算。

层次分析法的信息基础是判断矩阵，利用排序原理，求得各行的几何平均数，然后计算各评价指标的重要性权数，计算公式分别为：

$$\overline{a_i} = \sqrt[n]{a_{i1} \times a_{i2} \times \cdots \times a_{in}} = \sqrt[n]{\prod_{j=1}^{n} a_{ij}} \tag{11.3}$$

$$w_i = \frac{\overline{a_i}}{\sum_{i=1}^{n} \overline{a_i}} \quad (i = 1，2，\cdots，n) \tag{11.4}$$

将各个评价指标的重要性权数用一个向量来表示，即为 $W = (w_1, w_2, \cdots, w_n)^T$，该向量又称判断矩阵的特征向量。

（4）对判断矩阵进行一致性检验。

与其他确定指标权重系数的方法相比，层次分析法的最大优点在于可以通过一致性检验，保持专家思想逻辑上的一致性。其计算步骤为：

①计算判断矩阵的最大特征根：

$$\lambda_{\max} = \frac{1}{n} \sum_{i=1}^{n} \frac{(AW)_i}{W_i} \tag{11.5}$$

式中，AW 为判断矩阵 A 与特征向量 W 的乘积，即为：

$$AW = \begin{bmatrix} a_{11} & a_{12} & \cdots & a_{1n} \\ a_{21} & a_{22} & \cdots & a_{2n} \\ \vdots & \vdots & & \vdots \\ a_{n1} & a_{n2} & \cdots & a_{nn} \end{bmatrix} \begin{bmatrix} w_1 \\ w_2 \\ \vdots \\ w_n \end{bmatrix} \qquad (11.6)$$

②计算判断矩阵的一致性指标（Consistency Index，CI）：

$$CI = \frac{\lambda_{max} - n}{n - 1} \qquad (11.7)$$

③计算判断矩阵得随机一致性比率。由一般一致性指标，可以计算出检验用的随机一致性比率（Consistency Ratio，CR），该检验指标的计算公式为：

$$CR = \frac{CI}{RI} \leqslant 0.10 \qquad (11.8)$$

式中，RI 称为判断矩阵的平均随机一致性指标（Random Index），其值的大小取决于判断矩阵中评价指标个数的多少，可查表求出。

表 11 – 3　RI 数值表

阶数 n	2	3	4	5	6	7	8	9	10	11	12
RI	0	0.52	0.89	1.12	1.25	1.35	1.42	1.46	1.49	1.52	1.54

当随机一致性比率小于 0.10 时，可以认为上述判断矩阵满足一致性要求，所求出的综合评价指标权数是合适的。

【例 11 – 1】 为研究某省不同地区的综合经济实力，选取：人均 GDP（X_1）、经济密度（X_2）、第三产业比重（X_3）、全员劳动生产率（X_4）、高新技术产品产值占工业总产值比重（X_5）、人均社会消费品零售总额（X_6）、职工年平均工资（X_7）、人均实际利用外资（X_8）8 项指标进行综合分析，试通过层次分析法确定各指标的权数。

解：(1) 按照 1～9 标度方法，对指标的重要性进行两两比较，由此得到判断矩阵：

$$A = \begin{bmatrix} 1 & 3 & 2 & 4 & 3 & 5 & 6 & 5 \\ \frac{1}{3} & 1 & \frac{1}{2} & 2 & 1 & 3 & 4 & 3 \\ \frac{1}{2} & 2 & 1 & 3 & 2 & 4 & 5 & 4 \\ \frac{1}{4} & \frac{1}{2} & \frac{1}{3} & 1 & \frac{1}{2} & 2 & 3 & 2 \\ \frac{1}{3} & 1 & \frac{1}{2} & 2 & 1 & 3 & 4 & 3 \\ \frac{1}{5} & \frac{1}{3} & \frac{1}{4} & \frac{1}{2} & \frac{1}{3} & 1 & 2 & 1 \\ \frac{1}{6} & \frac{1}{4} & \frac{1}{5} & \frac{1}{3} & \frac{1}{4} & \frac{1}{2} & 1 & \frac{1}{2} \\ \frac{1}{5} & \frac{1}{3} & \frac{1}{4} & \frac{1}{2} & \frac{1}{3} & 1 & 2 & 1 \end{bmatrix}$$

(2) 计算各行的几何平均数，得

$$\overline{a}_1 = \sqrt[8]{1 \times 3 \times 2 \times 4 \times 3 \times 5 \times 6 \times 5} = 3.1928$$

同理，其他各行的几何平均数分别为：$\overline{a}_2 = 1.3643$，$\overline{a}_3 = 2.1635$，$\overline{a}_4 = 0.8409$，$\overline{a}_5 = 1.3643$，$\overline{a}_6 = 0.5225$，$\overline{a}_7 = 0.3388$，$\overline{a}_8 = 0.5225$。

$$\sum_{i=1}^{8} \overline{a}_i = 3.1928 + 1.3643 + 2.1635 + 0.8409 + 1.3643 + 0.5225 + 0.3388 + 0.5225$$
$$= 10.3096$$

由于 $w_i = \dfrac{\overline{a}_i}{\sum\limits_{i=1}^{n} \overline{a}_i}$，特征向量 W 为：

$$W = (w_1, w_2, w_3, w_4, w_5, w_6, w_7, w_8)^{\mathrm{T}}$$
$$= \left(\frac{3.1928}{10.3096}, \frac{1.3643}{10.3096}, \frac{2.1635}{10.3096}, \frac{0.8409}{10.3096}, \frac{1.3643}{10.3096}, \frac{0.5225}{10.3096}, \frac{0.3388}{10.3096}, \frac{0.5225}{10.3096} \right)^{\mathrm{T}}$$
$$= (0.3097, 0.1323, 0.2098, 0.0816, 0.1323, 0.0507, 0.0329, 0.0507)^{\mathrm{T}}$$

计算判断矩阵 A 与特征向量 W 的乘积：

$$AW = \begin{bmatrix} 1 & 3 & 2 & 4 & 3 & 5 & 6 & 5 \\ \frac{1}{3} & 1 & \frac{1}{2} & 2 & 1 & 3 & 4 & 3 \\ \frac{1}{2} & 2 & 1 & 3 & 2 & 4 & 5 & 4 \\ \frac{1}{4} & \frac{1}{2} & \frac{1}{3} & 1 & \frac{1}{2} & 2 & 3 & 2 \\ \frac{1}{3} & 1 & \frac{1}{2} & 2 & 1 & 3 & 4 & 3 \\ \frac{1}{5} & \frac{1}{3} & \frac{1}{4} & \frac{1}{2} & \frac{1}{3} & 1 & 2 & 1 \\ \frac{1}{6} & \frac{1}{4} & \frac{1}{5} & \frac{1}{3} & \frac{1}{4} & \frac{1}{2} & 1 & \frac{1}{2} \\ \frac{1}{5} & \frac{1}{3} & \frac{1}{4} & \frac{1}{2} & \frac{1}{3} & 1 & 2 & 1 \end{bmatrix} \begin{bmatrix} 0.3097 \\ 0.1323 \\ 0.2098 \\ 0.0816 \\ 0.1323 \\ 0.0507 \\ 0.0329 \\ 0.0507 \end{bmatrix} = \begin{bmatrix} 2.5536 \\ 1.0715 \\ 1.7085 \\ 0.6626 \\ 1.0715 \\ 0.4105 \\ 0.2705 \\ 0.4105 \end{bmatrix}$$

具体计算结果见表 11-4。

表 11-4 评价指标体系权数向量计算表

指标 X_i	均值 $\overline{a}_i$	权数向量 W_i	向量 $(AW)_i$	比率 $\dfrac{(AW)_i}{W_i}$
X_1	3.1928	0.3097	2.5536	8.2456
X_2	1.3643	0.1323	1.0715	8.0971
X_3	2.1635	0.2098	1.7085	8.1413
X_4	0.8409	0.0816	0.6626	8.1234
X_5	1.3643	0.1323	1.0715	8.0971

（续上表）

指标 X_i	均值 $\bar{a}_i$	权数向量 W_i	向量 $(AW)_i$	比率 $\dfrac{(AW)_i}{W_i}$
X_6	0.522 5	0.050 7	0.410 5	8.099 5
X_7	0.338 8	0.032 9	0.270 5	8.230 7
X_8	0.522 5	0.050 7	0.410 5	8.099 5
合计	10.309 6	1.000 0	—	65.134 2

（3）计算判断矩阵的最大特征根：

$$\lambda_{\max} = \frac{1}{n} \sum_{i=1}^{n} \frac{(AW)_i}{W_i} = \frac{1}{8} \times 65.134\ 2 = 8.141\ 8$$

（4）计算判断矩阵的一致性指标：

$$CI = \frac{\lambda_{\max} - n}{n - 1} = \frac{8.141\ 8 - 8}{8 - 1} = 0.020\ 3$$

（5）查表，得平均随机一致性指标 $RI = 1.42$，计算判断矩阵的随机一致性比率：

$$CR = \frac{CI}{RI} = \frac{0.020\ 3}{1.42} = 0.014\ 3 < 0.10$$

由于该随机一致性比率小于 0.10，所以可认为上述判断矩阵满足一致性要求，所求出的综合评价指标权数分别为 0.309 7、0.132 3、0.209 8、0.081 6、0.132 3、0.050 7、0.032 9、0.050 7。一致性检验通过。

二、客观赋权法

客观赋权法是根据各指标值变异程度或各指标之间的相关关系来确定指标的重要性的方法，权数具有绝对的客观性。我们称这种由评价对象数据本身提供的信息所确定的权数为信息量权数。一般说来，客观赋权法虽然具有赋权客观、不受人为因素影响等优点，但客观赋权法给出的权数由于其绝对的客观性而可能违背指标的经济意义（或技术意义），各指标的权数不能体现各指标自身价值的重要性，另外，样本的变化可能导致权数的变化，造成权数的不稳定。常用的客观赋权法有：变异系数法、熵值法、主成分分析法、因子分析法等。本节主要介绍变异系数法和熵值法。

（一）变异系数法

（1）变异系数法的概念。变异系数是一组数值的标准差除以其均值的绝对值。变异系数法是为了突出各指标的相对变化幅度，即变异程度。从评价的目的看，是区别被评价的对象，某项指标的变异程度越大，则该项指标权数也就越大。

（2）变异系数法计算公式。设 m 个评价对象有 n 项指标，其原始数据阵为 $X = (x_{ij})_{m \times n}$。记 $\bar{x}_j = \dfrac{1}{m} \sum_{i=1}^{m} x_{ij}$，$S_j = \left[\dfrac{1}{m-1} \sum_{i=1}^{m} (x_{ij} - \bar{x}_j)^2 \right]^{1/2}$，则 x_j 的变异系数为 $b_j = \dfrac{S_j}{|\bar{x}_j|}$ （$i = 1, 2, \cdots, m$；$j = 1, 2, \cdots, n$），此时第 j 个指标的权数就是：

$$w_j = \frac{b_j}{\sum\limits_{j=1}^{n} b_j} \qquad\qquad (11.9)$$

【例 11 -2】利用【例 11 -1】的综合评价指标体系对某省五地区综合经济实力进行评价，五地的原始数据如表 11 -5 所示，试用变异系数法确定各指标权数。

表 11 -5　某省五地区综合经济实力原始数据

指标名称	指标编号	计量单位	地区 A	地区 B	地区 C	地区 D	地区 E
人均 GDP	X_1	元	81 941	73 124	63 029	55 473	89 814
经济密度	X_2	万元/平方公里	11 147.3	21 590.0	6 391.0	5 332.1	39 975.3
第三产业比重	X_3	%	59.0	53.7	73.2	37.9	51.0
全员工业劳动生产率	X_4	元/人	96 845	143 441	126 044	124 367	127 367
高新技术产品产值占工业总产值比重	X_5	%	31.5	24.8	29.5	27.5	53.5
人均社会消费品零售总额	X_6	元	31 514.9	24 220.4	27 578.1	17 462.6	25 907.0
职工年平均工资	X_7	元	45 365	39 502	56 328	39 941	43 454
人均实际利用外资	X_8	美元	373.1	538.3	365.5	663.2	352.5

解：（1）计算各评价指标的平均值、标准差及标准差变异系数，其结果如表 11 -6 所示。

表 11 -6　各评价指标平均值、标准差及标准差变异系数

指标编号	平均值	标准差	变异系数
X_1	72 676.20	13 863.26	0.190 8
X_2	16 887.15	14 420.59	0.853 9
X_3	54.98	12.82	0.233 2
X_4	123 612.84	16 809.63	0.136 0
X_5	33.36	11.53	0.345 7
X_6	25 336.62	5 166.42	0.203 9
X_7	44 918.00	6 830.72	0.152 1
X_8	458.52	137.33	0.299 5
合计	—	—	2.415 1

（2）利用公式，计算指标体系的权数向量。

$$W = \left(\frac{0.190\ 8}{2.415\ 0}, \frac{0.853\ 9}{2.415\ 0}, \frac{0.233\ 2}{2.415\ 0}, \frac{0.136\ 0}{2.415\ 0}, \frac{0.345\ 7}{2.415\ 0}, \frac{0.203\ 9}{2.415\ 0}, \frac{0.152\ 1}{2.415\ 0}, \frac{0.299\ 5}{2.415\ 0}\right)^{\mathrm{T}}$$

$$= (0.079\ 0, 0.353\ 6, 0.096\ 6, 0.056\ 3, 0.143\ 1, 0.084\ 4, 0.063\ 0, 0.124\ 0)^{\mathrm{T}}$$

各指标综合评价指标权数分别为 0.079 0、0.353 6、0.096 6、0.056 3、0.143 1、

0.084 4、0.063 0、0.124 0。

（二）熵值法

（1）熵值法的概念。熵值法是一种客观赋权法，是根据原始数据之间的关系（各指标值所包含的信息量的大小）确定指标权数的方法。熵值法在一定程度上避免了主观随意性。

熵是信息论中测度一个系统不确定性的量。信息量越大，不确定性就越小，熵也越小。反之，信息量越小，不确定性越大，熵也越大。设系统可能处于 n 种状态，每种状态出现的概率为 p_i（$i=1$，2，$\cdots$，n），则系统的熵为：

$$E = -\sum_{i=1}^{n} p_i \ln p_i \tag{11.10}$$

其中，$0 \leqslant p_i \leqslant 1$，$\sum_{i=1}^{n} p_i = 1$。

（2）熵值法的计算步骤。设有 m 个评价对象、n 个指标，指标值为 x_{ij}（$i=1$，2，$\cdots$，m；$j=1$，2，$\cdots$，n）。熵值法是利用指标熵值来确定权数，其计算步骤为：

①对决策矩阵 $X = (x_{ij})_{m \times n}$ 做标准化处理，并且标准化之后的指标均为正向指标，得到标准化矩阵 $Z = (z_{ij})_{m \times n}$，再进行归一化处理，得

$$p_{ij} = \frac{z_{ij}}{\sum_{i=1}^{m} z_{ij}} \ (i=1, 2, \cdots, m; j=1, 2, \cdots, n) \tag{11.11}$$

②计算第 j 项指标的熵值。

第 j 个评价指标对 m 个评价对象的相对重要性的不确定程度，可由下列条件熵度量：

$$E_j = -\sum_{i=1}^{m} p_{ij} \ln p_{ij} \ (j=1, 2, \cdots, n) \tag{11.12}$$

由熵的极值可知，当各个 p_{ij} 越趋于相等时，条件熵就越大，从而评价指标对评价对象的不确定性也就越大。

当条件熵达到最大，即 $E_{\max} = \ln m$。用 $E_{\max}$ 对上式进行归一化处理，得到表征第 j 个评价指标相对重要性确定程度的熵值：

$$e_j = -\frac{1}{\ln m} \times \sum_{i=1}^{m} p_{ij} \ln p_{ij} \ (j=1, 2, \cdots, n) \tag{11.13}$$

③计算第 j 个指标的差异系数。对于第 j 个指标，指标值的差异越大（信息量越大），对评价方案的作用越大，熵值就越小。反之，差异越小（信息量越小），对评价对象的作用越小，熵值就越大。因此，定义差异系数

$$g_j = 1 - e_j \ (j=1, 2, \cdots, n) \tag{11.14}$$

④确定指标的权数。第 j 个指标权数为：

$$w_j = \frac{g_j}{\sum_{j=1}^{n} g_j} \ (j=1, 2, \cdots, n) \tag{11.15}$$

【例 11-3】根据表 11-5 所示的某省五地区综合经济实力指标数据，试用熵值法确定各指标权数。

解：（1）利用改进的极差转换法：$z_i = \dfrac{x_i - x_{min}}{x_{max} - x_{min}} \times 40 + 60$，对表 11 – 5 中数据进行标准化。标准化结果如表 11 – 7 所示。

表 11 – 7　各指标数据标准化结果

	Z_{1j}	Z_{2j}	Z_{3j}	Z_{4j}	Z_{5j}	Z_{6j}	Z_{7j}	Z_{8j}
地区 A	90.8	66.7	83.9	60.0	69.3	100.0	73.9	62.7
地区 B	80.6	78.8	77.9	100.0	60.0	79.2	60.0	83.9
地区 C	68.8	61.2	100.0	85.1	66.6	88.8	100.0	61.7
地区 D	60.0	60.0	60.0	83.6	63.8	60.0	61.0	100.0
地区 E	100.0	100.0	74.8	86.2	100.0	84.0	69.4	60.0

根据式（11.11），对标准化后的数据进行归一化处理，结果见表 11 – 8。

表 11 – 8　归一化处理结果

	P_{1j}	P_{2j}	P_{3j}	P_{4j}	P_{5j}	P_{6j}	P_{7j}	P_{8j}
地区 A	0.23	0.18	0.21	0.14	0.19	0.24	0.20	0.17
地区 B	0.20	0.21	0.20	0.24	0.17	0.19	0.16	0.23
地区 C	0.17	0.17	0.25	0.21	0.19	0.22	0.27	0.17
地区 D	0.15	0.16	0.15	0.20	0.18	0.15	0.17	0.27
地区 E	0.25	0.27	0.19	0.21	0.28	0.20	0.19	0.16

（2）计算各项指标的熵值。

把表 11 – 8 中的数据代入式（11.13），得

$e_1 = -\dfrac{1}{\ln 5} \times (0.23 \times \ln 0.23 + 0.20 \times \ln 0.20 + 0.17 \times \ln 0.17 + 0.15 \times \ln 0.15 + 0.25 \times \ln 0.25) = 0.989\,8$

同理，计算其余熵值 e_i 数据，参见表 11 – 9。

（3）计算各指标的差异系数，并确定指标的权数，结果如表 11 – 9 所示。

表 11 – 9　熵值法结果

指标	熵值 e_j	差异系数 $g_j = 1 - e_j$	权数系数 $w_j = g_j \big/ \sum\limits_{j=1}^{n} g_j$
X_1	0.989 8	0.010 2	0.121 6
X_2	0.987 8	0.012 2	0.145 4
X_3	0.991 6	0.008 4	0.100 1
X_4	0.992 1	0.007 9	0.094 2

（续上表）

指标	熵值 e_j	差异系数 $g_j = 1 - e_j$	权数系数 $w_j = g_j / \sum\limits_{j=1}^{n} g_j$
X_5	0.988 5	0.011 5	0.137 1
X_6	0.991 8	0.008 2	0.097 7
X_7	0.988 3	0.011 7	0.139 4
X_8	0.986 2	0.013 8	0.164 5
合计	—	0.083 9	1.000 0

各指标权数分别为 0.121 6、0.145 4、0.100 1、0.094 2、0.137 1、0.097 7、0.139 4 和 0.164 5。

第四节　确定观测指标的量纲方法

根据综合评价指标计算过程的不同特点，确定观测指标的量纲方法大致可分为两类：一类为采用有量纲指标评价方法；另一类为采用无量纲指标评价方法。

一、有量纲指标评价方法

有量纲化是指通过打分的量纲方式使得各个观测指标统一、可比的变换过程。有量纲化的主要方法有总分评定法，或称综合计分法。总分评定法的计算步骤如下：

（1）根据评价的目的和评价对象的特点，选择若干个评价项目或评价指标，组成评价指标体系。

（2）确定各项目或各指标的评价标准和计分方法。常用的评分法有等级量化处理。

（3）综合评判结果，把各指标（或各项目）得分加总，即得该评价对象的总分。

【例 11-4】某公司对所属企业的管理人员工作质量的评判项目包括：组织能力、管理水平、业务知识和廉洁奉公精神四个项目，并对各项目的评分标准规定：很好（5分）；较好（4分）；一般（3分）；较差（2分）。现组织 100 名职工对 H 管理人员进行评分，该管理人员的各项目的票数如表 11-10 所示。

表 11-10　100 名职工对 H 管理人员工作质量评分结果表

评判项目	很好（5分）得票数	得票率	较好（4分）得票数	得票率	一般（3分）得票数	得票率	较差（2分）得票数	得票率	得分
组织能力	45	0.45	40	0.40	15	0.15	0	0	4.3
管理水平	20	0.20	50	0.50	20	0.20	10	0.10	3.8
业务知识	20	0.20	30	0.30	30	0.30	20	0.20	3.5
廉洁奉公精神	30	0.30	30	0.30	25	0.25	15	0.15	3.75

H 管理人员的组织能力得分：$0.45 \times 5 + 0.40 \times 4 + 0.15 \times 3 + 0 \times 2 = 4.3$ 分。

则 H 管理人员工作质量平均得分：$(4.3 + 3.8 + 3.5 + 3.75) \div 4 = 15.35 \div 4 = 3.8375$ 分。

【例 11 – 5】在【例 11 – 4】中，如用专家评估法，得出组织能力、管理水平、业务知识和廉洁奉公精神四个项目的权数分别为 0.30、0.35、0.25 和 0.10。

则 H 管理人员工作质量加权平均得分：$4.3 \times 0.30 + 3.8 \times 0.35 + 3.5 \times 0.25 + 3.75 \times 0.10 = 3.87$ 分。

二、无量纲指标评价方法

无量纲化是指通过某种变换方式消除各个观测指标的计量单位，使其转化为统一、可比的变换过程。在下面的阐述中规定：指标取值越大越好的为正指标，指标取值越小越好的为逆指标，指标取值要求在某一范围内的为适度指标。常用的无量纲化处理方法主要有以下几种：

1. 标准化转换法

基本公式为：$z_{ij} = \dfrac{x_{ij} - \bar{x}_i}{s_i}, \quad j = 1, 2, \cdots, n$ （11.16）

式中，x_{ij} 是观测值，$\bar{x}_i$ 是平均值，s_i 是标准差。z_{ij} 是经过标准化变换后的指标。由于标准差的计量单位与观测值本身的计量单位相同，所以变换后的指标不再具有计量单位。

值得注意的是，基本公式适用于正指标。对于逆指标，则有 $z_{ij} = \dfrac{\bar{x}_i - x_{ij}}{s_i}$。对于适度指标，则需先确定出适度范围内的中值，然后指标值小于适度中值的按正指标公式计算，指标值大于适度中值的按逆指标公式计算。以下转换方法也都存在正指标、逆指标和适度指标问题，处理方法基本相同。

2. 极差转换法

基本公式为：$z_{ij} = \dfrac{x_{ij} - x_{\min}}{x_{\max} - x_{\min}}, \quad j = 1, 2, \cdots, n$ （11.17）

式中，x_{ij} 是观测值，$x_{\min}$ 是最小观测值，$x_{\max}$ 是最大观测值。经过规格化变换，消除了观测值的计量单位，变换后的指标 z_{ij} 值都在 0 与 1 之间。

3. 功效系数转换法

基本公式为：$z_{ij} = \dfrac{x_{ij} - x_{(s)}}{x_{(h)} - x_{(s)}}, \quad j = 1, 2, \cdots, n$ （11.18）

式中，x_{ij} 是观测值，$x_{(s)}$ 是评价指标的不允许值，$x_{(h)}$ 是评价指标的满意值，变换后的指标 z_{ij} 称为功效系数。显然，若满意值取为评价指标的最大观测值，不允许值取为评价指标的最小值，则功效系数变换方法与极差转换法相同。

4. 指数化转换法

基本公式为：$z_{ij} = \dfrac{x_{ij}}{x_{i0}}, \quad j = 1, 2, \cdots, n$ （11.19）

式中，x_{ij} 是观测值，x_{i0} 是评价标准值。经过这种变换，既可以消除评价指标的计量单位，又可以统一其数量级，但各个指标内部取值之间差异程度的不同并不能消除。

三、改进的无量纲指标评价方法

在实际变换中，人们习惯于按百分制对所评价总体中的各个个体进行排队，常将上述变换公式乘以 100。此外，有时为使综合评价指标不出现 0 值和负值，常在变换公式后乘以一个系数 b，再加上一个系数 a，其改进的无量纲法公式如下：

1. 标准化转换法

$$z_{ij} = \frac{x_{ij} - \bar{x}_i}{s_i} \times b + a \qquad\qquad (11.20)$$

2. 极差转换法

$$z_{ij} = \frac{x_{ij} - x_{\min}}{x_{\max} - x_{\min}} \times b + a \qquad\qquad (11.21)$$

3. 功效系数转换法

$$z_{ij} = \frac{x_{ij} - x_{(s)}}{x_{(h)} - x_{(s)}} \times b + a \qquad\qquad (11.22)$$

4. 指数化转换法

$$z_{ij} = \frac{x_{ij}}{x_{i0}} \times b + a \qquad\qquad (11.23)$$

第五节 常用的综合评价模型

一、线性加权法

线性加权法是一种常用的多指标决策方法。这种方法根据实际情况，先确定各决策指标的权数，再对决策矩阵进行标准化处理，求出各方案的线性加权指标值，并以此作为各可行方案排序的依据。应该注意，线性加权法对决策矩阵的标准化处理，应当使所有的指标正向化。线性加权法的基本步骤如下：

（1）用适当的方法确定各决策指标的权数，设权数向量为 $W = (w_1, w_2, \cdots, w_n)^T$。其中，$\sum\limits_{j=1}^{n} w_j = 1$。

（2）对决策矩阵 $X = (x_{ij})_{m \times n}$ 做标准化处理，得到标准化矩阵为 $Z = (z_{ij})_{m \times n}$，并且标准化之后的指标均为正向指标。

（3）求出各方案的先行加权指标值。

$$\bar{z}_i = \sum_{j=1}^{n} w_j z_{ij} \qquad (1 \leqslant i \leqslant m) \qquad\qquad (11.24)$$

（4）根据线性加权指标值 $\bar{z}_i$ 进行排序。$\bar{z}_i$ 大的方案优于 $\bar{z}_i$ 小的方案，线性加权指标值最大的方案为最满意的方案。

【例 11-6】根据表 11-5 所示的某省五地区综合经济实力指标原始数据，表 11-7 的改进的极差转换法无量纲化结果，以及表 11-4 层次分析法的权数，整理如表 11-11 所示。试用线性加权法确定各地区综合经济实力的评价值。

表 11 - 11   各指标层次分析法权重及无量纲化数据

指标编号	权重	地区 A	地区 B	地区 C	地区 D	地区 E
X_1	0.309 7	90.8	80.6	68.8	60.0	100.0
X_2	0.132 3	66.7	78.8	61.2	60.0	100.0
X_3	0.209 8	83.9	77.9	100.0	60.0	74.8
X_4	0.081 6	60.0	100.0	85.1	83.6	86.2
X_5	0.132 3	69.3	60.0	66.6	63.8	100.0
X_6	0.050 7	100.0	79.2	88.8	60.0	84.0
X_7	0.032 9	73.9	60.0	100.0	61.0	69.4
X_8	0.050 7	62.7	83.9	61.7	100.0	60.0
合计	1.000 0	—	—	—	—	—

解：把表 11 - 11 的数据代入 $\bar{z}_i = \sum_{j=1}^{n} w_j z_{ij}$，得地区 A 的综合经济实力评价值为：

$$\bar{z}_A = \frac{90.8 \times 0.309\,7 + 66.7 \times 0.132\,3 + 83.9 \times 0.209\,8 + 60.0 \times 0.081\,6 + 69.3 \times 0.132\,3 + 100.0 \times 0.050\,7 + 73.9 \times 0.032\,9 + 62.7 \times 0.050\,7}{0.309\,7 + 0.132\,3 + 0.209\,8 + 0.081\,6 + 0.132\,3 + 0.050\,7 + 0.032\,9 + 0.050\,7} = 79.3$$

同理，地区 B 至地区 E 的综合经济实力评价值分别为 78.1、77.1、64.5 和 89.8。

由于 $\bar{z}_E > \bar{z}_A > \bar{z}_B > \bar{z}_C > \bar{z}_D$，因此五地综合经济实力排名为：E 地最好，A 地第二，B 地第三，C 地第四，D 地最差。线性加权法具有思路简洁、综合评价值含义明确的优点。因此，线性加权法是最常用的一种综合评价模型，也是其他综合评价模型的基础。

二、TOPSIS 法

TOPSIS（Technique for Order Preference by Similarity to Ideal Solution）法是一种逼近理想解的排序方法。其基本处理思路为：首先，建立初始化决策矩阵；其次，基于规范化后的初始矩阵，找出有限方案中的最优方案和最劣方案（也就是正、负理想解）；再次，分别计算各个评价对象与最优方案和最劣方案的距离，获得各评价方案与最优方案的相对接近程度；最后，进行排序，并以此作为评价方案优劣的依据。TOPSIS 法的基本步骤如下：

（1）设决策矩阵 $X = (x_{ij})_{m \times n}$，指标权数向量为 $W = (w_1, w_2, \cdots, w_n)^T$。

（2）对决策矩阵做标准化处理，得到标准化矩阵 $Z = (z_{ij})_{m \times n}$。经过标准化处理后逆向指标正向化，即指标值越大越好。

（3）计算加权标准化决策矩阵：$V = (v_{ij})_{m \times n} = (w_j z_{ij})_{m \times n}$。

（4）根据加权标准决策矩阵确定正负理想解，TOPSIS 法通常要求目标属性的效用具有单调性：

正理想解：$X^+ = (v_1^+, v_2^+, \cdots, v_n^+)$ (11.25)

负理想解：$X^- = (v_1^-, v_2^-, \cdots, v_n^-)$ (11.26)

其中，$v_j^+ = \max\limits_{1 \leqslant i \leqslant m} v_{ij}$，$v_j^- = \min\limits_{1 \leqslant i \leqslant m} v_{ij}$。

（5）计算各方案与正负理想解之间的欧氏距离：

$$S_i^+ = \sqrt{\sum_{j=1}^{n} (v_{ij} - v_j^+)^2} \quad (i = 1, 2, \cdots, m)$$ (11.27)

$$S_i^- = \sqrt{\sum_{j=1}^{n} (v_{ij} - v_j^-)^2} \quad (i = 1, 2, \cdots, m)$$ (11.28)

（6）计算各方案的相对接近度：

$$C_i^+ = S_i^- / (S_i^+ + S_i^-)$$ (11.29)

（7）依照相对接近度的大小对方案进行排序。由式（11.29）容易看出，相对接近度满足 $0 \leqslant C_i^+ \leqslant 1$。当被评价方案为正理想解方案时，$C_i^+ = 1$；当被评价方案为负理想解方案时，$C_i^+ = 0$。当被评价方案逼近正理想解而远离负理想解时，$C_i^+$ 逼近 1。因此，相对接近度越大的方案越好。

【例11-7】根据表11-5所示的某省五地区综合经济实力指标原始数据，表11-7的改进的极差转换法无量纲化结果，以及表11-4层次分析法的权数，整理如表11-12所示。试用 TOPSIS 法确定各地区综合经济实力的评价值。

解：（1）对决策矩阵进行标准化处理。由于本评价指标体系所有指标均为正指标，因此可采用改进的极差转换法对表11-5中数据进行标准化，计算结果参见表11-12。

（2）计算加权标准化决策矩阵 $V = (v_{ij})_{m \times n} = (w_j z_{ij})_{m \times n}$。其中，$w_j$ 取【例11-1】层次分析法的结论：$W = (0.3097, 0.1323, 0.2099, 0.0816, 0.1323, 0.0507, 0.0329, 0.0507)^T$，其中，$(v_{11})_{m \times n} = (w_1 z_{11})_{m \times n} = 0.3097 \times 90.8 = 28.1$，其余计算结果参见表11-12。

表11-12 加权标准化结果

地区	v_{i1}	v_{i2}	v_{i3}	v_{i4}	v_{i5}	v_{i6}	v_{i7}	v_{i8}
地区 A	28.1	8.8	17.6	4.9	9.2	5.1	2.4	3.2
地区 B	24.9	10.4	16.3	8.2	7.9	4.0	2.0	4.3
地区 C	21.3	8.1	21.0	6.9	8.8	4.5	3.3	3.1
地区 D	18.6	7.9	12.6	6.8	8.4	3.0	2.0	5.1
地区 E	31.0	13.2	15.7	7.0	13.2	4.3	2.3	3.0
最大值	31.0	13.2	21.0	8.2	13.2	5.1	3.3	5.1
最小值	18.6	7.9	12.6	4.9	7.9	3.0	2.0	3.0

（3）根据表11-12确定正负理想解。

正理想解：$X^+ = (31.0, 13.2, 21.0, 8.2, 13.2, 5.1, 3.3, 5.1)$

负理想解：$X^- = (18.6, 7.9, 12.6, 4.9, 7.9, 3.0, 2.0, 3.0)$

（4）计算各地区与正负理想解之间的欧氏距离及相对接近度。

$$S_A^+ = \sqrt{(28.1-31.0)^2 + (8.8-13.2)^2 + (17.6-21.0)^2 + (4.9-8.2)^2 + (9.2-13.2)^2 + (5.1-5.1)^2 + (2.4-3.3)^2 + (3.2-5.1)^2}$$
$$= 8.38$$

$$S_A^- = \sqrt{(28.1-18.6)^2 + (8.8-7.9)^2 + (17.6-12.6)^2 + (4.9-4.9)^2 + (9.2-7.9)^2 + (5.1-3.0)^2 + (2.4-2.0)^2 + (3.2-3.0)^2}$$
$$= 11.09$$

$$C_A^+ = \frac{S_A^-}{S_A^- + S_A^+} = \frac{11.09}{11.09 + 8.38} = 0.57$$

其余计算结果见表 11 – 13。

表 11 – 13　各地区与正负理想解之间的欧氏距离及相对接近度

地区	S_i^+	S_i^-	C_i^+
地区 A	8.38	11.09	0.57
地区 B	9.86	8.60	0.47
地区 C	12.04	9.31	0.44
地区 D	16.81	2.84	0.14
地区 E	5.91	15.01	0.72

由于 $C_E^+ > C_A^+ > C_B^+ > C_C^+ > C_D^+$，因此五地综合经济实力排名为：E 地最好，A 地第二，B 地第三，C 地第四，D 地最差。

TOPSIS 法的优点在于：①该方法对数据分布及样本量、指标多少无严格限制，数学计算也不复杂，应用范围广，具有直观的几何意义；②对原始数据的利用比较充分，信息损失比较少。该方法的缺点为：①权重系数矩阵是事先确定的，其值通常是主观值，具有一定的随意性；②方法中的"最优点"与"最劣点"一般都是从无量纲化后的数据矩阵中挑选的，当评价环境及自身条件发生变化时，指标值也相应会发生变化，导致评价结果不具有唯一性；③不能解决因评价指标间具有相关性而造成的评价信息重复的问题。

三、基于熵的综合评价法

所谓基于熵的综合评价法是指利用熵值法计算出客观权数 w_j，再应用线性加权法，对评价对象进行综合评价的方法。其合成公式为：

$$\bar{z_i} = \sum_{j=1}^{n} w_j z_{ij} \tag{11.30}$$

根据 z_i 的大小对评价方案进行排序。显然，z_i 大的方案优于 z_i 小的方案。

【例 11 –8】根据表 11 –5 所示的某省五地区综合经济实力指标原始数据，表 11 –7 的改进的极差转换法无量纲化结果，以及表 11 –9 熵值法的权数，整理如表 11 –14 所示。试用基于熵的综合评价法确定各地区综合经济实力的评价值。

表 11 – 14　熵值法计算结果

指标	权数系数（%）	地区 A	地区 B	地区 C	地区 D	地区 E
X_1	12.2	90.8	80.6	68.8	60.0	100.0
X_2	14.6	66.7	78.8	61.2	60.0	100.0
X_3	10.0	83.9	77.9	100.0	60.0	74.8
X_4	9.4	60.0	100.0	85.1	83.6	86.2
X_5	13.7	69.3	60.0	66.6	63.8	100.0
X_6	9.8	100.0	79.2	88.8	60.0	84.0
X_7	13.9	73.9	60.0	100.0	61.0	69.4
X_8	16.4	62.7	83.9	61.7	100.0	60.0
合计	100.0	—	—	—	—	—

解：把表 11 – 14 的数据代入 $\bar{z}_i = \sum_{j=1}^{n} w_j z_{ij}$ ，得地区 A 的综合经济实力评价值为：

$$\bar{z}_A = \frac{90.8 \times 12.2 + 66.7 \times 14.6 + 83.9 \times 10.0 + 60.0 \times 9.4 + 69.3 \times 13.7 + 100.0 \times 9.8 + 73.9 \times 13.9 + 62.7 \times 16.4}{12.2 + 14.6 + 10.0 + 9.4 + 13.7 + 9.8 + 13.9 + 16.4}$$

$= 74.7$

同理，地区 B 至地区 E 的综合经济实力评价值分别为 76.6、77.1、69.5 和 83.8。由于 $\bar{z}_E > \bar{z}_C > \bar{z}_B > \bar{z}_A > \bar{z}_D$，因此五地综合经济实力排名为：E 地最好，C 地第二，B 地第三，A 地第四，D 地最差。

熵值评价法的优点在于该方法权数的确定能够客观地反映不同指标的重要程度，忠实于客观信息，独立于评价者的偏好和经验之外，评价结果具有较强的数学理论依据。该方法的缺点则是在评价过程中没有考虑评价者的主观意向和评价指标在现实生活中的重要程度，可能导致经济意义重要的指标的权数低于经济意义不那么重要的指标的权数，例如【例 11 – 3】中人均 GDP 指标（X_1）的权数就低于职工年平均工资（X_7）的权数。因此，在实际应用中经常将熵值法与主观赋权法相结合，指标权数的确定公式改为：

$$\lambda_j = \frac{\theta_j w_j}{\sum_{j=1}^{n} \theta_j w_j} \tag{11.31}$$

式中，w_j 为熵值法计算出客观权数；θ_j 为评价者的主观评价系数，$0 \leq \lambda_j \leq 1$，$\sum_{j=1}^{n} \lambda_j = 1$。

对于评价对象 i，基于熵的评价值的计算公式相应变为：

$$\bar{z}_i = \sum_{j=1}^{n} \lambda_j z_{ij} \tag{11.32}$$

四、组合法

上面我们运用了线性平均法、TOPSIS 法和熵值法等三种方法，测算了某省五地区综合经济实力。从测算结果看，有的结果偏高，有的结果偏低。从测算模型的权数看，有的侧重于主观赋权法，有的侧重于客观赋权法。目前国内外综合评价模型较多，究竟哪一种模型最好？也很难说。所以我们在考虑，究竟是推荐一种模型呢，还是用多种模型组合？当然，我们选择了后者。

（一）组合法的概念及优缺点评述

组合法是指通过等权或不等权形式将多种测算模型组合而成的方法。目前，不论学术界还是实际统计工作者，都十分推崇组合法。大量的研究结果证明，在诸种测算模型方法各异，且模型数据要求不同的情况下，组合法效果最好。本书选择了由三个不同性质的综合评价模型组成的组合模型，其测算公式如下：

组合法模型 =（线性平均法 + TOPSIS 法 + 熵值法）/3   （11.33）

注：由于 TOPSIS 法测算值较小，实际计算时，放大 100 倍。

组合法的主要优点：①它能防止差错，平滑虚假现象和避免一些不合理的假设，这是因为组合法能最大限度地使用较多信息的结果。②该方法具有可靠性、可行性和可操作性等特点，克服单一模型测度偏高或偏低的弊端。③按等权测算的组合法比较客观、科学，能消除人为赋权因素的影响。

组合法的主要缺点：①工作量大，多种测算模型的计算使得计算工作量成倍增加。②模型选择要求高，在组合法模型的选择中，应选具有不同性质的模型，组合之后才能达到科学的效果。

（二）组合法的测算结果分析

从表 11 - 15 的测算结果可看出，对于同一个综合评价问题，采用不同的综合评价模型，得到的结论会有所不同。这是因为综合评价值是由指标值、指标权数与合成模型三个部分构成，不同的综合评价模型其指标权数的确定与综合评价值的合成方式并不相同，因此不同的评价模型得到的结论可能并不一致，有时甚至得到相反的结论。对于这个问题，目前的解决方法主要有两种：①在对评价对象和评价目的有深入认识的基础上，根据评价指标本身的特点和实际情况，选择结果与实际情况最为相符、最为合理的综合评价方法；②运用组合法，把不同的综合评价方法的结论进行平均，得到新的综合评价值。从综合测算效果看，组合法的效果最好。

表 11 - 15   不同方法的综合评价结果

地区	线性平均法		TOPSIS 法		熵值法		组合法	
	评价值	位次	评价值	位次	评价值	位次	评价值	位次
地区 A	79.3	2	0.57	2	74.7	4	70.3	2
地区 B	78.1	3	0.47	3	76.6	3	67.2	4
地区 C	77.1	4	0.44	4	77.1	2	66.1	3
地区 D	64.5	5	0.14	5	69.5	5	49.3	5
地区 E	89.8	1	0.72	1	83.8	1	81.9	1

除上述四种方法外，常用的综合评价模型还有灰色关联度法、模糊综合评价法、主成

分分析法、数据包络分析法和人工神经网络方法等。由于这几种方法涉及的数学知识较高深，本书不再赘述。

思考题

1. 什么是综合评价法？

2. 综合评价法有哪些基本步骤？

3. 什么是指标体系？构建指标体系应遵循哪些原则？根据你所熟悉的社会经济问题，设计一个指标体系，以描述问题的各个侧面以及现象之间的联系。

4. 什么是评价指标的权数？为什么要设置权数？确定评价指标权重的方法有哪些？

5. 什么是层次分析法？层次分析法有哪些步骤？

6. 什么是变异系数法？其基本公式是什么？

7. 什么是熵值法？其基本公式是什么？

8. 确定观测指标的量纲方法有哪些？

9. 常用的综合评价模型有哪些？

10. 假设某旅游者对 3 个预选旅游地点进行考察，他主要考虑了 5 个因素：费用，景色，居住条件，饮食条件，旅途条件，并用两两比较法得到 Y（5 个考虑因素）关于 Z（最佳旅游地点）的判断矩阵为：

$$A = \begin{bmatrix} 1 & 2 & 7 & 5 & 5 \\ \frac{1}{2} & 1 & 4 & 3 & 3 \\ \frac{1}{7} & \frac{1}{4} & 1 & \frac{1}{2} & \frac{1}{3} \\ \frac{1}{5} & \frac{1}{3} & 2 & 1 & 1 \\ \frac{1}{5} & \frac{1}{3} & 3 & 1 & 1 \end{bmatrix}$$

X（3 个预选旅游地点）关于 Y（5 个考虑因素）的判断矩阵为：

$$A_1 = \begin{bmatrix} 1 & \frac{1}{3} & \frac{1}{8} \\ 3 & 1 & \frac{1}{3} \\ 8 & 3 & 1 \end{bmatrix} \quad A_2 = \begin{bmatrix} 1 & 2 & 5 \\ \frac{1}{2} & 1 & 2 \\ \frac{1}{5} & \frac{1}{2} & 1 \end{bmatrix} \quad A_3 = \begin{bmatrix} 1 & 1 & 3 \\ 1 & 1 & 3 \\ \frac{1}{3} & \frac{1}{3} & 1 \end{bmatrix}$$

$$A_4 = \begin{bmatrix} 1 & 3 & 4 \\ \frac{1}{3} & 1 & 1 \\ \frac{1}{4} & 1 & 1 \end{bmatrix} \quad A_5 = \begin{bmatrix} 1 & \frac{1}{4} & \frac{1}{4} \\ 4 & 1 & \frac{1}{4} \\ 4 & 4 & 1 \end{bmatrix}$$

据此计算各评价指标的权数，试确定哪个旅游点为最佳。

11. 某电器公司为了解本公司某型号电冰箱的受欢迎程度，请客户对该型号冰箱从其制冷量、耗电量、耐用度及售后服务四个方面进行评价。对每一评价项目，按满意10分、较满意8分、一般6分、较差4分等四个等级计分。现对收回的500个客户的调查问卷的资料进行整理，结果如下表所示，又假定各评价项目的权数分别为0.3、0.2、0.3、0.2。

要求：按总分评定法计算该型号电冰箱的得分。

四个评价项目的得分情况表

评估项目	得票数				
	满意（10分）	较满意（8分）	一般（6分）	较差（4分）	合计
制冷量	280	160	60	0	500
耗电量	120	200	100	80	500
耐用度	160	160	100	80	500
售后服务	50	50	100	300	500

第十二章 常用的经济社会统计指标

第一节 引导案例——统计指标绘蓝图

《广东省国民经济和社会发展第十二个五年规划纲要（2011—2015）》中指出："到2015年，全省人均生产总值提前五年实现比 2000 年翻两番的目标，经济发展方式转变取得显著进展，社会软实力显著提升，民生福祉显著改善，科学发展的体制机制日益完善。其中：经济平稳较快增长；产业结构优化升级；创新能力显著增强；区域发展差距逐步缩小；城乡居民收入普遍较快增加；社会事业全面发展；生态环境明显改善；改革开放不断深化。"

表 12 - 1　广东省"十二五"经济社会发展主要指标表

类别	序号	指标	2010 年	2015 年（预计）	年均增长（%）	属性
结构调整	1	地区生产总值（亿元）	45 473	66 800	8 以上	预期性
	2	人均地区生产总值（元）	47 000	66 000	7 以上	预期性
	3	居民消费价格指数（%）	103.1	—	3	预期性
	4	服务业增加值比重（%）	44.6	48	—	预期性
	5	居民消费率（%）	—	40	—	预期性
	6	城镇化率（%）	64	68	—	预期性
	7	研究与发展经费支出占地区生产总值比例（%）	1.8	2.3	—	预期性
	8	高技术制造业增加值占工业增加值比重（%）	20.6	26	—	预期性
	9	每百万人口发明专利申请量（件）	380	520	—	预期性
民生福祉	10	常住人口（万人）	9 730	10 230	1	预期性
	11	人口自然增长率（‰）	7.71	8.5	—	约束性
	12	基本公共服务支出占财政一般预算收入的比重（%）	22.9	25.6	—	预期性
	13	城镇登记失业率（%）	3 以内	4 以内	—	预期性
	14	城镇净增就业人数（万人）	30	[500]	—	预期性
	15	高等教育毛入学率（%）	28	36	—	预期性
	16	高中阶段教育毛入学率（%）	86.2	90	—	预期性
	17	九年义务教育巩固率（%）	—	93	—	约束性
	18	城镇基本养老保险参保人数（万人）	3 215	3 770	—	约束性
	19	城乡三项医疗保险参保率（%）	—	98	—	约束性
	20	新型农村社会养老保险参保人数（万人）	550	1 500	—	预期性

（续上表）

类别	序号	指标		2010 年	2015 年（预计）	年均增长（%）	属性
民生福祉	21	城镇保障性安居工程建设（万套）		[20]	[180]		约束性
	22	城镇居民人均可支配收入（元）		23 898	35 100	8	预期性
	23	农村居民人均纯收入（元）		7 890	11 600	8	预期性
资源环境	24	耕地保有量（万公顷）		291.4	291.4	—	约束性
	25	单位工业增加值用水量降低（%）		[47]	—	[30]	约束性
	26	非化石能源占一次能源消费比重（%）		15	20		约束性
	27	单位生产总值能源消耗降低（%）		[16]	—	[16]	约束性
	28	单位生产总值二氧化碳排放降低（%）		—	—	[17]	约束性
	29	主要污染物排放减少（%）	化学需氧量	[15以上]	—	[10]	约束性
	30		二氧化硫			[13]	
	31		氨氮			[11]	
	32		氮氧化物			[15]	
	33	城镇生活污水集中处理率（%）		65	75	—	预期性
	34	城镇生活垃圾无害化处理率（%）		70	85	—	预期性
	35	森林增长	森林覆盖率（%）	57	58		约束性
	36		森林蓄积量（亿立方米）	4.38	5.51		
	37	城市人均公园绿地面积（平方米）		12.4	13	—	预期性

注：地区生产总值和城乡居民收入绝对数按 2010 年价格计算，速度按可比价格计算；[ ] 内为五年累计数；常住人口采用六普前统计数据预测，待国家公布六普数据后再做调整；三项医疗保险指城镇职工基本医疗保险、城镇居民基本医疗保险、新型农村合作医疗；约束性指标尚需根据国家分解下达意见调整。

第二节　常用的统计分析指标

一、恩格尔系数

（一）恩格尔系数的概念

恩格尔（Ernst Engel, 1821—1896），19 世纪德国统计学家，曾担任过德国萨克森尼亚王国统计局长。他就工人家庭开支预算进行研究，用统计方法从数量上描述了工人家庭的消费开支同家庭收入之间存在的密切依存关系。他认为在工人家庭收支中：

（1）食物消费支出在全部生活消费支出中所占比重，随收入的增加而下降；

（2）衣着、教育、法律保护、保健、舒适与娱乐等项支出所占比重，则随收入的增加而增加；

（3）居住和灯火与燃料两项的支出所占比重，不论收入如何，都是相对稳定的。

在这些比重中，食物消费支出所占比重随收入水平的变化而变化更为明显，更为普遍，所以人们称之为恩格尔系数。其公式为：

$$恩格尔系数 = \frac{食品消费支出额}{全部生活消费支出额} \qquad (12.1)$$

恩格尔系数的一般变动规律是：随着居民收入水平的提高，恩格尔系数呈下降的趋势，该趋势人们称之为恩格尔定律。恩格尔定律作为一个总的趋势，它是普遍存在的。

恩格尔定律提出之后，西方经济学界广泛接受了这一定律，有些国家根据本国的情况对恩格尔系数进行补充、修正和引申。比较著名和具有一定影响力的是美国著名经济学家保罗·A. 萨缪尔森（Paul A. Samuelson, 1915—2009），其在《经济学》一书中，对恩格尔定律作了深入的论证，提出了萨氏恩格尔系数，其计算公式为：

$$萨氏恩格尔系数 = \frac{食品消费支出额}{全部支出额} \qquad (12.2)$$

式中，全部支出额 = 全部生活消费支出 + 储蓄。

这里，萨氏恩格尔系数与恩氏恩格尔系数是不同的，萨氏恩格尔系数所考察的是食品消费支出与总支出的关系，反映的是食品支出在全部开支中所占比重的变化规律，萨氏恩格尔系数之所以将储蓄纳入进来，目的是提醒人们在研究消费时，应注意储蓄对消费的影响。在我国，两种公式都有使用，但是，大部分学者仍沿用恩氏恩格尔系数。

（二）联合国划分世界各国居民生活的贫富标准

恩格尔系数是国际上用来衡量居民生活水平状况的重要指标，目前，联合国划分世界各国贫富标准采用的就是恩格尔系数。一般认为，恩格尔系数在 30% 以下者为最富裕生活；在 30%～40% 之间者为富裕生活；在 40%～50% 之间者为小康水平；在 50%～60% 之间者为勉强度日；在 60% 以上者为绝对贫困。

【例 12 - 1】2000—2009 年我国部分城乡居民恩格尔系数如表 12 - 2 所示。

表 12 - 2　2000—2009 年我国部分城乡居民恩格尔系数

年份	城镇居民家庭平均每人每年			农村居民家庭平均每人每年		
	生活消费支出（元）	食品消费（元）	恩格尔系数（%）	生活消费支出（元）	食品消费（元）	恩格尔系数（%）
2000	4 998.0	1 971.3	39.4	1 670.1	820.5	49.1
2001	5 309.0	2 028.0	38.2	1 741.1	830.7	47.7
2002	6 029.9	2 271.8	37.7	1 834.3	848.4	46.2
2003	6 510.9	2 416.9	37.1	1 943.3	886.0	45.6
2004	7 182.1	2 709.6	37.7	2 184.7	1 031.9	47.2
2005	7 942.9	2 914.4	36.7	2 555.4	1 162.2	45.5
2006	8 696.6	3 111.9	35.8	2 829.0	1 217.0	43.0

（续上表）

年份	城镇居民家庭平均每人每年			农村居民家庭平均每人每年		
	生活消费支出（元）	食品消费（元）	恩格尔系数（%）	生活消费支出（元）	食品消费（元）	恩格尔系数（%）
2007	9 997.5	3 628.0	36.3	3 223.9	1 388.8	43.1
2008	11 242.9	4 259.8	37.9	3 660.7	1 598.8	43.7
2009	12 264.6	4 478.5	36.5	3 993.5	1 636.1	41.0

从表 12 - 2 数据可以看出，2000—2009 年，中国城镇居民恩格尔系数均在 30% ~ 40% 之间，已达到联合国富裕生活标准的水平。而农村居民恩格尔系数在 40% ~50% 之间，仅处于联合国小康生活标准的水平。

（三）恩格尔定律在我国运用时应注意的问题

恩格尔系数受消费方式和统计口径影响较大，在运用对比时，由于国别不同、地区不同、城乡不同、时间条件不同，恩格尔系数在我国应用具有一定的局限性。

（1）中外不可比。由于我国城市居民用于住房、文化教育、交通邮电、医疗卫生和保健以及其他服务项目的费用比西方国家要低得多，所以，这一比重远远低于西方发达国家。例如，西方发达国家住房比重高达 20% ~30%，而中国 2009 年全国城镇居民住房消费比重为 10.02%，与国外相比，该比重仍然较低。

（2）城乡不可比。由于城乡之间主客观条件的差异，存在着许多不可比因素。因此，农村的恩格尔系数高于城市，主要表现在：

①农村的自给性消费占相当比重。将自给性消费部分计算在内，使农村恩格尔系数偏高。

②农村住房消费支出在全部生活消费支出中占相当比重，使农村恩格尔系数偏低。例如 2009 年，农村住房消费占 20.16%，城市住房消费仅占 10.02%。

③农村集体福利大多数由农民自己负担，甚至还承担一些不合理的摊派。而城市居民的医疗保健、城市交通及生活服务等，全民所有制单位均有补贴，使农村恩格尔系数偏低。

④目前农村文化娱乐设施少，服务行业和服务水平也远远不能满足农民的需要，使农村恩格尔系数偏高。

⑤农村商业网点不足，货源偏少，影响了农民的消费，使农村恩格尔系数偏高。

（3）动态数列不可比。

①应剔除不正常年份的数据。例如三年困难时期（1960—1963 年），全国居民实际消费水平明显下降，但是我国农民消费的恩格尔系数不但未上升，反而由 1957 年的 65.7% 降为 1962 年的 60.87%。如果单纯看恩格尔系数，则可能得出居民生活水平提高的错误结论。实际上，这种下降是由于食品供应严重不足造成的。类似阶段还有"文革"十年动乱时期。

②应调整价格水平。在进行动态比较时，由于价格在不断变化，使得恩格尔系数的可

比性受到影响，这时应该采用不变价格计算恩格尔系数。

$$恩格尔系数 = \frac{食品消费支出额 \div 食品类价格指数}{全部生活消费支出额 \div 消费品价格指数} \qquad (12.3)$$

【例 12 - 2】我国部分年份城镇居民的恩格尔系数调整前后数据如下：

表 12 - 3　2005—2009 年我国城镇居民的恩格尔系数调整数据

年份	2005	2006	2007	2008	2009
城镇居民的恩格尔系数（调整前）（%）	36.7	35.8	36.3	37.9	36.5
定基城镇居民消费价格指数	100.0	101.5	106.1	112.0	111.0
定基城镇食品价格指数	100.0	102.5	114.5	131.1	132.4
城镇居民的恩格尔系数（调整后）（%）	36.7	35.5	33.6	32.4	30.6

注：以 2005 年的价格为 100 进行调整。

二、基尼系数

（一）洛伦茨曲线

1905 年，美国统计学家洛伦茨（M. O. Loenz）提出了著名的洛伦茨曲线，用以描述社会收入分配差异程度。其基本思路为：将人口数（或住户数）按收入由低到高顺序排列，以人口累积频率为横坐标，以收入累积频率为纵坐标，建立一个正方形图形（见图 12 - 1），以正方形左下角到右上角的对角线为人口收入分配绝对平均线，以人口累积频率的实际收入累积频率由低到高描绘出一条下凹曲线，即洛伦茨曲线。若洛伦茨曲线与对角直线重合，称为居民收入分配绝对平均，若洛伦茨曲线与横坐标线重合，称为居民收入分配绝对不平均。洛伦茨曲线图形意义十分明确，但不便于数学上的精确计算，使用起来具有一定的局限性。

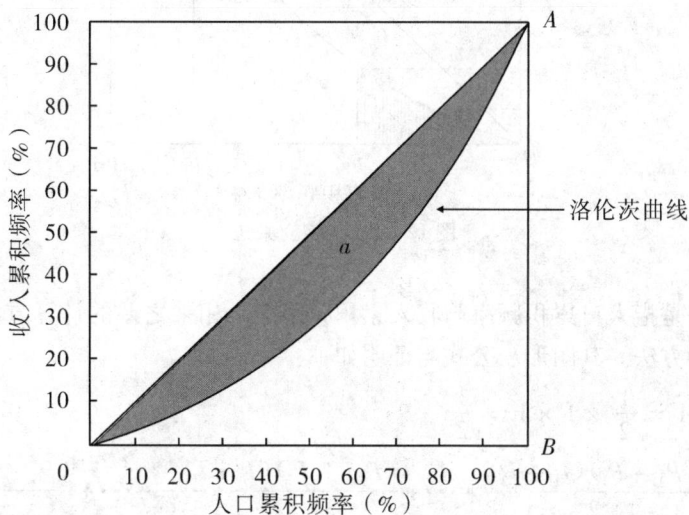

图 12 - 1　洛伦茨曲线

（二）基尼系数

1922 年，意大利经济学家、统计学家基尼（C. Gini，1884—1965）以洛伦茨曲线为基础，提出了基尼系数，用以衡量社会收入分配差异程度。基尼系数是国际上通用的反映国家（或地区）居民之间收入分配差异程度的指标，它的基本思路是用正方形 45°对角线和洛伦茨曲线之间围成的面积 a 与 45°对角线和坐标轴 X 及直线 AB 围成的三角形 AOB 的面积的比值来表示国家（或地区）居民之间收入分配不平等差异程度。其公式如下：

$$G = \frac{a}{A} \tag{12.4}$$

若基尼系数等于 0 时，说明居民收入分配绝对平均；若基尼系数等于 1 时，说明居民收入分配绝对不平均。一般说来，基尼系数的数值介于 0 和 1 之间。

根据国际标准，基尼系数在 0.2 以下为居民收入分配高度平均；在 0.2 ~ 0.3 之间为相对平均；在 0.3 ~ 0.4 之间为比较合理；在 0.4 以上为差距偏大。

（三）基尼系数的计算方法

如何准确地计算基尼系数，这是测度社会收入分配公平与差异的一个重要问题。常用的计算方法有如下几种：十字交乘法、切割法、指数曲线积分法和二次曲线法。在此，本书仅介绍十字交乘法。

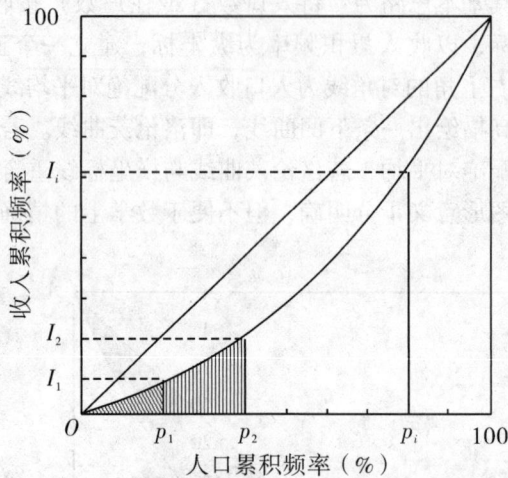

图 12 - 2　十字交乘法

十字交乘法是指人口累积频率与收入累积频率交叉相乘之差的计算方法。这是计算基尼系数最简单的方法。其图形、公式与证明如下：

$$\because S_{\triangle AOB} = A = \frac{1}{2} \times 1 \times 1 = \frac{1}{2}$$

$$A - a = \frac{P_1 I_1}{2} + \frac{(P_2 - P_1)(I_1 + I_2)}{2} + \cdots + \frac{(P_{i+1} - P_i)(I_i + I_{i+1})}{2} + \cdots + \frac{(P_n - P_{n-1})(I_{n-1} + I_n)}{2}$$

$$= \frac{1}{2}(P_2 I_1 - P_1 I_2 + P_3 I_2 - P_2 I_3 + \cdots + P_{i+1} I_i - P_i I_{i+1} + \cdots + P_n I_{n-1} - P_{n-1} I_n + P_n I_n)$$

$$= \frac{1}{2} \Big[\sum_{i=1}^{n-1} (P_{i+1}I_i - P_iI_{i+1}) + 1 \Big]$$

$$P_n = I_n = 1$$

$$\therefore G = \frac{a}{A} = \frac{A - (A - a)}{A} = \frac{\frac{1}{2} - (A - a)}{A} = 1 - 2(A - a) = \sum_{i=1}^{n-1} (P_iI_{i+1} - P_{i+1}I_i) \quad (12.5)$$

一般而言，分组数越多，基尼系数值就会越大，也越准确。这是因为分组越多，组内差别就能更多地得到反映，从几何图形上看，也就是洛伦茨曲线的连续性越好。因此，在可能的情况下，应当尽量增加观察值。

（四）基尼系数的优缺点

基尼系数的优点：①能较方便地以一个数值来反映区域之间居民收入分配差异的总体情况。②有一个数量界限的测度标准，较易测度出区域之间居民收入分配所处的状态。

基尼系数的缺点：①不能反映个别区域居民的收入分配变动情况，从基尼系数值本身，无法知道哪个区域的居民收入份额上升或下降了多少。如果两个区域居民的人口比重相同，而收入比重，即相对收入地位发生对换，则基尼系数不变。②对低收入区域居民的收入比重的变化不敏感。例如当从较高收入的区域居民转移 1% 的收入给收入较低区域居民时，低收入区域居民收入份额变动率一般较大，但这一变化以基尼系数来表示，却往往变动很小。③在国际比较中必须特别注意消除不可比因素。

【例 12-3】某市某年抽样调查 600 户职工家庭基本情况和生活费收入资料如表 12-4 所示。

表 12-4　某市抽样调查 600 户职工家庭基本情况和生活费收入资料表

按平均每人每月生活费收入分组（百元）	调查户数（户）	家庭人口（人）	组中值	年生活费收入（百元）	人口累计（人）	年生活费累计（百元）	人口累积频率	年生活费收入累积频率
20~25	18	66	22.5	17 820	66	17 820	0.029 3	0.015 3
25~35	138	624	30.0	224 640	690	242 460	0.306 7	0.207 6
35~50	246	882	42.5	449 820	1 572	692 280	0.698 7	0.592 8
50~60	126	444	55.0	293 040	2 012	985 320	0.894 2	0.843 7
60 以上	72	234	65.0	182 520	2 250	1 167 840	1.000 0	1.000 0
合计	600	2 250	—	1 167 840				

根据上述资料，试作洛伦茨曲线图，计算基尼系数。

解：用十字交乘法计算。

$$G = \sum (x_iy_{i+1} - x_{i+1}y_i) = (0.029\ 3 \times 0.207\ 6 - 0.306\ 7 \times 0.015\ 3) + (0.306\ 7 \times 0.592\ 8 - 0.698\ 7 \times 0.207\ 6)$$

$$= (0.698\ 7 \times 0.843\ 7 - 0.894\ 2 \times 0.592\ 8) + (0.894\ 2 \times 1.000\ 0 - 1.000\ 0 \times 0.843\ 7)$$

$$= 0.109\ 9$$

该市抽样调查 600 户职工的基尼系数为 0.109 9，居民收入分配落在高度平均的区间。

三、技术进步进程

（一）技术进步的概念

技术进步是指科研成果的生产和物化的全过程。这里技术进步的概念是广义的，它不仅包括生产力方面，还包括生产管理经济结构方面，其主要内容有：①提高装备技术水平；②改进和改革工艺、原材料和动力；③提高经济管理水平；④调整资源配置和生产结构；⑤提高劳动力素质和加强教育训练等。依靠技术进步促进经济增长，属于内涵式扩大再生产，在目前资金缺乏、资源有限的条件下，强调走技术进步这种内涵式扩大再生产的道路，意义十分重大。

技术进步是区域经济发展的一个重要因素，世界各国经济发展都经历了手工业、传统工业和高新技术产业三个阶段，这三个阶段的劳动生产率的比例为1∶10∶100，这种巨大的差异正是技术进步的原因之一。

科学技术是第一生产力。生产力是一切社会发展的根本动力，科学技术是现代生产力中最活跃、最重要的因素。它既是现代社会财富增加的源泉，又是推进和制约经济增长与社会发展的重要因素。反映技术进步进程的重要指标是技术进步对经济增长的贡献率。

（二）测算技术进步的方法

1. 柯布—道格拉斯生产函数

1927年，美国芝加哥大学数学家柯布（C. W. Cobb）与经济学家道格拉斯（P. H. Douglas）一起研究了美国制造业1899—1922年的历史资料，提出在生产的诸多要素投入中，劳动和资本是最主要的，其余要素对产出的贡献微不足道。他们在分析研究的基础上，得出美国制造业在上述时期内的生产函数，即柯布—道格拉斯生产函数。

（1）基本公式：

$$Y = AK^{\alpha}L^{\beta} \tag{12.6}$$

若令 $\beta = 1 - \alpha$，则

$$Y = AK^{\alpha}L^{1-\alpha} \tag{12.7}$$

式中，Y 为产出量，K 为资本投入量，L 为劳动投入量，A 为一定的技术状况或水平，α、β 为参数。

（2）参数的经济意义。α、β 分别是资本的产出弹性和劳动的产出弹性，即在技术水平不变时，若劳动投入量不变，资本增加1%，产出将增加 α%；若资本投入量不变，劳动增加1%，产出将增加 β%。

（3）参数的估计。

①经验确定法。假定资本产出弹性与劳动产出弹性相等时，可以确定 $\alpha = \beta = 0.5$，事实上，两者往往存在差异。美国经济学家索洛、丹尼森等利用实际数据进行分析，得出 α 在 $0.2 \sim 0.4$ 之间波动，β 在 $0.8 \sim 0.6$ 之间波动。

②最小二乘法。对式（12.7）两边取对数，然后求出 α、β 参数。

2. 索洛余值法

1957年，美国麻省理工学院的经济学家索洛教授（R. M. Solow）在柯布—道格拉斯生

产函数的基础上作出了重大改进，他定量分离出技术进步在经济增长中的作用，使人们认识到在经济增长过程中，除了要素投入的作用外，技术进步起了巨大作用。他所揭示的这个规律，引起人们的广泛关注，不仅学术界投入了许多力量进行研究，而且，许多国家的高层决策者也越来越重视，纷纷增大了对技术和教育的投入，促进了本国的经济增长。这项研究成果大大推动了技术进步在经济增长中作用的研究。1987 年，索洛教授由于对经济增长理论的贡献而获得了当年的诺贝尔经济学奖，他所提出的经济增长速度方程为柯布—道格拉斯生产函数法赋予了新的生命力，因而被人们称为"索洛余值法"。

（1）增长速度方程：$Y = A + \alpha K + \beta L$。

式中，Y 为产出增长速度；K 为资本投入量增长速度；L 为劳动力投入量增长速度；A 为技术进步速度；α 为参数，表示资本的产出弹性；β 为参数，表示劳动的产出弹性。上式也可以写成：

$$A = Y - \alpha K - \beta L$$

表示：在总产出的增长中，扣除资本、劳动力投入量增加而带来的增长，剩余部分是技术水平提高带来的增长，因此，此方程称为余值法。

两边同除以 Y，则

$$\frac{A}{Y} = 1 - \alpha \frac{K}{Y} - \beta \frac{L}{Y}$$

式中，$\frac{A}{Y}$ 为技术进步对总产出增长速度的贡献率，$\alpha \frac{K}{Y}$ 为资金投入增加对总产出增长速度的贡献率，$\beta \frac{L}{Y}$ 为劳动力投入增加对总产出增长速度的贡献率。

目前，国际上将 $\frac{A}{Y}$，即技术进步对总产出增长速度的贡献率作为衡量一个国家（或地区）现代化进程的重要测度指标。一般认为：当 $\frac{A}{Y}$ = 35% 时，为小康水平；$\frac{A}{Y}$ = 60% 时，为现代化水平。据国外资料统计，20 世纪初，国外较发达国家技术进步对总产出增长速度的贡献率仅为 5% ~ 20%，到了 20 世纪 70 年代，这一比例迅速上升到 60% ~ 80%，在美国高达 80%，日本更高达 85%。

（2）参数估计。

①经验确定法。假定资金产出弹性与劳动产出弹性相等时，可以确定 $\alpha = \beta = 0.5$，或 α 在 0.2 ~ 0.4 之间波动，β 在 0.8 ~ 0.6 之间波动。在我国，根据国家计委、国家统计局统一测算方法，参数公式 $\alpha + \beta = 1$，资金产出弹性为 α，全社会国民生产总值口径为 0.35，全国全民独立核算工业企业口径为 0.30。

②修正公式法。国家计委、国家统计局认为，由于我国地域辽阔，产出结构情况复杂，为更接近实际情况，各省、自治区、直辖市在试算时，也可按下列公式对弹性系数 α、β 进行修正，作为本地区研究问题时的参考。修正的资金产出弹性系数为：

$$\alpha' = \alpha\ln\left[e - 1 + \left(\frac{1}{N}\sum_{i=1}^{N}\frac{K_i}{L_i}\right) \div \left(\frac{1}{N}\sum_{i=1}^{N}\frac{K_{ti}}{L_{ti}}\right)\right]$$

式中，K_i、L_i 为某地区或某部门第 i 年资金和劳动力，K_{ti}、L_{ti} 为全国第 i 年资金和劳动力。

劳动的产出弹性 β 的计算公式为：$\beta = 1 - \alpha'$。

③最小二乘法。

$$Y = A + \alpha K + \beta L \qquad \because \alpha + \beta = 1$$

$$Y = A + \alpha K + (1 - \alpha)L$$

$$\therefore Y - L = A + \alpha(K - L)$$

令：$y_L = A + \alpha k_L$

解上式简单直线方程，即可解出参数 α、β。

3. 计算口径

(1) 全社会口径。产出 Y 为国内生产总值 GDP（或国民生产总值 GNP），资金 K 为全社会固定资产与流动资产之和，劳动者 L 为全社会劳动者年末人数。

(2) 全民独立核算工业企业。产出 Y 为全民独立核算工业企业不变价格计算的总产值，资金 K 为全民独立核算工业企业固定资产与流动资金之和，劳动者 L 为全民独立核算工业企业劳动者年末人数。

采用第一口径计算确有困难的部门、地区，可只按第二口径计算。

【例 12 - 4】1980 年和 1990 年，全国经济增长中技术进步测算数据如表 12 - 5 所示。

表 12 - 5　全国经济增长中技术进步测算数据表

年份	GNP 指数 (1978 年为 100)	固定资产 (亿元)	流动资金 (亿元)	劳动者人数 (万人)
1980	116. 00	9 014. 10	4 966. 96	42 361
1990	274. 10	34 055. 20	15 991. 01	56 740

资料来源：国家计委、国家统计局。因为在经济增长之技术进步测算中，固定资产原值数据统计年鉴未列出，需专门统计。故此处实例引用国家计委、国家统计局 1992 年的例子。

说明：①产出统一换算为按 1980 年不变价格计算的产值。

②资金为固定资产原值年平均数与流动资产年平均余额之和，原则上应按可比价格计算，如条件不具备时，也可按现价资金数计算。

③年平均增长速度采用水平法计算。

解：计算步骤：

(1) 计算 1981—1990 年国民生产总值、资金、劳动者人数的年平均增长速度。

$$Y = \left(\sqrt[10]{\frac{274. 10}{116. 00}} - 1 \right) \times 100\% = 8. 979\ 6\%$$

$$K = \left(\sqrt[10]{\frac{50\ 046. 21}{13\ 981. 06}} - 1 \right) \times 100\% = 13. 602\ 1\%$$

$$L = \left(\sqrt[10]{\frac{56\ 740}{42\ 361}} - 1 \right) \times 100\% = 2. 965\ 6\%$$

(2) 计算修正的资金产出弹性系数。

$$\alpha' = 0. 35\ln\left[e - 1 + \left(\frac{1}{N}\sum_{i=1}^{N}\frac{K_i}{L_i} \right) \div \left(\frac{1}{N}\sum_{i=1}^{N}\frac{K_{ti}}{L_{ti}} \right) \right] = 0. 35$$

$\beta = 1 - \alpha' = 1 - 0.35 = 0.65$

（3）计算技术进步速度。

$A = Y - \alpha K - \beta L = 8.979\,6\% - 0.35 \times 13.601\,2\% - 0.65 \times 2.965\,6\% = 2.291\,5\%$

（4）计算技术进步对国民生产总值增长速度的贡献率。

$$\frac{A}{Y} = \frac{2.291\,5}{8.979\,6} = 25.5\%$$

即 1981—1990 年期间，在我国国民生产总值年平均增长速度中，技术进步的贡献率为 25.5%。

四、经济增长贡献和贡献率

1. 产业部门贡献率的计算方法

从生产角度来看，国内生产总值等于各产业部门的增加值之和，国内生产总值增量等于各产业部门增加值增量之和。产业部门的贡献指产业部门增加值的增长所引起的国内生产总值增长率（即经济增长率）的增加额，产业部门贡献率指在经济增长中各产业部门贡献所占份额。产业部门贡献和贡献率的计算方法推导如下：

设 Y 代表国内生产总值，t 代表年度，r 代表经济增长率，则有：

$$r_t = \frac{Y_t - Y_{t-1}}{Y_{t-1}} \tag{12.8}$$

设整个国民经济活动被分成三个产业部门，用 Y^i 代表第 i 个产业部门的增加值，则式（12.8）可变为：

$$r_t = \frac{Y_t^1 - Y_{t-1}^1}{Y_{t-1}} + \frac{Y_t^2 - Y_{t-1}^2}{Y_{t-1}} + \frac{Y_t^3 - Y_{t-1}^3}{Y_{t-1}} = r_t^{\,1} + r_t^{\,2} + r_t^{\,3} \tag{12.9}$$

其中，$r_t^{\,i} = \dfrac{Y_t^i - Y_{t-1}^i}{Y_{t-1}}$ 是第 i 个产业部门对经济增长率 r_t 的贡献，简称产业部门 i 的贡献。现以式（12.8）除以式（12.9）两边，得

$$1 = \frac{r_t^1}{r_t} + \frac{r_t^2}{r_t} + \frac{r_t^3}{r_t} \tag{12.10}$$

其中，$P_t^i = \dfrac{r_t^i}{r_t}$ 是产业部门 i 对经济增长率的贡献率，简称产业部门 i 的贡献率。它是产业部门 i 的贡献与经济增长率之比。将式（12.8）、（12.9）代入式（12.10），则产业部门 i 的贡献率也可以用以下公式表示：

$$P_t^i = \frac{Y_t^i - Y_{t-1}^i}{Y_t - Y_{t-1}} \tag{12.11}$$

即产业部门 i 的贡献率等于产业部门 i 增加值增量与国内生产总值增量之比。

2. 各产业部门贡献率的计算

国内生产总值有现价和不变价（名义值和实际值）之分，所以，经济增长率及其产业部门的贡献率也有现价和不变价之分。在我国统计年鉴中，经济增长率仅指不变价增长率，因此产业部门的贡献率也是指以不变价格计算的指标，即指产业部门的实际贡献率。

【例 12 - 5】根据表 12 - 6 我国 2005—2008 年不变价国内生产总值数据，计算 2006—2008 年我国各产业部门的贡献率（见表 12 - 7）。

表 12 - 6　2005—2008 年中国不变价国内生产总值　　　　　　单位：亿元

年份	国内生产总值	第一产业	第二产业	第三产业
2005	184 937. 4	22 420. 0	87 598. 1	74 919. 3
2006	208 381. 0	23 541. 0	99 328. 5	85 511. 6
2007	237 892. 8	24 422. 4	114 290. 6	99 179. 7
2008	260 812. 9	25 735. 9	125 579. 7	109 497. 4

解：根据式（12.8）、式（12.10），计算 2006—2008 年我国各产业部门的贡献率，结果如表 12 - 7 所示。

表 12 - 7　2006—2008 年我国三次产业对经济增长的贡献与贡献率　　　单位：%

年份	三次产业对经济增长的贡献				三次产业对经济增长的贡献率			
	国内生产总值	第一产业	第二产业	第三产业	国内生产总值	第一产业	第二产业	第三产业
2006	12. 6	0. 6	6. 3	5. 7	100	4. 8	50. 0	45. 2
2007	14. 2	0. 4	7. 2	6. 6	100	3. 0	50. 7	46. 3
2008	9. 6	0. 6	4. 7	4. 3	100	5. 7	49. 3	45. 0

根据表 12 - 7 的结果，目前我国经济增长以第二产业的贡献为主，第三产业对 GDP 增长的贡献率仍然偏低。2006—2008 年间，第二产业对 GDP 增长的平均贡献率为 50.0%，是推动我国经济发展的主要力量。目前世界各主要发达国家经济增长以第三产业的发展为主。据统计，2000 年主要发达国家第三产业对 GDP 增长的贡献率分别为：美国 66.2%、英国 77.6%、德国 65.5%、法国 63.3%、日本 71.6%。2008 年中国第三产业对 GDP 增长的贡献为 45.0%，与发达国家的水平还有很大的差距。

五、物质生活质量指数

物质生活质量指数（Physical Quality of Life Index，PQLI），是美国海外发展开发署公布于 1977 年，衡量一个国家人民在营养、卫生保健、国民教育等方面所达到的生活质量水平，以反映其在满足人们基本需要方面所取得的成就。该指数主要针对发展中国家尤其是处于贫困状态的国家而编制。PQLI 由婴儿死亡率、1 岁预期寿命和成人识字率这三个指标组成，采用简单平均法进行计算：

PQLI =（婴儿死亡率指数 + 1 岁预期寿命指数 + 成人识字率）/3

式中，婴儿死亡率指数 =（229 - 实际每千婴儿死亡数）/2.22，1 岁预期寿命指数 =

（1 岁预期寿命 −38）/0.39。

由于 1950 年至 1997 年世界最高婴儿死亡率是 229‰，而 7‰是当时估计的 2000 年最低婴儿死亡率。38 岁和 77 岁是"二战"后出现的最低和最高的 1 岁预期寿命值。时隔 35 年，现在要用这个指数，这些数值可能都需要重新估计和调整。

【例 12 −6】假设一国的婴儿死亡率是 129‰，1 岁预期寿命是 78 岁，成人识字率是 90%，试计算该国的 PQLI。

解：根据上述测算公式，测出该国婴儿死亡率指数是 45%，1 岁预期寿命指数是 102.6%，所以该国的物质生活质量指数为：PQLI =（45 + 102.6 + 90）/3 = 79.2。

六、人类发展指数

人类发展指数，又称人文发展指数（Human Development Index，HDI），是由联合国开发计划署在《1990 年人类发展报告》中提出的评价社会发展的方法。

该报告认为，社会发展以人的发展为具体体现。而人的发展就是扩大人民各种选择的过程。无论处在何种发展水平，人们的选择均取决于几大能力：①健康和长寿生活；②获得知识；③能获得达到体面生活所需的资源。因此分别选择出生时预期寿命、成人识字率和总入学率、按购买力平价（PPP）计算的人均 GDP 三类指标来反映人们的寿命水平、知识水平和生活水平。在此基础上综合构建出人类发展指数。具体步骤如下：

1. 确定每一指标的最大值和最小值

1999 年分别所列标准为：出生时预期寿命最小值为 25 岁，最大值为 85 岁；成人识字率和总入学率最小值为 0%，最大值为 100%；人均 GDP 最小值为 100 美元，最大值为 4 万美元。

2. 根据下列公式将各指标转化为在 0 ~ 1 之间取值的指数形式

$$I_i = \frac{X_i - X_{\min}}{X_{\max} - X_{\min}}$$

3. 将成人识字率指数和总入学率指数合成为受教育程度指数

受教育程度指数 = 2/3（成人识字率指数）+ 1/3（总入学率指数）

4. 计算指数值

HDI =（预期寿命指数 + 受教育程度指数 + 人均 GDP 指数）/3

5. 计算结果的判定

各项指标越接近于最大值，HDI 评价值就越高，说明社会发展水平越高；反之，HDI 越低，说明社会发展水平越低。

七、区位商

区位商又称专门化率，它由哈盖特（P. Haggett）首先提出并运用于区位分析中，在衡量某一区域要素的空间分布情况，反映某一产业部门的专业化程度，以及某一区域在高层次区域的地位和作用等方面，是一个很有意义的指标。在产业结构研究中，运用区位商指标可以分析区域优势产业的状况。其基本计算公式为：

$$区位商 = \frac{某区域 A 部门就业人数(或产出水平)/全国 A 部门就业人数(或产出水平)}{某区域总就业人数(或产出水平)/全国总就业人数(或产出水平)}$$

$$(12.12)$$

表 12-8 2009 年全国各地第二、三产业区位商

地　区	就业人员				区位商	
	总计（万人）	第一产业	第二产业	第三产业	第二产业	第三产业
北　京	1 255.1	65.7	263.8	925.6	0.76	2.16
天　津	507.3	77.7	209.4	220.2	1.48	1.27
河　北	3 899.7	1 483.6	1 214.7	1 201.4	1.12	0.90
山　西	1 599.7	635.8	419.4	544.5	0.94	1.00
内蒙古	1 142.5	558.0	193.3	391.2	0.61	1.00
辽　宁	2 190.0	694.4	559.6	936.0	0.92	1.25
吉　林	1 184.7	516.6	239.7	428.4	0.73	1.06
黑龙江	1 687.5	781.0	343.9	562.6	0.73	0.98
上　海	929.3	47.6	347.5	534.2	1.34	1.69
江　苏	4 536.2	896.9	2 030.9	1 608.4	1.61	1.04
浙　江	3 825.1	659.3	1 795.4	1 370.4	1.69	1.05
安　徽	3 689.7	1 579.6	1 041.7	1 068.4	1.02	0.85
福　建	2 168.9	638.6	775.7	754.6	1.29	1.02
江　西	2 244.2	882.3	635.5	726.4	1.02	0.95
山　东	5 449.7	1 994.4	1 741.2	1 714.1	1.15	0.92
河　南	5 948.8	2 764.9	1 674.7	1 509.2	1.01	0.74
湖　北	3 024.5	990.1	814.7	1 219.7	0.97	1.18
湖　南	3 907.6	1 876.4	814.9	1 216.3	0.75	0.91
广　东	5 643.3	1 536.7	1 922.7	2 183.9	1.23	1.13
广　西	2 862.6	1 561.2	582.1	719.3	0.73	0.74
海　南	431.5	226.1	49.3	156.1	0.41	1.06
重　庆	1 878.4	655.7	519.5	703.2	0.99	1.10
四　川	4 945.3	2 158.3	1 110.1	1 676.9	0.81	0.99
贵　州	2 341.1	1 210.5	268.3	862.3	0.41	1.08
云　南	2 730.2	1 672.7	353.4	704.1	0.47	0.76
西　藏	169.1	92.2	18.2	58.7	0.39	1.02
陕　西	1 919.4	877.6	432.5	609.3	0.81	0.93
甘　肃	1 406.6	739.3	204.8	462.5	0.52	0.96
青　海	285.5	122.6	62.8	100.1	0.79	1.03
宁　夏	328.5	130.8	84.7	113.0	0.93	1.01
新　疆	829.3	425.8	116.3	287.2	0.50	1.02
全　国	74 961.3	28 552.4	20 840.7	25 568.2	—	—

八、通货膨胀

通货膨胀一般是指在纸币流通条件下，因货币供给大于货币实际需求，导致货币贬值而引起的一段时间内物价持续而普遍地上涨的现象。其实质是社会总需求大于社会总供给。一般性通货膨胀为货币之市值或购买力下降，而货币贬值为两经济体间之币值相对性降低。前者用于形容全国性的币值，而后者用于形容国际市场上的附加价值。

依新凯恩斯主义，通货膨胀有三种主要的形式：一是需求拉动通货膨胀，通货膨胀发生于因 GDP 所产生的高需求与低失业。二是成本推动通货膨胀，通常发生于油价突然提高时。三是惯性通货膨胀，因合理预期所引起，通常与物价、薪资螺旋上升有关，这种通货膨胀反映已发生的事件。

按照通货膨胀的严重程度，可以将其分为三类：一是温和的通货膨胀，其特点是通货膨胀率低而且比较稳定。二是奔腾的通货膨胀，其特点是通货膨胀率较高（一般在两位数以上），而且还在加剧。三是恶性的通货膨胀，其特点是通货膨胀率非常高（标准是每月通货膨胀率在 50% 以上）而且完全失去了控制。

通货膨胀必将对社会经济生活产生影响，通货膨胀造成成本增加而推动价格总水平上涨。如果社会的通货膨胀率是稳定的，人们可以完全预期，那么通货膨胀率对社会经济生活的影响很小。因为在这种可预期的通货膨胀之下，各种名义变量（如名义工资、名义利息率等）都可以根据通货膨胀率进行调整，从而使实际变量（如实际工资、实际利息率等）不变。但是，在通货膨胀率不能完全预期的情况下，通货膨胀将会影响社会收入分配及经济活动。

对通货膨胀没有单独性的确实量测法，因通货膨胀值取决于物价指数中各特定物品之价格比重，以及受测经济区域的范围。通货膨胀的测量由观察一经济体中之大量的劳务所得或物品价格之改变而得，通常是基于由政府所收集的资料测算。通用的量测法包括消费者物价指数（CPI）、生产者物价指数（PPI）、GDP 平减指数、商品价格指数等。

九、对外贸易依存度

对外贸易依存度的英文为 Foreign-Trade Dependence（FTD）。它是指一国进出口总额与其国内生产总值或国民生产总值之比，又叫对外贸易系数。它是衡量一个国家国民经济对进出口贸易的依赖程度的一个指标，一般以该国在一定时期内进出口贸易值占该国同时期国民生产总值（或国内生产总值）的比重表示。它体现本国经济增长对进出口贸易的依附程度，也是衡量一国贸易一体化的主要指标。根据贸易流向的不同可将 FTD 分为出口贸易依存度（Export Dependence，ED）和进口贸易依存度（Import Dependence，ID），分别是出口贸易总值和进口贸易总值与当年 GDP 的比值。

对外贸易依存度的变化，意味着对外贸易在国民经济中所处地位的变化。对外贸易依存度越大，说明该国进出口总额占其国民生产总值（或国内生产总值）的比重越大，反之则越小。由于各国经济发展的水平不同，对外贸易政策的差异，国内市场的大小不同，导致各国的对外贸易依存度有较大差异。

外贸依存度的测算方法。按照上面定义,外贸依存度最普遍的计算方法是进出口额与GDP的比值。由于这种计算方法简单,所以被广泛使用,特别是当一国对外贸易依存度进行时间序列比较时常常使用该方法。但是这种算法没有考虑GDP中产业结构的组成,例如第三产业中很大一部分属于不可贸易产品,如果一个国家第三产业比重高,那么按这种方法计算的外贸依存度就较低。

对外贸易依存度 = 进出口商品总额／国内生产总值   (12.13)

出口贸易依存度(ED) = 出口贸易总值／国内生产总值   (12.14)

进口贸易依存度(ID) = 进口贸易总值／国内生产总值   (12.15)

决定外贸依存度的基本因素:

(1) 经济规模,即一国GDP的大小。一般而言,在开放经济条件下,小国的对外贸易依存度大于大国,其主要原因是小国本身的资源和市场比较有限,经济发展在很大程度上必须依靠进出口。相比之下,大国由于本身资源丰富、国内市场广阔等因素,对外部经济依赖程度不大,外贸依存度相对较低。

(2) 国民收入的构成。三次产业变动对外贸依存度有很大影响,而产业结构又与一国发展阶段有关。处于经济发展初级阶段的国家,由于农业比重较大、制成品比重不高、出口竞争力不强等原因,一般外贸依存度较低。另外,发达国家中可贸易程度较小的第三产业(服务业)占有较高比重,因此它们的外贸依存度通常也不高。相比之下,处于经济发展中级阶段的国家由于第二产业比重高,产品在国际上具有一定的竞争力,所以外贸依存度较高。从美国、日本等发达国家的经济发展史可以观察到,它们的外贸依存度经历了由低到高、再由高到低的变化。

(3) 经济发展战略以及由此导致的对外开放程度。它也是影响外贸依存度的重要因素之一。采取出口导向发展战略的国家,如亚洲四小龙,常常通过低估本币汇率、采取出口奖励等政策手段压低出口部门的生产成本,使国内资源更多地流向对外部门,同时这些国家又受本身市场、资源等限制,为保证出口增长还需要进口原材料等上游产品,因此这些国家外贸依存度会更高一些。与此相反,采取内向型发展战略的国家外贸依存度一般较低。

(4) 汇率水平的影响。汇率水平高低,对对外贸易依存度的影响分为直接影响和间接影响两种。直接影响是,由于汇率水平影响到国内外价格比,所以它对外贸依存度的分子、分母都产生影响。例如,当一国本币被低估时,以外币衡量的GDP会被低估,这样计算出来的外贸依存度就较高,反之则反是。间接影响是,汇率往往是一国外贸政策的工具,如实行出口导向的国家选择采取汇率低估政策,那么会促使对外部门在经济中比重的提高,从而导致外贸依存度发生相应的变化。

【例12-7】根据表12-9前4列数据,分别计算中国2005—2009年的对外贸易依存度、出口贸易依存度、进口贸易依存度。计算结果如表12-9后3列数据。

表 12 - 9　2005—2009 年中国 GDP 和对外贸易指标

年份	GDP（亿元）	进出口总额（亿元）	出口总额（亿元）	进口总额（亿元）	进出口总额依存度（%）	出口总额依存度（%）	进口总额依存度（%）
（甲）	(1)	(2)	(3)	(4)	(5) = (2)/(1)	(6) = (3)/(1)	(7) = (4)/(1)
2005	184 937.4	116 921.8	62 648.1	54 273.7	63.2	33.9	29.3
2006	216 314.4	140 971.4	77 594.6	63 376.9	65.2	35.9	29.3
2007	265 810.3	166 740.2	93 455.6	73 284.6	62.7	35.2	27.6
2008	314 045.4	179 921.5	100 394.9	79 526.5	57.3	32.0	25.3
2009	340 506.9	150 648.1	82 029.7	68 618.4	44.2	24.1	20.2

第三节　常用的统计指标

根据第一节"引导案例——统计指标绘蓝图"中广东省"十二五"经济社会发展主要指标，本书列出这些常用的统计指标，供学习和解读用。

一、结构调整的统计指标

1. 国内（地区）生产总值

国内（地区）生产总值（Gross Domestic Product，GDP），是指按市场价格计算的一个国家（或地区）所有常住单位在一定时期内生产活动的最终成果。所谓常住单位，是指在一国政府控制或拥有的地理领土内具有一定的场所（如住房、厂房或其他建筑物），从事一定规模经济活动并超过一定时期（通常为一年以上）的经济实体，它包括外国在本国投资的企业、单位，而不包括本国在外国投资的企业、单位。该指标是衡量国民经济发展规模、速度的最重要指标之一。国内（地区）生产总值有生产法、收入法和支出法三种计算方法。

（1）生产法。生产法是从生产角度计算国内生产总值的方法。国民经济各部门一定时期生产的总产品价值扣除中间投入的价值，就得到各部门的增加值，所有部门增加值之和就是国内生产总值。计算公式为：

增加值 = 总产出 – 中间投入

国内生产总值 = 各部门增加值之和

（2）收入法。收入法也称分配法，它是从要素收入的角度来计算国内生产总值。收入法国内生产总值反映社会生产最终成果初次分配的价值构成。各单位生产经营活动最终成果的价值构成，从初次分配应得的收入来看，包括劳动者报酬、固定资产折旧、生产税净额、营业盈余四项。这四项之和为增加值，各部门增加值之和就是国内生产总值。其计算公式为：

增加值 = 劳动者报酬 + 固定资产折旧 + 生产税净额 + 营业盈余

国内生产总值 = 各部门增加值之和

（3）支出法。支出法也称使用法，它是从最终使用角度来反映最终产品的生产规模。最终使用包括资本形成总额、最终消费（包括居民消费和政府消费）、货物和服务净出口三部分，把这三部分价值相加就是支出法国内生产总值。其计算公式为：

国内生产总值 = 资本形成总额 + 最终消费 + 货物和服务净出口

以上三种方法计算的国内生产总值在理论上应当相等，称为三面等值。但由于资料来源等原因，有可能三种算法的结果有一定误差，称为统计误差。

2. 人均国内（地区）生产总值

人均国内（地区）生产总值是指国内（地区）生产总值与该国（或该地区）年平均人口之比。该指标是衡量国内（地区）经济发展和人民生活水平的最重要指标之一。

3. 居民消费价格指数

居民消费价格指数是反映一定时期内城乡居民所购买的生活消费品价格和服务项目价格变动趋势和程度的相对数，是对城市居民消费价格指数和农村居民消费价格指数进行综合汇总计算的结果。通过该指数可以观察和分析消费品的零售价格和服务项目价格变动对城乡居民实际生活消费支出的影响程度。

4. 服务业增加值比重

服务业主要是指农业、工业、建筑业以外的其他行业。服务业概念在理论界尚有争议，一般意义上的服务业即第三产业。服务业增加值比重是指国内（地区）服务业增加值与国内（地区）生产总值之比。该指标主要从总体上考察该国（或该地区）产业结构优化的程度，比重越高，表示该地区的产业结构层次越高。世界银行《1997 年世界发展报告》认为：第三产业占 GDP 比重，小康水平为 40%，富裕水平为 61%。

三次产业的划分：根据社会生产活动历史发展的顺序对产业结构的划分，产品直接取自自然界的部门称为第一产业，初级产品进行再加工的部门称为第二产业，为生产和消费提供各种服务的部门称为第三产业。该划分是世界上通用的产业结构分类，但各国的划分不尽一致。我国的三次产业划分是：第一产业是指农、林、牧、渔业。第二产业是指采矿业，制造业，电力、燃气及水的生产和供应业，建筑业。第三产业是指除第一、二产业以外的其他行业。第三产业包括交通运输、仓储和邮政业，信息传输、计算机服务和软件业，批发和零售业，住宿和餐饮业，金融业，房地产业，租赁和商务服务业，科学研究、技术服务和地质勘查业，水利、环境和公共设施管理业，居民服务和其他服务业，教育，卫生、社会保障和社会福利业，文化、体育和娱乐业，公共管理和社会组织，国际组织。

5. 居民消费率

居民消费是指常住住户对货物和服务的全部最终消费支出。从统计口径上看，它除了常住住户直接以货币形式购买货物和服务的消费之外，还包括以其他方式获得货物和服务的消费，即单位以实物报酬及实物转移的形式提供给劳动者的货物和服务；住户生产并由住户自己消费的货物和服务，其中的服务仅指住户的自有住房服务和付酬的家庭服务；金融机构提供的金融媒介服务；保险公司提供的保险服务。居民消费率是指居民消费与国内（地区）生产总值之比。该指标从支出法的角度分析资本形成总额、最终消费（包括居民消费和政府消费）、货物和服务净出口之间的关系，是分析居民消费水平的重要指标。

6. 城镇化率

城镇化，是社会经济发展的必然结果，是社会形态由低向高发展的客观表现。城镇化率包括城镇化人口比重和城镇化区域比重。城镇化人口比重是指城镇人口与同期总人口之比，反映该区域人口的城镇化水平。城镇化区域比重是指城镇土地面积占总面积的比重，反映该区域土地面积使用的城镇化水平。城镇化率计算公式分别为：

$$城镇化人口比重 = \frac{城镇人口}{总人口} \tag{12.16}$$

$$城镇化区域比重 = \frac{城镇土地使用面积}{总面积} \tag{12.17}$$

表 12 - 10　2009 年北京、上海、广州三市城镇化水平

城市	城镇化水平			城镇化区域水平		
	非农业人口（万人）	总人口（万人）	城镇化人口比重（%）	市区土地面积（平方公里）	总面积（平方公里）	城镇化区域比重（%）
北京	971.9	1 245.8	78.0	735	16 808	4.4
上海	1 236.2	1 400.7	88.3	2 057	6 341	32.4
广州	714.0	791.8	90.2	3 719	7 434	50.0

7. 研究与发展经费支出占地区生产总值比例

研究与发展（Research & Development，R&D）是指研究与实验发展，简称研发，R&D 活动是科技活动的核心和创新之源。研究与发展经费支出占地区生产总值比例是指报告期内用于研究与发展课题活动（包括基础研究、应用研究、实验发展）的全部实际支出与国内（或地区）生产总值之比，又称 R&D 经费投入强度。该指标是用于衡量一国（或地区）科技竞争力的相对数指标，也是国际上用于衡量一国（或地区）在科技创新方面努力程度的重要指标。

8. 高技术制造业增加值占工业增加值比重

高技术制造业增加值占工业增加值比重指根据国家高新技术产品目录统计的制造业中高科技新技术产品增加值与工业增加值之比，反映一个国家（或地区）科技进步的状况。在国外，中等发达国家这一比重约为 30%，发达国家这一比重超过 50%。

9. 每百万人口发明专利申请量（件）

每百万人口发明专利申请量（件）是指发明专利申请量（件）与该区域年平均人口（百万）之比。该指标是反映科技创新的重要指标。

二、民生福祉的统计指标

1. 常住人口

在人口统计中，总人口是指一定时点、一定地区范围内有生命的个人的总和。按不同的统计范围可分为常住人口和户籍人口；统计时点通常为每年 12 月 31 日 24 时。其中：

（1）常住人口是指实际经常居住在某地区一定时间（半年以上）的人口。按人口普查和抽样调查规定，主要包括：除离开本地半年以上（不包括在国外工作或学习的人）的全部常住本地的户籍人口；户口在外地，但在本地居住半年以上者，或离开户口地半年以上而调查时在本地居住的人口；调查时居住在本地，但在任何地方都没有登记常住户口的，如手持户口迁移证、出生证、退伍证、劳改释放证、解除劳教证等尚未办理常住户口的人，即所谓"口袋户口"的人。

第六次全国人口普查使用的常住人口统计口径为：

常住人口 = 户口在本辖区人也在本辖区居住者 + 户口在本辖区之外但在户口登记地半年以上的人 + 户口待定（无户口和口袋户口）者 + 户口在本辖区但离开本辖区半年以下的人

（2）户籍人口是指公民依《中华人民共和国户口登记条例》已在其经常居住地的公安户籍管理机关登记了常住户口的人，这类人口不管其是否外出，也不管外出时间长短，只要在某地注册有常住户口，则为该地区的户籍人口。户籍人口数一般是通过公安部门的经常性统计月报或年报取得的。在观察某地人口的历史沿革及变动过程时，通常采用这类数据。户籍人口包括有常住户口和未落常住户口的人，以及被注销户口的在押犯、劳改、劳教人员。这里未落常住户口的人，理论上包括持出生、迁移、复员转业、劳改释放、解除劳教等证件未落常住户口的人和城乡均无户口的人以及户口情况不明且定居一年以上的流入人口，而在实际操作中这部分人无法被统计完全。

2. 人口自然增长率

人口自然增长率是指一定时期（通常为一年）内人口自然增加数（出生人口减死亡人口）与同期平均总人口之比。通常以千分比（‰）表示，计算公式为：

$$人口自然增长率（‰）= \frac{本年出生人数 - 本年死亡人数}{年平均人数} \times 1\,000\%$$

$$= 人口出生率 - 人口死亡率$$

3. 基本公共服务支出占财政一般预算收入的比重

公共服务是 21 世纪公共行政和政府改革的核心理念，包括加强城乡公共设施建设，发展教育、科技、文化、卫生、体育等公共事业，为社会公众参与社会经济、政治、文化活动等提供保障。基本公共服务是指建立在一定社会共识基础上，根据一国经济社会发展阶段和总体水平，为维持本国经济社会的稳定、基本的社会正义和凝聚力，保护个人最基本的生存权和发展权，为实现人的全面发展所需要的基本社会条件。基本公共服务包括三个基本点：一是保障人类的基本生存权（或生存的基本需要），为了实现这个目标，需要政府及社会为每个人都提供基本就业保障、基本养老保障、基本生活保障等；二是满足基本尊严（或体面）和基本能力的需要，需要政府及社会为每个人都提供基本的教育和文化服务；三是满足基本健康的需要，需要政府及社会为每个人都提供基本的健康保障。

所谓基本公共服务支出占财政一般预算收入的比重是指政府在上述基本公共服务中产生的支出与财政一般预算收入之比。该指标的大小反映了政府支出的侧重点。

4. 城镇登记失业率

失业率，指失业人口占劳动人口的比率（一定时期全部就业人口中有工作意愿而仍未有工作的劳动力数字），旨在衡量闲置中的劳动产能。失业率被视为落后指标。通过该指标可以判断一定时期内全部劳动人口的就业情况。一直以来，失业率数字被视为一个反映整体经济状况的指标，而它又是每个月最先发表的经济数据，所以失业率指标被称为所有经济指标中的"皇冠上的明珠",它是市场上最为敏感的月度经济指标。一般情况下,失业率下降,代表整体经济健康发展,利于货币升值;失业率上升,代表经济发展放缓衰退,不利于货币升值。若将失业率配以同期的通胀指标来分析,则可知当时经济发展是否过热,会否构成加息的压力,或是否需要通过减息以刺激经济的发展。

城镇登记失业人员是指有非农业户口,在一定的劳动年龄内(16 岁以上,男 60 岁以下,女 55 岁以下),有劳动能力,无业而要求就业,并在当地就业服务机构进行求职登记的人员。所谓城镇登记失业率是指城镇登记失业人数同城镇从业人数与城镇登记失业人数之和的比。计算公式为:

$$城镇登记失业率 = \frac{城镇登记失业人数}{城镇从业人数 + 城镇登记失业人数} \times 100\%$$

其中,城镇从业人数的统计口径是指城镇单位就业人员(扣除使用的农村劳动力、聘用的离退休人员、港澳台及外方人员)、城镇私营业主、个体户主、城镇私营企业和个体户就业人员;城镇单位中的不在岗职工(城镇隐性失业人员)。从劳动力资源角度来看,城镇登记失业人员与其他劳动力资源指标的关系为:

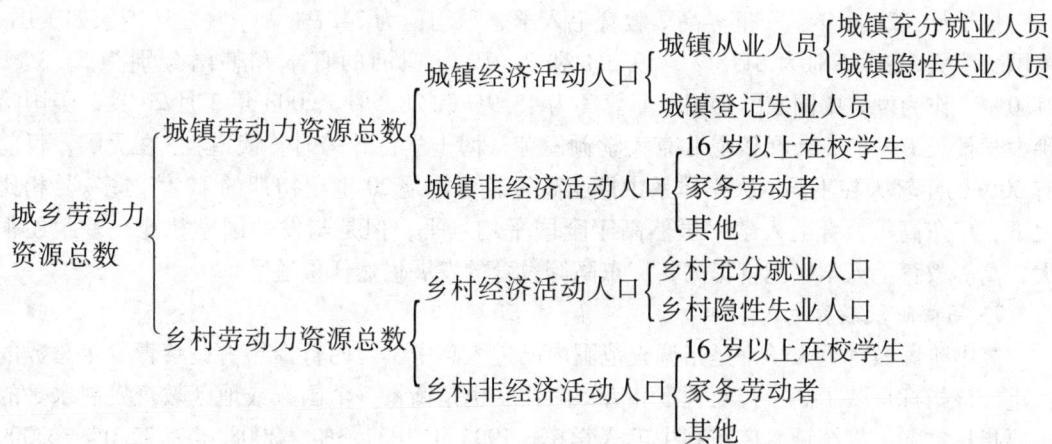

$$
城乡劳动力资源总数
\begin{cases}
城镇劳动力资源总数
\begin{cases}
城镇经济活动人口
\begin{cases}
城镇从业人员
\begin{cases}
城镇充分就业人员 \\
城镇隐性失业人员
\end{cases} \\
城镇登记失业人员
\end{cases} \\
城镇非经济活动人口
\begin{cases}
16\ 岁以上在校学生 \\
家务劳动者 \\
其他
\end{cases}
\end{cases} \\
乡村劳动力资源总数
\begin{cases}
乡村经济活动人口
\begin{cases}
乡村充分就业人口 \\
乡村隐性失业人口
\end{cases} \\
乡村非经济活动人口
\begin{cases}
16\ 岁以上在校学生 \\
家务劳动者 \\
其他
\end{cases}
\end{cases}
\end{cases}
$$

根据世界银行数据库相关资料,2007 年,美国失业率为 4.6%,英国为 5.3%,韩国为 3.2%,日本为 3.9%,新加坡为 4.0%,加拿大为 6.0%,法国为 8.0%,德国为 8.6%,同期中国城镇登记失业率为 4.0%,仅高于日本、韩国、墨西哥、马来西亚等几个国家,低于美国等部分发达国家。我国对登记失业人员的规定是户口在城镇的劳动力,它既不包括已进入城市务工经商的大量进城农民工,也不包括在城市间迁徙流动而未转移户籍的城镇户籍人口。这样统计的失业率不包括农村失业率,但农村大量剩余劳动力的存在是不争的事实,这些剩余劳动力构成了中国的隐性失业人口。在进行国际对比时,我国城镇登记失业率不具有可比性,不受国际认可。在失业率国际对比中,用城镇登记失业率代表的我国失业率水平一般表现出低于世界其他国家水平。有学者认为,把农村失业率考虑在内,我国失业率水平为 20%,台湾经济学家测算中国大陆失业率在 30% 以上,亚洲开发银行测算为 34.3%。

5. 城镇净增就业人数

城镇净增就业人数是指城镇中新增加的就业人数减去失业的人数。从劳动力资源角度来看，该指标反映了城镇吸收劳动力资源的能力。

6. 高等教育毛入学率

高等教育毛入学率是指高等教育在校学生总数与政府规定该学龄段人口总数之比的百分数。该指标是反映人口素质和智力能力的一个重要指标，也是衡量一个国家或地区高等教育发展水平的重要指标之一。据统计，广东高等教育毛入学率，1995 年为 6.6%，2008 年为 27.0%，同年全国高等教育毛入学率为 23.3%，广东高于全国 3.7 个百分点，居全国第 4 位。

表 12 - 11　1995 年及 2000—2010 年广东省高等教育毛入学率

年份	1995	2000	2001	2002	2003	2004	2005	2006	2007	2008	2009	2010
高等教育毛入学率（%）	6.6	11.4	13.1	15.1	17.4	20.0	22.0	24.0	25.6	27.0	27.5	28.0

据统计，2006 年，全世界高等教育毛入学率平均值为 24.7%，一些发达国家如美国、英国、澳大利亚分别为 81.8%、59.3% 和 72.7%，亚洲的日本和韩国分别为 57.3%、91.0%。作为发展中国家的泰国、菲律宾为 45.9% 和 28.5%。2008 年 3 月 26 日，美国哈佛大学校长 Drew Faust 在接受北京大学颁发荣誉博士学位致辞时曾谈道："在美国，目前有 60% 的年轻人在不同的大学体系中接受高等教育，是 20 世纪初期的 12 倍之多。"相比之下，广东高等教育毛入学率虽然高于全国平均水平，但是与发达国家相比，差距还很大，高等教育毛入学率亟待提高，广东高等教育的发展仍然任重道远。

7. 高中阶段教育毛入学率

高中阶段教育毛入学率是指调查范围内已进入高中学习的青少年占适龄青少年总数的比重。该指标反映了高中普及程度和人口素质，也是衡量一个国家或地区教育发展水平的重要指标之一。据统计，广东高中毛入学率，1995 年为 37.3%，2008 年为 72.0%，2009 年为 86.2%，2008 年全国高中毛入学率为 71%，广东略高于全国 1 个百分点。

8. 九年义务教育巩固率

九年义务教育巩固率是指一个学校入学人数与毕业人数的百分比。是国家"十二五"规划新增的一项指标，用以反映九年义务教育规模的变化。其计算公式为：

九年义务教育巩固率 = 毕业人数 ÷ 入学人数 × 100%

9. 城镇基本养老保险参保人数

城镇基本养老保险参保人数是指城镇参保职工、离休、退休和退职人员参保人数之和。养老保险是社会保障制度的重要组成部分，是社会保险五大险种中最重要的险种之一，反映了一个地区保障老年人丧失劳动能力退出劳动岗位后的基本生活覆盖广度，是一个地区社会和谐的重要标志之一。

10. 城乡三项医疗保险参保率

城乡三项医疗保险是指城镇职工基本医疗保险、城镇居民基本医疗保险和新型农村合作医疗。该医疗保险方式采取个人缴费、集体扶持和政府资助的方式筹集资金。所谓城乡三项医疗保险参保率是指城镇职工基本医疗保险、城镇居民基本医疗保险和新型农村合作医疗参保人数与相应的总人数之比。该指标反映了城乡居民基本医疗保险的保障情况。

11. 新型农村社会养老保险参保人数

新型农村社会养老保险参保人数是指参与新型农村社会养老保险制度的人数。新型农村社会养老保险制度采取社会统筹与个人账户相结合的基本模式和个人缴费、集体补助、政府补贴相结合的筹资方式。年满 16 周岁、不是在校学生、未参加城镇职工基本养老保险的农村居民均可参加新型农村社会养老保险。年满 60 周岁、符合相关条件的参保农民可领取基本养老金。新型农村社会养老保险，称为"新农保"，是继取消农业税、农业直补、新型农村合作医疗等政策之后的又一项重大惠农政策。建立新型农村社会养老保险制度，是加快建立覆盖城乡居民的社会保障体系的重要组成部分，对确保农村居民基本生活，实现农民基本权利，推动农村减贫和逐步缩小城乡差距，维护农村社会稳定意义重大，能推动社会和谐，同时对改善心理预期，促进消费，拉动内需也具有重要意义。

12. 城镇保障性安居工程

保障性住房是指政府在对中低收入家庭实行分类保障过程中所提供的限定供应对象、建设标准、销售价格或租金标准，具有社会保障性质的住房。城镇保障性安居工程主要是指城镇的廉租住房、城镇的经济适用住房，也包括在一些林区、垦区、煤矿职工的棚户区（危旧房）改造、游牧民定居工程。2009 年 7 月 14 日，国务院国函〔2009〕84 号文，颁发了《国务院关于同意成立保障性安居工程协调小组的批复》，代表保障性安居工程正式启动。

13. 城镇居民人均可支配收入

城镇居民人均可支配收入是指城镇居民家庭在支付个人所得税和交纳的社会保障支出后，所余下的实际人均收入。该指标是社会发展与居民生活水平提高的重要指标。

表 12 - 12　2005—2010 年广东城镇居民家庭人均可支配收入、农民人均纯收入

年份	城镇居民				农村居民				收入城乡之比
	人均可支配收入（元）	名义增长（环比%）	消费价格指数（%）	实际增长（环比%）	人均纯收入（元）	名义增长（环比%）	消费价格指数（%）	实际增长（环比%）	
2005	14 769.94	—	—	—	4 690.49	—	—	—	—
2006	16 015.58	8.4	101.8	6.5	5 079.78	8.3	101.6	6.4	3.15
2007	17 699.30	10.5	103.7	6.6	5 624.04	10.7	103.3	6.5	3.15
2008	19 732.86	11.5	105.5	5.70	6 399.77	13.8	105.8	7.6	3.08
2009	21 574.72	9.3	97.6	12.0	6 906.93	7.9	97.8	10.7	3.12
2010	23 897.80	10.8	103.1	7.5	7 890.25	14.2	103.6	10.3	3.03

14. 农村居民人均纯收入

农村居民人均纯收入是指农村居民家庭总收入扣除相应的各项费用支出后，归农村居

民所有的人均收入。它可以用于生产和非生产投资，改善物质和文化生活，以及用于再分配的支出和结余的收入。该指标可以用来观察农村居民实际收入水平，以及农民扩大再生产和改善生活的能力。该指标也是社会发展与居民生活水平提高的重要指标。

三、资源环境的统计指标

1. 耕地保有量

耕地保有量是指在一定区域内的耕地总数量，等于上一年结转的耕地数量，扣除年内各项建设占用耕地的数量和农业结构调整占用及生态退耕的数量，加上年内土地开发、复垦和土地整理增加的耕地数量。

2. 单位工业增加值用水量

单位工业增加值用水量是指一定时期内，一个国家（或地区）每生产一个单位的工业增加值所消耗的水数量。降低单位工业增加值用水量是节能减排的重要措施。

3. 非化石能源占一次能源消费比重

非化石能源，是指非煤炭、石油、天然气等经长时间地质变化形成，只供一次性使用的能源类型以外的能源，包括当前的新能源及可再生能源，含核能、风能、太阳能、水能、生物质能、地热能、海洋能等可再生能源。发展非化石能源，提高其在总能源消费中的比重，能够有效降低温室气体排放量，保护生态环境，降低能源可持续供应的风险。

按照国家为应对气候变化提出的"到2020年非化石能源占一次能源需求15%左右和单位GDP二氧化碳排放降低40%~45%"目标，"十二五"规划必然强化节能减排措施。"十二五"期间，我国将加快推进包括水电、核电等非化石能源发展，积极有序地做好风电、太阳能、生物质能等可再生能源的转化利用，要确保到2015年非化石能源消费占一次能源消费的比重达到11%以上。

2009年9月，胡锦涛主席在联合国气候变化峰会上郑重声明：中国政府将进一步把应对气候变化纳入经济社会发展规划，继续采取强有力的措施，大力发展绿色经济，积极发展低碳经济和循环经济。2009年11月，国务院常务会议决定：到2020年我国单位国内生产总值二氧化碳排放比2005年下降40%~45%，非化石能源占一次能源消费的比重达到15%左右，森林面积比2005年增加4 000万公顷，森林蓄积量比2005年增加13亿立方米。

4. 单位生产总值能源消耗

单位生产总值能源消耗是指一定时期内，一个国家或地区每生产一个单位的国内生产总值所消耗的能源。计算公式为：

$$单位生产总值能源消耗 = \frac{能源消费总量}{国内生产总值}$$

5. 单位生产总值二氧化碳排放

单位生产总值二氧化碳排放是指每万元国内生产总值的二氧化碳排放量。该指标是节能减排的重要指标之一。

6. 主要污染物排放减少（%）——化学需氧量

化学需氧量（COD），是指在一定的条件下，采用一定的强氧化剂处理水样时，所消耗的氧化剂量。它是表示水中还原性物质多少的一个指标。水中的还原性物质有各种有机物、亚硝酸盐、硫化物、亚铁盐等，但主要的是有机物。因此，化学需氧量（COD）往往作为衡量水中有机物质含量多少的指标。化学需氧量越大，说明水体受有机物的污染越严重。

7. 主要污染物排放减少（%）——二氧化硫

二氧化硫（化学式：SO_2）是最常见的硫氧化物。无色气体，有强烈刺激性气味，大气主要污染物之一。由于煤和石油通常都含有硫化合物，因此燃烧时会生成二氧化硫。在许多工业过程中也会产生二氧化硫。当二氧化硫溶于水中，会形成亚硫酸（酸雨的主要成分）。若把 SO_2 进一步氧化，通常在催化剂如二氧化氮的存在下，便会生成硫酸。这就是对使用这些燃料作为能源的环境效应担心的原因之一。二氧化硫具有酸性，可与空气中的其他物质反应，生成微小的亚硫酸盐和硫酸盐颗粒。当这些颗粒被吸入时，它们将聚集于肺部，是呼吸系统不适症状和疾病、呼吸困难，以及过早死亡的一个原因。如果与水混合，再与皮肤接触，便有可能发生冻伤。与眼睛接触时，会造成红肿和疼痛。二氧化硫是大气中主要污染物之一，是大气遭到污染的重要标志。世界上有很多城市发生过二氧化硫危害的严重事件，使很多人中毒或死亡。在我国的一些城镇，大气中二氧化硫的危害较为普遍而严重。

8. 主要污染物排放减少（%）——氨氮

氨氮是指水中以游离氨（NH_3）和氨离子（NH_4）形式存在的氮。氨氮主要来源于人和动物的排泄物，雨水径流以及农用化肥的流失也是氮的重要来源。另外，氨氮还来自化工、冶金、石油化工、油漆颜料、煤气、炼焦、鞣革、化肥等工业废水中。氨氮是水体中的营养素，可导致水富营养化现象产生，是水体中的主要耗氧污染物，对鱼类及某些水生生物有毒害。

9. 主要污染物排放减少（%）——氧化物

氧化物（oxide）是指由两种元素组成且其中一种是氧元素的化合物，如二氧化碳（CO_2）、氧化钙（CaO）等。氧化物是有毒有害的物质，空气中的一氧化碳和氮氧化物含量过高，会使人中毒，严重者会危及人的生命。而氮氧化物的危害性远高于一氧化碳，其毒性是一氧化碳的十几倍，因此必须进行良好的控制，来达到环保的效果。

10. 城镇生活污水集中处理率

城镇生活污水集中处理率是指城市市区经过城市污水处理厂二级或二级以上处理且达到排放标准的生活污水量与城市生活污水排放总量的百分比。按国家环保模范城市考核要求，城市生活污水集中处理率要大于70%。

11. 城镇生活垃圾无害化处理率

城镇生活垃圾无害化处理率是指城市及建制镇生活垃圾无害化处理量占垃圾产生总量的比例，以百分比表示，生态市达标值为100%。

12. 森林增长——森林覆盖率

森林覆盖率是指一个国家（或地区）森林面积占土地面积的百分比，是反映一个国家或地区森林面积占有情况或森林资源丰富程度及实现绿化程度的指标，又是确定森林经营和开发利用方针的重要依据之一。世界各国森林覆盖率为：日本67%，韩国64%，挪威

60%左右，瑞典54%，巴西50%~60%，加拿大44%，德国30%，美国33%，法国27%，印度23%，中国20.36%。

13. 森林增长——森林蓄积量

森林蓄积量是指一定森林面积上存在着的林木树干部分的总材积。它是反映一个国家或地区森林资源总规模和水平的基本指标之一，也是反映森林资源的丰富程度、衡量森林生态环境优劣的重要依据。据国家林业局2009年11月6日发布的《应对气候变化林业行动计划》（以下简称《计划》），2010年我国森林蓄积量将达到132亿立方米。《计划》称，从现在起到2010年，年均造林（含封山育林）面积400万公顷以上，全国森林覆盖率达到20%，森林蓄积量达到132亿立方米。

14. 城市人均公园绿地面积

城市人均公园绿地面积是指城市公园绿地面积与城市人口数量之比。生态市达标值为≥11平方米/人。具体统计时，公园绿地包括公共人工绿地、天然绿地，以及机关、企事业单位绿地。

思考题

1. 什么是恩格尔定律？恩格尔定律在我国运用时应注意什么问题？

2. 什么是洛伦茨曲线、基尼系数？基尼系数有哪些优缺点？

3. 什么是技术进步？什么是索洛余值法？如何计算技术进步对总产出增长速度的贡献率？

4. 如何测算经济增长的贡献与贡献率？

5. 什么是区位商？如何测算？

6. 什么是通货膨胀？通货膨胀有哪几种表现形式？

7. 什么是对外贸易依存度？决定外贸依存度的基本因素有哪些？

8. 反映广东省"十二五"规划结构调整的统计指标有哪些？

9. 反映广东省"十二五"规划民生福祉的统计指标有哪些？

10. 反映广东省"十二五"规划资源环境的统计指标有哪些？

11. 2004年广东省抽样调查1 600户城镇居民家庭户，其基本情况如下表所示：

收入分类	人均收入（元）	调查户数（户）
困难户	3 334.79	80
最低收入户	3 911.26	80
低收入户	5 933.29	160
中等偏下户	8 410.07	320
中等收入户	12 348.84	320
中等偏上户	18 431.71	320
高收入户	26 821.90	160
最高收入户	41 902.20	160
合计	—	1 600

根据上述资料，作洛伦茨曲线图，计算基尼系数（请选用两种方法），并进行分析比较说明。

12. 1996—2010 年某省国内生产总值（GDP）、固定资产、流动资金和职工人数资料如下：

年份	GDP（亿元）	固定资产（亿元）	流动资金（亿元）	职工人数（万人）
1996	1 507.5	578.9	402.2	3 815
1997	1 641.1	659.4	413.2	3 982
1998	1 746.2	829.7	427.8	4 056
1999	1 834.5	955.4	471.5	4 286
2000	2 020.6	1 055.4	494.2	4 352
2001	2 176.7	1 165.5	538.7	4 591
2002	2 515.5	1 350.0	578.1	4 715
2003	2 832.6	1 524.7	688.2	4 805
2004	3 057.2	1 750.3	772.2	5 012
2005	3 264.0	2 057.2	872.1	5 291
2006	3 861.2	2 450.1	1 035.1	5 401
2007	4 015.5	2 741.2	1 541.9	5 418
2008	4 131.2	3 165.8	1 621.1	5 535
2009	4 334.5	3 270.8	1 752.8	5 684
2010	4 873.4	3 451.7	1 897.1	6 075

根据上述资料，试用索洛余值法计算技术进步对总产出增长速度的贡献率、资金投入增加对总产出增长速度的贡献率、劳动力投入增加对总产出增长速度的贡献率。（参数估计分别用经验确定法 $\alpha = 0.35$、最小二乘法确定）

13. 综合案例分析题。

全国"十二五"规划提出今后五年经济社会发展主要目标

http：//www. sina. com. cn 2011 年 3 月 5 日 11：26 新华网

新华网北京 3 月 5 日电 国民经济和社会发展第十二个五年规划纲要（草案）提出了今后五年我国经济社会发展的主要目标。

经济平稳较快发展。其中包括：国内生产总值年均增长 7%，城镇新增就业 4 500 万人，城镇登记失业率控制在 5% 以内，价格总水平基本稳定，国际收支趋向基本平衡，经济增长质量和效益明显提高。

结构调整取得重大进展。其中包括：居民消费率上升；服务业增加值占国内生产总值比重提高 4 个百分点；城镇化率提高 4 个百分点等。

科技教育水平明显提升。其中包括：九年义务教育巩固率达到 93%，研究与试验发展经费支出占国内生产总值比重达到 2.2%，每万人口发明专利拥有量提高到 3.3 件等。

资源节约环境保护成效显著。其中包括：非化石能源占一次能源消费比重达到 11.4%。单位国内生产总值能源消耗降低 16%，单位国内生产总值二氧化碳排放降低 17%。化学需氧量、二氧化硫排放分别减少 8%，氨氮、氮氧化物排放分别减少 10% 等。

人民生活持续改善。其中包括：全国总人口控制在 13.9 亿人以内；人均预期寿命提高 1 岁；城镇居民人均可支配收入和农村居民人均纯收入分别年均增长 7% 以上。新型农村社会养老保险实现制度全覆盖，城乡三项基本医疗保险参保率提高 3 个百分点；城镇保障性安居工程建设 3 600 万套等。

社会建设明显加强。其中包括：覆盖城乡居民的基本公共服务体系逐步完善；社会主义民主法制更加健全，人民权益得到切实保障；社会管理制度趋于完善，社会更加和谐稳定等。

改革开放不断深化。其中包括：财税金融、要素价格、垄断行业等重要领域和关键环节改革取得明显进展，政府职能加快转变；对外开放广度和深度不断拓展，互利共赢开放格局进一步形成等。

问题：(1)《全国"十二五"规划提出今后五年经济社会发展主要目标》一文涉及多少个统计指标？

(2)《全国"十二五"规划提出今后五年经济社会发展主要目标》一文运用了多少种统计方法？

第十三章　统计分析报告

在完成统计资料的收集、整理和分析之后，我们就要将揭示的问题、收集的数据和研究结果转换成一份逻辑清晰、证据翔实、令人信服的统计分析报告。就统计分析资料和方法论而言，统计分析报告应有相当标准或规范的格式，它可以是书面描述，也可以用口头陈述，目的都是要客观地介绍和揭示所需要分析的问题及其统计分析的成果。

第一节　统计分析报告的意义

一、何谓统计分析报告

统计分析报告是以统计资料为事实依据，以统计方法为技术手段，定量分析与定性分析相结合去认识和揭示事物的一种分析研究活动，是统计工作的最后成果，是充分发挥统计的信息、咨询、监督作用的高级阶段。统计分析报告按照报告对象和目的不同，可分为以总结与汇报为主的统计工作报告和以揭示与探讨为主的统计研究报告；按照报告的形式不同则可分为统计书面报告和口头陈述报告。不论何种统计分析报告都应具有如下特点和要求：

（一）以统计资料为依据

统计最基本的特点是以数字为语言，用数字说话。因此，统计分析必然以统计资料为依据，从大量的数据入手，通过深入调查和规范整理，发现问题，分析问题，形成事实依据，揭示客观规律，总结经验教训，提出改进工作的对策建议。这是统计分析最基本的特点。

（二）以统计方法为手段

统计分析要通过大量的、散乱的数据去观察事物的整体，了解事物的全貌，要透过事物的数量去认识事物的本质及其运动规律，就必须使用各种科学的统计方法。如大量观察法、抽样推断法、分组分析法、比较分析法、平均分析法、相关与回归分析法、时间数列分析法、指数分析法与连环替代法，以及各种统计预测方法等。不用这些方法对大量的数据进行分类、比较，并加工计算各种分析指标，我们就难以准确确定事物的性质，难以准确掌握事物运动的规律，难以准确判断事物水平的高低、质量的优劣、速度的快慢、效益的大小和发展前景的好坏。

（三）定量分析与定性分析相结合

统计所研究的量是具体的量，是与一定的时空条件和事物的质密切相关联的量。而且，统计研究事物的量的目的在于进一步认识事物的质和事物运动的规律，"质—量—

质",是统计研究的基本公式。因此,统计分析必须是定量分析与定性分析相结合,数字与情况相结合,绝不应当是数字的堆积和统计表格的汇集。除了必要的数据外,还要有与数字相关的业务情况,要以专业理论、技术知识和有关政策法规为指导,将统计信息文字化、理论化、政策化、通俗化,使不熟悉统计的各级领导和社会公众能从数字、图表和曲线中看到事物的质及其运动的规律,看到理论、技术和时空条件的影响,看到政策法规的力量,使人们不致走入数字游戏的死胡同。所以,一些相对成熟的理论、观点和方法是统计分析问题的主要基础和支撑,统计分析报告要恰当而准确地运用之。

二、统计分析报告的作用

统计分析报告是深入开发和充分利用统计信息资源,定量分析与定性分析相结合的研究结果,是统计工作出成果、出主意、出政策,充分发挥信息、咨询和监督作用,为人们认识世界和改造世界提供优质服务的有效途径。具体地说,有以下几方面的作用:

(一) 为各级领导提供决策咨询服务

统计是治国的重要手段,通过统计分析可以监督检查党和国家政策法规与重要计划的贯彻执行情况,分析原因,提出进一步贯彻执行或修订政策法规与计划的建议,为各级领导提供决策咨询服务,促进改革开放的不断深入,促进社会主义现代化建设事业持续、稳定、健康地发展。

(二) 促进企业改善经营管理

统计是管理的有效工具,通过统计分析,可总结企业经营管理的经验教训,肯定成绩,找出差距,指明方向,促进企业不断改善经营管理,提高企业和社会的经济效益。

(三) 推动科学研究事业的发展

科教兴国是我国的重要国策,是强国之道。统计作为认识社会的有力武器,又被誉为"百学之钥"。但只有通过统计分析才能深刻认识事物的性质,划分事物的不同类型,理清事物之间的数量关系,掌握事物运动的规律,指导人们的科学实践,使我们在自然和社会科学各领域不断有所发现,有所发明,有所创造,有所前进,推动我国科学研究事业的发展。

(四) 帮助大众认清形势和社会矛盾

统计最基本的特点是以数字为语言,无论是宣传国家建设的伟大成就,还是揭露社会生活的各种矛盾和阴暗角落,统计分析都可通过自己特有的语言和方法,使社会公众更深刻、更完整地了解事物的全貌,认清事物的本质特征,给人以提纲挈领和铁证如山的感受,其效果往往胜过千言万语。

(五) 提高统计工作质量

统计分析是统计工作的最后阶段,通过统计分析报告常常可以发现统计工作的薄弱环节,从而促进统计体制的改革和统计法规的完善,促进统计人员不断提高职业道德、政策水平、业务素质和写作能力,实现统计服务优质化。

三、统计分析报告的原则

最好的报告是那些在撰写时考虑了特定对象所处的时空、情境与知识背景的报告。主题、目的、内容、篇幅、使用的术语、关注的焦点、数据和结论的表述，全都要服务并取决于报告对象，但撰写统计分析报告的基调应简洁高效，术语的措辞和使用应依背景而定，并尽量考虑报告对象对主题、数据与分析方法的了解程度。总之，要搞好统计分析，写好统计分析报告，应当遵循以下基本原则：

（一）必须坚持实事求是

弄虚作假，欺上瞒下，伪造数字，谋取私利，是治国执政之大忌，是党风政风之大敌，也是统计工作之大敌。大敌作祟，决策施政失误，必将祸国殃民，其危害之大，往往是一般刑事犯罪所望尘莫及的。历史的沉痛教训和现实的种种恶行都告诫我们，必须坚持实事求是，反对弄虚作假，这是统计工作者的第一职业道德。

（二）必须严格遵纪守法

任何一个国家（或地区）的社会经济的运行，都离不开一定的方针政策的指导，都受当时当地法律法令的约束和保护。因此，进行统计分析时，必须以有关的方针政策、法律法令为准绳，揭露违法现象，维护方针政策和法律法令的严肃性，或提出合理建议，促进方针政策和法律法令的完善。

（三）必须以唯物辩证法为指导

唯物辩证法是人们认识世界和改造世界最强大的思想武器，也是统计科学的理论基础，统计分析要正确地认识客观事物，当然要以唯物辩证法为指导，例如事物的质变量变规律、矛盾的对立统一规律、现象的一分为二、事物的特殊性与普遍性等等，都是我们揭示和分析客观事物的认识论基础，无须赘述。而那些出于主观意愿的臆测、基于想象的虚数和推测、没有事实根据的假想性推断，都是唯心主义的，必须杜绝。

（四）必须规程严谨又生动具体

统计分析报告一般都要经历确立主题、明确目的、拟订提纲、收集资料、加工整理、状况描述、形成观点、构思篇章、执笔成文、修改定稿的过程。这个过程亦大致可分为四个阶段：

第一阶段为明确主题和研究目的，并在具体研究目的之基础上拟订写作提纲，也就是选题和开题阶段，主要解决"写什么"的问题。

第二阶段为取材和用材阶段，主要是根据提纲收集资料，进行加工整理，设计并计算各种分析指标。该阶段应尽量尝试用图表或其他例示来简化、归类和突显报告所需的大量数据资料，生动形象地描绘报告所研究的总体特征，并使报告的重要或有趣的部分体现出有理有据。但必须指出的是，不应该用图表来取代正文，更不能只有图表没有文述；相反，每个图表下都应有恰当的说明或解读。该阶段主要解决"靠啥写"的问题。

第三阶段为分析和写作阶段，主要是从资料分析中形成观点（立论），构思篇章（布局），执笔成文。观点（立论）要明确具体，既有主要观点，又有辅助性论点；构思（布局）要精妙严谨，逻辑思路清晰；行文论述要准确流畅，准确性是首要的，生动性是为辅的。该阶段主要解决"怎样写"的问题。

第四阶段为修改和报告阶段。对报告初稿要反复斟酌，甚至可组织或寻求讨论和意见，求实存精，完善报告。该阶段主要解决"写完善"的问题。

总之，把统计分析报告的全过程简单地分为选题、取材、写作三个阶段也是可以的，但是，选题、取材、写作三个阶段并不是截然分开的。拟订提纲，虽是收集和整理资料的基础，但实际上也是对所选课题内容和结构的初步构思。对材料进行加工整理和从事写作时，可能还会发现问题，感到资料不足，又必须进行补充调查。此外，拟订提纲是确定课题之后和收集资料之前就要进行的，既可放入第一阶段，也可放入第二阶段，作为单独一个阶段亦未尝不可，似无深究的必要。而具体到各种形式的统计分析报告，又各有不同的写作特点和格式规范，以下分别细述之。

第二节　统计工作报告

统计工作报告是统计实际（或实践）中的统计分析报告，它是以描述归纳、总结汇报为主的报告，其基本的写作程序和内容如下。

一、选题意义、分析目的和报告思路

（一）选题的意义

统计工作报告的选题就是确定统计分析写什么，这是统计分析首先要解决的问题。统计工作报告的选题，犹如工厂的产品计划，必须根据市场需求来确定，使所产产品适销对路，生产经营才能进行下去，企业才能获得经济效益。如果统计分析选题不是各级领导和社会公众的需要，统计分析报告就只能是废品，不仅不能产生社会经济效益，而且将造成人力、物力和财力的巨大浪费，还将有损统计分析的声誉。

统计工作报告的选题还直接关系到资料的搜集整理和分析报告的写作。收集哪些资料，用什么方法收集资料，向谁收集资料，如何整理，计算哪些分析指标，怎样写作分析报告等，都受选题的制约，选题不定，这些工作都无法进行。所以，统计分析必须首先选好题。

（二）选题的原则

所谓选题的原则或方法，或注意事项，说的都是怎样才能选好题。对于这个问题，许多实际工作者不乏经验之谈。这些经验，是他们根据各自的经历从不同的角度所作的总结，难免见仁见智之说，但亦不无借鉴之价值。现择其要点综合介绍如下：

1. 选题要有针对性、政策性和时效性

（1）要有针对性。指选题一定要针对实际工作中存在的问题，做到有的放矢。

（2）要有政策性。指要围绕方针政策和法律法令的贯彻执行情况去选题，使统计分析能引起政策法规的制定者和执行者的注意。

（3）要有时效性。指统计分析要把握时机，及时研究，迅速反映，雪中送炭。对即将发生的问题，最好还能事先预报。如果时过境迁，雨后送伞，再好的统计分析也只能成为一堆废纸，甚至会由于贻误战机而给工作带来不可弥补的损失。

2. 选题要抓住热点、特点和重点

（1）要抓住热点。不同地区、不同部门、不同时期，都可能会有引起人们特别注意的热点问题。热点问题之所以热，或者因为问题较多、较严重，引起社会各方面的关注；或者是老大难问题，长期没有解决，引起公愤；或因事关百姓切身利益，人人关心；或因是新生事物，大家感兴趣。抓住热点问题进行深入研究，又有独到见解，统计分析当然就能发挥好的作用。

（2）要抓住特点。不同地区，自然、社会、经济条件不同，发展水平不同；而不同部门和不同行业，则经营范围不同、业务性质各异；就是同一地区、部门或行业，不同的发展阶段也会有不同的特点；公有制和非公有制企业，大中小型企业，也各有特点。因此，统计分析选题时，应当注意不同类型的事物和事物在不同条件下及不同发展阶段上的不同特点，抓住特点进行研究。例如，人口老龄化是当今世界的一个普遍性的问题，但在不同国家或地区，情况又有差别。国家统计局通过对国内外大量资料的研究，发现我国人口老龄化有自己的特点，写出了《我国人口老龄化起步晚、速度快、来势猛》的分析报告，就颇有特色。

（3）要抓住重点。重点是一个地区、部门或单位在一定时期内的中心工作或要解决的主要问题，可以是重大方针政策的贯彻执行，也可以是重点建设项目，还可以是重点企业、重点产区、重点产品的生产经营情况等。统计分析围绕重点去选题，容易引起领导的重视和支持，工作容易开展，"产品"也有"销路"。

此外，还有围绕方针政策选题、围绕发展战略选题、围绕形势宣传选题、围绕理论研究选题、围绕经济效益选题、围绕人民生活选题、围绕民意调查选题、围绕"空白问题"选题之说，不再一一介绍。

上述各种经验之谈，虽各有不同的考虑，但有一点是共同的，那就是都希望自己所作的统计分析是"适销对路"的"产品"，对各级领导或社会公众有使用价值。因此，注意"效用性"或实用价值是统计工作报告选题的第一原则。

然而，只考虑社会需求还不行，还要考虑自身的"生产条件"有无可能生产出你所希望的"产品"。就是说，还要考虑"可行性"，看看有无完成你的选题所必需的统计资料，有无从事该项分析所必备的专业知识和技术条件。如果没有这些条件，即使你所选的课题是社会十分需要的、意义重大的项目，那也只是水中之月，镜中之花。所以，"可行性"是统计分析选题的第二原则。

（三）选题的来源

统计分析在遵循注意"效用性"和"可行性"两条选题原则的前提下，题目的来源大致可分为以下几种情况：

1. "以销定产"型

这里主要包括两类课题：

（1）各级领导在制订年度计划和长期发展规划、出台新的政策法规或调整现行政策法规、确定重大建设项目和了解某种特殊问题而要求研究并提出咨询意见的课题。

（2）社会团体、专业市场调查机构和大中型企业委托研究的课题。

2. "自产自销"型

这类课题的特点是没有任何单位和个人事先提出要求或委托，完全是统计人员主动进行研究的。主要包括：

（1）统计人员从大量统计资料中发现的有研究价值的课题。

（2）统计人员深入实际调查研究时发现的有研究价值的课题。

（3）统计人员根据当时当地的社会需要主动研究的其他课题。

3. "定产定销"型

这是按统计工作的常规定期分析研究的项目，如各种进度统计分析和年度总结等，属统计分析的常规产品。因此，特别需要注意创新，要根据时间、地点、本单位内部条件和外部环境的变化，反映新情况、发现新问题、寻找新原因、研究新趋势，切忌只用新数字去套老模式，切忌程式化、规格化。否则，这种分析就只能成为"鸡肋"，甚至连"鸡肋"也不如，不仅劳民伤财，还将败坏统计分析的声誉。

（四）选题要防止的倾向

1. 凭兴趣，想当然

这种倾向就是不作调查研究，不问社会需求，只凭个人的兴趣或猜测去选题，缺乏针对性，无的放矢。其结果必然是使统计分析货不对路，无人问津，白费劳动，充其量落得个孤芳自赏。

2. 随大流，赶浪头

这种倾向就是不问本地区、本部门、本单位的实际情况，人为我为，亦步亦趋。这样的统计分析必然毫无特色，甚至完全脱离实际。反对随大流，赶浪头，并不是说别人研究过的问题自己就不能再研究，特别是热点问题或重点问题，不可能只允许少数人去研究。关键在于我们必须注意到同样的问题，在不同时间、地点、条件下，必然会有不同的表现形式、不同的变动规律、不同的发展趋势，必然会有各种各样的特点。只要我们深入研究、大力挖掘、透彻分析，同样的问题我们也会有新的发现，就会写出新的篇章，产生后浪推前浪的动力，产生后来居上的佳作。文章最怕随人后，后来居上亦不奇。这是做文章的辩证法，奥秘就在于抓住特点，努力创新。

3. 眼高手低，不切实际

就是不问自身所处的环境和自己现有的条件，片面追求"高、精、尖、大"的课题，其结果只能是事与愿违，白费力气，几经周折，锐气尽失，从此视统计分析为畏途，影响统计分析的开展。这一点是基层统计人员和初做统计分析者要特别注意的。

（五）拟订分析提纲

统计分析的选题确定后，一般都要拟订一个分析提纲。这是对课题的内容和结构的初步构思，也是收集和整理资料的依据。分析提纲的内容一般包括：

（1）主题思想，即本课题要研究和解决的主要问题。这是统计分析首先要确定的，而且确定之后一般是不宜改动的。

（2）篇章结构，即分析报告准备分哪几个部分，逻辑顺序如何排列。但这只是初步安排，随着研究的深入，篇章结构是可作调整的。

（3）所需资料的名目、来源和收集资料的方法。

（4）资料加工整理的要求，包括采用哪些分组标志，使用何种分组形式，分多少组，需要计算哪些分析指标和设计分析表格等。

二、收集整理资料，计算分析指标

（一）搜集资料

（1）充分占有资料的意义在于，统计分析所需的资料是用来提炼和表现主题的各种统计数据和相关的文字材料。事实胜于雄辩，巧妇难为无米之炊。资料是说明情况的依据，是形成和支撑观点的论据，是一篇文章的"血肉"。缺乏资料的统计分析，必然形如骷髅，没有生命力，不会给人好的印象，不能产生好的影响。因此，必须认真做好搜集资料的工作。

统计分析必须充分占有资料，要围绕主题尽量博采广集。材料用时方恨少，要有"以十当一"的准备。资料越多，感性知识越丰富，对事物的认识就越全面。资料越多，筛选的余地就越大，就能从中寻找出最有价值的资料作为有力的论据。资料越多，还可最大限度地减少以至消除临时填空补缺的调查，有利于统计分析的顺利进行。

（2）资料的种类是指统计分析需要哪些类型的资料，包括：

①与主题相关的统计报表、统计台账、统计年鉴、专题统计资料汇编。

②相关的计划（规划）、财务和业务技术资料。

③以往的调查研究报告、经验总结、情况介绍、群众反映等文字资料和亲自从事调查的感观记录。

④供参照对比的国内外同类事物的资料。

⑤相关科学原理、基本概念和事物发展规律的书籍报刊。

（3）搜集资料应注意的问题。

①"偏听则暗，兼听则明。"搜集资料时一定要正反两方面情况都听，正反两方面材料都看，防止片面性，防止误入"材料陷阱"。

②搜集资料也要注意利用现有资料和深入实际调查相结合。现有资料是他人或自己以前的劳动成果，只要有价值，应当尽量利用，以节省时间和费用，提高效率。但现成资料不反映变化了和正在变化的情况，不能提供有关人、物、事的丰富多彩的直观感受。因此，还应当尽可能深入实际调查研究，亲自搜集第一手资料。

③"养兵千日，用兵一时"，收集资料还要重视平时的积累。对于和自己工作相关的事物、自己感兴趣的事物，要勤于学习，勤做记录，做到"有闻必记"，"有见必录"，"有资料便抄"，"有心得便写"。"蓄之既久，其发必速"，资料积累丰厚了，不仅会催生写作的"灵感"，还会在你需要某种资料时给你一个"踏破铁鞋无觅处，得来全不费功夫"的意外惊喜。

（二）鉴别筛选

1. 鉴别资料

统计分析必须以和主题有关、准确、真实、有代表性的数据和情况为依据。因此，对所得的资料，必须作认真的审查鉴别，去伪存真。

鉴别资料是否准确、真实的方法：一是从事物的发展变化上看有无突升、突降、反季节、违常规、逆总体的现象；二是看数字之间的逻辑关系和分析指标的指标口径、计算方法和计量单位是否正确；三是看相关事物之间的依存关系是否正常，是否符合一般规律。如出现可疑现象，则应进行核对，搞清事实，或给予更正，或说明产生异常现象的原因。

鉴别资料的代表性，主要是针对样本资料和典型资料来讲的。对样本资料，要审查抽样框是否完整，总体分类、分群和排队的方法是否科学，样本容量是否足够大，样本单位的分布是否合理，代表性误差的计算有无差错等。对典型资料，则主要审查典型单位有无代表性，是否遵循划类选点，"解剖麻雀，推论一般"的原则，有无以小狗小猫顶替麻雀的错误。

2. 筛选资料

筛选资料就是从我们所掌握的众多资料中选择用作统计分析之论据的最有价值、最有说服力的材料。这也是统计分析必须十分注意的问题。尽管我们所收集的资料都是或大多数是与主题相关的，但统计分析不是资料的堆集，不仅需要"去伪存真"，还必须"去粗取精"，即使是真实有用的资料，也要精心挑选，甚至要忍痛割爱。在收集资料时，我们强调要"多"，要有"以十当一"的准备；在运用资料时，我们则强调要"精"，要尽量使我们所用的资料能够发挥"以一当十"的效用。只有这样，才能保证统计分析既不会成为皮包骨头的"瘪三"，又不致成为臃肿如瘤的"肥佬"。

（三）科学分组

科学分组是统计工作的一项十分重要的内容。这是事物的多样性和差异的绝对性决定的。没有科学的分组，就没有科学的统计。谁不懂得这个道理，谁不善于根据事物的不同特点对事物进行灵活多样的分组，谁就不可能成为一个优秀的统计工作者，也不可能作出好的统计分析。

统计分组的关键，是正确选择分组标志和分组方法，合理确定组数和组距，正确运用组限。若原有资料的分组不合我们的要求，则需进行再分组，或采用新的分组标志，或调整组数和组距。这些在统计分组理论中已有专门论述。常用的统计分组，国家也有统一规定，此处均不赘述。

但是，统计分析中可能用到的分组是多种多样的，常常超出国家标准统计分类的范围，需要我们根据分析对象的特点和分析研究的特殊目的去设计特殊的分组，这就要求我们在深刻理解分组理论原则的基础上能灵活运用所学知识。例如，新生婴儿性别比例（男婴为女婴的百分比）一般在 104～107 的范围内波动，若超出这个范围则可能有非正常因素影响。在我国，计划生育是重大国策，但在一些地区，特别是农村，"重男轻女"思想十分严重，对女婴实行堕胎和溺婴的非法行为时有发生，使婴儿性别比例偏高以至严重失衡。为了揭露这一问题，有人采用了一种特别的分组，即按出生婴儿的胎次分组。其结果令人震惊（见下表）：

我国新生婴儿性别比例的变化

	新生婴儿性别比例（女婴＝100）		
	一胎	二胎	三胎
1985 年	106.9	113.4	145.3
1988 年	106.8	120.0	184.7

对上述问题，如果我们不作分组研究，只算一个总的性别比例，或者采用别的标志分组，我们就可能不知道问题的严重性。若放任自流让其发展下去，结果将不堪设想。

（四）计算分析指标

没有比较就不能鉴别。事物数量的多少，质量的优劣，速度的快慢，力量的强弱，潜力的大小，效益的好坏等等，都是与一定的时空条件和一定的社会经济环境相对而言的，是比较出来的，要正确判断统计分析所涉及事物的状况，得出中肯的结论，就要从各方面去比较鉴别，就要灵活运用统计方法去计算各种分析指标。

（五）设计分析表

统计分析常常要用到许多数字，数字一多就不便用文字来表述。这时，就要设计分析用统计表格。因为统计表可简明集中而有序地排列许多统计数字，便于阅读和比较，可避免用语言文字书写时的许多累赘，有语言文字不可替代的优点。但是，统计分析毕竟是一种文章，统计表格的运用一定要适度。

三、立论布局谋篇，写作分析报告

统计分析报告是统计分析结果的文字表述，是定量分析与定性分析巧妙结合的一种特殊文章。特就特在它要数字与文字相结合，既要遵循写文章的共同规则，又要善于科学地运用统计资料和统计方法。所以，写好统计分析报告，并非轻而易举之事，而是"坐在办公室里的艰苦奋斗"，废寝忘食，冥思苦想，几易其稿，是常有的事。为使写作少走弯路，事先掌握一些要领是十分必要的。

（一）主题要集中、突出、唯一

主题是文章的灵魂，是整篇文章的统帅。一篇统计分析，只应有一个主题，文章要围绕主题去展开，不能走题。"意多乱文"，文章切忌多中心，绝不可企图通过一篇统计分析去解决几个问题。

（二）标题要确切、简明、醒目

1. 标题的意义

文章都有标题，统计分析也不例外。标题与主题密切相关，是用来揭示主题的中心思想的。但标题与主题又有区别：一篇文章只应有一个主题，而且必须在收集和整理资料之前就确定下来；但同一篇统计分析却可以有不同的标题，而且既可在写作之前确定，也可以在文章写完之后根据全文的中心思想和文章的特色酌定。

文章的标题，犹如商店的门面和招牌，门面漂亮，招牌醒目，才能招引更多的顾客，不管是打算买东西的还是不打算买东西的，都愿意进店逛一逛，看一看。有人更把文章的标题比作人的眼睛，一个好的标题，往往会给文章带来画龙点睛的奇效。

2. 标题的要求

一篇文章可以有多种标题，到底哪种标题更好，必须有所选择，要求是"确切、简洁、醒目"。

"确切"是指标题要能准确揭示统计分析的主题思想，要使人能从标题便一目了然地看出文章的基本内容是什么，要解决什么问题。写文章一定要围绕主题去写，不能"文不对题"，但标题的制作则要求能准确反映文章的内容，不能"题不对文"。

"简洁"就是标题必须简明扼要，高度概括，不能拖泥带水，臃肿累赘。文章要精练，标题尤其要在"精"字上下功夫。

"醒目"即要求文章的标题要在准确、简洁的前提下尽可能突出事物的特点，甚至用生动的词语，形象的比喻，以求引人注目之效果。

请看以下几篇统计分析的标题：

【例13－1】《骨之不强，肉将焉附？——谈投资结构问题》

这是一篇谈投资结构问题的统计分析报告，标题简洁、醒目，而且由于加了副标题，使标题含义确切，比喻形象，寓意深刻。意为投资结构（"骨"）合理与否，对经济发展水平、速度和效益（"肉"）将产生直接的影响，前者是后者的支撑。需要注意的是，本例的主标题和副标题必须同时使用，缺一不可。若只用副标题，必然显得十分平淡，若只用主标题，就会令人不知所云，主副标题同时运用，就不仅使标题确切，而且显得形象、生动、深刻。在这里，如果说副标题是"龙"，那么主标题就是"睛"了，两者结合，的确有画龙点睛的效果。

【例13－2】《打破条块分割，合理组织城市经济——武汉市经济体制改革的调查》

这是一篇调查分析报告原来的标题，随之被《经济日报》转载，但标题被改为《敞开三镇，发挥"九省通衢"优势，武汉市合理组织城市经济》。同一篇文章，前后两个标题，哪一个好些？"条块分割"是改革开放前我国各地体制中普遍存在的弊病，经济体制改革必然要打破条块分割。从这个意义上说，原用的标题不可谓不准。但这样的标题用在哪一个地区、哪一个城市都可以，体现不出地方特色。后一个标题改用"敞开三镇，发挥'九省通衢'优势"几个字，不仅隐含了要"打破条块分割"的意思，而且突出了其他城市所没有的武汉市的地理特点，这个特点使"打破条块分割"显得更为必要，优势更大。这样看来，《经济日报》改标题就不无道理，而且改得好。

【例13－3】《××区工业系统资金状况和解决资金不足的意见及建议》

在这个标题中，"意见"和"建议"两词意义相近，同时使用，不仅累赘，而且不通。文章的中心意思是如何解决本区工业资金不足的问题，故可改为《解决我区工业资金不足的途径》，这样就不仅确切、简洁，而且用"途径"一词也比"建议"更为醒目。

3. 段落标题

如果说总标题是一篇文章的纲，那么，段落标题便是文章的目。有纲有目，便可纲举目张。段落标题的作用是：①提示本段内容；②表明作者观点；③展示全文结构；④提高读者的阅读效果。

【例13－4】江苏省统计局的《江苏与上海经济效益的对比分析》一文的段落标题：

一、差距

二、原因

第一，我省与上海的经济结构不同。

第二，上海工业的技术、管理水平高于我省。

第三，上海对经济"宏观控制"、"微观搞活"的能力强于我省。

第四，上海得到国家计划分配的人才、投资、物资多于我省。

三、几点意见

【例13－5】天津市统计局的《手表国内市场前景乐观》一文的段落标题：

一、事出有因

二、症结所在

1. 生产和进口存在某些失控现象

2. 产品结构的不合理是目前手表供过于求的根本原因

3. 农村收入水平较低的农户仍占较大比重，是限制手表消费的重要因素

三、前景乐观

1. 我国手表的普及率和拥有量比较低

2. 手表的更新量随时间的推移将有较大的增加

3. 人口的增长将使手表的需求进一步扩大

4. 随着手表产品结构向合理化发展，将能够适应不同消费的需求，开拓新的消费领域

5. 城镇人口的增加将促进手表需求的增长

四、奋力开拓

上述两个例子，便很好地体现了段落标题的作用。可以断言，如果上述两篇统计分析都只有一个总标题而没有段落标题，人们阅读的兴趣和阅读效果肯定要差得多。

（三）观点与材料要统一

观点和材料是文章的两个最基本的要素。任何文章都要反映作者的观点，统计分析报告也不例外，必须观点鲜明。文章的大小标题和基本论点，尤其应当如此。是什么和不是什么，赞成什么和反对什么，应该怎样和不应该怎样，必须泾渭分明，不能含糊其辞，模棱两可，"不偏不倚"，貌似公允。没有观点或观点不明确，必然令人不知所云，甚至引起误解。材料是文章的"血肉"。观点要从材料中形成，并以材料为支撑。只有材料充实，言之有据，文章才会丰满有力。但这并不是说材料愈多愈好，而是材料要准、要精（足以说明问题即可）。总之，统计分析必须做到观点与材料的统一，即观点要从材料中产生，又要用观点去统率材料，实现正确的观点与准确、充实的材料的完美结合。

【例13－6】江苏省统计局在《对我省1985年1～5月工业生产"超高速"增长的分析》一文中首先谈到该省工业生产"超高速"增长的4个特点，就是观点与材料结合得较好的例子：

（1）历史上罕见，增幅居全国第四位。

除 1958、1959、1970 年 3 年外，其他年份增速均在 30% 以下，而本年 1~5 月却比上年同期增长 33%，居全国第四位，在浙江、广东、福建之后。

（2）市市高速增长，苏南高于苏北。

苏南 6 个市平均增长 34.6%，其中苏州 48.8%，镇江 36.5%，无锡 35.1%，常州 31.0%，南通 28.6%，南京 25.4%。

苏北 5 个市平均增长 28.8%，其中扬州 44.8%，连云港 27.7%，盐城 24.0%，淮阴 20.4%，徐州 16.2%。

（3）月月增长，1985 年第一季度超上年第四季度。

按月产量计算：2 月比 1 月增长 10.5%，3 月比 2 月增长 22.2%，4 月比 3 月增长 6%，5 月比 4 月增长 1.4%，1985 年第一季度比上年第四季度增长 1.2%。

（4）集体高于全民，乡办高于集体。

与 1984 年同期（1~5 月）比：全民企业增长 19.1%，集体企业增长 50.1%，乡镇企业增长 73.4%。

（四）结构要严密

文章的结构是文章的支架，是一篇文章的各个必要组成部分的合理组合。但一篇文章到底应有哪几个部分和应当怎样组合，却是因题而异和因材而异的，并没有统一的固定的格式可循，应当根据主题和所掌握材料之不同去周密构思，合理布局，力求层次分明、条理清晰、前后呼应、顺理成章。

【例 13 - 5】《手表国内市场前景乐观》和【例 13 - 4】《江苏与上海经济效益的对比分析》两文的结构就很不一样，但都是围绕各自的主题，并利用相关的资料而构思和布局的，都做到了层次分明、条理清晰、前后呼应、顺理成章。

（五）文字要准确、精练、通俗、生动

文章是用文字来表述的，用词、用语一定要准确、精练、通俗、生动，使人看得懂，愿意读，甚至喜欢读，力求达到信息传递的最佳效果。

"准确"就是在用词语来描述事物的性质、状况和表达作者的看法时，要做到恰如其分，不能词不达意。例如，事物的多少、大小、高低、快慢、好坏，都有程度的不同，在表述事物的变动情况时，到底用"基本持平"、"有所增长"、"增长较快"和"显著增长"这几个词中的哪一个更为准确，就要很好地斟酌。而且，多少、大小、高低、快慢、好坏等，也都是相对的概念，是因时、因地、因事而异的，相同的增减百分比，对于不同时间、地点条件下的不同事物来说，其快慢程度可能大不一样。例如，GDP 增长 5% 和人口增长 5%，其速度是不可等量齐观的。消费价格下降 2% 和股价指数从 15 000 点猛跌到 14 700 点（跌幅也是 2%），其速度也是不可比的。钢产量 100 万吨时增长 5% 和钢产量 1 亿吨时增长 5%，其快慢程度就更不可相提并论了。若基数很小，增长百分比很大，就说取得了巨大的成绩，也是不妥的，因为实际增长量可能很少。还有，若甲地的 GDP 比乙地多 2 倍，就说乙地的 GDP 比甲地少 2 倍，本年的利润比上年多 1 倍，就说上年的利润比本年少 1 倍，这里的"少 2 倍"、"少 1 倍"的说法就不只是不准确，而且是一种错误，正确的说法应当是"少 2/3"和"少 1/2"。因为甲比乙和乙比甲，本年比上年和上年比本

年，是两种不同的比法，比较的基数变了，比较的结果就不同，不能把正比与反比混为一谈。

"精练"就是要力求言简意赅，用尽量少而精的文字去描述客观事物和表述作者的思想，把不必要和可要可不要的字、词、句子以至段落删掉。但精练应当以准确、明了为前提，不能把不该省略的省略了，把不该删除的删掉了，使人莫名其妙。例如，有人在旅游统计分析中，把外国人、华侨、港澳台同胞简称为"五种人"，又不作解释，就可能使人不知所云。

"通俗"就是要使人能理解你所写的东西。统计是一种专业知识，要使统计分析能被人看懂，除了写作要符合语法、修辞规则外，还有一个专业知识通俗化的问题，要把文中非用不可而又不易为普通读者所了解的专业名词、指标、方法等尽可能说得浅显易懂、简单明了一些。例如，"定基发展速度"可以写作"以×××年为100"，"年距环比发展速度"可以写作"以上年同期为100"，各种模型的参数也可以用文字将其含义表达出来等。此外，绝对指标、相对指标和平均指标各有各的长短，若用这种指标可能说得不够明白时可改用另一种指标表示，或者同时用不同的指标表示。例如，《人民日报》曾经报道，1979年至1981年3年，我国政府用1 400亿元来改善人民生活。这个报道，对我们中国人来说是很清楚的，但对外国人来说可能就不知道这1 400亿元（人民币）到底是多少。因此，美联社在转发这条新闻时便改为"中国政府把财政收入的31%用于改善人民生活"。这一改，不仅把事情说得更明白，而且使人对中国政府为改善人民生活所作的巨大努力留下深刻的印象。再如，1%常常被看作很小的数字，但如果我们与经济规模联系起来，将其背后所隐含的经济意义说出来，比如说若我国成本降低1%或流通费用降低1%都可带来几百亿元的经济效益时，那么，人们对降低成本和流通费用的重要意义的理解就会深刻得多。

"生动"就是要求把文章写得活泼一点，形象一点，讲究一点文采，增加文章的趣味性，使人爱看爱读。这就要求我们要有一定的语文修养，懂得遣词造句的技巧和修辞的基本手法，掌握一些生活气息浓郁和富含哲理的成语典故、诗词歌赋和民谚等，同时还要注意深入实际，调查研究，熟悉生活，了解群众，并把已有的知识和通过调查获得的新情况、新信息联系起来认真思考，善于演绎、归纳、总结，就有可能"笔下生花"，把文章写得生动。

【例13－7】山西省统计局在《加快商品生产步伐，促进农村两个转化——雁北地区农村发展战略初探》这篇统计分析中，因为雁北地区是历史上有名的穷乡僻壤，古人曾有诗描绘，作者便恰到好处地引用了一首古诗："雁门关外野人家，不种桑榆不种麻，百里并无桃李树，三春哪得桃杏花。六月雨过山头雪，狂风遍地起黄沙，说与江南人不信，早穿皮袄午穿纱。"然后，再配以改革开放前后雁北地区农村发生巨大变化的统计数字，这就增添了统计分析的文采。他们还把雁北地区农村今后几年的发展方向概括为四句颇具乡土气息的顺口溜："统筹兼顾农林牧，快挖地下黑金库，狠抓流通促工副，围绕重点搞服务。"这个顺口溜反映了该地的特点，又提出了今后的发展方向，而且简明扼要，朗朗上口，便于记忆，显然比一大段关于今后发展战略的论述更容易为广大群众所接受，具有更好的宣传效果。

（六）要文、图、表并用，各施其长

统计分析报告是数字与文字相结合的特殊文体，既有文字表述，又有统计数字的运用，有时可能还会用到简明、直观、形象的统计图。文字、图像、统计表，三者在统计分析中各有各的作用，是不能相互替代的，应当让它们各施所长，相辅相成。统计表能集中、醒目、有序地显示统计资料，还便于对比观察和分析，在引用的统计资料较多时，应尽可能设计一个简明、醒目的统计表，切忌将大量的统计资料作冗长、杂乱、累赘的文字化表述。例如，《江苏与上海经济效益的对比分析》一文，用了二三十个指标，每个指标又有江苏、上海及江苏与上海相比较的 3 个数字，用统计表将指标按顺序排列，江苏、上海和江苏比上海各一栏数字，就显得集中醒目、简明有序，又便于观察和对比分析。如果不用统计表，而是用文字来表述，必然在指标名称、计量单位、地名、对比结果等方面重复，显得十分累赘，而且不便于人们在阅读过程中作对比分析。统计图能把事物的规模、结构、速度、发展过程及变动规律形象地显示出来，其作用也是文字和统计表无法替代的。在统计分析适当的地方，插上必要的、制作精美的统计图，可以使文章显得活泼生动些，增加可读性。

（七）要认真修改

要写好统计工作报告，还应注意的一点就是要认真修改。文章不怕百回改，好的文章都是不断修改锤炼出来的。在最后定稿之前，对主题是否突出，结构是否严密，概念是否准确，判断是否正确，推论是否合乎逻辑，论据是否充分，数据有无差错，分析是否透彻，结论是否合理，建议是否可行，文字是否精练等，一定要反复琢磨，不断修改，直至满意为止。

修改统计分析报告，可以自己改，也可征求同事和领导的意见，还可以征求分析所涉及的单位和熟悉有关情况的人的意见。集思广益，兼听则明。多方征求意见，甘拜"一字之师"，就可集中群众的智慧，开拓自己的思路，收到事半功倍的效果。在这方面，贾岛为一字而反复"推"、"敲"的故事，毛泽东同志为修改自己的诗词不仅自己反复琢磨，还虚心接受素昧平生的普通群众的建议，亲自请诗词专家修改，甚至乐求"半字之师"的精神，都是十分值得我们学习的。

（八）要勇于实践

"实践出真知"是一句众所周知的至理名言。一切经验、知识、理论和方法，都来源于实践，又被用来指导实践。因此，学习一点写作知识，无疑会对写好统计分析报告有所帮助。但是，要学会游泳，必须投身到江河湖泊大海或泳池中去，必须亲自下水，在课堂上、在书本上、站在岸上，都是永远学不会游泳的。所以，要学会写统计分析报告，要写好统计分析报告，"勇于实践"是第一条。"世上无难事，只要肯登攀"，只要我们勇于实践，勤于写作，善于向失败学习，我们就一定能到达成功的彼岸。

第三节　统计研究报告

统计分析报告不仅是运用于统计工作总结与描述之中，在许多科学研究，尤其是经济与管理学科的实证研究中，都需要大量依托统计资料和统计方法进行统计分析，进而就需要有以描述状况、揭示规律与预测未来为主体内容的统计研究报告。与统计工作报告相比，统计研究报告更具探索性和学术性，其报告的形式往往是学术论文、学位论文、课题总结甚至是学术专著等。

一、立题与要点

在开始撰写最终研究报告之前，必须充分考虑研究目的以及陈述对象来点题和立论，通常以简短摘要和前言开始，提供报告的要点与观点，在摘要之后通常有一段前言，在前言里要对研究过程（包括研究目的和思路）进行解释，并向在数据收集、资金资助等方面提供帮助的个人和组织致谢。

统计研究报告不同于那种就某一特定议题向上司提交的工作报告。在后一种情况下，报告应该非常简明扼要，以便上司能容易理解，并在制定决策时使用报告的结论。另外，如果报告是一篇学位论文或项目研究成果，论述就应该较为详尽并且以系统化的方式来撰写。在这种情况下，有关问题表述、数据收集、分析方法和结论的所有细节都应进行陈述。事实上，一份想把观点"推销"给读者或学术界的报告，在论及报告所使用的概念、与现有体系/思想的比较，以及新体系/思想所带来的好处等方面应做到非常翔实和令人信服（Sekaran，1992），并尽量陈述详尽、论证严谨、观点明确。另一种报告类型是以发表为目的的学术论文，后面会对这一类型的报告进行单独讨论。

学位论文、项目总结或学术论文往往都会根据主管机构或导师所制定的标准进行论述。在开始着手最终报告之前，你必须先看看这些标准。一些作者（Bloom et al.，1971；Easterby - Smith et al.，1991；Saunders et al.，2000）为不同层次的研究和报告提出了指导性目标。对于较低层次而言，研究报告应阐明对主题的理解和认识；在较高层次时，研究报告就不仅要阐明对主题的理解，还应阐明在对情况进行分析之后如何能将其应用到具体问题上；在更高层次时，除了上述要求之外，研究报告还必须阐明能够综合、评价和分析问题并得出结论。

撰写统计研究报告的过程是复杂的，有时还显得乏味。但报告应简明扼要，以令人信服和前后一致的方式对研究结果和论据进行陈述，并以恰当方式向读者介绍研究的方法和结论对于判断成果的有效性和相关性是如何重要。

不论报告是要提交给公司还是作为一篇学术论文，都必须论证得当、令人信服。

在研究报告的摘要或前言中，应该对报告所用方法的优缺点和必要的细节进行解释，以便读者们能对报告的研究和结果作出自己的判断。首先，应使读者相信，作为一份统计研究报告已经完成了所有的工作，以系统化的数据收集和数据分析方式调查了某一问题领域，报告的陈述逻辑清楚、阅读方便、易于理解。其次，必须表明在技术上遵循了合格报告所要求的正确一致的方法，报告的假设和/或结论得到现有文献和经验证据的有力支持，报告的各个部分逻辑一致。再次，还应强调报告对已使用的早期研究给予了充分信任，并注意以适当的方式引证所有的出处。

二、写作统计研究报告的指导原则

（一）充分考虑读者

最好的研究报告是那些在撰写时考虑了特定读者的报告，内容、篇幅、使用的术语、关注的焦点、数据和结论的表述，都取决于读者。为上司撰写研究报告，基调应简洁高效，术语的措辞和使用应依背景而定，考虑他们对主题的了解程度。在这种情况下，摘要变得非常重要，因为它以直接简洁的方式对报告进行了概述，上司们接着可以对报告进行全面研读，或是只阅读他们认为合适的部分。

如果是学位或学术论文，应该查阅所投刊物和所在学校的要求或询问导师。本节稍后就报告结构提供的指导原则是最为常用的。读者影响着整份报告，比如大量使用图表和脚注会使一些读者分散注意力。这样的话，报告必须决定哪一些图表应该出现在正文中，哪一些则应归入附录，那些对此感兴趣的读者可以查阅附录。对页数的限制也会影响上述内容。页码上限是相当常见的，但很少有页码下限，这表明简明扼要的报告要比长篇大论有用得多。无论如何，读者决定了报告的类型、层次和复杂性。研究人员必须尽最大努力去熟悉读者的具体偏好。他们不应认为这些偏好是不可改变的，但任何偏差都应该据之有理，而不是由忽视所产生（Boyd et al. , 1989；Churchill, 1999）。

（二）利于良好的交流

毋庸赘述，报告应具有可读性。学者们常常建议报告必须表达清晰、简明扼要、条理分明、重点突出、活泼生动、意味深长，以及不墨守成规（Sekaran，1992；Rubin 和 Rubin，1995）。主要的观点是，报告应提供清楚明白的解释，应诱导读者，使其产生兴趣并渴望阅读整份报告。报告还应该明确地陈述和解释所使用的假设和方法，报告各个部分的过渡应自然流畅。许多研究者使用学究式的写作风格，以其复杂的概念和高深的术语给读者留下深刻印象。但其实这种报告交流不畅，我们要保证读者能够流畅地读完整份报告而不受干扰，或者不被晦涩的术语所阻碍。

报告格式可以增强其可读性，标题和副标题的使用有利于引导读者一步一步地读完报告，并帮助读者理解报告在说什么以及想要做什么。作为好的沟通者，报告可以"编排"读者的思路，使读者按报告希望的方式或他/她喜欢的方式来阅读报告。不要期望读者能读懂报告的言外之意，报告应该使用简单直接的语言。

你可以按照读者如何阅读报告来"编排"其思路。

（三）力求语言流畅

作为学术型的统计研究报告，要写出简单明了的句子并不容易。正如 Elliot（1980）所述：

考虑你要说的话，把句子写下来。然后去掉所有的副词和形容词。把句子简化至基本框架，只留下动词和名词。如果这个基本框架的句子不能准确地表达你的意思，那你肯定用错了动词或名词。寻找一个合适的词吧。对于好的作品而言，名词和动词就是武器；而形容词和副词只是装饰性的随军人员。

使用晦涩的语言和术语并不会真的给读者留下深刻印象，相反却会影响报告的可读性，好的作品并不是要设置障碍让读者去克服。

句子和段落应保持短小精悍，整篇报告的论证应符合逻辑。概念或术语在文中第一次提到时就应对其进行解释。

一般说来，用词越少，报告就越好；几个简短的句子比一个长句子要好。不要向读者唠唠叨叨地解释你在收集数据或访问知名企业经理人员时遇到的困难；只要说出你已经做了什么以及你是如何收集数据的就可以了。如果你使用某个概念来解释某种状况，那么每当你要解释这种状况时都应使用同一概念。在口语中，当我们解释某种状况时，我们会重复事情及其经过以确保听众听到并理解我们的意思。在书面语言中不需要这样，并且报告应该始终避免重复，人们从不以其篇幅或重量来判断报告和论文。

如前所述，人们倾向于使用晦涩的词汇和术语以期给读者留下深刻印象。我们强烈建议使用简单的术语和易于理解的词汇。要始终牢记读者，不是所有研究报告的读者都知道教科书或其他的专业术语。在最终报告中始终使用完整的句子；至少要有一个主语和一个谓语，能够单独成句并有意义。

当要进入一个新的主题或一项新的议题、观点时，就另起一段。通常不用"但是"、"因为"或数字来作为句子或段落的开头。如果句子需要以数字开头的话，应使用文字来表达：比如用"百分之五十"来代替"50%"。无论使用何种规则，最重要的是保持书写、拼写（比如英式英语与美式英语）、术语、标题用法、图表的前后一致。

使用晦涩的语言和术语并不会真的给读者留下深刻印象。

研究报告（尤其是描述性部分）应以第一人称来写。有些人认为非人格化语言含有客观性，并提议用第三人称来写作。但我们建议把第三人称的观察者/研究者称为"我"，把参与者或回答者等称为"我们"或"他们"。

（四）规范的形式和风格

通常来说，形式和风格的问题更多是有关喜欢与否或个人风格的问题，而非规则问题。但以下所述的都是一些常见的错误，应该予以避免（Gronhaug，1985）：

（1）电报式风格。这是指用一些彼此间毫无逻辑联系的句子写成的报告。

（2）句子长而复杂。有时用长句子写成的报告很难读懂，除非反复阅读几遍。有些学生还喜欢用一些复杂难懂的词。然而使用简明扼要的句子是撰写报告的好办法。

（3）术语的用法以及口头与书面语言的区别。在使用教科书或其他术语时，应确保读者同样能够理解。有一种情况相当普遍，就是学生们经常会在报告中使用口头语言。在撰写报告时应该遵循写作规则，避免使用口头语或俚语。

（4）缺少图表或其他例示。应尝试用图表或其他例示来简化、突出和补充报告的重要和有趣的部分。但必须指出，不应该用这些图表来取代正文，它们只是用来补充或进一步说明正文或者要点的。

作为普遍性的经验是，在报告最后成型以前至少要写四到五次，这就是要多次撰写研究报告的草稿。完成了工作草稿之后，应该再把材料、数据和结果检查一遍，看看是不是遗漏了什么，有什么应该加进去，然后再读一次草稿并开始修改。把你认为遗漏的加进去，删掉那些不相干的。同时，检查一下信息位置的安排是否妥当，不合适的话就重新安排。这个过程在定稿前要重复三到四次。最后，应该检查一下语言，最好有其他人帮你看一下。因为在反复读了数遍报告之后，你个人往往会对报告的缺点和错误视而不见，这是常有的事。

在提交报告之前最好找别人再读一遍。

外观是非常重要的。如果一篇报告外观不好的话，不管它写得有多好都没有用，它容易给读者留下坏印象。报告的扉页、打印质量、页边空白和结构都非常重要，双倍行距的报告比单倍行距的好读多了。在实践中经常采用双倍行距和段落首字缩进的做法；在采用单倍行距的报告中，段与段之间采用双倍行距以标示新的段落。不管报告采用单倍行距还是双倍行距，以下部分都应以单倍行距进行排版：信函、摘录、脚注（但在脚注间应采用双倍行距）、图表（Murphy 和 Hildebrandt，1988）。

（五）醒目的标题

标题作为报告的概要，应该清楚、准确和前后一致，要能吸引读者的"眼球"。我们常给标题加上数字以突出不同的标题层次，但其实并不一定要用数字。我们还可以使用不同的字体风格来使层次分明，最重要的是标题的层次不能太少，因为标题和副标题之间的差异应该使读者容易区分。

三、统计研究报告的基本结构

作为学术性或探索性的统计研究报告是可以形式活泼、灵活多样的，但基本结构或格式却是比较一致的。以下的提纲是在研究报告中较为常用的一种格式：

（1）扉页。

（2）目录。

（3）摘要。

（4）引言和问题导出。

（5）理论背景。

（6）研究设计与方法。

（7）结果与分析。

（8）结论和建议。

（9）脚注。

（10）参考书目或文献。

（11）附录。

（一）扉页

扉页首先应注明研究主题和研究者（作者）姓名；其次，如果合适的话，应指出为之准备报告的组织和项目，比如"暨南大学经济学院统计学硕士学位论文"；如果是公司或其他组织订制或要求的研究项目，则扉页上还应出现该公司或组织的名称；此外，如果这个项目收到来自学院或学校以外其他机构的资金资助，该机构的名字也应在扉页上出现。

（二）目录

目录以页码的形式列示报告内容，在这里列出标题和副标题。读者在目录和报告内都应能区分标题和副标题（见下图），目录还应包括图表及其页码。

	页码
前言	i
摘要	ii
1. 引言	1
1.1 研究目的	3
1.2 研究问题	3
1.2.1 研究的具体问题	4

目录内容的一个例子

（三）摘要

摘要提供了报告各个部分的要点。人们常说摘要应该可以独立成文，因为大部分读者，尤其是管理人员和导师，经常只读摘要（Churchill，1999）。因此，摘要应突出整篇报告的核心内容，但要以报告主体为基础，不能加入任何新东西。我们在报告中收集、提交和分析的数据常常隐藏在报告中间或结尾，所以必须在摘要中提及以便读者能迅速且容易地接收报告的信息（Bolsky，1988）。

摘要的长度取决于原始材料的复杂性。通常我们把报告中的材料减少到最多只有报告总长度的5%，或几页。较为理想的长度是两到三页。

（四）引言和问题导出

研究报告的引言应交代研究是关于什么内容的以及研究的目的是什么。这一背景将为读者了解和领会报告的其余部分提供必要的信息，在这一部分应清楚地论述研究的目标和目的。读者读完这一部分后应对报告讨论的内容、对某一特定问题进行研究的原因以及在报告的其余部分可以期待的内容有一个全面的认识。在这里应阐明所有不常见的术语的含义，定义研究问题的概念，对在研究或问题范围内已做工作的说明也应在此进行介绍。在这一部分还应解释报告是如何组织的，以便读者的思路可以跟得上。

（五）理论背景

在这一部分介绍问题领域和研究设计的理论背景。如果使用假说或先验假设，就必须借助先前的研究和发现来作为适当的理由，并以此为研究导向。研究的导向决定了理论的重要性，但与其运用是不同的。因此，保持报告的一致性非常重要，我们应以研究导向和研究设计来检查这一部分内容。

（六）研究设计与方法

在这一部分要告诉读者报告的研究设计是探索性的、描述性的还是因果性的，以及选择某种设计和方法的理由。这里应陈述设计要求以及是如何满足这些要求的，不同的研究设计要求不同的方法。无论是探索性的、描述性的还是因果性的研究设计都会建议在数据收集和分析时是使用定性方法还是定量方法，而且必须确保这些内容的一致性。

报告还应告诉读者数据的原始来源、二手来源及其论据和理由。在论述原始来源时，我们应解释是如何收集信息的，并对总体和抽样进行论述；在深度案例研究的情况下，应解释是如何选择这些案例的，为什么要这样选择；在写到数据收集的时候，必须解释报告已经做了什么，是如何做的，为什么要用这种特定的方法来做。报告还应解释数据分析采用了哪种方法：如果是统计方法，为什么要用这些方法；如果是定性方法，应该解释如何运用不同的概念、模型的出处以及通过这种分析可以得出什么类型的结论。

（七）结果与分析

这里重点介绍基于统计分析的实证研究，即报告从数据收集与分析中发现了什么。这一部分经常都是报告的主要部分，因为在这里会以图表为支持，详细地介绍研究的结果。在这一部分我们必须再次谈到我们的研究问题或假说，并以此用一种系统性的、结构性的、逻辑性的方式来介绍报告研究的结果。应该遵循某种系统的、时间的或心理的顺序来排列研究结果和图表，同时注意删掉那些无关的信息和发现。

如何安排和介绍报告的研究结果是一项困难的事情，没有规则可以遵循，可以是仁者见仁智者见智。但报告应该指出研究的目的、完成的时间、想传递的信息和想向谁传递等。本书建议研究者应系统地选择以下介绍的方法之一：

（1）按发生顺序排列。在这里报告按时间顺序介绍研究结果，当报告进行案例研究或当报告采用过程或纵向法时，这种方式尤为合适：比如在说明谈判或抽样过程和影响这一过程的因素时，按时序研究就会自然而顺畅。

（2）按标准或主题排列。报告可以使用自己的标题——比如问卷或问题陈述的标题——作为格式来介绍结果。报告可能有关于什么影响什么的某种标准——比如自变量和因变量——这可以用作标题以介绍研究结果。

（3）按地域顺序排列。报告可以在不同的章节介绍对国家或世界不同地区的发现，并作为标题：比如对国家南部、东部或中部的研究发现，或者对不同国家或大陆的研究发现。

（4）按重要性顺序排列。人们经常建议按重要性顺序来介绍研究发现，应该首先介绍最重要和最有趣的发现，接着是次要的。在列出标准时，报告可以按重要性对其排列。

（八）结论和建议

在这一部分是对被研究或分析的事实进行归纳总结，但这些归纳总结只能由前面部分所提及的资料与分析结果进行，作者的偏见和意愿不应影响这些结论。报告应该对每一项研究目标、研究问题或假设进行系统的陈述，最好的方法是回顾这些目标或研究问题并检查报告是否已对每一项都作出了结论。如果数据收集和分析没有为作出结论提供足够的信息或所需的支持，报告应该清楚地说明这一点。简洁明确是很重要的，我们建议采用以下的格式来做结论：

"基于我们的研究结果，结论如下：……"

或者"我们发现：……"

对将来研究的建议或对读者和管理人员的意义都应以研究发现和结论为基础，在结论与意义或建议之间应逻辑一致。如果作出的建议或意义贯穿整份报告，例如在介绍发现的同时也提到了这些建议或意义，那么应该在这一部分对其进行总结和强调。我们建议采用以下格式：

"由前面××研究结论得出的意义是：……"

（九）脚注

如前所述，一份报告的价值还有赖于论证和资料来源。可以通过以下两种方式给予这些资料来源适当的信任：在结尾部分列出参考书目或文献，以及在文中给出脚注或参考文献。脚注具体地、单独地引证了在报告中参考的事实和观点。

在大部分统计研究报告中，使用脚注主要有三个原因：

（1）脚注证实了资料来源或我们使用的早期研究；

（2）脚注指引读者到同一份报告的另一部分，也称为交叉引用；

（3）脚注对某一特定的概念或问题进行解释、讨论或提供额外的信息。

在研究报告中要提供一份单独的参考文献列表或参考书目，这样报告只需在脚注中提及作者的姓和出版物或资料来源的年份：例如"Gronhaug，1985"。这些参考文献还可以在文中某个合适的地方用括号标出，就像本书这样。

什么类型的信息应该要证实，这可是个难题。读者已经知道的事实是不需要证实的：例如第二次世界大战结束的年份。而对那些非常识性事实就必须告诉读者我们是如何达成某一观点的。出于相互主观性的原因，这一点也很重要。例如，对某个部分的购买行为的研究结果必须用研究的年份进行证实，因为购买行为在不同的时期可能会发生改变，比如行为会由于对环境污染、石油危机或别的重大事件的认识而改变。

无论什么时候，报告从其他的资料来源引入和使用一段话或引证，都应用脚注和原书页码对其进行证实。这适用于报告使用的文章或其他任何资料来源：例如"Gronhaug（1985：18）"。

脚注有多种形式，一种常用形式是在要证实的引文或信息尾部使用单独的数字作为上标，然后在该页的底部或报告的结尾重复相同的数字和资料来源或解释。如果脚注是在页面底部给出的，通常连续使用（1，2，3），而到下一页时则重新以1开始排序。如果脚注集中在报告结尾处给出，就对报告中的所有脚注采用连续的编号。就算是按页给出的脚注，报告也可以对整份报告使用连续的数字进行编号。

最重要的规则是报告由始至终应使用相同的脚注方法；不应该在同一份报告中混合使用不同的格式。当采用脚注在报告结尾处给出的格式时，脚注应排在参考文献或书目列表的前面。有些作者建议对不同类型的脚注使用不同的格式：例如，对于我们只想证实和指出来源的脚注可以集中在报告结尾处，而对于需要解释或讨论概念的脚注则应在页面底部给出（Berry，1989）。建议对各种类型的脚注采用一种方法，并保持前后一致。

还应该注意内部一致性。比如，如果脚注在页面底部给出，应该一致使用双倍行距（双倍于正文的行距）以便和正文区分。脚注本身应采用单倍行距，在两个脚注之间则采用双倍行距。页边距和号码也应在相同的位置保持一致，不仅在同一个页面，在整份报告都要如此。对于交叉引用的脚注或同一份报告其他部分的参考文献，应该避免涉及后面的内容，因为读者对后面的内容可能还不了解。另外，提及以前的页码则是可以的，比如"参见第10页第2项"。

（十）参考书目或文献

参考书目是有关某一特定主题的书籍（及其他资料）列表，至少应包含所有在报告中引用的资料来源。另外，参考文献列表只包括引用的资料来源而不应包括有参考但没有使用的书籍和其他资料来源。所有的参考文献应该按作者姓氏以字母顺序排列，如果没有作者，则应按出版单位的名称以字母顺序排列：比如欧盟委员会，或者《经济学家》杂志的一篇社论。至于以期刊中的文章作为参考文献的，则应以作者姓氏来排序。

最常用的格式是把首行的第一个字（比如姓）放在左边界，而其余行则缩进几格。但要记住，对于脚注，尤其是位于页面下边的脚注，则常采用相反的用法：首行的第一个字缩进，而其余行则放在左边界。这种用法适用于各种资料来源。参考书目或参考文献和脚注相似，应该使用单倍行距，而在两个参考文献之间用双倍行距。如果资料来源的作者不止一位，则可以改变作者的姓名次序。但是较为常见的做法是只按字母顺序改变第一作者的姓名次序，并以其余作者的第一名字（或名字的首字母）来排列。两种做法都是正确的，但为了保持一致性，在同一篇报告中应该只使用一种做法。

书名，杂志、期刊和报纸的名称，以及已发表的政府报告的名称经常用下划线、斜体或大写字母来表示。如果是汇编出版的书籍，假如参考文献来自另一作者撰写的章节，则参考文献应冠以该作者的姓名，而不是编辑的姓名，并且汇编的合本或书籍名称应采用下划线或斜体处理。取自汇编书籍和杂志的文章和章节的名称应使用引号（""）表示，并严格按照原文书写。如果该名称是其他的语言，比如德语或法语，就应该使用它原来的语言。这里提供了一些常见的参考文献例子：

Buckley, P. and Ghauri, P. (eds.) (1999), *The Internationalization of the Firm*, 2nd edn, London: Thomson.

Ghauri, P. N. and Usunier, J. C. (1996), *International Business Negotiations*, Oxford: Elsevier.

Gronhaug, R. and Haukedal, W. (1989), "Environmental imagery and strategic action", *Scandinavian Journal of Management*, vol. 4, nos 1 – 2: 5 – 17.

Dunning, J. (1980), "Towards an eclectic theory of international production: some empirical tests", *Journal of International Business Studies*, Spring/Summer, 1: 9 – 31.

United Nations Center on Transnational Corporations (1985), *International Accounting and Reporting Issues: 1984 review*, New York: United Nations Publications.

如前所述，在列示参考书目方面有许多方法和形式都是正确的。但最重要的是在一份报告中应始终使用一种形式，而不要混合使用不同的形式。

对于报告的格式和结构也要查阅报告所在机构的规定。

四、统计研究报告的撰稿发表

如果统计研究报告撰写的目的是要在期刊上发表，那么报告就要采用不同的结构。首先要考虑的是报告的目标期刊，大部分期刊对提交的论文在篇幅、标题、脚注和参考文献的使用以及方法侧重的格式上有严格要求。因此出发点是要决定把报告论文发表在哪里，并查阅它们的标准和格式要求。

大多数学术期刊都期望那些在特定领域为现有知识作出贡献的、重点突出的研究。很多期刊还以管理实践，即所谓的现实意义，来评价研究的贡献。在经济与管理研究中，研究者开发的知识应用于实践的速度要比其他很多领域快得多。无论是提出理论还是对现有理论的检验，研究工作都对知识的进步作出了巨大的贡献。大部分学术期刊的主要目标就是在它们各自的领域推动知识进步。

有鉴于此，撰写一份准备发表的统计研究报告，首先，要确定研究目标并强调其填补的空白或作出的贡献；其次，报告要和本领域现有知识相联系；再次，在方法上需要更多的论证性阐述以使读者相信，对于这个特定的研究问题，这是最恰当的研究方法。这里，对内部有效性（比如度量工具）和外部有效性（比如一般化或管理意义）的论述会比其他类型的报告或论文更为重要或有用。（Huff，1999）

为发表而撰写的报告无须对上述所有问题都冠以标题或用专门的段落进行阐述，但对方法部分和度量方面的论据仍应满足所有相关的要求。为发表而撰写的论文/报告通常按以下标题来写：

（1）引言，介绍主题并解释研究问题和目的；

（2）文献回顾，要么独立成节，要么在构建/介绍假说和命题时进行；

（3）方法/模型/度量，在这里报告要用前面所提到的论证来解释是如何完成研究的（包括数据收集和数据分析）；

（4）研究结果，在这里根据选用的（定量或定性）方法介绍研究结果；

（5）讨论和结论，在这里从研究结果中得出结论，并对意外的或极端的结果进行讨论。

最后，无论有无标题，都必须以令人信服的方式介绍研究贡献（理论的和实践的）。同时遵循期刊或出版商的格式指引并在结尾处附上参考文献列表。

统计研究报告完成后，应至少邀请几位同行，尤其是报告的导师（如果报告有导师的话）来阅读，邀请的同行最好是有为该期刊或同类期刊点评论文经验者。应该认真对待这些同行提出的批评和建议，并在送交期刊以前对论文进行修改。毋庸赘述，语言和写作风格应符合期刊及其读者的品位。在这一方面，请见前面有关报告写作格式和风格的章节。以下提供一些在撰写学术论文时应该考虑的要点：

（1）写作是一种交谈——如果报告只是在和自己说话，那就不可能写出能发表的报告。

（2）写作是学术固有的思考形式，不能把它推迟到研究项目的最后来做。

（3）报告要运用管理技巧（时间、地点、材料等等）才能写得顺畅。

（4）听取别人的意见对于成功的写作必不可少，越早去征求意见，就越容易得到并采用这些意见。

（5）直截了当的风格通常最适合学术写作。

（6）认为写作是一项负担的时候，就有必要主动选择写或不写。

第四节 口头陈述报告

统计研究的成果常常要在别人面前陈述，不仅仅是报告给导师，还会是报告给公司经理人员、上司或评估委员会的委员：即没有参与报告项目的人。在撰写报告时，首要事宜是要了解报告的听众，因为这将决定报告陈述的层次。实际上不应该太过技术化或学术化，尤其是向来自外部（比如公司等）的人进行陈述时。

陈述报告必须按和书面报告一样的方式进行组织。首先，应介绍主要目标和具体的研究问题，以及为什么这些问题令人感兴趣或值得研究；接着应该将报告的研究与该主题以前的研究成果联系起来，并说明报告的研究如何不同于那些成果；同时还应该指出报告的局限性和限制性。

其次，陈述报告必须解释报告是"如何"完成研究的：报告如何收集信息，如何对其进行分析。在这里，陈述报告应该再次解释报告的局限性和限制性，这会调整听众的预期水平，也会帮助他们对报告的研究及结论的可靠性作出自己的判断。

最后，可以用一种简单直接的方式介绍结果和结论。如果出现未预期的结果和其他意外情况，应该对结论进行讨论。结论还应该与报告的目标和研究问题联系起来。如果报告不能回答所有的问题，那么应对其进行解释。如果研究项目涉及具体的现实问题，陈述报告还要提出可行的建议或解决方案，并说明为什么在报告看来这些是最好的解决方法或建议。

然而最为重要的是陈述本身：报告打算如何运用幻灯片、投影仪、PowerPoint 演示等。对于幻灯片，我们建议报告尽量少用大段的文字，最好只提要点，然后对其进行阐述。应该避免使用技术性或晦涩的术语和概念，如果确实要用的话，就要对其进行解释。使用插图来支持报告的论证是一种好策略，然而应该避免使用有大量数字和文字的图表。如果确实要用的话，应该突出图表中对报告的观点进行解释的那些部分。

使用图形和图表有助于理解，这样，听众能够较为容易地看到整张图片，并更加迅速、容易地作出对比。否则，他们必须在陈述过程中自行作出评价，即使这不是完全不可能，也是非常困难的。

在陈述时使用简单直接的语言，这些语言必须是在报告的领域里经常用到的。语速放慢，发音准确——把话说完，不要为了说一大堆的东西而匆匆忙忙地完成陈述。如果报告这样做，就会有很大部分的内容听众跟不上。如果可能的话，可以制作一些报告的幻灯片的复印件，并将它们分发给听众。

时间管理是陈述报告中最为重要的方面。可以预先练习陈述，这样报告就能清晰地解释相关内容，不用显得匆匆忙忙了。别忘了陈述的主要目的之一是让听众提问，报告必须在陈述中安排问答时间。以一次 30 分钟的陈述为例，我们建议报告将时间划分如下：

（1）5 分钟介绍目标和研究问题，并解释其重要性及和其以前的成果联系起来；

（2）5 分钟介绍报告是如何完成这项研究的，报告的资料来源和论证；

（3）10 分钟介绍研究结果和结论；

（4）10 分钟提问和回答。

练习陈述，并且在陈述时注意语速放慢，表达清晰。

思考题

1. 什么是统计分析？它有哪些特点？

2. 统计分析有什么作用？

3. 写作统计分析应遵循哪些原则？

4. 选择分析研究课题应遵循哪些原则？

5. 怎样鉴别和筛选资料？

6. 制作标题的要求是什么？

7. 段落标题有什么作用？

8. 如何正确处理观点与材料的关系？

9. 什么是统计研究报告？它有哪些形式？

10. 统计研究报告的基本结构有哪些？

11. 什么是口头陈述报告？如何组织陈述报告？

附　录

附录 1　随机数字表

03 47 43 73 86	36 96 47 36 61	46 98 63 71 62	33 26 16 80 45	60 11 14 10 95
97 74 24 67 62	42 81 14 57 20	42 53 32 37 32	27 07 36 07 51	24 51 79 89 73
16 76 62 27 66	56 50 26 71 07	32 90 79 78 53	13 55 38 58 59	88 97 54 14 10
12 56 85 99 26	96 96 68 27 31	05 03 72 93 15	57 12 10 14 21	88 26 49 81 76
55 59 56 35 64	38 54 82 46 22	31 62 43 09 90	06 18 44 32 53	23 83 01 30 30
16 22 77 94 39	49 54 43 54 82	17 37 93 23 78	87 35 20 96 43	84 26 34 91 64
84 42 17 53 31	67 24 55 06 88	77 04 74 47 67	21 76 33 50 25	83 92 12 06 76
63 01 63 78 59	16 95 55 67 19	98 10 50 71 75	12 86 73 58 07	44 39 52 38 79
33 21 12 34 29	78 64 56 07 82	52 42 07 44 38	15 51 00 13 42	99 66 02 79 54
57 60 86 32 44	09 47 27 96 54	49 17 46 09 62	90 52 84 77 27	08 02 73 43 28
18 18 07 92 45	44 17 16 58 09	79 83 86 49 62	06 76 50 03 10	55 23 64 05 05
26 62 38 97 75	84 16 07 44 99	83 11 46 32 24	20 14 85 88 45	10 93 72 88 71
23 42 40 64 74	82 97 77 77 81	07 45 32 14 08	32 98 94 07 72	93 85 79 10 75
52 36 28 19 95	50 92 26 11 97	00 56 76 31 38	80 22 02 53 53	86 60 42 04 53
37 85 94 35 12	83 39 50 08 30	42 34 07 96 88	54 42 06 87 98	35 85 29 48 39
70 29 17 12 13	40 33 20 38 26	13 89 51 03 74	17 76 37 13 04	07 74 21 19 30
56 62 18 37 35	96 83 50 87 75	97 12 25 93 47	70 33 24 03 54	97 77 46 44 80
99 49 57 22 77	88 42 95 45 72	16 64 36 16 00	04 43 18 66 79	94 77 24 21 90
16 08 15 04 72	33 27 14 34 09	45 59 34 68 49	12 72 07 34 45	99 27 72 95 14
31 16 93 32 43	50 27 89 87 19	20 15 37 00 49	52 85 66 60 44	38 68 88 11 80
68 34 30 13 70	55 74 30 77 40	44 22 78 84 26	04 33 45 09 52	68 07 97 06 57
74 57 25 65 76	59 29 97 68 60	71 91 38 67 54	18 58 18 24 78	15 54 55 95 52
27 42 37 86 53	48 55 90 65 72	96 57 69 36 10	96 46 92 42 45	97 60 49 04 91
00 39 68 29 61	66 37 32 20 30	77 84 57 03 29	10 45 65 04 26	11 04 96 67 24
29 94 98 94 24	68 49 69 10 82	53 75 91 93 30	34 25 20 57 27	40 48 73 51 92
16 90 82 66 59	83 62 64 11 12	67 19 00 71 74	60 47 21 29 68	02 02 37 03 31
11 27 94 75 06	06 09 19 74 66	02 94 37 34 02	76 70 90 30 86	38 45 94 30 38
35 24 10 16 20	33 32 51 26 38	79 78 45 04 91	16 92 53 56 16	02 75 50 95 98
33 23 16 36 38	42 38 97 01 50	87 75 66 81 41	40 01 74 91 62	48 51 84 08 32
31 96 25 91 47	96 44 33 49 13	34 85 82 53 91	00 52 43 48 85	27 55 26 89 62
66 67 40 67 14	64 05 71 95 86	11 05 65 09 68	76 83 20 37 90	57 16 00 11 66
14 90 84 45 11	75 73 88 05 90	52 27 41 14 86	22 98 12 22 08	07 52 74 95 80
68 05 51 18 00	33 96 02 75 19	07 60 62 93 55	59 33 82 43 90	49 37 38 44 59
20 46 78 73 90	97 51 40 14 02	04 02 33 31 03	39 54 16 49 36	47 95 93 13 30
64 19 58 97 79	15 06 15 93 20	01 90 10 75 06	40 78 78 89 62	02 67 74 17 33
05 26 93 70 60	22 35 85 15 13	92 03 51 59 77	59 58 78 06 83	52 91 05 70 74
07 97 10 88 23	09 98 42 99 64	61 71 62 99 15	06 51 29 16 93	58 05 77 09 51
68 71 86 85 85	54 87 66 47 54	73 32 08 11 12	44 95 92 63 18	29 56 24 29 48
26 99 61 65 53	58 37 78 80 70	42 10 50 67 42	32 47 55 85 74	94 44 67 13 94
14 65 52 68 75	87 59 36 22 41	26 78 63 06 55	13 08 27 01 50	15 29 39 39 48
17 53 77 58 71	71 41 61 50 72	12 41 94 96 26	44 95 27 36 99	02 96 74 30 83
90 26 59 21 19	23 52 23 33 12	96 93 02 18 39	07 02 18 36 07	25 99 32 70 23
41 23 52 55 99	31 04 49 69 96	10 47 48 45 88	13 41 42 89 20	97 17 14 49 17
60 20 50 81 69	31 99 73 68 68	35 81 33 08 76	24 30 12 48 60	18 99 10 72 34
91 25 38 05 90	94 58 28 41 36	45 37 59 03 09	90 35 57 29 12	82 62 54 65 60
34 50 57 74 37	98 80 33 00 91	09 77 93 19 82	74 94 80 04 04	45 07 31 66 43
85 22 04 39 43	73 81 53 94 79	33 62 46 86 28	08 31 54 46 31	53 94 13 38 47
09 79 13 77 48	73 82 97 22 21	05 03 27 24 83	72 89 44 02 60	35 80 39 94 88
88 75 80 18 14	22 95 75 42 49	39 32 82 22 49	02 48 07 70 37	16 04 61 67 87
90 96 23 70 00	39 00 03 06 90	55 85 78 38 36	94 37 30 69 32	90 89 00 76 33
53 74 23 99 67	61 32 28 69 84	94 62 67 86 24	98 33 41 19 95	47 53 58 38 09
63 38 06 86 54	99 00 65 26 94	02 82 90 23 07	79 62 67 80 60	75 91 12 81 19
35 30 58 21 45	06 72 17 10 94	25 21 31 75 96	49 28 24 00 49	55 65 79 73 07
63 43 36 82 69	65 51 18 37 83	61 38 44 12 45	32 92 85 88 65	54 34 81 85 35
98 25 37 55 26	01 91 82 81 46	74 71 12 94 97	24 02 71 37 07	03 92 18 66 75
02 63 21 17 69	71 50 80 89 56	38 15 70 11 48	43 40 45 86 93	00 33 26 91 03
64 55 22 21 82	48 22 28 06 00	61 54 13 43 91	82 78 12 23 29	06 66 24 12 27
85 07 26 13 89	01 10 07 82 04	59 63 69 36 03	69 11 15 83 80	13 29 54 19 28
58 54 16 24 15	51 54 44 82 00	62 61 65 04 69	38 18 65 18 97	85 72 13 49 21
34 85 27 84 87	61 48 64 55 26	90 18 48 13 26	37 70 15 42 57	65 65 80 39 07

附录2　正态分布概率积分表

$$F(z) = \frac{2}{\sqrt{2\pi}} \int_0^z e^{-\frac{z^2}{2}} dz$$

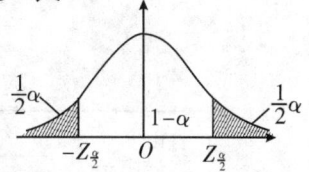

z	F (z)	z	F (z)	z	F (z)	z	F (z)	z	F (z)
0.00	0.000 0	0.52	0.396 9	1.04	0.701 7	1.56	0.881 2	2.16	0.969 2
0.01	0.003 0	0.53	0.403 9	1.05	0.706 3	1.57	0.883 6	2.18	0.970 7
0.02	0.016 0	0.54	0.410 8	1.06	0.710 9	1.58	0.885 9	2.20	0.972 2
0.03	0.023 9	0.55	0.417 7	1.07	0.715 4	1.59	0.888 2	2.22	0.973 6
0.04	0.031 9	0.56	0.424 5	1.08	0.719 9	1.60	0.891 2	2.24	0.974 9
0.05	0.039 9	0.57	0.431 3	1.09	0.724 3	1.61	0.892 6	2.26	0.976 2
0.06	0.047 8	0.58	0.438 1	1.10	0.728 7	1.62	0.894 8	2.28	0.977 4
0.07	0.055 8	0.59	0.444 8	1.11	0.733 0	1.63	0.896 9	2.30	0.978 6
0.08	0.063 8	0.60	0.451 5	1.12	0.737 3	1.64	0.899 0	2.32	0.979 7
0.09	0.071 7	0.61	0.458 1	1.13	0.741 5	1.65	0.901 1	2.34	0.980 7
0.10	0.079 7	0.62	0.494 7	1.14	0.745 7	1.66	0.903 1	2.36	0.981 7
0.11	0.087 6	0.63	0.471 3	1.15	0.749 9	1.67	0.905 1	2.38	0.982 7
0.12	0.095 5	0.64	0.477 8	1.16	0.754 0	1.68	0.907 0	2.40	0.983 6
0.13	0.103 4	0.65	0.484 3	1.17	0.758 0	1.69	0.909 0	2.42	0.984 5
0.14	0.111 3	0.66	0.490 7	1.18	0.762 0	1.70	0.910 9	2.44	0.985 3
0.15	0.119 2	0.67	0.497 1	1.19	0.766 0	1.71	0.912 7	2.46	0.986 1
0.16	0.127 1	0.68	0.503 5	1.20	0.769 9	1.72	0.914 6	2.48	0.986 9
0.17	0.135 0	0.69	0.509 8	1.21	0.773 7	1.73	0.916 4	2.50	0.987 6
0.18	0.142 8	0.70	0.516 1	1.22	0.777 5	1.74	0.918 1	2.52	0.988 3
0.19	0.150 7	0.71	0.522 3	1.23	0.781 3	1.75	0.919 9	2.54	0.988 9
0.20	0.158 5	0.72	0.528 5	1.24	0.785 0	1.76	0.921 6	2.56	0.989 5
0.21	0.166 3	0.73	0.534 6	1.25	0.788 7	1.77	0.923 3	2.58	0.990 1
0.22	0.174 1	0.74	0.540 7	1.26	0.792 3	1.78	0.924 9	2.60	0.990 7
0.23	0.181 9	0.75	0.546 7	1.27	0.795 9	1.79	0.926 5	2.62	0.991 2
0.24	0.189 7	0.76	0.552 7	1.28	0.799 5	1.80	0.928 1	2.64	0.991 7
0.25	0.197 4	0.77	0.553 7	1.29	0.803 0	1.81	0.929 7	2.66	0.992 2
0.26	0.205 1	0.78	0.564 6	1.30	0.806 4	1.82	0.931 2	2.68	0.992 6
0.27	0.212 8	0.79	0.570 5	1.31	0.809 8	1.83	0.932 8	2.70	0.993 1
0.28	0.220 5	0.80	0.576 3	1.32	0.813 2	1.84	0.934 2	2.72	0.993 5
0.29	0.228 2	0.81	0.582 1	1.33	0.816 5	1.85	0.935 7	2.74	0.993 9
0.30	0.235 8	0.82	0.587 8	1.34	0.819 7	1.86	0.937 1	2.76	0.994 2
0.31	0.243 4	0.83	0.593 5	1.35	0.823 0	1.87	0.938 5	2.78	0.994 6
0.32	0.251 0	0.84	0.599 1	1.36	0.826 2	1.88	0.939 9	2.80	0.994 9
0.33	0.258 6	0.85	0.604 7	1.37	0.829 3	1.89	0.941 2	2.82	0.995 2
0.34	0.266 1	0.86	0.610 2	1.38	0.832 4	1.90	0.942 6	2.84	0.995 5
0.35	0.273 7	0.87	0.615 7	1.39	0.835 5	1.91	0.943 9	2.86	0.995 8
0.36	0.281 2	0.88	0.621 1	1.40	0.838 5	1.92	0.945 1	2.88	0.996 0
0.37	0.288 6	0.89	0.626 5	1.41	0.841 5	1.93	0.946 4	2.90	0.996 2
0.38	0.296 1	0.90	0.631 9	1.42	0.844 4	1.94	0.947 6	2.92	0.996 5
0.39	0.303 5	0.91	0.637 2	1.43	0.847 3	1.95	0.948 8	2.94	0.996 7
0.40	0.310 8	0.92	0.642 4	1.44	0.850 1	1.96	0.950 0	2.96	0.996 9
0.41	0.318 2	0.93	0.647 6	1.45	0.852 9	1.97	0.951 2	2.98	0.997 1
0.42	0.325 5	0.94	0.652 8	1.46	0.855 7	1.98	0.952 3	3.00	0.997 3
0.43	0.332 8	0.95	0.657 9	1.47	0.858 4	1.99	0.953 4	3.20	0.998 6
0.44	0.340 1	0.96	0.662 9	1.48	0.861 1	2.00	0.954 5	3.40	0.999 3
0.45	0.347 3	0.97	0.668 0	1.49	0.863 8	2.02	0.956 6	3.60	0.999 6
0.46	0.354 5	0.98	0.672 8	1.50	0.866 4	2.04	0.958 7	3.80	0.999 8
0.47	0.361 6	0.99	0.677 8	1.51	0.869 5	2.06	0.960 6	4.00	0.999 94
0.48	0.368 8	1.00	0.682 7	1.52	0.871 5	2.08	0.962 5	4.50	0.999 99
0.49	0.375 9	1.01	0.687 5	1.53	0.874 0	2.10	0.964 3	5.00	0.999 999
0.50	0.382 9	1.02	0.692 3	1.54	0.876 4	2.12	0.966 0		
0.51	0.389 9	1.03	0.637 0	1.55	0.878 9	2.14	0.967 6		

附录 3　相关系数检验表

自由度 (n−m)	约束条件数（m）				自由度 (n−m)	约束条件数（m）			
	2	3	4	5		2	3	4	5
（α = 0.05）					（α = 0.01）				
1	0.997	0.999	0.999	0.999	1	1.000	1.000	1.000	1.000
2	0.950	0.975	0.983	0.987	2	0.990	0.995	0.997	0.998
3	0.878	0.930	0.950	0.961	3	0.959	0.976	0.983	0.987
4	0.811	0.881	0.912	0.930	4	0.917	0.949	0.963	0.970
5	0.754	0.836	0.874	0.898	5	0.874	0.917	0.937	0.949
6	0.707	0.795	0.839	0.867	6	0.834	0.886	0.911	0.927
7	0.666	0.758	0.807	0.838	7	0.798	0.855	0.885	0.904
8	0.632	0.726	0.777	0.811	8	0.765	0.827	0.860	0.882
9	0.602	0.697	0.750	0.766	9	0.735	0.800	0.835	0.861
10	0.576	0.671	0.726	0.763	10	0.708	0.776	0.814	0.840
11	0.553	0.648	0.703	0.741	11	0.684	0.753	0.793	0.821
12	0.532	0.627	0.683	0.722	12	0.661	0.732	0.773	0.802
13	0.514	0.608	0.664	0.703	13	0.641	0.712	0.755	0.785
14	0.497	0.590	0.646	0.686	14	0.623	0.694	0.737	0.768
15	0.482	0.574	0.630	0.670	15	0.606	0.677	0.721	0.752
16	0.468	0.559	0.615	0.655	16	0.590	0.662	0.706	0.738
17	0.456	0.545	0.601	0.641	17	0.575	0.647	0.691	0.724
18	0.444	0.532	0.587	0.628	18	0.561	0.633	0.678	0.710
19	0.433	0.520	0.575	0.615	19	0.549	0.620	0.665	0.698
20	0.423	0.509	0.563	0.604	20	0.537	0.608	0.652	0.685
25	0.381	0.462	0.514	0.553	25	0.487	0.555	0.600	0.633
30	0.349	0.426	0.476	0.514	30	0.449	0.514	0.558	0.591
35	0.325	0.397	0.445	0.482	35	0.418	0.481	0.523	0.556
40	0.304	0.373	0.419	0.445	40	0.393	0.454	0.494	0.526
50	0.273	0.336	0.379	0.412	50	0.354	0.410	0.449	0.479
60	0.250	0.308	0.348	0.380	60	0.325	0.377	0.414	0.442
70	0.232	0.286	0.324	0.354	70	0.302	0.351	0.386	0.413
80	0.217	0.269	0.304	0.332	80	0.283	0.333	0.362	0.389
100	0.195	0.241	0.274	0.300	100	0.254	0.297	0.327	0.351

附录4　t分布临界值表

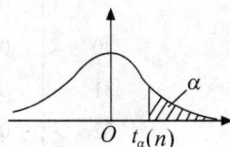

α / n	0.25	0.10	0.05	0.025	0.01	0.005
1	1.000 0	3.077 7	6.313 8	12.706 2	31.820 7	63.657 4
2	0.816 5	1.885 6	2.920 0	4.302 7	6.964 6	9.924 8
3	0.764 9	1.637 7	2.353 4	3.182 4	4.540 7	5.840 9
4	0.740 7	1.533 2	2.131 8	2.776 4	3.746 9	4.604 1
5	0.726 7	1.475 9	2.015 0	2.570 6	3.364 9	4.032 2
6	0.717 6	1.439 8	1.943 2	2.446 9	3.142 7	3.707 4
7	0.711 1	1.414 9	1.894 6	2.364 6	2.998 0	3.499 5
8	0.706 4	1.396 8	1.859 5	2.306 0	2.896 5	3.355 4
9	0.702 7	1.383 0	1.833 1	2.262 2	2.821 4	3.249 8
10	0.699 8	1.372 2	1.812 5	2.228 1	2.763 8	3.169 8
11	0.697 4	1.363 4	1.795 9	2.201 0	2.718 1	3.105 8
12	0.695 5	1.356 2	1.782 3	2.178 8	2.681 0	3.054 5
13	0.693 8	1.350 2	1.770 9	2.160 4	2.650 3	3.012 3
14	0.692 4	1.345 0	1.761 3	2.144 8	2.624 5	2.976 8
15	0.691 2	1.340 6	1.753 1	2.131 5	2.602 5	2.946 7
16	0.690 1	1.336 8	1.745 9	2.119 9	2.583 5	2.920 8
17	0.689 2	1.333 4	1.739 6	2.109 8	2.566 9	2.898 2
18	0.688 4	1.330 4	1.734 1	2.100 9	2.552 4	2.878 4
19	0.687 6	1.327 7	1.729 1	2.093 0	2.539 5	2.860 9
20	0.687 0	1.325 3	1.724 7	2.086 0	2.528 0	2.845 3
21	0.686 4	1.323 2	1.720 7	2.079 6	2.517 7	2.831 4
22	0.685 8	1.321 2	1.717 1	2.073 9	2.508 3	2.818 8
23	0.685 3	1.319 5	1.713 9	2.068 7	2.499 9	2.807 3
24	0.684 8	1.317 8	1.710 9	2.063 9	2.492 2	2.796 9
25	0.684 4	1.316 3	1.708 1	2.059 5	2.485 1	2.787 4
26	0.684 0	1.315 0	1.705 6	2.055 5	2.478 6	2.778 7
27	0.683 7	1.313 7	1.703 3	2.051 8	2.472 7	2.770 7
28	0.683 4	1.312 5	1.701 1	2.048 4	2.467 1	2.763 3

（续上表）

n \ α	0.25	0.10	0.05	0.025	0.01	0.005
29	0.683 0	1.311 4	1.699 1	2.045 2	2.462 0	2.756 4
30	0.682 8	1.310 4	1.697 3	2.042 3	2.457 3	2.750 0
31	0.682 5	1.309 5	1.695 5	2.039 5	2.452 8	2.744 0
32	0.682 2	1.308 6	1.693 9	2.036 9	2.448 7	2.738 5
33	0.682 0	1.307 7	1.692 4	2.034 5	2.444 8	2.733 3
34	0.681 8	1.307 0	1.690 9	2.032 2	2.441 1	2.728 4
35	0.681 6	1.306 2	1.689 6	2.030 1	2.437 7	2.723 8
36	0.681 4	1.305 5	1.688 3	2.028 1	2.434 5	2.719 5
37	0.681 2	1.304 9	1.687 1	2.026 2	2.431 4	2.715 4
38	0.681 0	1.304 2	1.686 0	2.024 4	2.428 6	2.711 6
39	0.680 8	1.303 6	1.684 9	2.022 7	2.425 8	2.707 9
40	0.680 7	1.303 1	1.683 9	2.021 1	2.423 3	2.704 5
41	0.680 5	1.302 5	1.682 9	2.019 5	2.420 8	2.701 2
42	0.680 4	1.302 0	1.682 0	2.018 1	2.418 5	2.698 1
43	0.680 2	1.301 6	1.681 1	2.016 7	2.416 3	2.695 1
44	0.680 1	1.301 1	1.680 2	2.015 4	2.414 1	2.692 3
45	0.680 0	1.300 6	1.679 4	2.014 1	2.412 1	2.689 6

附录5 χ^2 分布临界值表

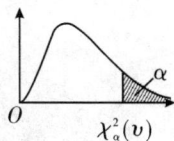

$$P[\chi^2(v) > \chi_\alpha^2(v)] = \alpha$$

v	显著性水平（α）												
	0.99	0.98	0.95	0.90	0.80	0.70	0.50	0.30	0.20	0.10	0.05	0.02	0.01
1	0.000 2	0.000 6	0.003 9	0.015 8	0.064 2	0.148	0.455	1.074	1.642	2.706	3.841	5.412	6.635
2	0.020 1	0.040 4	0.103	0.211	0.446	0.713	1.386	2.403	3.219	4.605	5.991	7.824	9.210
3	0.115	0.185	0.352	0.584	1.005	1.424	2.366	3.665	4.642	6.251	7.815	9.837	11.341
4	0.297	0.429	0.711	1.064	1.649	2.195	3.357	4.878	5.989	7.779	9.488	11.668	13.277
5	0.554	0.752	1.145	1.610	2.343	3.000	4.351	6.064	7.289	9.235	1.070	13.388	15.068
6	0.872	1.134	1.635	2.204	3.070	3.828	5.348	7.231	8.558	10.645	13.592	15.033	16.812
7	1.239	1.564	2.167	2.833	3.822	4.671	6.346	8.383	9.803	12.017	14.067	16.622	18.475
8	1.646	2.032	2.733	3.490	4.594	5.527	7.344	9.524	11.030	13.362	15.507	18.168	20.090
9	2.088	2.532	3.325	4.168	5.380	6.393	8.343	10.656	12.242	14.684	16.919	19.679	21.666
10	2.558	3.059	3.940	4.865	6.179	7.267	9.342	11.781	13.442	15.987	18.307	21.161	23.209
11	3.053	3.609	4.575	5.578	6.989	8.148	10.341	12.899	14.631	17.275	19.675	22.618	24.725
12	3.571	4.178	5.226	6.304	7.807	9.304	11.340	14.011	15.812	18.549	21.026	24.054	26.217
13	4.107	4.765	5.892	7.042	8.634	9.926	12.340	15.119	16.985	19.812	22.362	25.472	27.688
14	4.660	5.368	6.571	7.790	9.467	10.821	13.339	16.222	18.151	21.064	23.685	26.873	29.141
15	5.229	5.985	7.261	8.547	10.307	11.721	14.339	17.322	19.311	22.307	24.996	28.259	30.578
16	5.812	6.614	7.962	9.312	11.152	12.624	15.338	18.413	20.465	23.542	26.296	29.633	32.000
17	6.408	7.255	8.672	10.035	12.002	13.531	16.338	19.511	21.615	24.769	27.587	30.995	33.409
18	7.015	7.906	9.390	10.865	12.857	14.440	17.338	20.601	22.760	25.989	28.869	32.346	34.805
19	7.633	8.567	10.117	11.651	13.716	15.352	18.338	21.689	23.900	27.204	30.144	33.687	36.191
20	8.260	9.237	10.85	12.443	14.578	16.266	19.337	22.775	25.038	28.412	31.410	35.020	37.566
21	8.897	9.915	11.591	13.240	15.445	17.182	20.337	23.858	26.171	29.615	32.671	36.343	38.932
22	9.542	10.600	12.338	14.041	16.314	18.101	21.337	24.939	27.301	30.813	33.924	37.659	40.289
23	10.196	11.293	13.091	14.848	17.187	19.021	22.337	26.048	28.429	32.007	35.172	37.968	41.638
24	10.856	11.992	13.848	15.659	18.062	19.943	23.337	27.096	29.553	33.196	36.415	40.270	42.980
25	11.524	12.697	14.611	16.473	18.940	20.897	24.337	28.172	30.675	34.382	37.652	41.566	44.314
26	12.198	13.409	15.379	17.292	19.820	21.792	25.336	29.246	31.795	35.563	38.885	42.856	45.642
27	12.897	14.125	16.151	18.114	20.730	22.719	26.336	30.319	32.912	36.741	40.113	44.140	46.963
28	13.565	14.847	16.928	18.930	21.588	23.647	27.336	31.391	34.027	37.916	41.337	45.419	48.278
29	14.256	15.574	17.708	19.768	22.475	24.577	28.336	32.416	35.139	39.087	42.557	46.693	49.588
30	14.593	16.306	18.493	20.599	23.364	25.508	29.336	33.530	36.250	40.256	43.773	47.962	50.892

附录6　F分布上侧临界值表

$$P\{F > F_\alpha(n,m)\} = \alpha$$

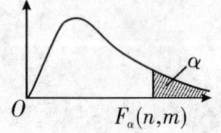

$\alpha = 0.05$

n\m	1	2	3	4	5	6	7	8	9	10	12	15	20	24	30	40	60	120	∞
1	161	200	216	225	230	234	237	239	241	242	244	246	248	249	250	251	252	253	254
2	18.5	19.0	19.2	19.3	19.3	19.4	19.4	19.4	19.4	19.4	19.4	19.4	19.4	19.5	19.5	19.5	19.5	19.5	19.5
3	10.1	9.55	9.28	9.12	9.01	8.94	8.89	8.85	8.81	8.79	8.74	8.70	8.66	8.64	8.62	8.59	8.57	8.55	8.53
4	7.71	6.94	6.59	6.39	6.26	6.16	6.09	6.04	6.00	5.96	5.91	5.86	5.80	5.77	5.75	5.72	5.69	5.66	5.63
5	6.61	5.79	5.41	5.19	5.05	4.95	4.88	4.82	4.77	4.74	4.68	4.62	4.56	4.53	4.50	4.46	4.43	4.40	4.37
6	5.99	5.14	4.76	4.53	4.39	4.28	4.21	4.15	4.10	4.06	4.00	3.94	3.87	3.84	3.81	3.77	3.74	3.70	3.67
7	5.59	4.74	4.35	4.12	3.97	3.87	3.79	3.73	3.68	3.64	3.57	3.51	3.44	3.41	3.38	3.34	3.30	3.27	3.23
8	5.32	4.46	4.07	3.84	3.69	3.58	3.50	3.44	3.39	3.35	3.28	3.22	3.15	3.12	3.08	3.04	3.01	2.97	2.93
9	5.12	4.26	3.86	3.63	3.48	3.37	3.29	3.23	3.18	3.14	3.07	3.01	2.94	2.90	2.86	2.83	2.79	2.75	2.71
10	4.96	4.10	3.71	3.48	3.33	3.22	3.14	3.07	3.02	2.98	2.91	2.85	2.77	2.74	2.70	2.66	2.62	2.58	2.54
11	4.84	3.98	3.59	3.36	3.20	3.09	3.01	2.95	2.90	2.85	2.79	2.72	2.65	2.61	2.57	2.53	2.49	2.45	2.40
12	4.75	3.89	3.49	3.26	3.11	3.00	2.91	2.85	2.80	2.75	2.69	2.62	2.54	2.51	2.47	2.43	2.38	2.34	2.30
13	4.67	3.81	3.41	3.18	3.03	2.92	2.83	2.77	2.71	2.67	2.60	2.53	2.46	2.42	2.38	2.34	2.30	2.25	2.21
14	4.60	3.74	3.34	3.11	2.96	2.85	2.76	2.70	2.65	2.60	2.53	2.46	2.39	2.35	2.31	2.27	2.22	2.18	2.13
15	4.54	3.68	3.29	3.06	2.90	2.79	2.71	2.64	2.59	2.54	2.48	2.40	2.33	2.29	2.25	2.20	2.16	2.11	2.07
16	4.49	3.63	3.24	3.01	2.85	2.74	2.66	2.59	2.54	2.49	2.42	2.35	2.28	2.24	2.19	2.15	2.11	2.06	2.01
17	4.45	3.59	3.20	2.96	2.81	2.70	2.61	2.55	2.49	2.45	2.38	2.31	2.23	2.19	2.15	2.10	2.06	2.01	1.96
18	4.41	3.55	3.16	2.93	2.77	2.66	2.58	2.51	2.46	2.41	2.34	2.27	2.19	2.15	2.11	2.06	2.20	1.97	1.92
19	4.38	3.52	3.13	2.90	2.74	2.63	2.54	2.48	2.42	2.38	2.31	2.23	2.16	2.11	2.07	2.03	1.98	1.93	1.88
20	4.35	3.49	3.10	2.87	2.71	2.60	2.51	2.45	2.38	2.35	2.28	2.20	2.12	2.08	2.04	1.99	1.95	1.90	1.84
21	4.32	3.47	3.07	2.84	2.68	2.57	2.49	2.42	2.37	2.32	2.25	2.18	2.10	2.05	2.01	1.96	1.92	1.87	1.81
22	4.30	3.44	3.05	2.82	2.66	2.55	2.46	2.40	2.34	2.30	2.23	2.15	2.07	2.03	1.98	1.94	1.89	1.84	1.78
23	4.28	3.42	3.03	2.80	2.64	2.53	2.44	2.37	2.32	2.27	2.20	2.13	2.05	2.01	1.96	1.91	1.86	1.81	1.76
24	4.26	3.40	3.01	2.78	2.62	2.51	2.42	2.36	2.30	2.25	2.18	2.11	2.03	1.98	1.94	1.89	1.84	1.79	1.73
25	4.24	3.39	2.99	2.76	2.60	2.49	2.40	2.34	2.28	2.24	2.16	2.09	2.01	1.96	1.92	1.87	1.82	1.77	1.71
30	4.17	3.32	2.92	2.69	2.53	2.42	2.33	2.27	2.21	2.16	2.09	2.01	1.93	1.89	1.84	1.79	1.74	1.68	1.62
40	4.08	3.23	2.84	2.61	2.45	2.34	2.25	2.18	2.12	2.08	2.00	1.92	1.84	1.79	1.74	1.69	1.64	1.58	1.51
60	4.00	3.15	2.76	2.53	2.37	2.25	2.17	2.10	2.04	1.99	1.92	1.84	1.75	1.70	1.65	1.59	1.53	1.47	1.39
120	3.92	3.07	2.68	2.45	2.29	2.18	2.09	2.02	1.96	1.91	1.83	1.75	1.66	1.61	1.55	1.50	1.43	1.35	1.25
∞	3.84	2.99	2.60	2.37	2.21	2.09	2.01	1.94	1.88	1.83	1.75	1.67	1.57	1.52	1.46	1.39	1.32	1.22	1.00

（续上表）

$\alpha = 0.01$

n \ m	1	2	3	4	5	6	7	8	9	10	12	15	20	24	30	40	60	120	∞
1	4 052	5 000	5 403	5 625	5 764	5 859	5 928	5 982	6 023	6 056	6 106	6 157	6 209	6 235	6 261	6 287	6 313	6 339	6 366
2	98.5	99.0	99.2	99.2	99.3	99.3	99.4	99.4	99.4	99.4	99.4	99.4	99.4	99.4	99.5	99.5	99.5	99.5	99.5
3	34.1	30.8	29.5	28.7	28.2	27.9	27.7	27.5	27.3	27.2	27.1	26.9	26.7	26.6	26.5	26.4	26.3	26.2	26.1
4	21.2	18.0	16.7	16.0	15.5	15.2	15.0	14.8	14.7	14.5	14.4	14.2	14.0	13.9	13.8	13.7	13.7	13.6	13.5
5	16.3	13.3	12.1	11.4	11.0	10.7	10.5	10.3	10.2	10.1	9.89	9.72	9.55	9.47	9.38	9.29	9.20	9.11	9.02
6	13.7	10.9	9.78	9.15	8.75	8.47	8.26	8.10	7.98	7.87	7.72	7.56	7.40	7.31	7.23	7.14	7.06	6.97	6.88
7	12.2	9.55	8.45	7.85	7.46	7.19	6.99	6.84	6.72	6.62	6.47	6.31	6.16	6.07	5.99	5.91	5.82	5.74	5.65
8	11.3	8.65	7.59	7.01	6.63	6.37	6.18	6.03	5.91	5.81	5.67	5.52	5.36	5.28	5.20	5.12	5.03	4.95	4.86
9	10.6	8.02	6.99	6.42	6.06	5.80	5.61	5.47	5.35	5.26	5.11	4.96	4.81	4.73	4.65	4.57	4.48	4.40	4.31
10	10.0	7.56	6.55	5.99	5.64	5.39	5.20	5.06	4.94	4.85	4.71	4.56	4.41	4.33	4.25	4.17	4.08	4.00	3.91
11	9.65	7.21	6.22	5.67	5.32	5.07	4.89	4.74	4.63	4.54	4.40	4.25	4.10	4.02	3.94	3.86	3.78	3.69	3.60
12	9.33	6.93	5.95	5.41	5.06	4.82	4.64	4.50	4.39	4.30	4.16	4.01	3.86	3.78	3.70	3.62	3.54	3.45	3.36
13	9.07	6.70	5.74	5.21	4.86	4.62	4.44	4.30	4.19	4.10	3.96	3.82	3.66	3.59	3.51	3.43	3.34	3.25	3.17
14	8.86	6.51	5.56	5.04	4.70	4.46	4.28	4.14	4.03	3.94	3.80	3.66	3.51	3.43	3.35	3.27	3.18	3.09	3.00
15	8.68	6.36	5.42	4.89	4.56	4.32	4.14	4.00	3.89	3.80	3.67	3.52	3.37	3.29	3.21	3.13	3.05	2.96	2.87
16	8.53	6.23	5.29	4.77	4.44	4.20	4.03	3.89	3.78	3.69	3.55	3.41	3.26	3.18	3.10	3.02	2.93	2.84	2.75
17	8.40	6.11	5.19	4.67	4.34	4.10	3.93	3.79	3.68	3.59	3.46	3.31	3.16	3.08	3.00	2.92	2.83	2.75	2.65
18	8.29	6.01	5.09	4.58	4.25	4.01	3.84	3.71	3.60	3.51	3.37	3.23	3.08	3.00	2.92	2.84	2.75	2.66	2.57
19	8.189	5.93	5.01	4.50	4.17	3.94	3.77	3.63	3.52	3.43	3.30	3.15	3.00	2.92	2.84	2.76	2.67	2.58	2.49
20	8.10	5.85	4.94	4.43	4.10	3.87	3.70	3.56	3.46	3.37	3.23	3.09	2.94	2.86	2.78	2.69	2.61	2.52	2.42
21	8.02	5.78	4.87	4.37	4.04	3.81	3.64	3.51	3.40	3.31	3.17	3.03	2.88	2.80	2.72	2.64	2.55	2.46	2.36
22	7.95	5.72	4.82	4.31	3.99	3.76	3.59	3.45	3.35	3.26	3.12	2.98	2.83	2.75	2.67	2.58	2.50	2.40	2.31
23	7.88	5.66	4.76	4.26	3.94	3.71	3.54	3.41	3.30	3.21	3.07	2.93	2.78	2.70	2.62	2.54	2.45	2.35	2.26
24	7.82	5.61	4.72	4.22	3.90	3.67	3.50	3.36	3.26	3.17	3.03	2.89	2.74	2.66	2.58	2.49	2.40	2.31	2.21
25	7.77	5.57	4.68	4.18	3.86	3.63	3.46	3.32	3.22	3.13	2.99	2.85	2.70	2.62	2.53	2.45	2.36	2.27	2.17
30	7.56	5.39	4.51	4.02	3.70	3.47	3.30	3.17	3.07	2.98	2.84	2.70	2.55	2.47	2.39	2.30	2.21	2.11	2.01
40	7.31	5.18	4.31	3.83	3.51	3.29	3.12	2.99	2.89	2.80	2.66	2.52	2.37	2.29	2.20	2.11	2.02	1.92	1.80
60	7.08	4.98	4.13	3.65	3.34	3.12	2.95	2.82	2.72	2.63	2.50	2.35	2.20	2.12	2.03	1.94	1.84	1.73	1.60
120	6.85	4.79	3.95	3.48	3.17	2.96	2.79	2.66	2.56	2.47	2.34	2.19	2.03	1.95	1.86	1.76	1.66	1.53	1.38
∞	6.63	4.61	3.78	3.32	3.02	2.80	2.64	2.51	2.41	2.32	2.18	2.04	1.88	1.79	1.70	1.59	1.47	1.32	1.00

参考文献

［1］韩兆洲．统计学原理（第七版）．广州：暨南大学出版社，2011.

［2］孙静娟．统计学．北京：清华大学出版社，2006.

［3］贾俊平．统计学（第二版）．北京：清华大学出版社，2006.

［4］袁卫等．统计学（第二版）．北京：高等教育出版社，2005.

［5］曾五一．统计学（中国版）．北京：北京大学出版社，2006.

［6］李金昌，苏为华．统计学．北京：机械工业出版社，2007.

［7］栗方忠．统计学原理（第三版）．大连：东北财经大学出版社，2008.

［8］胡学锋．统计学．广州：中山大学出版社，1999.

［9］徐国祥．统计指数理论及应用．北京：中国统计出版社，2004.

［10］孙慧钧．指数理论研究．大连：东北财经大学出版社，1998.

［11］郭亚军．综合评价理论、方法及应用．北京：科学出版社，2007.

［12］苏为华，陈骥，朱发仓．综合评价技术的扩展与集成问题研究．北京：中国统计出版社，2007.

［13］杜栋，庞庆华，吴炎．现代综合评价方法与案例精选．北京：清华大学出版社，2008.

［14］茆诗松．统计手册．北京：科学出版社，2003.

［15］［美］David R. Anderson 等．商务与经济统计．张建华等译．北京：机械工业出版社，2000.

［16］［美］David F. Groebner 等．商务统计：一种制定决策的方法（英文版）．北京：中国统计出版社，2003.